RÜDIGER BUDDE, HANS-FRIEDRICH ECKEY, PAUL KLEMMER,
BERNHARD LAGEMAN UND HEINZ SCHRUMPF

Die Regionen der fünf neuen Bundesländer
im Vergleich zu den anderen Regionen der Bundesrepublik

UNTERSUCHUNGEN DES RHEINISCH-WESTFÄLISCHEN
INSTITUTS FÜR WIRTSCHAFTSFORSCHUNG ESSEN

HEFT 3

Die Regionen der fünf neuen Bundesländer im Vergleich zu den anderen Regionen der Bundesrepublik

Von

Rüdiger Budde, Hans-Friedrich Eckey, Paul Klemmer,
Bernhard Lageman und Heinz Schrumpf

Geographisches Institut
der Universität Kiel

RWI
ESSEN

Die Deutsche Bibliothek – CIP-Einheitsaufnahme

Die Regionen der fünf neuen Bundesländer im Vergleich zu den anderen Regionen der Bundesrepublik / RWI Essen. Von Rüdiger Budde ... – Essen : RWI, 1991
    (Untersuchungen des Rheinisch-Westfälischen Instituts für Wirtschaftsforschung Essen ; H. 3)
    ISBN 3-928739-02-6
NE: Budde, Rüdiger; Rheinisch-Westfälisches Institut für Wirtschaftsforschung <Essen>: Untersuchungen des Rheinisch-Westfälischen ...

ISSN 0939-7280
ISBN 3-928739-02-6

Vorbemerkungen

Die Herstellung der politischen und wirtschaftlichen Einheit Deutschlands hat das Interesse auch einer breiteren Öffentlichkeit an Informationen über das Verhältnis der wirtschaftlichen Leistungskraft Ost- und Westdeutschlands geweckt. Gesamtwirtschaftliche Vergleiche des Bruttosozialprodukts oder der Arbeitsproduktivität der bisherigen Bundesrepublik und der ehemaligen DDR wurden verschiedentlich angestellt. Regionale Vergleiche, welche über die wirtschaftlichen Disparitäten zwischen den Regionen Ost- und Westdeutschlands Auskunft geben, waren bislang allerdings nicht verfügbar. Entscheidend für die wissenschaftliche Aussagekraft regionaler Vergleiche ist die Wahl des räumlichen Bezugsrasters. Als solches kamen für Ostdeutschland bislang nur Verwaltungseinheiten (Länder, Bezirke, Kreise) in Frage, die wirtschaftliche Verflechtungsbeziehungen im Raum nicht oder nur sehr unvollkommen zum Ausdruck bringen. Als problemadäquat für regionale Analysen wirtschaftlicher Disparitätenmuster erweisen sich hingegen die regionalen Arbeitsmärkte, die auch den räumlichen Analysen der Gemeinschaftsaufgabe "Verbesserung der regionalen Wirtschaftsstruktur" zugrundeliegen.

Die mit dem Heft 3 der "Untersuchungen des Rheinisch-Westfälischen Instituts für Wirtschaftsforschung" vorgelegte Arbeit stellt erstmals einen Vorschlag zur Abgrenzung von Arbeitsmarktregionen in Ostdeutschland vor, der auf einer Erreichbarkeitsanalyse und (hierzu ergänzend) einer Analyse der Pendelverflechtungen im ostdeutschen Raum beruht. Die abgegrenzten Arbeitsmärkte bilden die Ausgangsbasis für die weiteren Untersuchungen: die Gruppierung der regionalen Arbeitsmärkte der neuen Bundesländer und den Vergleich der wirtschaftlichen Leistungskraft aller Arbeitsmarktregionen der erweiterten Bundesrepublik anhand von Kriterien, die in der deutschen und der europäischen Regionalpolitik gebräuchlich sind. Die statistische Ausgangslage in den neuen Bundesländern und die speziellen Umstände eines Ost-West-Vergleichs von Daten der Volkswirtschaftlichen Gesamtrechnungen sind hierbei in der Darstellung zu berücksichtigen. Des weiteren werden die neuen Bundesländer bzw., wo solche gebildet wurden, die Regierungsbezirke mit den anderen "NUTS 2-Regionen" der Europäischen Gemeinschaft verglichen. Die regionalen Arbeitsmärkte der neuen Bundesländer werden im statistischen Anhang vorgestellt.

Der Auftrag zu der vorliegenden Untersuchung wurde dem Rheinisch-Westfälischen Institut für Wirtschaftsforschung vom Bundesminister für Wirtschaft nach

Abschluß einer Voruntersuchung im Dezember 1990 erteilt. Im August 1991 wurde die Arbeit abgeschlossen. Die Projektleitung lag bei Dr. Heinz Schrumpf.

Essen, Oktober 1991　　　　　　　　　　　Rheinisch-Westfälisches Institut
　　　　　　　　　　　　　　　　　　　　für Wirtschaftsforschung

　　　　　　　　　　　　　　　　　　　　Paul Klemmer

Inhaltsverzeichnis

Gegenstand der Untersuchung   15

Erstes Kapitel

Abgrenzung regionaler Arbeitsmärkte in den neuen Bundesländern   17

1.	Problemstellung	17
2.	Erreichbarkeitsanalyse	20
2.1.	Arbeitsschritte	20
2.1.1.	Festlegung der Arbeitsmarktzentralitäten	20
2.1.2.	Berechnung von Anbindungskoeffizienten	21
2.1.3.	Zusammenfassung benachbarter Kreise zu Arbeitsmarktregionen	25
2.2.	Eine erste Abgrenzung regionaler Arbeitsmärkte in Ostdeutschland	26
3.	Modifikation der Ergebnisse mit Hilfe einer Pendleranalyse	31
3.1.	Datenbasis	31
3.2.	Pendlerströme innerhalb und zwischen den Arbeitsmarktregionen	32
3.3.	Neuabgrenzung der Arbeitsmarktregionen auf Basis der Pendleranalyse	43
3.4.	Ein Abgrenzungsvorschlag für die Arbeitsmarktregionen und -teilregionen Ostdeutschlands	45
4.	Ausblick und Wertung	56

Zweites Kapitel

Die Struktur der regionalen Arbeitsmärkte in den neuen Bundesländern – eine erste Typisierung   58

1.	Aufgabenstellung	58

2.	Verfahrensweise		59
2.1.	Zur Clusteranalyse		59
2.2.	Auswahl der Variablen		61
3.	Ergebnisse der Clusteranalyse		61
3.1.	Clusterbildung nach der Struktur der Gesamtbeschäftigung		61
3.1.1.	Die statistischen Ergebnisse		61
3.1.2.	Gruppenprofile		67
3.2.	Clusterbildung nach der Struktur der Industriebeschäftigten		70
3.2.1.	Die statistischen Ergebnisse		70
3.2.2.	Gruppenprofile		72

Drittes Kapitel

Die ökonomische Leistungskraft
der neuen und der alten Bundesländer   81

1.	Wahl der Indikatoren	81
2.	Bruttowertschöpfung	83
2.1.	Die Bruttowertschöpfung als Indikator für die Wirtschaftskraft	83
2.2.	Methodische Implikationen einer Schätzung der regionalen Bruttowertschöpfung für das Gebiet der ehemaligen DDR	85
2.2.1.	Übersicht	85
2.2.2.	Diskrepanzen zwischen SNA und MPS (Entstehungsrechnung)	86
2.2.3.	Verläßlichkeit der Datenerfassung in der ehemaligen DDR	89
2.2.4.	Das Qualitätsproblem	93
2.2.5.	Das Preisstrukturproblem	96
2.2.6.	Das Paritätenproblem	98
2.2.6.1.	Lösungsansätze	98
2.2.6.2.	Wechselkursgestützte Umrechnungen	99
2.2.6.3.	Vergleiche auf Basis von Kaufkraftparitäten und physischen Indikatoren	101
2.2.6.4.	Die Umrechnungskurse der Währungs-, Wirtschafts- und Sozialunion	103
2.2.7.	Zusammenfassende Bewertung	104
2.3.	Ermittlung der Bruttowertschöpfung der Arbeitsmarktregionen der neuen Bundesländer für 1989	106
2.3.1.	Datenbasis	106
2.3.2.	Vorgehensweise	108
2.3.3.	Ergebnisse	114
2.3.4.	Vergleich mit alternativen Schätzungen	115
2.4.	Einkommensdisparitäten in Deutschland	117
2.4.1.	Die Bruttowertschöpfung der Arbeitsmarktregionen Deutschlands vor der Wiedervereinigung	117
2.4.2.	Das West-Ost-Einkommensgefälle	123
2.4.3.	Einkommensdisparitäten auf dem Gebiet der ehemaligen DDR	123

2.4.4.	Zur Validität der Ergebnisse angesichts der seit 1989 eingetretenen Veränderungen	129
3.	Arbeitslosenquote	130
3.1.	Arbeitslosigkeit in den neuen Bundesländern	130
3.1.1.	Zur Entwicklung auf dem Arbeitsmarkt	130
3.1.2.	Wahl des Indikators für Arbeitslosigkeit in Ostdeutschland	134
3.1.3.	Amtliche Arbeitslosenquote	139
3.1.4.	Kurzarbeit	139
3.1.5.	Korrigierte Arbeitslosenquote	142
3.2.	Vergleich des Stands der Arbeitslosigkeit in den Arbeitsmarktregionen Deutschlands	142
4.	Gesamtindikator	148
4.1.	Die Ermittlung des Gesamtindikators	148
4.2.	Vergleich der wirtschaftlichen Situation der Arbeitsmarktregionen Deutschlands nach dem Gesamtindikator	165

Viertes Kapitel

Vergleich der Regionen der neuen Bundesländer mit den Regionen der Europäischen Gemeinschaft 167

1.	Vorbemerkungen zur Methodik	167
2.	Bruttoinlandsprodukt	168
3.	Arbeitslosenquote	169
4.	Gesamtindikator	178

Fünftes Kapitel

Zusammenfassung der Ergebnisse 180

1.	Abgrenzung der Arbeitsmarktregionen in den neuen Bundesländern	180
2.	Eine erste Typisierung der regionalen Arbeitsmärkte	181
3.	Vergleich der wirtschaftlichen Leistungskraft der Arbeitsmarktregionen der neuen und der alten Bundesländer	182
4.	Vergleich der Regionen der neuen Bundesländer mit den Regionen der Europäischen Gemeinschaft	184
5.	Regionalpolitische Schlußfolgerungen	185

Tabellenanhang	187
Literaturverzeichnis	244

Verzeichnis der Tabellen

Tab. 1:	Abgrenzung der Arbeitsmarktregionen nach der Erreichbarkeitsanalyse	28
Tab. 2:	Kennziffern der Arbeitsmarktregionen nach der Erreichbarkeitsanalyse	30
Tab. 3:	Pendlerbewegungen in den Arbeitsmarktregionen nach der Erreichbarkeitsanalyse	33
Tab. 4:	Pendlerbewegungen in den endgültig abgegrenzten Arbeitsmarktregionen	47
Tab. 5:	Gruppierung der Arbeitsmarktregionen nach der Struktur der Beschäftigten der Wirtschaftsbereiche insgesamt . . .	63
Tab. 6:	Kennziffern der gruppierten Arbeitsmarktregionen nach der Struktur der Beschäftigten der Wirtschaftsbereiche	65
Tab. 7:	Standardisierte Struktur der Beschäftigten der Wirtschaftsbereiche insgesamt	66
Tab. 8:	Gruppierung der Arbeitsmarktregionen nach der Struktur der Beschäftigten der Industrie	72
Tab. 9:	Kennziffern der gruppierten Arbeitsmarktregionen nach der Struktur der Beschäftigten der Industrie	74
Tab. 10:	Standardisierte Struktur der Beschäftigten der Industrie . .	75
Tab. 11:	Vergleich unterschiedlicher Berechnungen der Bruttowertschöpfung	116
Tab. 12:	Bruttowertschöpfung zu Faktorkosten in den Arbeitsmarktregionen Deutschlands	118
Tab. 13:	Zur Streuung der Bruttowertschöpfung zu Faktorkosten in den Arbeitsmarktregionen Deutschlands	124
Tab. 14:	Zur Arbeitslosigkeit in den Arbeitsmarktregionen Ostdeutschlands	144
Tab. 15:	Zur Streuung der Arbeitslosenquoten in den Arbeitsmarktregionen Ostdeutschlands	146

Tab. 16:	Gesamt- und Teilindikatoren für die Arbeitsmarktregionen der alten Bundesländer	150
Tab. 17:	Gesamt- und Teilindikatoren für die Arbeitsmarktregionen der neuen Bundesländer	156
Tab. 18:	Gesamt- und Teilindikatoren für die Arbeitsmarktregionen Deutschlands	158
Tab. 19:	Gesamt- und Teilindikatoren für die NUTS 2-Regionen der Europäischen Gemeinschaften	170
Tab. 20:	Zur Streuung des Bruttoinlandsprodukts in den NUTS 2-Regionen Europas	175
Tab. 21:	Zur Streuung der Arbeitslosenquoten in den NUTS 2-Regionen Europas	177
Tab. A1:	Die drei besten Alternativen der Zuordnung der Kreise zu Zentren nach der Erreichbarkeitsanalyse	187
Tab. A2:	Endgültig abgegrenzte Arbeitsmarktregionen Ostdeutschlands und zugehörige Landkreise und kreisfreie Städte	191
Tab. A3:	Pendlerbewegungen der Arbeitsmarktregionen nach Quell- und Zielkreisen	193
Tab. A4:	Kennziffern der Arbeitsmarktregionen Ostdeutschlands	217
Tab. A5:	Sektorale Beschäftigtenstruktur bei Gruppierung der Arbeitsmarktregionen nach Wirtschaftsbereichen	240
Tab. A6:	Sektorale Beschäftigtenstruktur bei Gruppierung der Arbeitsmarktregionen nach der Industrie	242

Verzeichnis der Schaubilder und Übersichten

Schaubild 1: Clusteranalyse der Arbeitsmärkte nach der Struktur der Beschäftigten der Wirtschaftsbereiche insgesamt 62

Schaubild 2: Standardisierte Struktur der Beschäftigten der Wirtschaftsbereiche insgesamt 68

Schaubild 3: Clusteranalyse der Arbeitsmärkte nach der Struktur der Beschäftigten der Industrie 71

Schaubild 4: Standardisierte Struktur der Beschäftigten der Industrie .. 76

Übersicht Fahrgeschwindigkeiten nach Straßenkategorien 25

Verzeichnis der Karten

Karte	1:	Ober- und Mittelzentren in Deutschland	22
Karte	2:	Straßenverkehrsnetz in Deutschland	24
Karte	3:	Regionale Arbeitsmärkte nach der Erreichbarkeitsanalyse .	27
Karte	4:	Abgrenzung der Arbeitsmarktregionen nach der Erreichbarkeitsanalyse und der Analyse der Pendelverflechtung . . .	46
Karte	5:	Arbeitsmärkte gemäß Clusterbildung nach der Struktur der Beschäftigten der Wirtschaftsbereiche insgesamt	64
Karte	6:	Arbeitsmärkte gemäß Clusterbildung nach der Struktur der Beschäftigten der Industrie	73
Karte	7:	Bruttowertschöpfung nach Arbeitsmarktregionen	126
Karte	8:	Bruttowertschöpfung nach Arbeitsmarktregionen	127
Karte	9:	Arbeitslosenquoten nach Arbeitsmarktregionen	138
Karte	10:	Durchschnittlicher Arbeitsausfall bei Kurzarbeit	140
Karte	11:	Verhältnis von Kurzarbeitern zu Arbeitslosen	141
Karte	12:	Korrigierte Arbeitslosenquoten nach Arbeitsmarktregionen.	143

Gegenstand der Untersuchung

Ziel der vorliegenden Arbeit ist es, die Regionen der fünf neuen Bundesländer mit anderen Regionen Westdeutschlands sowie der Europäischen Gemeinschaft zu vergleichen. An anderer Stelle[1] ist dargelegt worden, daß

- ein Vergleich von Regionen zunächst die Abgrenzung regionaler Diagnoseeinheiten nach einheitlichen Kriterien voraussetzt;
- regionale Diagnoseeinheiten problemadäquat zu bilden sind, d.h. im vorliegenden Falle, wirtschaftliche Verflechtungen im Raum in bestmöglicher Weise widerspiegeln müssen;
- als regionale Diagnoseeinheiten analytische Arbeitsmarktregionen, die sich als Ergebnis einer Erreichbarkeits- und Verflechtungsanalyse abgrenzen lassen, zu präferieren sind.

Diese Aufgabenstellung ist für das Gebiet der neuen Bundesländer trotz der Defizite bezüglich der Daten lösbar. Die in der Bundesrepublik üblichen Abgrenzungsmethoden sind auf die neuen Bundesländer übertragbar. Die erste zentrale Aufgabe der vorliegenden Arbeit besteht folglich darin, eine "kreisscharfe" Abgrenzung von analytischen Arbeitsmarktregionen nach den Kriterien der Erreichbarkeit und Pendelverflechtung für das Gebiet der neuen Bundesländer vorzunehmen und im Ergebnis einen Abgrenzungsvorschlag für die Arbeitsmarktregionen Ostdeutschlands zu unterbreiten.

Die Arbeitsmarktregionen bieten sich auch als Ausgangsbasis für systematische Vergleiche der Regionen Ostdeutschlands untereinander an. Die zweite Aufgabe der Arbeit besteht folglich darin, im Rahmen einer Typisierung der Arbeitsmarktregionen regionalspezifische Problemlagen in Ostdeutschland zu identifizieren. Hierbei wird sich des Verfahrens der Clusteranalyse bedient. Auf der Basis der durchgeführten Typisierung kann aufgezeigt werden, aufgrund welcher strukturellen Ausgangslagen einzelne Gruppen von Regionen auf dem Gebiet der neuen Bundesländer von den gegenwärtigen Problemen der Strukturanpassung besonders betroffen sind.

---

[1] Vgl. Rheinisch-Westfälisches Institut für Wirtschaftsforschung (Hrsg.), Die Regionen der neuen Bundesländer im Vergleich zu anderen europäischen Regionen. Vorstudie. Gutachten im Auftrag des Bundesministers für Wirtschaft. (Bearbeiter: R. Budde u.a.) Essen 1990.

Die abgegrenzten Arbeitsmarktregionen bilden die räumlichen Diagnoseeinheiten, die dem Vergleich ostdeutscher mit westdeutschen und europäischen Regionen – dem dritten Hauptanliegen dieser Arbeit – zugrundeliegen. Der Vergleich soll Aufschluß über die regionalen Disparitäten in der Bundesrepublik und die wirtschaftliche Stellung der neuen Bundesländer in der Europäischen Gemeinschaft liefern. Hierfür sind zunächst Indikatoren, die auch angesichts der unbefriedigenden Datenlage in Ostdeutschland zur Anwendung gelangen können, auszuwählen. Prinzipiell in Frage hierfür käme sowohl eine direkte als auch indirekte Messung von regionalen Wohlstands- und Einkommensunterschieden. Ebenso könnten sowohl Produktionsergebnisse als auch Produktionsvoraussetzungen erfaßt werden. Hier wird einem direkten Leistungsvergleich der Regionen Ostdeutschlands mit den westdeutschen und europäischen Regionen an Hand von Kriterien, die in nationalen wie internationalen Vergleichen üblich sind, der Vorzug gegeben. Der Vergleich wird auf Basis eines Einkommensindikators, der Bruttowertschöpfung zu Faktorkosten je Einwohner (Wirtschaftsbevölkerung), eines Arbeitsmarktindikators, der Arbeitslosenquote, und eines aus diesen beiden Indikatoren gebildeten Gesamtindikators durchgeführt. Da Vergleiche von Aggregaten der Volkswirtschaftlichen Gesamtrechnungen zwischen Marktwirtschaften und Planwirtschaften ganz besondere methodische Probleme mit sich bringen, ist der spezifische methodische Hintergrund derartiger Vergleiche darzustellen. Primäres Anliegen der Berechnungen ist es, einen verläßlichen Eindruck von den maßgeblichen Größenverhältnissen der mittels der verwendeten Indikatoren gemessenen Disparitäten zu liefern.

Erstes Kapitel

Abgrenzung regionaler Arbeitsmärkte in den neuen Bundesländern

1. Problemstellung

In der regionalen Wirtschaftspolitik sind Regionen keine ex ante vorgegebenen Beobachtungseinheiten. Welcher Regionszuschnitt als problemadäquat anzusehen ist, hängt vielmehr maßgeblich von den Zielsetzungen der Politik, die auf der regionalen Ebene umgesetzt werden sollen, ab. So kann sich die Raumordnungspolitik, der es vornehmlich um eine ausgeglichene Versorgung der Bevölkerung mit Dienstleistungen unterschiedlicher Zentralitätsstufen geht, mit relativ großen "Raumordnungsregionen" begnügen. Da Produktionsfaktoren eine enge räumliche Bindung aufweisen – so ist der Faktor Realkapital als nahezu immobil zu bezeichnen, und auch die Verwendung menschlicher Arbeitskraft ist nur räumlich eingeschränkt möglich –, sind vor allem jene Regionen von wirtschaftspolitischem Interesse, die sich durch die gemeinsame Nutzung eines regionalen Ressourcenpotentials von anderen räumlichen Einheiten abgrenzen lassen und gleichzeitig über die Spezialisierung und die Flexibilität dieses Potentials eine räumliche Schicksalsgemeinschaft bilden.

Um geeignete räumliche Diagnoseeinheiten abzugrenzen, die bei der Konzipierung regionalpolitischer Maßnahmen für die ehemalige DDR zugrundegelegt werden können, sind die im folgenden beschriebenen Arbeitsschritte erforderlich[1].

Zunächst ist in einem ersten Arbeitsschritt das gesamte Gebiet der ehemaligen DDR in regionale Untersuchungseinheiten einzuteilen, die

— eine zuverlässige Diagnose und Prognose des regionalen Entwicklungsstandes erlauben und

---

[1] Die folgenden theoretischen und methodischen Ausführungen basieren weitgehend auf H.-F. Eckey, K. Horn und P. Klemmer, Abgrenzung von regionalen Diagnoseeinheiten für die Zwecke der regionalen Wirtschaftspolitik. Gutachten im Auftrag des Bundesministers für Wirtschaft. Bochum und Kassel 1990. – Vgl. auch dazu Rheinisch-Westfälisches Institut für Wirtschaftsforschung (Hrsg.).

- räumliche Ausstrahlungseffekte von regionalpolitischen Maßnahmen zum Ausdruck bringen.

Werden z.B. Umlandgemeinden von ihrem Zentrum getrennt ausgewiesen, so wird die Arbeitsplatzausstattung des Zentrums als zu gut, die des Umlands dagegen als zu gering dargestellt. Ähnliche Verzerrungseffekte sind auch beim Bruttoinlandsprodukt feststellbar. Je nach gewählter Regionalisierung können Wirtschaftsräume als "gesund" oder "krank" erscheinen. Daher ist die problemadäquate Regionalisierung eine wichtige Voraussetzung für die Ausarbeitung und Bewertung von Maßnahmen der regionalen Wirtschaftsförderung. Von der Art der Regionalisierung ist die Abgrenzung jener Wirtschaftsräume abhängig, die im Rahmen der regionalen Strukturpolitik als förderungsbedürftig gelten[2]. Als problemadäquat werden nach übereinstimmender Auffassung in der Literatur regionale Arbeitsmärkte, d.h. die Zusammenfassung von Arbeitsmarktzentren mit ihrem Umland, angesehen, da der Faktor Arbeit als einziger Produktionsfaktor zumindest kleinräumig eine kurzfristige, wenn auch beschränkte Mobilität aufweist.

Geht man von der Zielsetzung der regionalen Strukturpolitik aus, daß der erwerbsfähigen und -willigen Wohnbevölkerung in zumutbarer Pendelentfernung vom Heimatort in quantitativer und qualitativer Hinsicht ausreichend Arbeitsplätze zur Verfügung stehen sollen, so gilt es,

- Arbeitsmarktzentren zu definieren,
- das funktional auf das Zentrum ausgerichtete Umland diesem zuzuordnen,
- darauf zu achten, daß nur solches Umland zugeordnet wird, das vom Zentrum ausgehend innerhalb einer Zeitisochrone liegt, die durch die zumutbare Pendelentfernung beschrieben wird.

Derartige Regionen gestatten gleichzeitig die Analyse von Produktionsgesetzmäßigkeiten und erlauben somit auch eine Regionalbewertung unter dem Aspekt interregionaler Wettbewerbsfähigkeit.

Die Bestimmung von Einzugsbereichen innerhalb einer gesetzten Zeitisochrone geschieht im Rahmen einer Erreichbarkeits-, die Zuordnung des Umlandes aufgrund von Berufspendlerverflechtungen im Rahmen einer Verflechtungsanalyse. Die Erreichbarkeitsanalyse gibt in diesem Kontext Antwort auf die Frage: "Wieviel Zentren mit Einzugsbereichen müssen ausgewiesen werden, damit jeder Ort

---

[2] Will man etwa die Versorgung der Bevölkerung im erwerbsfähigen Alter mit Arbeitsplätzen ermitteln und benutzt hierzu die Relation "Arbeitsplatz/Einwohner im Alter von 15 bis 63 Jahren · 100", so nimmt bei der Verwendung von Kreisen als regionale Beobachtungseinheiten nach den Ergebnissen der Volks- und Arbeitsstättenzählung 1987 die Stadt Schweinfurt mit 169,9 den ersten Rangplatz, der Landkreis Schweinfurt mit 27,3 die letzte Rangposition aller Kreise der ehemaligen Bundesrepublik ein. Dies bedeutet selbstverständlich keinen Arbeitsplatzüberschuß im Stadtkreis und einen Arbeitsplatzmangel im Landkreis, sondern liegt an intensiven Berufspendlerverflechtungen zwischen beiden Regionen. Zu sinnvoll interpretierbaren Ergebnissen kommt man nur dann, wenn man beide Untersuchungseinheiten (und evtl. weitere Umlandkreise) zu einer Region zusammenfaßt.

innerhalb einer Volkswirtschaft in zumutbarer Pendelentfernung zu einem Arbeitsmarktzentrum liegt?" Dagegen beschäftigt sich die Verflechtungsanalyse mit der Problemstellung: "Welche Verflechtungsbereiche lassen sich innerhalb einer Volkswirtschaft aufgrund der zwischen den Gemeinden gegebenen Berufspendlerbeziehungen abgrenzen?"

Damit hat die Erreichbarkeitsanalyse einen starken normativen Bezug, während die Verflechtungsanalyse real existierende Beziehungen beschreibt. Es ist zu beachten, daß beide Vorgehensweisen nicht im Konflikt zueinander stehen, sondern sich durchaus sinnvoll ergänzen. Aus diesem Grunde bietet es sich in Zeiten stabiler Raumverflechtungen an, in einem dritten Arbeitsschritt eine Kombination beider Verfahren durchzuführen[3].

Im Rahmen der im folgenden beschriebenen Erreichbarkeitsanalyse sind mehrere Arbeitsschritte erforderlich:

– Es müssen Arbeitsmarktzentren als Mittelpunkte räumlicher Verflechtungsbereiche bestimmt werden. Hierzu ist es sinnvoll, die Gemeinden der neuen Bundesländer, gereiht nach dem Grad ihrer Arbeitsmarktzentralität, so lange als Arbeitsmarktzentren auszuweisen, bis das gesamte Umland, bezogen auf das Arbeitsmarktzentrum, sich in zumutbarer Pendelentfernung befindet.

– Um herausfinden zu können,

– ob die ausgewiesenen potentiellen regionalen Arbeitsmarktzentren eine flächendeckende Versorgung der Bevölkerung mit Arbeitsplätzen innerhalb einer zumutbaren Pendelzeit, die im folgenden mit 45 Minuten angesetzt wird, ermöglichen,

– welchen regionalen Wachstumspolen aufgrund ihrer Anziehungskraft die umliegenden regionalen Beobachtungseinheiten[4] jeweils als Einzugsbereiche zuzuordnen sind,

müssen die Fahrzeiten zwischen den Quell- und Zielpunkten eines Gesamtraums errechnet werden; zu diesem Zweck ist auf ein (digitalisiertes) Verkehrsnetz zurückzugreifen, das eine realitätsnahe Abbildung der Erreichbarkeit von Zentren erlaubt.

Ausgangspunkt der Verflechtungsanalyse sind die Berufspendlerbeziehungen zwischen den regionalen Beobachtungseinheiten einer Volkswirtschaft. Ziel der Untersuchung der Pendlerverflechtung ist es, jene Gemeinden, die eng funktional miteinander verflochten sind, so zu regionalen Arbeitsmärkten zusammenzufas-

---

[3] Nach gleichem Muster wurde auch im Rahmen eines im Auftrag des Unterausschusses der Gemeinschaftsaufgabe "Verbesserung der regionalen Wirtschaftsstruktur" durchgeführten Forschungsprojektes verfahren. Vgl. H.-F. Eckey, K. Horn und P. Klemmer.

[4] Da im Rahmen der Gemeinschaftsaufgabe "Verbesserung der regionalen Wirtschaftsstruktur" Kreisaggregate als regionale Beobachtungseinheiten zugrunde gelegt werden, wird im folgenden auch für den Raum der fünf neuen Bundesländer so verfahren. Der relativ kleine Zuschnitt der Kreise erleichtert dabei eine solche Approximation.

sen, daß die innerhalb (zwischen) den letzteren auftretenden Berufspendlerbeziehungen maximiert (minimiert) werden.

Die Analyse der Berufspendlerverflechtung muß sich derzeit auf Daten stützen, die aus der Zeit der DDR stammen. Gegen die alleinige Abgrenzung regionaler Arbeitsmärkte mit Daten, die die Pendlerverflechtungen für die Zeit vor der Wiedervereinigung zum Ausdruck bringen, spricht aber, daß

- durch die Einführung der Marktwirtschaft eine räumliche Umgewichtung des Arbeitsplatzangebotes stattfinden wird, die Verflechtungen im Raum sich also wahrscheinlich deutlich ändern werden;
- erhebliche Änderungen der wirtschaftsräumlichen Verflechtungen mit dem Fall der innerdeutschen Grenzen einhergingen; bereits jetzt haben sich bedeutende – allerdings statistisch nicht genau erfaßte – Pendelverflechtungen über die frühere Demarkationslinie zwischen ehemaliger DDR und altem Bundesgebiet bzw. Berlin (West) herausgebildet, die teils an historische Verflechtungen anknüpfen, teils neue begründen;
- sich das Pendlerverhalten in der DDR bislang signifikant von dem in der bisherigen Bundesrepublik unterschied (Pendelzeit, gewähltes Verkehrsmittel), in Zukunft aber mit einer Angleichung an westdeutsche Verhältnisse zu rechnen ist.

Aus diesen Gründen soll im folgenden der Abgrenzung regionaler Arbeitsmärkte in den fünf neuen Bundesländern mit Hilfe einer Erreichbarkeitsanalyse die Priorität eingeräumt werden. Dort allerdings, wo das mögliche Arbeitsmarktzentrum bezüglich der Bevölkerungszahl, der Einwohnerdichte und der Lage deutliche Schwächen aufweist, soll in einem zweiten Schritt ergänzend eine Zuordnung zu einem benachbarten Zentrum erfolgen, wenn die Pendlerzahlen dies eindeutig rechtfertigen.

2. Erreichbarkeitsanalyse

2.1. Arbeitsschritte

2.1.1. Festlegung der Arbeitsmarktzentralitäten

Im Rahmen der Erreichbarkeitsanalyse soll – wie ausgeführt – auf die Fragen eingegangen werden,

- wie viele Arbeitsmarktzentren in Ostdeutschland ausgewiesen werden müssen, damit jeder Nachfrager nach Beschäftigungsmöglichkeiten in zumutbarer Pendelentfernung von 45 Minuten ein solches Zentrum erreichen kann,
- welche Gemeinden solche Arbeitsmarktzentren darstellen,
- welchen Arbeitsmarktzentren die Kreise der fünf neuen Bundesländer zugeordnet werden können.

Die erste und zweite Frage implizieren die Analyse der Theorie regionaler Wachstumspole, während die dritte Frage eine Beschäftigung mit der Attraktion von Zentren für das Umland mit sich bringt.

Die räumliche Konzentration ökonomischer Aktivitäten führt zu positiven Wachstumsimpulsen, die als Agglomerationseffekte zusammengefaßt werden; sie äußern sich im einzelnen in steigenden Skalenerträgen sowie in Lokalisierungs- und Urbanisierungsvorteilen[5]. Damit diese Effekte zum Tragen kommen, muß eine Gemeinde eine bestimmte Mindestgröße aufweisen, um die Funktion eines regionalen Wachstumspols erfüllen zu können. Über die Mindest- bzw. optimale Größe eines derartigen Wachstumspols sind in der Literatur unterschiedliche Angaben zu finden, die bei 20 000 Einwohnern für die Mindestgröße beginnen und bei 500 000 Einwohnern für die optimale Größe enden.

Für jeden Kreis auf dem Gebiet der ehemaligen DDR wurde die Gemeinde mit der größten Einwohnerzahl bestimmt; sie gilt als potentielles Arbeitsmarktzentrum. Wie Karte 1 zeigt, konzentrieren sich Gemeinden, die das Kriterium der minimalen oder sogar optimalen Größe regionaler Wachstumspole erfüllen, in der – im Vergleich zum Norden wesentlich dichter besiedelten – südlichen Hälfte Ostdeutschlands, in Sachsen, Sachsen-Anhalt und Thüringen. Vor allem in Mecklenburg-Vorpommern, aber auch im weiteren Umland von Berlin fällt es häufig schwer, regionale Arbeitsmärkte mit einem leistungsfähigen Zentrum abzugrenzen, ohne gegen das Kriterium der zumutbaren Pendelentfernung zu verstoßen.

2.1.2. Berechnung von Anbindungskoeffizienten

Bei der Zuordnung der Kreise zu den potentiellen Arbeitsmarktzentren wird in Anlehnung an gravitationstheoretische Ansätze[6] davon ausgegangen, daß ein Zentrum j für eine andere Raumeinheit i um so attraktiver ist, je

– größer die Arbeitsmarktzentralität von j ist,

– geringer die Fahrzeit ist, die man braucht, um von i nach j zu gelangen.

– Für jeden Kreis i wird daher in Bezug auf jedes Haupt- und Nebenzentrum, das innerhalb von 60 Minuten erreichbar ist, ein Anbindungskoeffizient A_{ij} errechnet

(1) $$A_{ij} = AZ_j / d_{ij}^c$$

---

[5] Eine ausführliche Auseinandersetzung mit der Theorie regionaler Wachstumspole sowie ihrer empirischen Überprüfung findet sich bei H.-F. Eckey und P. Klemmer, Überprüfung des Systems der Schwerpunktorte im Rahmen der Gemeinschaftsaufgabe "Verbesserung der regionalen Wirtschaftsstruktur". Gutachten im Auftrag der Gemeinschaftsaufgabe "Verbesserung der regionalen Wirtschaftsstruktur". Sprockhövel und Schauenburg 1985.

[6] Ein Überblick über die gravitationstheoretischen Ansätze findet sich in D. Meinke, Regionale Interaktionsmodelle – gravitations- und potentialorientierte Ansätze. In: Akademie für Raumforschung und Landesplanung (Hrsg.) [I], Methoden der empirischen Regionalforschung. 2. Teil. (Forschungs- und Sitzungsberichte, Band 105.) Hannover 1975, S. 23 ff.

Karte 1

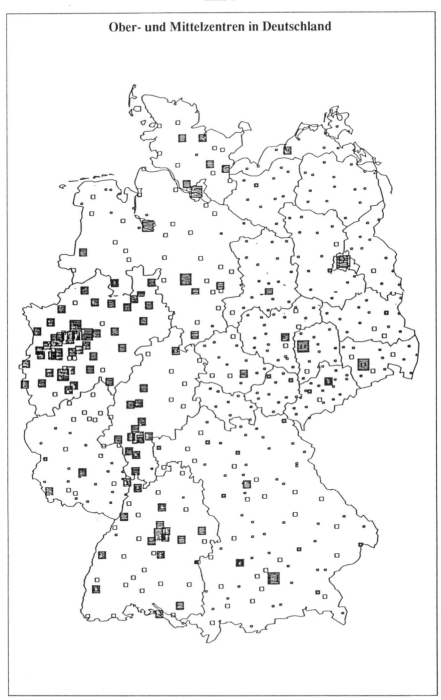

mit
i : zuzuordnende Gemeinde i,
j : Arbeitsmarktzentrum j,
A : Anbindungsintensität,
AZ : Arbeitsplatzzentralität,
d : Zeitentfernung,
c : Exponentialkoeffizient.

Die Diskussion um den Exponentialkoeffizienten c der Entfernung war in der Literatur sehr lebhaft und führte zu der Erkenntnis, daß dieser Koeffizient kein Datum darstellt, sondern insbesondere von dem mit der Fahrt verbundenen Zweck abhängt[7]. Der "Erfinder" von räumlichen Interaktionsmodellen, Reilly[8], ging in Analogie zum Gravitationsgesetz von Newton von einem Exponentialkoeffizienten von 2 aus; er wird auch hier benutzt, da sich der empirisch ermittelte Wert aufgrund der effektiven Pendlerbewegungen[9] nicht signifikant von dieser Ausprägung unterscheidet.

Um Gleichung (1) auffüllen zu können, bleibt die Bestimmung der Zeitentfernungen d_{ij}. Hierzu ist es notwendig, auf ein digitalisiertes Verkehrsnetz zurückzugreifen, das eine realitätsnahe Abbildung der Erreichbarkeit von Zentren erlaubt[10]. Dieses digitalisierte Verkehrswegenetz für die Straße, in das alle kreisfreien Städte und Kreisstädte einjustiert sind, ist Karte 2 zu entnehmen. Für das Gebiet der ehemaligen DDR wurden 940 Kanten digitalisiert, von denen sich 154 auf Autobahnen, 667 auf Fernstraßen, 118 auf Landstraßen und 1 auf Fähren beziehen. Anschließend wurden die einzelnen Kanten in 7 Klassen eingeteilt, die jeweils durch die Geschwindigkeit charakterisiert sind, die ein PKW auf ihnen erreichen kann. Die Kategorien und die dazu gehörigen Geschwindigkeiten können der Übersicht entnommen werden.

Geht man von dem oben erläuterten Straßennetz der ehemaligen DDR und den für die einzelnen Kanten unterstellten Fahrgeschwindigkeiten aus[11], so lassen sich für ausgesuchte Zielorte (potentielle Arbeitsmarktzentren) Verkehrswegebäume zeichnen, die die zeitminimalen Wege und die mit ihnen verbundenen Fahrzeiten

---

[7] So führten Modellrechnungen zu dem Ergebnis, daß der Exponent für Güter des aperiodischen Bedarfs bei 1,5 liegt, während er bei Gütern des täglichen Bedarfs auf 4 ansteigt. Vgl. H. Knoblich, H.-W. Niemeyer und D. Lippold, Die Erforschung konsumwirtschaftlicher Einflußbereiche zentraler Orte mit Hilfe gravitationstheoretischer Modellansätze dargestellt am Beispiel der Einzugsgebiete Salzgitter-Lebenstedt und Göttingen. "Neues Archiv für Niedersachsen", Braunschweig, Jg. 25 (1976), Heft 2, S. 95 ff.

[8] Vgl. W.J. Reilly, The Law of Retail Gravitation. New York 1931.

[9] Eigene Berechnungen aufgrund der Berufspendlerbewegungen in der Bundesrepublik im Jahr 1987.

[10] Ein solches Verkehrswegenetz für die Straße und die Schiene für das Gebiet des vereinigten Deutschland wurde am Fachgebiet "Empirische Wirtschaftsforschung" der Universität Kassel entwickelt.

[11] Die Vollständigkeit des Netzes sowie die angesetzten Fahrgeschwindigkeiten wurden von Dr. Ahner, Verkehrswissenschaftliches Institut der Hochschule für Bauwesen und Architektur in Weimar, überprüft, ergänzt und – wenn notwendig – geändert.

Karte 2

Straßenverkehrsnetz in Deutschland

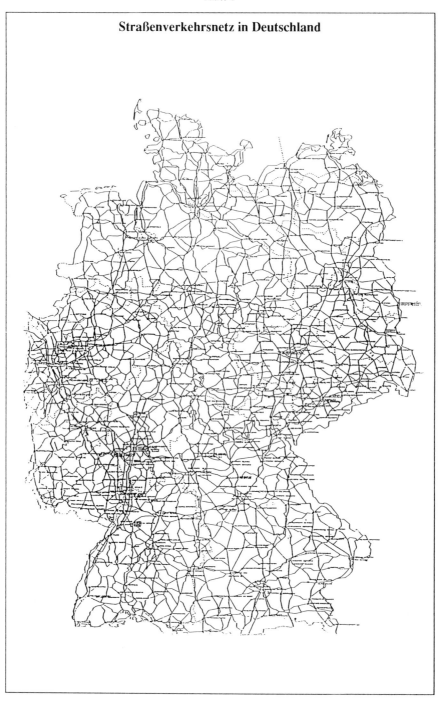

Übersicht

Fahrgeschwindigkeiten nach Straßenkatagorien	
Straßenkategorie	Angesetzte Geschwindigkeit
Autobahn frei	90 km/h
Autobahn Verdichtungsraum	70 km/h
Mehrspurig frei	80 km/h
Mehrspurig Verdichtungsraum	60 km/h
Sehr gut ausgebaut	70 km/h
Inner- und außerörtlich topographisch schwierig	30 km/h
Sonstige	50 km/h

RWI ESSEN

zum Ausdruck bringen. Von besonderem Interesse sind dabei jene Quellorte, deren Pendelzeit zum Zentrum weniger als 45 Minuten beträgt.

Damit liegen alle notwendigen Informationen vor, um die zur Bestimmung der regionalen Arbeitsmärkte grundlegenden Anbindungskoeffizienten berechnen zu können.

Beispiel: Die (unterstellte) Fahrzeit von Arnstadt nach Erfurt beträgt im Individualverkehr 22,8 Minuten. Da Erfurt eine Einwohnerzahl von 217 035 hat, ist der Anbindungskoeffizient von Arnstadt an Erfurt $A_{AE} = 217\,035 / 22{,}8^2 = 417{,}5$.

2.1.3. Zusammenfassung benachbarter Kreise zu Arbeitsmarktregionen

Ist der Anbindungskoeffizient eines Kreises i an ein Zentrum j deutlich größer als die übrigen errechneten Kennziffern und das Zentrum innerhalb von 45 Minuten erreichbar, so ist die Zuordnung eindeutig; i wird dem regionalen Arbeitsmarkt j zugeordnet.

Fortsetzung des Beispiels: Der nächsthöhere Anbindungskoeffizient Arnstadts beträgt 190,0 in Richtung Weimar. Da 417,5 deutlich größer als 190,0 ist, kommt für Arnstadt nur eine Zuordnung, nämlich diejenige zu Erfurt, in Frage.

Nicht in allen Fällen ist die Zuordnung so eindeutig; es treten zweit- und drittbeste Möglichkeiten auf, die der erstbesten Lösung fast gleichwertig sind. Dies ist etwa dann der Fall, wenn

1. mehrere fast gleich hohe Anbindungskoeffizienten errechnet werden;

2. die Anbindung an ein attraktives Zentrum absolut dominierend ist, aber gegen die restriktive Nebenbedingung der zumutbaren Pendelentfernung geringfügig verstoßen wird.

In diesen Fällen wird wie folgt verfahren:

Zu 1: Konkurrieren zwei Zentren j und k um einen Kreis i und sind beide innerhalb von 45 Minuten erreichbar, so wird i dem Zielort zugeordnet, für den die maximale Anbindung errechnet wird.

Ist $A_{ij} > A_{ik}$ und $A_{ik} > A_{ij} / 2$, so gehört i zur Region j; die Zuordnung zu k wird als mögliche und zweitbeste Variante mit ausgewiesen.

Existiert ein drittes Zentrum l mit $d_{il} < 45$ Minuten und gilt $A_{ij} > A_{il}$ sowie $A_{il} > A_{ij} / 3$, so gilt eine Zuordnung zu l als drittbeste Lösung und wird ebenfalls ausgewiesen.

> Fortsetzung des Beispiels: Der Anbindungskoeffizient von Apolda an Weimar (Jena) beträgt 190 (128) bei einer Fahrzeit von 19 (29) Minuten. Da $A_{AW} > A_{AJ}$ bei $d_{AW} < 45$, gehört Apolda zur Arbeitsmarktregion Weimar. Jena wird als zweitbeste Lösung ausgewiesen, da $A_{AJ} > A_{AW} / 2$ und $d_{AJ} < 45$ ist.

Zu 2: Ist die Anbindung eines Kreises i an ein Zentrum j mehr als doppelt so stark als bei der zweitintensivsten Verbindung, so wird i auch dann an j angebunden und nicht an k, wenn die notwendige Fahrzeit mehr als 45, aber höchstens 60 Minuten beträgt[12]. Die Möglichkeit einer Verschmelzung mit k wird als zweitbeste Lösung ausgewiesen.

> Fortsetzung des Beispiels: Ilmenau hat mit 104 den höchsten Anbindungskoeffizienten an Erfurt; die errechnete Fahrzeit beträgt 46 Minuten. Da in Richtung auf das innerhalb von 45 Minuten (knapp) erreichbare Suhl eine weniger als halb so hohe Anbindungsintensität besteht, wird Ilmenau Erfurt zugeordnet; als zweitbeste Variante wird die Vereinigung mit Suhl angegeben.

Tabelle A1 im Anhang gibt eine Übersicht über die relative Eignung der Alternativen bei der Zuordnung der Kreise zu Zentren für den Analysezweck.

2.2. Eine erste Abgrenzung regionaler Arbeitsmärkte in Ostdeutschland

In Karte 3 ist die "kreisscharfe" Abgrenzung der analytischen Arbeitsmarktregionen auf Basis der Erreichbarkeitsanalyse dargestellt. Aus Tabelle 1 ist im Detail ersichtlich, welche Kreise welchen Arbeitsmarktregionen bzw. -teilregionen auf der Grundlage der beschriebenen Erreichbarkeitsanalyse zugeordnet wurden. Vernachlässigt man jene sechs Kreise, die sich wahrscheinlich in Richtung auf Arbeitsmarktzentren orientieren werden, die in der alten Bundesrepublik liegen (Grevesmühlen, Klötze, Heiligenstadt, Worbis, Sonneberg und Lobenstein), so läßt sich Ostdeutschland in 51 regionale Arbeitsmärkte unterteilen. Sie entspre-

---

[12] So wurde vor allem bei der Zuordnung von Kreisen in der Umgebung dominierender Zentren (Berlin, Leipzig, Dresden) und im extrem dünnbesiedelten ländlichen Raum des Nordens mit deutlichen siedlungsstrukturellen Defiziten verfahren.

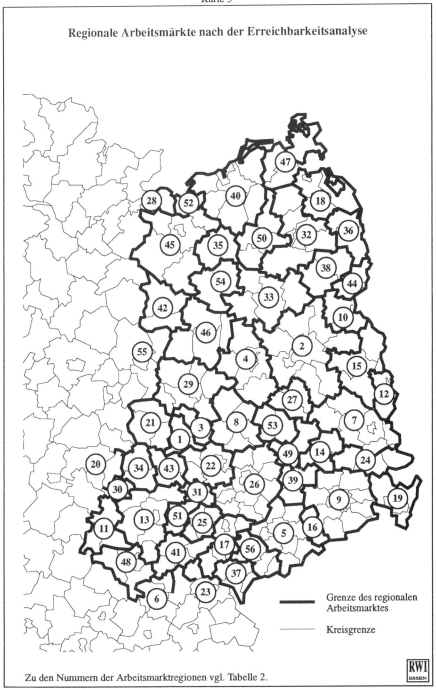
Karte 3

Regionale Arbeitsmärkte nach der Erreichbarkeitsanalyse

Zu den Nummern der Arbeitsmarktregionen vgl. Tabelle 2.

Tabelle 1

Abgrenzung der Arbeitsmarktregionen nach der Erreichbarkeitsanalyse

Arbeitsmarkt	Kreis	Arbeitsmarkt	Kreis
Aschersleben	Aschersleben	Eisenhüttenstadt	Eisenhüttenstadt (L)
	Hettstedt		Eisenhüttenstadt (S)
Berlin	Berlin (Ost)		Guben
	Berlin (West)	Erfurt	Arnstadt
	Bernau		Bad Langensalza
	Königs-Wusterhausen		Erfurt (L)
	Nauen		Erfurt (S)
	Oranienburg		Gotha
	Potsdam (L)		Ilmenau
	Potsdam (S)		Sömmerda
	Strausberg	Finsterwalde	Bad Liebenwerda
	Zossen		Finsterwalde
Bernburg	Bernburg	Frankfurt/Oder	Beeskow
	Staßfurt		Frankfurt(Oder) (S)
Brandenburg	Belzig		Fürstenwalde
	Brandenburg (L)		Seelow
	Brandenburg (S)	Freiberg	Brand-Erbisdorf
	Genthin		Freiberg
	Rathenow	Gera	Gera (L)
Chemnitz	Annaberg		Gera (S)
	Chemnitz (L)		Greiz
	Chemnitz (S)		Schleiz
	Flöha		Schmölln
	Glauchau		Zeulenroda
	Hainichen	Greifswald	Anklam
	Hohenstein-Ernstthal		Greifswald (L)
	Marienberg		Greifswald (S)
	Rochlitz		Wolgast
	Stollberg	Görlitz	Bautzen
	Zschopau		Görlitz (L)
Coburg	Sonneberg		Görlitz (S)
Cottbus	Calau		Löbau
	Cottbus (L)		Niesky
	Cottbus (S)		Zittau
	Forst	Göttingen	Heiligenstadt
	Luckau		Worbis
	Lübben	Halberstadt	Halberstadt
	Spremberg		Quedlinburg
Dessau	Bitterfeld		Wernigerode
	Dessau (S)	Halle	Eisleben
	Gräfenhainichen		Halle(Saale) (S)
	Köthen		Merseburg
	Roßlau		Querfurt
	Zerbst		Saalkreis
Dresden	Bischofswerda	Hof	Lobenstein
	Dippoldiswalde	Hoyerswerda	Hoyerswerda
	Dresden (S)		Senftenberg
	Dresden (L)		Weißwasser
	Freital	Jena	Eisenberg
	Großenhain		Jena (L)
	Kamenz		Jena (S)
	Meißen		Stadtroda
	Pirna	Leipzig	Altenburg
	Sebnitz		Borna
Eberswalde	Bad Freienwalde		Delitzsch
	Eberswalde		Eilenburg
Eisenach	Bad Salzungen		Geithain
	Eisenach		Grimma
	Schmalkalden		Hohenmölsen

noch Tabelle 1

Abgrenzung der Arbeitsmarktregionen nach der Erreichbarkeitsanalyse

Arbeitsmarkt	Kreis	Arbeitsmarkt	Kreis
noch Leipzig	Leipzig (L)	noch Rostock	Rostock (S)
	Leipzig (S)		Teterow
	Weißenfels	Saalfeld	Neuhaus am Rennweg
	Wurzen		Pößneck
	Zeitz		Rudolstadt
Luckenwalde	Jüterbog		Saalfeld
	Luckenwalde	Salzwedel	Lüchow-Dannenberg
Lübeck	Grevesmühlen		Salzwedel
Magdeburg	Burg	Sangerhausen	Artern
	Haldensleben		Sangerhausen
	Magdeburg (S)	Schwedt	Angermünde
	Oschersleben		Schwedt (S)
	Schönebeck	Schwerin	Gadebusch
	Wanzleben		Hagenow
	Wolmirstedt		Ludwigslust
Mülhausen	Mühlhausen		Schwerin (L)
	Werra-Meißner		Schwerin (S)
Naumburg	Naumburg		Sternberg
	Nebra	Stendal	Gardelegen
Neubrandenburg	Altentreptow		Havelberg
	Demmin		Osterburg
	Neubrandenburg (L)		Stendal
	Neubrandenburg (S)	Stralsund	Grimmen
	Neustrelitz		Rügen
	Strasburg		Stralsund (L)
Neuruppin	Gransee		Stralsund (S)
	Kyritz	Suhl	Hildburghausen
	Neuruppin		Meiningen
	Wittstock		Suhl (L)
Nordhausen	Nordhausen		Suhl (S)
	Sondershausen	Torgau	Herzberg
Parchim	Lübz		Torgau
	Parchim	Waren	Malchin
Pasewalk	Pasewalk		Röbel/Müritz
	Ueckermünde		Waren
Plauen	Auerbach	Weimar	Apolda
	Klingenthal		Weimar (L)
	Ölsnitz		Weimar (S)
	Plauen (S)	Wismar	Wismar (L)
Plauen	Plauen (L)		Wismar (S)
Prenzlau	Prenzlau	Wittenberg	Jessen
	Templin		Wittenberg
Riesa	Döbeln	Wittenberge	Perleberg
	Oschatz		Pritzwalk
	Riesa	Wolfsburg	Klötze
Rostock	Bad Doberan	Zwickau	Aue
	Bützow		Reichenbach
	Güstrow		Schwarzenberg
	Ribnitz-Damgarten		Werdau
	Rostock (L)		Zwickau (S)
			Zwickau (L)

Es bedeuten: L: Landkreis, S: Stadtkreis.

RWI ESSEN

Tabelle 2

Kennziffern der Arbeitsmarktregionen nach der Erreichbarkeitsanalyse
31. Dezember 1989

Nr.	Arbeitsmarkt	Einwohner	Fläche in km^2	Bevölkerung je km^2
1	Aschersleben	119759	848	141
2	Berlin	4003190	6412	624
3	Bernburg	144230	775	186
4	Brandenburg	264916	3370	79
5	Chemnitz	965804	2847	339
6	Coburg	57854	306	189
7	Cottbus	370326	3558	104
8	Dessau	417956	2635	159
9	Dresden	1168187	4119	284
10	Eberswalde	118086	1302	91
11	Eisenach	267552	1736	154
12	Eisenhüttenstadt	115061	972	118
13	Erfurt	651482	3321	196
14	Finsterwalde	108501	1245	87
15	Frankfurt	267669	2855	94
16	Freiberg	115443	664	174
17	Gera	346776	1718	202
18	Greifswald	191246	1934	99
19	Görlitz	448468	2252	199
20	Göttingen	118364	943	126
21	Halberstadt	280679	1940	145
22	Halle	607827	1911	318
23	Hof	28525	356	80
24	Hoyerswerda	284085	1791	159
25	Jena	205641	940	219
26	Leipzig	1273742	4003	318
27	Luckenwalde	79741	1354	59
28	Lübeck	41220	667	62
29	Magdeburg	623676	3557	175
30	Mülhausen	205243	1599	128
31	Naumburg	83584	666	126
32	Neubrandenburg	263635	3890	68
33	Neuruppin	166683	3592	46
34	Nordhausen	162263	1312	124
35	Parchim	73555	1377	53
36	Pasewalk	93108	1633	57
37	Plauen	238054	1183	201
38	Prenzlau	78640	1791	44
39	Riesa	237334	1249	190
40	Rostock	538214	4541	119
41	Saalfeld	215956	1538	140
42	Salzwedel	94163	2098	45
43	Sangershausen	132711	1163	114
44	Schwedt	86738	991	88
45	Schwerin	342215	4726	72
46	Stendal	202180	3360	60
47	Stralsund	220121	2237	98
48	Suhl	228573	1855	123
49	Torgau	92078	1279	72
50	Waren	110582	2204	50
51	Weimar	154371	837	184
52	Wismar	90013	629	143
53	Wittenberg	124948	1230	102
54	Wittenberg	105359	1828	58
55	Wolfsburg	28769	611	47
56	Zwickau	498186	1315	379

Eigene Berechnungen.

RWI ESSEN

chen in der Größenordnung jenen auf dem Gebiet der alten Bundesrepublik[13]; mit im Durchschnitt ca. 350 000 Einwohnern (2 100 km^2) sind sie jedoch etwas kleiner (größer).

Tabelle 2 vermittelt eine Übersicht über Wohnbevölkerung, Fläche und Bevölkerungsdichte der Arbeitsmarktregionen. Im größten regionalen Arbeitsmarkt Berlin leben 4 Mill. Einwohner auf 6 400 km^2 Fläche (einschließlich des Westteils der Stadt); mehr als 500 000 Einwohner haben außerdem noch die Arbeitsmärkte Leipzig, Dresden, Chemnitz, Erfurt, Magdeburg, Halle und Rostock. Dagegen haben Salzwedel, Pasewalk, Torgau, Wismar, Schwedt, Naumburg, Luckenwalde, Prenzlau und Parchim weniger als 100 000 Einwohner, wobei Parchim mit 73 555 Personen die letzte Rangposition einnimmt.

Die hohe Einwohnerzahl der führenden Arbeitsmärkte basiert u.a. darauf, daß – wie oben ausgeführt – Fahrzeiten bis zu 60 Minuten als zumutbar angesehen werden, wenn hierdurch ein überragendes Zentrum erreicht werden kann. Wenn generell 45 Minuten zugrunde gelegt würden, ergäben sich einige Veränderungen.

3. Modifikation der Ergebnisse mit Hilfe einer Pendleranalyse

3.1. Datenbasis

Um die normativ gebildeten Räume an die faktischen Gegebenheiten anzupassen, ist die Erreichbarkeitsanalyse durch eine Analyse der Pendelverflechtungen zu ergänzen. Bezüglich der fünf neuen Bundesländer und des Ostteils von Berlin stellt sich zunächst die Frage nach dem erforderlichen Datenmaterial. Berufspendlerbeziehungen zwischen Quell- und Zielorten wurden für das Gebiet der ehemaligen DDR im Rahmen der Volkszählungen in den Jahren 1971 und 1981 erhoben. Hierbei wurden die Berufspendlerbewegungen, welche die Kreisgrenzen der Stadt- und Landkreise überschritten, ermittelt. In der ehemaligen DDR wurden für das Jahr 1981 zunächst nur summarische Ein- und Auspendlerdaten veröffentlicht, die Nennung von Quell- und Zielorten unterblieb aus Gründen der Geheimhaltung. Diese Angaben liegen für die kreisüberschreitenden Pendelwanderungen der Berufstätigen aber mittlerweile vor[14]. Die Daten liefern ein vollständiges Bild von den Pendelverflechtungen zum Zeitpunkt der Volkszählung. An der Zuverlässigkeit sowohl der Primärdatenerhebung als auch der Verarbeitung der Ausgangsdaten bestehen keine Zweifel[15].

Die zeitliche Diskrepanz von acht Jahren zum Bezugsjahr 1989 erscheint für westdeutsche Betrachter insofern als problematisch, als in der Zwischenzeit erhebliche

---

[13] Bei einer fast viermal so großen Einwohnerzahl und der 2,5-fachen Gesamtfläche bestehen in der alten Bundesrepublik 166 kreisscharf abgegrenzte regionale Arbeitsmärkte.
[14] Sonderaufbereitung des damaligen Statistischen Amts der DDR für die vorliegenden Untersuchungen vom Juli 1990.
[15] Die Bevölkerungsstatistik der ehemaligen DDR kann im Gegensatz zur Wirtschaftsstatistik als zuverlässig bezeichnet werden.

Veränderungen der regionalen Pendlerströme eingetreten sein könnten. Tatsächlich jedoch waren die Veränderungen unter den planwirtschaftlichen Bedingungen der DDR weitaus geringer, als es entsprechende Veränderungen in einem vergleichbaren Zeitraum in der bisherigen Bundesrepublik gewöhnlich waren[16]. Hierfür sind besonders zwei Gründe anzuführen, die Arbeitskräfteplanung und -lenkung des Staates und die staatliche Wohnraumbewirtschaftung:

– Obwohl das Prinzip der freien Arbeitsplatzwahl galt, wurde die Mobilität der Arbeitskräfte auf vielfältige Weise beschränkt. Hier wäre das an die Adresse von Betriebsleitungen gerichtete Verbot zu nennen, offen um Arbeitskräfte zu werben, ferner die Hochschulabsolventenlenkung und die Koppelung von Studiumsdelegierung mit der Verpflichtung, nach Abschluß der Ausbildung eine bestimmte Mindestzeit im Betrieb zu arbeiten. Mobilitätshemmende Einflüsse sind dem System der "Kaderakten" zuzuschreiben, das den Arbeitsplatzwechsel ebenso behindern konnte wie – stets versteckte – Interventionen des Staatssicherheitsdienstes. Auch die Rolle, die dem "Arbeitskollektiv" zugesprochen wurde, hat zu einer für westliche Verhältnisse ungewohnten Verstetigung bestehender Beschäftigungsstrukturen beigetragen.

– Der notorische Wohnungsmangel hätte schon allein ausgereicht, den Umzug in andere Gemeinden zu erschweren. Die Wohnraumlenkung wirkte sich zusätzlich hemmend auf die Abwanderung Umzugswilliger in andere Ortschaften aus. In der Regel war die Intervention des Betriebes, in dem der wohnungssuchende Arbeitnehmer beschäftigt war, notwendig, um in dem gewünschten Wohnort überhaupt in die Liste der Wohnungssuchenden aufgenommen zu werden. Relativ unproblematisch stellte sich die Wohnungssuche nur für Angehörige bestimmter Berufsgruppen – z.B. Offiziere der Nationalen Volksarmee, Angehörige des Parteiapparats – dar.

3.2. Pendlerströme innerhalb und zwischen den Arbeitsmarktregionen

In einem ersten Schritt wurden für die in der Erreichbarkeitsanalyse abgegrenzten Arbeitsmarktregionen die kreisüberschreitenden Pendlerströme analysiert. Ziel der Abgrenzung der Arbeitsmärkte muß es sein, daß für einen möglichst hohen Anteil der Erwerbstätigen Wohnungs- und Arbeitsregion zusammenfallen, die Pendelbewegungen über die Grenzen der Arbeitsmärkte hinweg also möglichst gering werden. So werden die bestehenden Arbeitsmarktverflechtungen am ehesten deutlich. Aus Tabelle 3 wird deutlich, daß die als Resultat der Erreichbarkeitsanalyse vorliegende Abgrenzung dieses Kriterium noch nicht erfüllt:

---

[16] Vgl. F. Schneppe, Berufspendelwanderung – Klassifikation nach Ein- und Auspendleranteilen. "Statistische Monatshefte Niedersachsen", Hannover, Jg. 45 (1991), S. 39ff., derselbe, Berufspendelwanderung – Struktur der Einpendlergemeinden, große Einpendlerzentren. "Statistische Monatshefte Niedersachsen", Jg. 45 (1991), S. 171ff. Bremer Ausschuß für Wirtschaftsforschung (Hrsg.), Die bremischen Arbeitsplätze sind für Erwerbstätige aus Niedersachsen immer attraktiver geworden. Zur Entwicklung der Berufspendlerbewegungen im Lande Bremen. (Bearb.: M. Wildner und W. Heinemann.) "BAW-Monatsbericht", Bremen, Jg. 1991, Heft 1+2, S. 1ff.

Tabelle 3

Pendlerbewegungen[1] in den Arbeitsmarktregionen nach der Erreichbarkeitsanalyse
Anteil in vH

Nr.[3]	Quellarbeitsmarkt	Nr.	Zielarbeitsmarkt[2]	Anteil
201	Aschersleben	219	Halberstadt	32,27
		237	Saalkreis	26,20
		201	*Aschersleben*	*20,25*
		203	Bernburg	8,01
		238	Sangerhausen	6,38
		202	Berlin	4,51
		207	Dessau	1,19
		224	Magdeburg	1,19
			Anzahl der Pendler	5206
202	Berlin	*202*	*Berlin*	*91,66*
		214	Frankfurt	3,33
		204	Brandenburg	1,01
		235	Rostock	0,96
		223	Luckenwalde	0,56
		209	Eberswalde	0,48
		227	Neuruppin	0,38
		208	Dresden	0,24
		222	Leipzig	0,23
		206	Cottbus	0,17
		237	Saalkreis	0,15
		239	Schwedt	0,15
		218	Greifswald	0,13
		242	Stralsund	0,12
		224	Magdeburg	0,11
		211	Eisenhüttenstadt	0,07
		212	Erfurt	0,07
		221	Jena	0,07
		226	Neubrandenburg	0,06
		240	Schwerin	0,05
			Anzahl der Pendler	93830
203	Bernburg	224	Magdeburg	35,10
		207	Dessau	20,19
		237	Saalkreis	15,41
		201	Aschersleben	13,13
		203	*Bernburg*	*10,09*
		202	Berlin	4,96
		219	Halberstadt	1,12
			Anzahl der Pendler	5690
204	Brandenburg	*204*	*Brandenburg*	*69,39*
		202	Berlin	21,50
		224	Magdeburg	4,01
		248	Wittenberg	1,62
		223	Luckenwalde	1,53
		207	Dessau	1,39
		241	Stendal	0,56
			Anzahl der Pendler	10971
205	Chemnitz	*205*	*Chemnitz*	*79,42*
		250	Zwickau	10,51

noch Tabelle 3

Pendlerbewegungen[1] in den Arbeitsmarktregionen nach der Erreichbarkeitsanalyse
Anteil in vH

Nr.[3]	Quellarbeitsmarkt	Nr.	Zielarbeitsmarkt[2]	Anteil
noch	Chemnitz	234	Riesa	2,80
		216	Gera	2,24
		215	Freiberg	1,68
		222	Leipzig	1,47
		202	Berlin	1,40
		208	Dresden	0,21
		235	Rostock	0,17
		232	Plauen	0,10
			Anzahl der Pendler	63766
144	Coburg	236	Saalfeld	59,65
		243	Suhl	31,85
		202	Berlin	8,50
			Anzahl der Pendler	741
206	Cottbus	*206*	*Cottbus*	*85,85*
		220	Hoyerswerda	7,69
		202	Berlin	3,14
		211	Eisenhüttenstadt	1,47
		213	Finsterwalde	1,26
		214	Frankfurt	0,22
		235	Rostock	0,21
		244	Torgau	0,17
			Anzahl der Pendler	32117
207	Dessau	*207*	*Dessau*	*70,03*
		248	Wittenberg	6,81
		237	Saalkreis	6,67
		222	Leipzig	5,38
		224	Magdeburg	5,02
		202	Berlin	2,66
		203	Bernburg	1,98
		235	Rostock	1,45
			Anzahl der Pendler	18771
208	Dresden	*208*	*Dresden*	*86,90*
		217	Görlitz	3,32
		220	Hoyerswerda	2,78
		234	Riesa	2,42
		202	Berlin	2,14
		215	Freiberg	0,96
		235	Rostock	0,57
		222	Leipzig	0,35
		206	Cottbus	0,24
		205	Chemnitz	0,11
		211	Eisenhüttenstadt	0,07
		213	Finsterwalde	0,07
		224	Magdeburg	0,07
			Anzahl der Pendler	73074
209	Eberswalde	202	Berlin	40,16
		209	*Eberswalde*	*38,25*

noch Tabelle 3

Pendlerbewegungen[1] in den Arbeitsmarktregionen nach der Erreichbarkeitsanalyse
Anteil in vH

Nr.[3]	Quellarbeitsmarkt	Nr.	Zielarbeitsmarkt[2]	Anteil
noch	Eberswalde	239	Schwedt	11,76
		214	Frankfurt	9,83
			Anzahl der Pendler	3307
210	Eisenach	*210*	*Eisenach*	*47,99*
		243	Suhl	33,60
		212	Erfurt	10,49
		202	Berlin	6,47
		75	Mühlhausen	1,44
			Anzahl der Pendler	6303
211	Eisenhüttenstadt	206	Cottbus	42,00
		211	*Eisenhüttenstadt*	*35,36*
		214	Frankfurt	18,33
		202	Berlin	4,31
			Anzahl der Pendler	10232
212	Erfurt	*212*	*Erfurt*	*74,14*
		210	Eisenach	5,92
		243	Suhl	5,49
		246	Weimar	4,90
		221	Jena	3,23
		202	Berlin	2,25
		236	Saalfeld	2,19
		75	Mühlhausen	0,94
		235	Rostock	0,44
		228	Nordhausen	0,29
		238	Sangerhausen	0,22
			Anzahl der Pendler	28615
213	Finsterwalde	220	Hoyerswerda	41,85
		234	Riesa	26,80
		213	*Finsterwalde*	*9,97*
		206	Cottbus	9,35
		244	Torgau	5,53
		202	Berlin	2,84
		208	Dresden	1,86
		248	Wittenberg	1,80
			Anzahl der Pendler	6728
214	Frankfurt	202	Berlin	71,84
		214	*Frankfurt*	*17,83*
		211	Eisenhüttenstadt	6,95
		209	Eberswalde	1,25
		235	Rostock	0,67
		206	Cottbus	0,65
		239	Schwedt	0,50
		222	Leipzig	0,32
			Anzahl der Pendler	16789
215	Freiberg	*215*	*Freiberg*	*56,86*
		205	Chemnitz	24,21
		208	Dresden	16,35

noch Tabelle 3

Pendlerbewegungen[1] in den Arbeitsmarktregionen nach der Erreichbarkeitsanalyse
Anteil in vH

Nr.[3]	Quellarbeitsmarkt	Nr.	Zielarbeitsmarkt[2]	Anteil
noch	Freiberg	202	Berlin	1,45
		235	Rostock	1,13
			Anzahl der Pendler	6207
216	Gera	*216*	*Gera*	*78,67*
		250	Zwickau	5,00
		221	Jena	4,52
		222	Leipzig	3,31
		205	Chemnitz	2,42
		236	Saalfeld	2,37
		232	Plauen	1,69
		145	Hof	0,93
		202	Berlin	0,87
		235	Rostock	0,22
			Anzahl der Pendler	26926
217	Görlitz	*217*	*Görlitz*	*78,49*
		220	Hoyerswerda	8,19
		208	Dresden	7,88
		202	Berlin	3,41
		211	Eisenhüttenstadt	0,95
		235	Rostock	0,56
		206	Cottbus	0,28
		222	Leipzig	0,23
			Anzahl der Pendler	22380
10	Göttingen	*10*	*Göttingen*	*32,73*
		228	Nordhausen	32,14
		75	Mühlhausen	14,89
		212	Erfurt	9,74
		202	Berlin	6,48
		210	Eisenach	2,97
		224	Magdeburg	1,05
			Anzahl der Pendler	4782
218	Greifswald	*218*	*Greifswald*	*72,45*
		226	Neubrandenburg	8,23
		202	Berlin	5,59
		242	Stralsund	5,59
		235	Rostock	5,22
		230	Pasewalk	2,92
			Anzahl der Pendler	7264
219	Halberstadt	*219*	*Halberstadt*	*67,21*
		224	Magdeburg	15,58
		201	Aschersleben	7,46
		202	Berlin	6,00
		235	Rostock	2,45
		203	Bernburg	1,30
			Anzahl der Pendler	4852
145	Hof	236	Saalfeld	54,51
		216	Gera	39,01

noch Tabelle 3

Pendlerbewegungen[1] in den Arbeitsmarktregionen nach der Erreichbarkeitsanalyse
Anteil in vH

Nr.[3]	Quellarbeitsmarkt	Nr.	Zielarbeitsmarkt[2]	Anteil
noch	Hof	221	Jena	6,48
			Anzahl der Pendler	987
220	Hoyerswerda	206	Cottbus	75,22
		220	*Hoyerswerda*	*13,84*
		217	Görlitz	2,86
		202	Berlin	2,42
		208	Dresden	2,03
		211	Eisenhüttenstadt	1,59
		213	Finsterwalde	1,21
		235	Rostock	0,61
		222	Leipzig	0,23
			Anzahl der Pendler	25312
221	Jena	*221*	*Jena*	*78,85*
		216	Gera	14,06
		236	Saalfeld	2,37
		246	Weimar	2,34
		202	Berlin	1,41
		222	Leipzig	0,62
		212	Erfurt	0,34
			Anzahl der Pendler	14577
222	Leipzig	*222*	*Leipzig*	*77,43*
		237	Saalkreis	9,57
		216	Gera	4,79
		207	Dessau	2,72
		202	Berlin	1,48
		205	Chemnitz	1,32
		221	Jena	0,67
		234	Riesa	0,56
		235	Rostock	0,41
		244	Torgau	0,32
		225	Naumburg	0,27
		208	Dresden	0,15
		224	Magdeburg	0,13
		211	Eisenhüttenstadt	0,07
		218	Greifswald	0,06
		212	Erfurt	0,05
			Anzahl der Pendler	108192
223	Luckenwalde	202	Berlin	59,31
		223	*Luckenwalde*	*32,71*
		248	Wittenberg	5,81
		204	Brandenburg	2,17
			Anzahl der Pendler	2583
3	Lübeck	247	Wismar	62,29
		235	Rostock	20,95
		240	Schwerin	8,85
		202	Berlin	7,91
			Anzahl der Pendler	1074

noch Tabelle 3

Pendlerbewegungen[1] in den Arbeitsmarktregionen nach der Erreichbarkeitsanalyse
Anteil in vH

Nr.[3]	Quellarbeitsmarkt	Nr.	Zielarbeitsmarkt[2]	Anteil
224	Magdeburg	224	*Magdeburg*	*92,17*
		202	Berlin	1,96
		219	Halberstadt	1,71
		203	Bernburg	1,44
		241	Stendal	0,55
		9	Wolfsburg	0,54
		204	Brandenburg	0,51
		235	Rostock	0,51
		207	Dessau	0,40
		222	Leipzig	0,21
			Anzahl der Pendler	25564
75	Mühlhausen	212	Erfurt	32,49
		10	Göttingen	27,22
		210	Eisenach	20,76
		228	Nordhausen	10,17
		202	Berlin	6,79
		222	Leipzig	2,57
			Anzahl der Pendler	2105
225	Naumburg	237	Saalkreis	50,50
		222	Leipzig	11,05
		225	*Naumburg*	*9,76*
		238	Sangerhausen	9,22
		246	Weimar	6,40
		221	Jena	5,53
		212	Erfurt	5,06
		202	Berlin	2,47
			Anzahl der Pendler	7246
226	Neubrandenburg	226	*Neubrandenburg*	*71,83*
		202	Berlin	9,66
		245	Waren	5,18
		218	Greifswald	4,28
		235	Rostock	4,18
		233	Prenzlau	1,53
		242	Stralsund	1,49
		230	Pasewalk	1,17
		227	Neuruppin	0,68
			Anzahl der Pendler	10720
227	Neuruppin	202	Berlin	50,13
		227	*Neuruppin*	*30,52*
		231	Perleberg	7,80
		204	Brandenburg	5,39
		233	Prenzlau	3,69
		226	Neubrandenburg	2,47
			Anzahl der Pendler	3116
228	Nordhausen	212	Erfurt	27,53
		228	*Nordhausen*	*22,87*
		75	Mühlhausen	18,59

noch Tabelle 3

Pendlerbewegungen[1] in den Arbeitsmarktregionen nach der Erreichbarkeitsanalyse
Anteil in vH

Nr.[3]	Quellarbeitsmarkt	Nr.	Zielarbeitsmarkt[2]	Anteil
noch	Nordhausen	10	Göttingen	14,43
		238	Sangerhausen	10,52
		202	Berlin	6,06
			Anzahl der Pendler	3992
229	Parchim	240	Schwerin	53,68
		235	Rostock	21,43
		229	*Parchim*	*14,95*
		202	Berlin	9,94
			Anzahl der Pendler	2595
230	Pasewalk	*230*	*Pasewalk*	*30,21*
		226	Neubrandenburg	22,65
		202	Berlin	16,25
		235	Rostock	10,25
		233	Prenzlau	8,05
		239	Schwedt	6,83
		250	Zwickau	3,07
		218	Greifswald	2,68
			Anzahl der Pendler	2049
231	Perleberg	240	Schwerin	39,10
		227	Neuruppin	29,78
		202	Berlin	21,50
		235	Rostock	5,48
		231	*Perleberg*	*4,14*
			Anzahl der Pendler	1642
232	Plauen	*232*	*Plauen*	*72,13*
		250	Zwickau	19,54
		216	Gera	6,54
		205	Chemnitz	0,92
		202	Berlin	0,50
		222	Leipzig	0,37
			Anzahl der Pendler	13493
233	Prenzlau	202	Berlin	25,65
		233	*Prenzlau*	*24,93*
		226	Neubrandenburg	12,06
		227	Neuruppin	11,44
		230	Pasewalk	11,17
		239	Schwedt	10,10
		209	Eberswalde	4,65
			Anzahl der Pendler	1119
234	Riesa	*234*	*Riesa*	*36,87*
		208	Dresden	21,14
		222	Leipzig	17,79
		205	Chemnitz	16,03
		202	Berlin	3,96
		213	Finsterwalde	3,32
		235	Rostock	0,89
			Anzahl der Pendler	5728

noch Tabelle 3

Pendlerbewegungen[1] in den Arbeitsmarktregionen nach der Erreichbarkeitsanalyse
Anteil in vH

Nr.[3]	Quellarbeitsmarkt	Nr.	Zielarbeitsmarkt[2]	Anteil
235	Rostock	235	*Rostock*	*81,79*
		202	Berlin	5,72
		242	Stralsund	3,34
		245	Waren	3,29
		240	Schwerin	2,82
		247	Wismar	1,49
		226	Neubrandenburg	1,11
		218	Greifswald	0,44
			Anzahl der Pendler	15994
236	Saalfeld	236	*Saalfeld*	*67,26*
		221	Jena	10,52
		216	Gera	9,94
		202	Berlin	4,15
		144	Coburg	3,65
		212	Erfurt	3,31
		145	Hof	1,18
			Anzahl der Pendler	8584
237	Saalkreis	237	*Saalkreis*	*77,81*
		201	Aschersleben	5,81
		222	Leipzig	5,41
		207	Dessau	3,77
		238	Sangerhausen	3,34
		202	Berlin	1,75
		225	Naumburg	1,30
		235	Rostock	0,62
		224	Magdeburg	0,09
		219	Halberstadt	0,09
			Anzahl der Pendler	57319
24	Salzwedel/Lüchow	241	Stendal	51,15
		9	Wolfsburg	19,66
		224	Magdeburg	18,51
		202	Berlin	10,69
			Anzahl der Pendler	524
238	Sangerhausen	238	*Sangerhausen*	*26,05*
		212	Erfurt	23,54
		237	Saalkreis	22,59
		228	Nordhausen	10,22
		219	Halberstadt	6,71
		201	Aschersleben	3,65
		225	Naumburg	3,28
		202	Berlin	2,39
		207	Dessau	1,56
			Anzahl der Pendler	5723
239	Schwedt (Stadt)	239	*Schwedt*	*73,34*
		202	Berlin	12,79
		209	Eberswalde	8,99
		214	Frankfurt	2,80

noch Tabelle 3

Pendlerbewegungen[1] in den Arbeitsmarktregionen nach der Erreichbarkeitsanalyse
Anteil in vH

Nr.[3]	Quellarbeitsmarkt	Nr.	Zielarbeitsmarkt[2]	Anteil
noch	Schwedt (Stadt)	235	Rostock	2,08
			Anzahl der Pendler	4283
240	Schwerin	*240*	*Schwerin*	82,52
		235	Rostock	6,27
		202	Berlin	3,75
		231	Perleberg	2,69
		229	Parchim	2,51
		247	Wismar	2,26
			Anzahl der Pendler	10995
241	Stendal	*241*	*Stendal*	45,28
		224	Magdeburg	20,32
		204	Brandenburg	8,55
		231	Perleberg	8,34
		24	Salzwedel/Lüchow	6,72
		202	Berlin	6,14
		9	Wolfsburg	4,66
			Anzahl der Pendler	3779
242	Stralsund	*242*	*Stralsund*	66,37
		218	Greifswald	13,99
		235	Rostock	13,93
		202	Berlin	5,71
			Anzahl der Pendler	8349
243	Suhl	*243*	*Suhl*	69,74
		216	Gera	12,61
		210	Eisenach	8,65
		212	Erfurt	4,83
		202	Berlin	2,56
		144	Coburg	0,95
		236	Saalfeld	0,66
			Anzahl der Pendler	16245
244	Torgau	222	Leipzig	31,18
		248	Wittenberg	15,16
		206	Cottbus	11,18
		213	Finsterwalde	10,90
		244	*Torgau*	8,79
		234	Riesa	7,16
		202	Berlin	6,44
		207	Dessau	4,98
		220	Hoyerswerda	4,22
			Anzahl der Pendler	2890
245	Waren	226	Neubrandenburg	46,74
		245	*Waren*	21,31
		235	Rostock	17,60
		202	Berlin	11,15
		227	Neuruppin	3,20
			Anzahl der Pendler	3346

noch Tabelle 3

Pendlerbewegungen[1] in den Arbeitsmarktregionen nach der Erreichbarkeitsanalyse
Anteil in vH

Nr.[3]	Quellarbeitsmarkt	Nr.	Zielarbeitsmarkt[2]	Anteil
246	Weimar	246	*Weimar*	*63,03*
		212	Erfurt	20,18
		221	Jena	14,53
		202	Berlin	1,23
		225	Naumburg	1,02
			Anzahl der Pendler	11286
247	Wismar	247	*Wismar*	*80,42*
		235	Rostock	11,86
		240	Schwerin	4,48
		3	Lübeck	1,63
		202	Berlin	1,61
			Anzahl der Pendler	4290
248	Wittenberg	207	Dessau	49,27
		248	*Wittenberg*	*21,10*
		202	Berlin	10,15
		244	Torgau	6,14
		222	Leipzig	4,91
		237	Saalkreis	4,71
		235	Rostock	1,96
		223	Luckenwalde	1,76
			Anzahl der Pendler	3014
9	Wolfsburg	24	Salzwedel/Lüchow	31,43
		224	Magdeburg	31,30
		241	Stendal	30,82
		202	Berlin	6,46
			Anzahl der Pendler	821
250	Zwickau	250	*Zwickau*	*77,57*
		216	Gera	9,74
		205	Chemnitz	7,28
		232	Plauen	3,74
		202	Berlin	1,21
		235	Rostock	0,32
		222	Leipzig	0,14
			Anzahl der Pendler	38063

Eigene Berechnungen. – [1]Über Kreisgrenzen. – [2]Kursiv: Pendler innerhalb der Arbeitsmarktregion. – [3]Nr. unter 200 kennzeichnen Teilarbeitsmärkte. RWI ESSEN

- in 17 der 50 abgegrenzten Arbeitsmarktregionen (ausschließlich der sechs östlicherseits aus einem Kreis bestehenden Teilarbeitsmärkte) übersteigt die Zahl der Auspendler in eine einzige andere Arbeitsmarktregion die Zahl der Binnenpendler;

- in einigen Arbeitsmarktregionen ist der Anteil der Binnenpendler an den Pendlern insgesamt weniger als 25 vH – Perleberg (4,1 vH), Naumburg

(9,8 vH), Finsterwalde (10,0 vH), Bernburg (10,1 vH), Hoyerswerda (13,8 vH), Parchim (15,0 vH), Frankfurt (17,4 vH), Waren (21,3 vH).

Es lassen sich bezüglich der faktischen Pendelverflechtungen unbefriedigende Zuordnungen zweierlei Typs identifizieren:

— eine Zuordnung von Kreisen zu den falschen Arbeitsmärkten,

— eine Abgrenzung von Arbeitsmärkten, deren Kreise – einschließlich der Zentren – einer bzw. mehreren anderen Arbeitsmärkten zuzuordnen sind.

3.3. Neuabgrenzung der Arbeitsmarktregionen auf Basis der Pendleranalyse

Angesichts der erwähnten besonderen Umstände der Abgrenzung von Arbeitsmarktregionen in Ostdeutschland hatte die Analyse der Pendlerverflechtung primär die Funktion einer Korrektur der Ergebnisse der Erreichbarkeitsanalyse. Es ging also darum, offenkundige Fehlzuordnungen zu beseitigen. Aufgabe der Neuabgrenzung der "Problemfälle" unter den auf Basis der Erreichbarkeitsanalyse erfaßten Arbeitsmärkten war es, eine Umgruppierung der betreffenden Arbeitsmarktregionen vorzunehmen, die im Hinblick auf die kreisüberschreitenden Pendlerbewegungen befriedigende Abgrenzungsergebnisse liefert.

Die Erreichbarkeitsanalyse für das Gebiet der neuen Bundesländer bediente sich eines Normzeitlimits von maximal 60 Minuten für die Pendelzeit. Die Ergebnisse der Auswertung der Pendlerstatistik 1981 standen, wie angesprochen, bei einzelnen Teilräumen in einem deutlichen Widerspruch zur Erreichbarkeitsanalyse: Die tatsächlich festgestellte Pendlerverflechtung paßte hier nicht ins Raster der Sechzig-Minuten-Normzeit. Abweichungen traten vor allem in folgenden Fällen auf:

— die Daten lassen erkennen, daß Berlin (Ost) gegenüber dem Berliner Umland im östlichen Teil des Großraums Berlin als Zentrum eine alles überragende Position einnimmt;

— in den dünn besiedelten Gebieten des Nordens lassen sich in einigen Fällen keine Arbeitsmärkte identifizieren, die der 60-Minuten-Vorschrift genügen;

— aus der stark zentralistischen Prägung der ehemaligen DDR ist eine systematische Bevorzugung der Bezirkshauptstädte und hierunter besonders einiger Oberzentren, allen voran Ostberlins zu erklären. Vernachlässigt wurden damit insbesondere die Mittelstädte, was sich in besonders hohen Abwanderungsquoten und Auspendlerzahlen der Mittelzentren niederschlägt.

In Rechnung zu stellen ist, daß es gerade Ziel der sozialistischen Wirtschaftspolitik war, Pendlerzahlen durch eine Industrialisierung auch des ländlichen Raumes zu minimieren. Unter marktwirtschaftlichen Bedingungen sind das jedoch jene Räume, die erfahrungsgemäß nur dann im Standortwettbewerb bestehen können, wenn ein von der Größe (gemessen an der Einwohnerzahl) und der infrastrukturellen Ausstattung her lebensfähiges Zentrum der Region vorhanden ist. Ist dieses Zentrum nur schwach und weisen die Pendlerzahlen eindeutig auf ein benachbartes, stärkeres Zentrum hin, so wurde von den Ergebnissen der Erreichbarkeitsanalyse abgewichen und eine Neuzuordnung vorgenommen. Im einzelnen wurden folgende Modifikationen vorgenommen:

- Herauslösung einzelner Kreise aus einer Arbeitsmarktregion und Zuordnung zu einer anderen: Zum Beispiel wurde der Kreis Spremberg aus der Arbeitsmarktregion Cottbus herausgelöst und der Arbeitsmarktregion Hoyerswerda zugeschlagen, da dies die Pendlerzahlen nahelegten und eine solche Zuordnung auch unter dem Erreichbarkeitsaspekt zu vertreten ist.

- Auflösung einer abgegrenzten Arbeitsmarktregion und komplette Zuordnung zu einer anderen: Beispielsweise wurde die Arbeitsmarktregion Naumburg der Arbeitsmarktregion Halle (Saalkreis) zugeschlagen oder die bisherige Region Waren der Arbeitsmarktregion Neubrandenburg.

- Auflösung einer abgegrenzten Arbeitsmarktregion und Zuordnung ihrer Kreise zu zwei oder mehr Arbeitsmarktregionen: So wurden die beiden Kreise Torgau und Herzberg der Arbeitsmarktregion Torgau den weiter bestehenden Nachbarregionen Leipzig und Wittenberg zugeordnet oder die beiden Kreise der Region Sangerhausen den Regionen Saalkreis (Sangerhausen) und Erfurt (Artern).

- Komplexe Neugruppierung zweier oder mehrerer Arbeitsmarktregionen der ersten Abgrenzung: Dies wurde zum Beispiel im Fall der Arbeitsmarktregionen Frankfurt (Oder) und Eisenhüttenstadt der ersten Abgrenzung vorgenommen. Die Pendleranalyse legte es nahe, aus Teilen beider Arbeitsmarktregionen eine neue analytische Region zu bilden (Eisenhüttenstadt/Frankfurt (Oder) und jeweils einen Kreis der bisherigen Region benachbarten Arbeitsmarktregionen zuzuschlagen (Fürstenwalde zu Berlin und Guben zu Cottbus).

Bei der Neugruppierung der Arbeitsmarktregionen auf Basis der Pendleranalyse wurde im Gegensatz zur Erreichbarkeitsanalyse nicht mit einer Abschneidegrenze gearbeitet[17].

Die grenzüberschreitenden Teilarbeitsmärkte mußten bei der Analyse der Pendlerverflechtung ausgespart bleiben. Seit dem 9. November 1989, dem Tag der Öffnung der Grenzen, erleben die Gebiete beiderseits der ehemaligen Grenze und der Berliner Sektorengrenze eine raumwirtschaftliche Wiedergeburt: Alte Verflechtungsbeziehungen werden wieder hergestellt, neue entstehen. Die Pendlerströme zwischen dem ehemaligen Bundesgebiet, einschließlich Westberlins, und der ehemaligen DDR umfassen heute – bei eher zurückhaltender Schätzung – allein 300 000 Ost-West-Berufspendler[18]. Eine regionale Spezifizierung dieser Pendler-

---

[17] Die Verarbeitung des Datenmaterials unter Verzicht auf eine Abschneidegrenze warf kein datentechnisches Problem auf; eine schematisch angewandte Abschneidegrenze hätte sich gerade unter den besonderen Umständen der Arbeitsmarktabgrenzung für die ehemalige DDR als nicht zweckmäßig erwiesen.

[18] Vgl. B. Hof, Strukturbruch und Arbeitsmarktentwicklung in den neuen Bundesländern. "iw-trends", Köln, Jg. 18 (1991), Heft 2, S. A-14ff.

bewegungen ist derzeit angesichts des Fehlens entsprechender Daten nicht möglich[19]. Hinfällig geworden sind aufgrund der eingetretenen fundamentalen politischen und wirtschaftlichen Veränderungen die in der ostdeutschen wie auch westdeutschen Pendlerstatistik enthaltenen Informationen über die Pendelverflechtung der Regionen beiderseits der ehemaligen Grenzen[20]. Aus diesem Grunde wurden im Falle der Teilarbeitsmärkte die Ergebnisse der Erreichbarkeitsanalyse übernommen.

3.4. Ein Abgrenzungsvorschlag für die Arbeitsmarktregionen und -teilregionen Ostdeutschlands

Im Ergebnis der Neuabgrenzung der Arbeitsmärkte auf Basis der Pendlerdaten ergibt sich das aus Karte 4 ersichtliche Bild. Die Zahl der Arbeitsmärkte hat sich von 56 (49 ohne sechs Teilarbeitsmärkte entlang der ehemaligen innerdeutschen Grenze und den Teilarbeitsmarkt Berlin) nach dem Abgrenzungsvorschlag auf Basis der Erreichbarkeitsanalyse auf nunmehr 45 reduziert. Bei 8 der verbliebenen 45 Arbeitsmärkte handelt es sich um Teilarbeitsmärkte (Berlin, Hof, Coburg, Göttingen, Wolfsburg, Lüchow, Eschwege, Lübeck). Tabelle A2 im Anhang enthält eine vollständige Aufstellung der Arbeitsmarktregionen und der ihnen jeweils zugehörigen Stadt- und Landkreise.

Die vorliegende Abgrenzung der Arbeitsmarktregionen führte in einigen Fällen zu Abweichungen von der Abgrenzung der Erreichbarkeitsanalyse. Dies gilt zum Beispiel für Kreise der Arbeitsmarktregionen Neubrandenburg, Schwerin und Cottbus. Bei Abwägung der Vor- und Nachteile einerseits des strikten Festhaltens am Zeitnormativ, andererseits der vollen Berücksichtigung der tatsächlichen Wirtschaftsverflechtung im Raum wurde der zweitgenannten Option der Vorzug eingeräumt. Ein solches Vorgehen ist im Fall der neuen Bundesländer schon deshalb gerechtfertigt, weil die im Vergleich zu den alten Bundesländern extrem schlechte Verkehrsinfrastruktur sich, wenn die Bundesprogramme greifen, in relativ kurzer Frist verbessern wird.

Details zu den Pendelverflechtungen innerhalb der und zwischen den Arbeitsmarktregionen sind Tabelle 4 zu entnehmen, detaillierte Informationen zu den Pendelbewegungen nach Ziel- und Quellkreisen für jeden einzelnen Arbeitsmarkt bzw. Teilarbeitsmarkt der Tabelle A3 im Anhang. Erkennbar ist, daß sich im Gefolge der Neugruppierung der Arbeitsmärkte gegenüber der Abgrenzung der Erreichbarkeitsanalyse eine wesentlich bessere Erfassung der Pendlerverflechtung erreichen läßt. In den meisten Fällen ist die Zuordnung eindeutig. Hingewiesen sei zum Beispiel auf die hohen Anteile der Binnenpendlerwanderung im Arbeitsmarkt Cottbus (80,7 vH), Dresden (86,9 vH), Eisenhüttenstadt/Frankfurt (Oder)

---

19 Auch Pendlerdaten aus der Zeit vor der deutschen Teilung, die es gestatten zu untersuchen, inwieweit die gegenwärtigen Pendlerströme an historische Vorbilder anknüpfen, sind nicht verfügbar.
20 Auch die in der Volkszählung 1989 ermittelten Pendlerdaten der westlichen Anrainergebiete der deutsch-deutschen Grenze sind durch die seither eingetretene Entwicklung obsolet geworden.

Karte 4

Abgrenzung der Arbeitsmarktregionen nach der Erreichbarkeitsanalyse und der Analyse der Pendlerverflechtungen

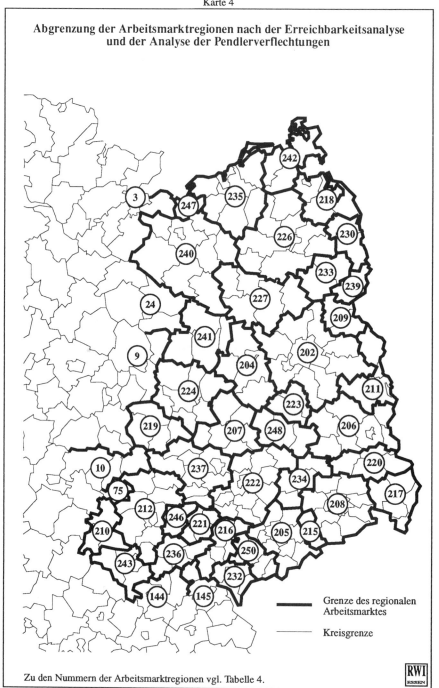

Zu den Nummern der Arbeitsmarktregionen vgl. Tabelle 4.

Tabelle 4

Pendlerbewegungen[1] in den endgültig abgegrenzten Arbeitsmarktregionen
Anteil in vH

Nr.	Quellarbeitsmarkt	Nr.	Zielarbeitsmarkt[2]	Anteil
202	Berlin	202	*Berlin*	94,17
		211	Eisenhüttenstadt-Frankfurt	1,26
		235	Rostock	0,90
		204	Brandenburg	0,90
		223	Luckenwalde	0,50
		209	Eberswalde	0,43
		227	Neuruppin	0,34
		208	Dresden	0,21
		206	Cottbus	0,21
		239	Schwedt	0,21
		222	Leipzig	0,20
		237	Saalkreis	0,14
		218	Greifswald	0,12
		242	Stralsund	0,10
		224	Magdeburg	0,10
		212	Erfurt	0,06
		221	Jena	0,06
		226	Neubrandenburg	0,05
		240	Schwerin	0,05
			Anzahl der Pendler	105730
204	Brandenburg	204	*Brandenburg*	69,39
		202	Berlin	21,50
		224	Magdeburg	4,01
		248	Wittenberg	1,62
		223	Luckenwalde	1,53
		207	Dessau	1,39
		241	Stendal	0,56
			Anzahl der Pendler	10971
205	Chemnitz	205	*Chemnitz*	79,42
		250	Zwickau	10,51
		234	Riesa	2,80
		216	Gera	2,24
		215	Freiberg	1,68
		222	Leipzig	1,47
		202	Berlin	1,40
		208	Dresden	0,21
		235	Rostock	0,17
		232	Plauen	0,10
			Anzahl der Pendler	63766
144	Coburg	236	Saalfeld	59,65
		243	Suhl	31,85
		202	Berlin	8,50
			Anzahl der Pendler	741
206	Cottbus	206	*Cottbus*	80,71
		220	Hoyerswerda	14,40
		211	Eisenhüttenstadt-Frankfurt	4,21
		202	Berlin	2,92
		234	Riesa	0,69
		248	Wittenberg	0,55

noch Tabelle 4

Pendlerbewegungen[1] in den endgültig abgegrenzten Arbeitsmarktregionen
Anteil in vH

Nr.	Quellarbeitsmarkt	Nr.	Zielarbeitsmarkt[2]	Anteil
noch	Cottbus	235	Rostock	0,19
			Anzahl der Pendler	36574
207	Dessau	*207*	*Dessau*	*65,28*
		237	Saalkreis	11,28
		224	Magdeburg	8,39
		248	Wittenberg	5,69
		222	Leipzig	4,50
		202	Berlin	3,12
		235	Rostock	1,21
		219	Halberstadt	0,54
			Anzahl der Pendler	22465
208	Dresden	*208*	*Dresden*	*86,90*
		217	Görlitz	3,32
		220	Hoyerswerda	2,94
		234	Riesa	2,49
		202	Berlin	2,14
		215	Freiberg	0,96
		235	Rostock	0,57
		222	Leipzig	0,35
		206	Cottbus	0,15
		205	Chemnitz	0,11
		224	Magdeburg	0,07
			Anzahl der Pendler	73074
209	Eberswalde	202	Berlin	40,16
		209	*Eberswalde*	*38,25*
		239	Schwedt	11,76
		211	Eisenhüttenstadt-Frankfurt	9,83
			Anzahl der Pendler	3307
210	Eisenach	*210*	*Eisenach*	*47,99*
		243	Suhl	33,60
		212	Erfurt	10,49
		202	Berlin	6,47
		75	Mühlhausen	1,44
			Anzahl der Pendler	6303
211	Eisenhüttenstadt-Frankfurt	*211*	*Eisenhüttenstadt-Frankfurt*	*72,15*
		202	Berlin	20,64
		206	Cottbus	4,18
		209	Eberswalde	1,98
		235	Rostock	0,56
		222	Leipzig	0,50
			Anzahl der Pendler	10631
212	Erfurt	*212*	*Erfurt*	*70,93*
		210	Eisenach	4,97
		243	Suhl	4,61
		246	Weimar	4,11
		237	Saalkreis	3,42
		75	Mühlhausen	2,97
		221	Jena	2,71

noch Tabelle 4

Pendlerbewegungen[1] in den endgültig abgegrenzten Arbeitsmarktregionen
Anteil in vH

Nr.	Quellarbeitsmarkt	Nr.	Zielarbeitsmarkt[2]	Anteil
noch	Erfurt	202	Berlin	2,16
		10	Göttingen	1,92
		236	Saalfeld	1,84
		235	Rostock	0,37
			Anzahl der Pendler	34093
215	Freiberg	*215*	*Freiberg*	*56,86*
		205	Chemnitz	24,21
		208	Dresden	16,35
		202	Berlin	1,45
		235	Rostock	1,13
			Anzahl der Pendler	6207
216	Gera	*216*	*Gera*	*78,67*
		250	Zwickau	5,00
		221	Jena	4,52
		222	Leipzig	3,31
		205	Chemnitz	2,42
		236	Saalfeld	2,37
		232	Plauen	1,69
		145	Hof	0,93
		202	Berlin	0,87
		235	Rostock	0,22
			Anzahl der Pendler	26926
217	Görlitz	*217*	*Görlitz*	*78,49*
		220	Hoyerswerda	8,48
		208	Dresden	7,88
		202	Berlin	3,41
		206	Cottbus	0,95
		235	Rostock	0,56
		222	Leipzig	0,23
			Anzahl der Pendler	22380
10	Göttingen	*10*	*Göttingen*	*57,74*
		212	Erfurt	16,71
		75	Mühlhausen	11,72
		202	Berlin	7,56
		237	Saalkreis	3,11
		210	Eisenach	2,34
		224	Magdeburg	0,82
			Anzahl der Pendler	6075
218	Greifswald	*218*	*Greifswald*	*72,45*
		226	Neubrandenburg	8,23
		202	Berlin	5,59
		242	Stralsund	5,59
		235	Rostock	5,22
		230	Pasewalk	2,92
			Anzahl der Pendler	7264
219	Halberstadt	*219*	*Halberstadt*	*67,40*
		224	Magdeburg	16,46
		237	Saalkreis	6,29

noch Tabelle 4

Pendlerbewegungen[1] in den endgültig abgegrenzten Arbeitsmarktregionen
Anteil in vH

Nr.	Quellarbeitsmarkt	Nr.	Zielarbeitsmarkt[2]	Anteil
noch	Halberstadt	202	Berlin	5,71
		207	Dessau	2,48
		235	Rostock	1,66
			Anzahl der Pendler	7181
145	Hof	236	Saalfeld	54,51
		216	Gera	39,01
		221	Jena	6,48
			Anzahl der Pendler	987
220	Hoyerswerda	*220*	*Hoyerswerda*	*79,53*
		206	Cottbus	12,11
		217	Görlitz	2,67
		202	Berlin	2,55
		208	Dresden	1,89
		235	Rostock	0,57
		234	Riesa	0,47
		222	Leipzig	0,21
			Anzahl der Pendler	27140
221	Jena	*221*	*Jena*	*78,85*
		216	Gera	14,06
		236	Saalfeld	2,37
		246	Weimar	2,34
		202	Berlin	1,41
		222	Leipzig	0,62
		212	Erfurt	0,34
			Anzahl der Pendler	14577
222	Leipzig	*222*	*Leipzig*	*77,35*
		237	Saalkreis	9,69
		216	Gera	4,72
		207	Dessau	2,81
		202	Berlin	1,51
		205	Chemnitz	1,30
		234	Riesa	0,79
		221	Jena	0,66
		235	Rostock	0,41
		248	Wittenberg	0,32
		208	Dresden	0,15
		224	Magdeburg	0,13
		206	Cottbus	0,06
		218	Greifswald	0,05
		212	Erfurt	0,05
			Anzahl der Pendler	109912
223	Luckenwalde	202	Berlin	59,31
		223	*Luckenwalde*	*32,71*
		248	Wittenberg	5,81
		204	Brandenburg	2,17
			Anzahl der Pendler	2583
3	Lübeck	247	Wismar	62,29
		235	Rostock	20,95

noch Tabelle 4

Pendlerbewegungen[1] in den endgültig abgegrenzten Arbeitsmarktregionen
Anteil in vH

Nr.	Quellarbeitsmarkt	Nr.	Zielarbeitsmarkt[2]	Anteil
noch	Lübeck	240	Schwerin	8,85
		202	Berlin	7,91
			Anzahl der Pendler	1074
224	Magdeburg	*224*	*Magdeburg*	*91,82*
		219	Halberstadt	2,62
		202	Berlin	2,11
		207	Dessau	1,29
		241	Stendal	0,51
		9	Wolfsburg	0,50
		204	Brandenburg	0,48
		235	Rostock	0,47
		222	Leipzig	0,20
			Anzahl der Pendler	27560
75	Mühlhausen	212	Erfurt	38,62
		10	Göttingen	31,26
		210	Eisenach	20,76
		202	Berlin	6,79
		222	Leipzig	2,57
			Anzahl der Pendler	2105
226	Neubrandenburg	*226*	*Neubrandenburg*	*74,88*
		202	Berlin	10,02
		235	Rostock	7,37
		218	Greifswald	3,26
		227	Neuruppin	1,28
		233	Prenzlau	1,17
		242	Stralsund	1,14
		230	Pasewalk	0,89
			Anzahl der Pendler	14066
227	Neuruppin	*227*	*Neuruppin*	*44,86*
		202	Berlin	43,74
		204	Brandenburg	4,48
		233	Prenzlau	3,07
		226	Neubrandenburg	2,05
		240	Schwerin	1,81
			Anzahl der Pendler	3752
230	Pasewalk	*230*	*Pasewalk*	*30,21*
		226	Neubrandenburg	22,65
		202	Berlin	16,25
		235	Rostock	10,25
		233	Prenzlau	8,05
		239	Schwedt	6,83
		250	Zwickau	3,07
		218	Greifswald	2,68
			Anzahl der Pendler	2049
232	Plauen	*232*	*Plauen*	*72,13*
		250	Zwickau	19,54
		216	Gera	6,54
		205	Chemnitz	0,92

noch Tabelle 4

Pendlerbewegungen[1] in den endgültig abgegrenzten Arbeitsmarktregionen
Anteil in vH

Nr.	Quellarbeitsmarkt	Nr.	Zielarbeitsmarkt[2]	Anteil
noch	Plauen	202	Berlin	0,50
		222	Leipzig	0,37
			Anzahl der Pendler	13493
233	Prenzlau	202	Berlin	25,65
		233	*Prenzlau*	*24,93*
		226	Neubrandenburg	12,06
		227	Neuruppin	11,44
		230	Pasewalk	11,17
		239	Schwedt	10,10
		209	Eberswalde	4,65
			Anzahl der Pendler	1119
234	Riesa	*234*	*Riesa*	*38,50*
		220	Hoyerswerda	18,18
		208	Dresden	12,53
		222	Leipzig	9,56
		205	Chemnitz	8,61
		206	Cottbus	5,70
		248	Wittenberg	3,24
		202	Berlin	3,20
		235	Rostock	0,48
			Anzahl der Pendler	10661
235	Rostock	*235*	*Rostock*	*81,79*
		202	Berlin	5,72
		226	Neubrandenburg	4,40
		242	Stralsund	3,34
		240	Schwerin	2,82
		247	Wismar	1,49
		218	Greifswald	0,44
			Anzahl der Pendler	15994
236	Saalfeld	*236*	*Saalfeld*	*67,26*
		221	Jena	10,52
		216	Gera	9,94
		202	Berlin	4,15
		144	Coburg	3,65
		212	Erfurt	3,31
		145	Hof	1,18
			Anzahl der Pendler	8584
237	Saalkreis	*237*	*Saalkreis*	*81,94*
		222	Leipzig	5,54
		207	Dessau	3,20
		212	Erfurt	2,68
		219	Halberstadt	2,34
		202	Berlin	2,04
		246	Weimar	0,66
		221	Jena	0,57
		235	Rostock	0,51
		10	Göttingen	0,45
		224	Magdeburg	0,08
			Anzahl der Pendler	70386

noch Tabelle 4

Pendlerbewegungen[1] in den endgültig abgegrenzten Arbeitsmarktregionen
Anteil in vH

Nr.	Quellarbeitsmarkt	Nr.	Zielarbeitsmarkt[2]	Anteil
24	Salzwedel/Lüchow	241	Stendal	51,15
		9	Wolfsburg	19,66
		224	Magdeburg	18,51
		202	Berlin	10,69
			Anzahl der Pendler	524
239	Schwedt	239	*Schwedt*	*73,34*
		202	Berlin	14,24
		209	Eberswalde	8,99
		235	Rostock	2,08
		211	Eisenhüttenstadt-Frankfurt	1,35
			Anzahl der Pendler	4283
240	Schwerin	240	*Schwerin*	*82,68*
		235	Rostock	9,15
		202	Berlin	6,47
		247	Wismar	1,71
			Anzahl der Pendler	14596
241	Stendal	241	*Stendal*	*45,28*
		224	Magdeburg	20,32
		204	Brandenburg	8,55
		240	Schwerin	8,34
		24	Salzwedel/Lüchow	6,72
		202	Berlin	6,14
		9	Wolfsburg	4,66
			Anzahl der Pendler	3779
242	Stralsund	242	*Stralsund*	*66,37*
		218	Greifswald	13,99
		235	Rostock	13,93
		202	Berlin	5,71
			Anzahl der Pendler	8349
243	Suhl	243	*Suhl*	*73,00*
		216	Gera	8,41
		210	Eisenach	8,65
		212	Erfurt	5,04
		202	Berlin	2,79
		144	Coburg	1,26
		236	Saalfeld	0,88
			Anzahl der Pendler	16245
246	Weimar	246	*Weimar*	*63,03*
		212	Erfurt	20,18
		221	Jena	14,53
		202	Berlin	1,23
		237	Saalkreis	1,02
			Anzahl der Pendler	11286
247	Wismar	247	*Wismar*	*80,42*
		235	Rostock	11,86
		240	Schwerin	4,48
		3	Lübeck	1,63

noch Tabelle 4

Pendlerbewegungen[1] in den endgültig abgegrenzten Arbeitsmarktregionen
Anteil in vH

Nr.	Quellarbeitsmarkt	Nr.	Zielarbeitsmarkt[2]	Anteil
noch	Wismar	202	Berlin	1,61
			Anzahl der Pendler	4290
248	Wittenberg	207	Dessau	35,49
		248	*Wittenberg*	*26,05*
		206	Cottbus	10,28
		202	Berlin	10,25
		222	Leipzig	5,35
		234	Riesa	3,59
		237	Saalkreis	3,39
		220	Hoyerswerda	2,92
		235	Rostock	1,41
		223	Luckenwalde	1,27
			Anzahl der Pendler	4184
9	Wolfsburg	24	Salzwedel/Lüchow	31,43
		224	Magdeburg	31,30
		241	Stendal	30,82
		202	Berlin	6,46
			Anzahl der Pendler	821
250	Zwickau	*250*	*Zwickau*	*77,57*
		216	Gera	9,74
		205	Chemnitz	7,28
		232	Plauen	3,74
		202	Berlin	1,21
		235	Rostock	0,32
		222	Leipzig	0,14
			Anzahl der Pendler	38063

Eigene Berechnungen. – [1]Über Kreisgrenzen. – [2]Kursiv: Pendler innerhalb der Arbeitsmarktregion.

RWI ESSEN

(72,2 vH), Gera (78,7 vH), Hoyerswerda (79,5 vH), Magdeburg (91,8 vH), Saalkreis (81,9 vH) oder Wismar (80,4 vH). In anderen Fällen ist die Zuordnung weniger zwingend, aber immer noch eindeutig. Beispielsweise trifft dies für Eisenach (48,0 vH Binnenpendler), Freiberg (56,9 vH) und Neuruppin (44,9 vH) zu.

Ist insgesamt gegenüber den Resultaten der Erreichbarkeitsanalyse eine wesentlich bessere Anpassung der abgegrenzten Arbeitsmarktregionen an die Pendelverflechtung festzustellen, so bleiben doch einige Problemfälle. Diese zeigen eine relativ geringe, d.h. deutlich unter 50 vH liegende Binnenpendelwanderung und stark ausgeprägte Auspendlerbewegungen in eine oder mehrere benachbarte Arbeitsmarktregionen. Konkret handelt es sich um

- die Arbeitsmarktregion Eberswalde – hier entfallen 38,3 vH der Pendelverflechtung auf die Region selbst, aber 40,2 vH auf Berlin (Ost);

- die Arbeitsmarktregion Luckenwalde – wiederum eine Arbeitsmarktregion in der "Bannmeile" von Berlin, in der sogar 59,3 vH der Pendelwanderung auf Berlin und nur 32,7 vH auf die Region selbst entfallen;

- die Arbeitsmarktregion Prenzlau – nur 24,9 vH der Pendlerverflechtung entfallen auf die Region, 25,7 vH dagegen auf das benachbarte Berlin und weitere 49,4 vH auf fünf benachbarte Arbeitsmärkte;

- die Arbeitsmarktregion Wittenberg – 35,5 vH der Pendlerverflechtung entfallen auf die benachbarte Region Dessau, aber nur 26,1 vH auf Wittenberg selbst; die verbleibenden 38,5 vH der Pendlerbewegungen sind in acht weitere Arbeitsmarktregionen gerichtet.

Die trotz dieser Problemfälle vorgenommene Zuordnung erschien angemessen, da in all diesen Fällen die Attraktionswirkungen eines Mittelzentrums – des Zentrums des Arbeitsmarktes – durch ein starkes Oberzentrum überlagert wurden. Die Problematik ist aus dem westlichen Bundesgebiet wohlbekannt: Im Falle des Großraums Hamburg dominiert das Oberzentrum die Mittelzentren der benachbarten, in Schleswig-Holstein und Niedersachsen gelegenen Arbeitsmarktregionen. In der vorliegenden Abgrenzung ostdeutscher Arbeitsmärkte ist in drei Fällen die Wirkung des übermächtigen Oberzentrums Berlin (Ost) auf das weitere Umland der – damals noch geteilten – Bundeshauptstadt festzustellen[21]. Im Falle Wittenbergs dominiert das in der weiteren Nachbarschaft der Elbestadt gelegene Oberzentrum Dessau das Mittelzentrum. Eine Zuordnung des Arbeitsmarktes Wittenberg zu Dessau wäre aber schon deswegen nicht in Frage gekommen, weil damit die Entfernungen zum Zentrum in nicht tolerierbarer Weise ausgedehnt worden wären. Jede andere Umgruppierung der Kreise hätte schlechtere Abgrenzungsergebnisse erbracht. Die Zuordnung der problematischen Arbeitsmarktregionen im Einzugsgebiet von Berlin zum Berliner Arbeitsmarkt verbietet sich aufgrund der Ergebnisse der Erreichbarkeitsanalyse. In allen drei Fällen wäre die für die neuen Bundesländer zugrundegelegte 60-Minuten-Zeitspanne sehr weit überschritten worden.

Immerhin wird an dieser Stelle die Sogwirkung deutlich, die Berlin (Ost) auf das Umland hatte. Bereits jetzt dürfte sich diese Sogwirkung durch den Wegfall der Sektorengrenzen in erheblichem Maße verstärkt haben. In Karte 4 zeigen sich neben der überragenden Bedeutung Berlins für ein weites Umland auch die erheblichen Anbindungseffekte, die von Städten wie Schwerin und Neubrandenburg auf ein relativ dünn besiedeltes ländliches Umland ausgehen.

In Tabelle A4 im Anhang sind für die einzelnen Arbeitsmärkte bzw. Teilarbeitsmärkte einige wichtige Strukturdaten ausgewiesen, die der amtlichen Statistik der ehemaligen DDR zu entnehmen sind: Fläche, Wohnbevölkerung, Bevölkerungs-

---

21 Zur Berufspendlerbewegung aus dem Berliner Umland nach Ostberlin vor dem Fall der Mauer vgl. A. Kadler, Zur Entwicklung von Wohnbevölkerung, Beschäftigung und Arbeitspendlerbewegung im Großraum Berlin. In: Institut für Angewandte Wirtschaftsforschung (Hrsg.) [I], Der Großraum Berlin – ein industrielles Ballungszentrum mit Perspektive. (IAW-Forschungsreihe, Heft 8/90.) Berlin 1990, S. 18ff.

dichte, Zahl der Gemeinden, Ackerfläche, Anzahl der industriellen Produktionsstätten, Zahl der "ständig Beschäftigten" (ohne "X-Bereich") nach Wirtschaftsbereichen, Anteile der Beschäftigten der Wirtschaftsbereiche an den Gesamtbeschäftigten der Arbeitsmarktregion.

4. Ausblick und Wertung

Die Abgrenzung der Arbeitsmarktregionen Ostdeutschlands erfolgte in einer Zeit stürmischer politischer und wirtschaftlicher Wandlungen, die auch an der räumlichen Wirtschaftsstruktur nicht spurlos vorbeigehen werden. Ein deutliches Zeichen für die Umorientierung der wirtschaftlichen Verflechtungen im Raum sind die zunehmenden Pendlerbewegungen zwischen Ost- und Westdeutschland. Bei dieser Pendelwanderung handelt es sich fast ausschließlich um eine Ost-West-Bewegung, während die gegenläufige Berufspendlerbewegung bislang eher die Ausnahme bildet[22]. Die weitere Entwicklung dieser Pendelwanderungen wird vor allem davon abhängen, wie sich das Einkommensgefälle zwischen den deutschen Regionen entwickelt und welchen Verlauf die Entwicklung auf dem ostdeutschen – und westdeutschen – Arbeitsmarkt nimmt.

Insgesamt ist mit einer deutlichen Zunahme der Pendelintensität in den neuen Bundesländern zu rechnen: Die in ihren Grundkomponenten nur über sehr lange Fristen hinweg veränderbare Infrastrukturausstattung der Regionen, aber auch andere wesentliche Faktoren der bestehenden Strukturen wie beispielsweise die vorgegebenen Siedlungsmuster legen die künftige Entwicklung der räumlichen Wirtschaftsstruktur zum großen Teil fest. Durch die bestehenden Strukturen werden damit unter marktwirtschaftlichen Bedingungen auch räumliche Disparitäten präjudiziert, die Anlaß zur Pendelwanderung sein werden. Die schnell zunehmende Motorisierung der ostdeutschen Bevölkerung nebst dem Ausbau des Straßenverkehrsnetzes erleichtert Berufspendlerbewegungen in einem für "DDR-Verhältnisse" ganz undenkbaren Ausmaß. Beides, die ungleichmäßige Wirtschaftsentwicklung im Raum und die allgemeine Erhöhung der Mobilität der Bevölkerung in Ostdeutschland, wird auf längere Sicht zu starken Veränderungen der Pendelverflechtung in den neuen Bundesländern und vor allem auch zwischen neuen und alten Bundesländern führen. A priori läßt sich freilich nicht sagen, in welchem Maße und mit welchen räumlichen Orientierungen künftig das Pendelpotential der Regionen ausgeschöpft wird.

Die Umstrukturierung der ostdeutschen Wirtschaft ist noch lange nicht so weit gediehen, daß sich konkrete Aussagen zur Veränderung der wirtschaftsräumlichen

---

[22] Immerhin ist auch von Berufspendlern in West-Ost-Richtung in den Grenzgebieten entlang der ehemaligen Zonengrenze und – sehr viel stärker – in Berlin zu berichten. Es handelt sich vor allem um Angestellte und Beamte des Öffentlichen Dienstes, zeitweilig oder für dauernd in Filialen in den neuen Bundesländern versetzte Angehörige des mittleren Managements westdeutscher Unternehmen sowie Selbständige (Landwirte, Inhaber von Mittel- und Kleinbetrieben). Wiederum lassen sich keine genauen Zahlen angeben, um mehr als 10 000 Personen (einschließlich Berlin) dürfte es sich aber nicht handeln.

Verflechtung formulieren ließen. Auch fehlt gegenwärtig noch jegliche Datenbasis für ein solches Unterfangen. Indessen liefert die hier erarbeitete Abgrenzung der ostdeutschen Arbeitsmarktregionen eine verläßliche analytische Grundlage für die Beurteilung der räumlichen wirtschaftlichen Entwicklung in den neuen Bundesländern. Die Erreichbarkeitsanalyse erfaßt elementare wirtschaftsräumliche Voraussetzungen der künftigen raumwirtschaftlichen Entwicklung in den neuen Bundesländern: Das relative Gewicht einzelner Ober- und Mittelzentren wird sich verändern, bei ihrer Position in der räumlichen Struktur wird es aber im wesentlichen bleiben. Die Infrastrukturausstattung wird sich in verhältnismäßig kurzer Zeit wesentlich verbessern lassen; die über mehrere Generationen hinweg gewachsenen Grundstrukturen der Infrastruktur (Schienennetz, Straßennetz, kommunale Infrastruktur) werden dabei jedoch nicht über Nacht beseitigt. Die Erreichbarkeitsanalyse beschreibt den Rahmen, in dem sich die künftigen Veränderungen der wirtschaftsräumlichen Verflechtungen abspielen werden.

Die Frage einer Neufassung der Abgrenzung der Arbeitsmarktregionen für Ostdeutschland – und bezüglich des "Grenzgebiets" für Westdeutschland – wird sich in Zukunft stellen. Die Neuabgrenzung sollte aber erst dann vorgenommen werden, wenn die künftigen Verflechtungsbeziehungen im ostdeutschen Raum und in den angrenzenden westdeutschen Gebieten klare Konturen gewonnen haben. Dies wird voraussichtlich einige Jahre in Anspruch nehmen.

Zweites Kapitel

Die Struktur der regionalen Arbeitsmärkte in den neuen Bundesländern – eine erste Typisierung

1. Aufgabenstellung

Mit der Abgrenzung von Arbeitsmarktregionen für das Gebiet der neuen Bundesländer liegen räumliche Diagnoseeinheiten vor, die den Ausgangspunkt für ökonomische Strukturanalysen bilden können. Als erster Schritt auf dem Wege eines systematischen Vergleichs der Arbeitsmärkte bietet sich deren Gruppierung durch Bildung von Realtypen an, die durch spezifische Kombinationen von Strukturmerkmalen gekennzeichnet sind. Die Typisierung erlaubt es, Problemlagen zu identifizieren, die jeweils für eine Gruppe von Arbeitsmarktregionen charakteristisch sind. Auf dieser Grundlage kann das regionalpolitische Förderinstrumentarium auf besondere Problemsituationen einzelner Regionstypen zugeschnitten werden.

Bei der Typisierung geht es darum, die einzelnen Arbeitsmärkte so zu Gruppen zusammenzufassen, daß in bezug auf die gewählten Klassifizierungsmerkmale die innerhalb der Gruppen bestehenden Unterschiede möglichst gering und die zwischen den Gruppen bestehenden Unterschiede möglichst groß werden. Dieses logische Prinzip der Bildung von Gruppen fand schon bei der Abgrenzung der räumlichen Untersuchungseinheiten Anwendung. Zwei weitere Grundanforderungen an eine Typisierung bestehen darin, daß diese auf einer einheitlichen Anwendung der gewählten Abgrenzungskriterien beruhen muß und "erschöpfend" sein, d.h. alle Beobachtungsfälle umfassen soll. Die Auswahl der Klassifizierungsmerkmale, somit die Gruppenbildung selbst, ist vom verfolgten Untersuchungszweck abhängig. In diesem Sinne haftet jeder Typisierung ein Element der Relativität an: Es läßt sich nicht von einer "richtigen" oder "falschen", sondern nur von einer "sinnvollen" oder "unsinnigen" Typisierung sprechen.

Eine von der Bundesforschungsanstalt für Landeskunde und Raumordnung für die alten Bundesländer entwickelte Typisierung von Teilräumen setzt an Merkmalen der Siedlungsstruktur an, unterschieden werden fünf siedlungsstrukturelle Gebietstypen[1]. Diese Typisierung folgt primär raumordnungspolitischen Erwägungen. Untersucht werden nicht wirtschaftliche Verflechtungsräume, sondern nach Siedlungsmerkmalen gruppierte räumliche Verwaltungseinheiten[2]. Im folgenden sind die abgegrenzten Arbeitsmarktregionen dagegen daraufhin zu untersuchen, ob sich unter ihnen bestimmte Regionstypen identifizieren lassen, die jeweils spezifische Voraussetzungen für den innerdeutschen Standortwettbewerb der Regionen mitbringen. Die Typisierung soll zugleich erste Ansatzpunkte für die Bestimmung besonderer räumlicher Problemsituationen in den Arbeitsmarktregionen liefern. Es ist also eine erste Typisierung vorzulegen und damit auf räumliche Problemkonstellationen aufmerksam zu machen, die in der Wirtschaftsstruktur der ehemaligen DDR angelegt sind.

Zweckmäßigerweise basiert eine regionalwirtschaftliche Typisierung auf einem nachprüfbaren statistischen Verfahren. Im folgenden wird dazu eine Clusteranalyse angewendet.

2. Verfahrensweise

2.1. Zur Clusteranalyse

Die Clusteranalyse[3] verfolgt das Ziel, innerhalb einer Menge von Objekten – im vorliegenden Fall die Arbeitsmarktregionen und -teilregionen der neuen Bundesländer – relativ homogene Strukturen zu identifizieren. Gruppenanzahl und -inhalt sind vorher unbekannt, sie werden erst durch das statistische Verfahren ermittelt. Entscheidend für die Aussagekraft der durch eine Clusteranalyse gewonnenen Typisierung ist die Auswahl der Variablen im Vorfeld der Clusteranalyse, die durch

---

1   Vgl. Unterrichtung durch die Bundesregierung [I], Raumordnungsbericht 1990. Deutscher Bundestag, Drucksache 11/7589. Bonn 1990, S. 34f. – Zur an die Analyseregionen der BfLR anknüpfenden Typisierung vgl. auch H.-P. Gatzweiler, Forschungs- und planungsorientierte Raumgliederungen mit VZ-Daten. "Raumforschung und Raumordnung", Köln, Jg. 49 (1988), S. 35ff. – Vgl. auch die Verwendung siedlungsstruktureller Kreistypen in E. Hörnstein, Regionale Disparitäten in der Motorisierungsentwicklung. "Zeitschrift für Verkehrswissenschaft", Düsseldorf, Jg. 62 (1991), S. 20ff.

2   Die Zuordnung zu den einzelnen Gebietstypen lehnt sich an die Analyseregionen der BfLR an, abweichend von diesen werden aber auch einzelne Kreise bestimmten Gebietstypen zugeordnet. Ein grundlegender Unterschied zu der hier vorgenommenen Typisierung liegt also schon in der Auswahl der räumlichen Diagnoseeinheiten. Gleiches trifft für Typisierungen für Ostdeutschland zu, die auf Grundlage der längst vorgenommenen Abgrenzung der Raumordnungsregionen vorgenommen werden. Vgl. dazu Bundesforschungsanstalt für Landeskunde und Raumordnung (Hrsg.), Zur Abgrenzung von Analyseregionen (Raumordnungsregionen) für die neuen Bundesländer. (Bearb.: W. Görmar und R. Keßler.) "BfLR-Mitteilungen", Berlin, Jg. 1991, Heft 2, S. 4f. – Zu einem Typisierungsansatz, der hinsichtlich des methodischen Vorgehens der hier vorgenommenen Typisierung näher steht, aber auf administrativen Raumeinheiten (Kreisen und Arbeitsamtsbezirken) basiert, vgl. H. Rudolph, Beschäftigungsstrukturen in der DDR vor der Wende. Eine Typisierung von Kreisen und Arbeitsämtern. "Mitteilungen aus der Arbeitsmarkt- und Berufsforschung", Stuttgart u.a., Jg. 23 (1990), S. 474ff.

3   Vgl. etwa D. Steinhausen und K. Langer, Clusteranalyse. Einführung in Methoden und Verfahren der automatischen Klassifikation. Berlin und New York 1977.

inhaltliche Gesichtspunkte bestimmt ist. Durch die Variablenauswahl und Abschneidegrenze wird vorherbestimmt, ob es gelingt, solche Cluster, d.h. Gruppen der beobachteten Objekte, zu bilden, die bezüglich des Untersuchungszwecks relevante Erkenntnisse über die beobachteten Objekte vermitteln.

Die Clusteranalyse ordnet die untersuchten Objekte den Gruppen in der Weise zu, daß die statistische Streuung der Werte der Variablen innerhalb der Gruppen möglichst klein und zwischen den Gruppen möglichst groß wird. Die Zuordnung der Variablen und Gruppen zueinander fußt auf verschiedenen mathematischen Distanz- und Ähnlichkeitsmaßen. In der hier vorgenommenen Berechnung fand ein Distanzmaß, die Quadratische Euklidische Distanz (Summe der quadrierten Differenzen aller Variablen eines Paars von Fällen), Verwendung. Da dieses Distanzmaß von der Dimension und der jeweiligen Größe der Werte abhängt, werden alle Variablen vor Beginn der eigentlichen Clusteranalyse unter Anwendung der z-Transformation[4] standardisiert, die bewirkt, daß alle Variablen ein arithmetisches Mittel von 0 und eine Standardabweichung von 1 aufweisen.

Für die eigentliche Clusterbildung kommen unterschiedliche Methoden in Frage. In den hier vorgenommenen Berechnungen wurde die "Methode der Agglomerativen Hierarchischen Clusterbildung" angewendet: Stufenweise werden die Fälle (Arbeitsmarktregionen) Clustern mit von Stufe zu Stufe zunehmender interner Streuung der Variablenausprägungen zugeordnet. Auf der ersten Stufe werden alle Fälle als separate Cluster behandelt. Auf jeder folgenden Stufe werden entweder einzelne Fälle einem bestehenden Cluster zugeordnet oder in einem zusätzlichen Cluster verbunden. In der – für die inhaltliche Interpretation irrelevanten – Endstufe befinden sich alle Fälle in einem einzigen Cluster.

Prinzipiell stehen viele unterschiedliche Kriterien für die Kombination von Fällen auf den einzelnen Stufen des Clusterverfahrens zur Verfügung. Alle diese Kriterien gehen von einer Matrix entweder der Ähnlichkeiten oder der Distanzen zwischen den Fällen bzw. Clustern aus. Sie definieren jeweils die Entfernung zwischen zwei Clustern auf unterschiedliche Weise. Im vorliegenden Fall wurde die sog. "Zentroidmethode" zur Kombination der Fälle eingesetzt. Diese berechnet die Distanz zwischen zwei Clustern als Abstand zwischen den arithmetischen Mittelwerten für alle Variablen. Als Distanzmaß dient, wie schon angesprochen, die Quadratische Euklidische Distanz.

Im Ergebnis der Clusteranalyse erhält man eine hierarchisch geordnete Serie von Typisierungsvorschlägen, die in einem Dendrogramm dargestellt werden kann. Prinzipiell kann die Auswahl eines Gruppierungsvorschlags auf mehreren Ebenen des bei einer großen Zahl von Fällen und Variablen sehr tief geschachtelten Dendrogramms erfolgen. Nur muß dabei eine einheitliche "Abschneidegrenze" Anwendung finden, d.h. es dürfen nicht Clusterbildungen aus mehreren Ebenen der

---

[4] Division des Differenzbetrages von beobachtetem Wert und arithmetischem Mittel durch die Standardabweichung der Gesamtheit der beobachteten Werte. Zur Verwendung einer modifizierten Version der z-Transformation bei der Berechnung des Gesamtindikators vgl. Abschnitt 4 im dritten Kapitel.

Bündelungshierarchie miteinander vermengt werden. Die Auswahl der Cluster aus dem Gruppierungsvorschlag bzw. die Bestimmung der "Abschneidegrenze" ist von inhaltlichen Erwägungen abhängig.

2.2. Auswahl der Variablen

Da die Qualität der Clusteranalyse wesentlich davon abhängt, welche Variablen der Bildung der Cluster zugrundeliegen, ist der Variablenauswahl besonderes Augenmerk zu schenken. In Frage kämen Variablen, die wichtige wirtschaftsstrukturelle Gegebenheiten beschreiben. Erfaßt werden könnten sowohl Produktionsergebnisse als auch Produktionsvoraussetzungen; auch könnten sowohl Variablen, welche die in den Arbeitsmarktregionen erzielten wirtschaftlichen Leistungen beschreiben, als auch Variablen, die Reaktionen der in den Regionen lebenden Menschen auf die Wohlstandsdisparitäten (Wanderungen) erfassen, Berücksichtigung finden.

Im vorliegenden Fall soll eine Typisierung der Arbeitsmarktregionen erarbeitet werden, welche zentrale Merkmale der Wirtschaftsstruktur erfaßt. Hierfür bietet sich in erster Linie die sektorale Beschäftigtenstruktur an. Die Beschäftigtenstatistik der ehemaligen DDR kann, mit Ausnahme der Auslassung des "X-Bereichs", als relativ zuverlässig gelten. Mittels der Klassifizierung der Arbeitsmarktregionen nach Beschäftigtenanteilen der Wirtschaftssektoren können zuverlässige Einblicke in regionale Besonderheiten der Wirtschaftsstruktur gewonnen werden. Ergänzt wird diese Clusterbildung durch eine nach den Beschäftigtenanteilen der Industriezweige an der Gesamtbeschäftigung der Industrie.

3. Ergebnisse der Clusteranalyse

3.1. Clusterbildung nach der Struktur der Gesamtbeschäftigung

3.1.1. Die statistischen Ergebnisse

Die Ergebnisse der Clusterbildung nach der sektoralen Beschäftigungsstruktur in den Arbeitsmarktregionen sind in Schaubild 1 dargestellt. Bei entsprechender Wahl der Abschneidegrenze lassen sich die 45 Arbeitsmärkte acht Clustern zuordnen. Die so identifizierten Gruppen[5] von Arbeitsmärkten werden in Tabelle 5 im einzelnen aufgelistet (vgl. auch Karte 5).

Auf den ersten Blick ist ersichtlich, daß die Cluster bestimmte großräumliche Strukturen erfaßt haben: Die meisten der in Mecklenburg-Vorpommern gelegenen Arbeitsmärkte sowie die Arbeitsmarktregion Stendal (Brandenburg, Sachsen-Anhalt), bei denen es sich um vorwiegend ländlich geprägte Räume handelt, wurden in einer Gruppe zusammengefaßt (Gruppe 8), der überwiegende Teil der industri-

---

5 In vereinfachender Sprechweise werden im folgenden die Begriffe "Typ" und "Gruppe" als Synonyme behandelt.

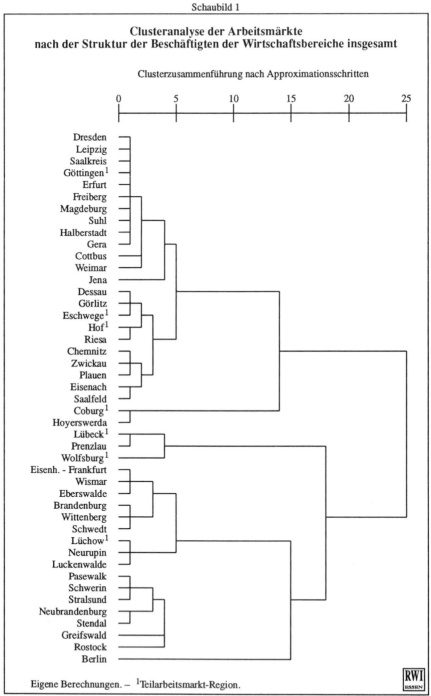

Schaubild 1

Clusteranalyse der Arbeitsmärkte nach der Struktur der Beschäftigten der Wirtschaftsbereiche insgesamt

Tabelle 5

Gruppierung der Arbeitsmarktregionen nach der Struktur der Beschäftigten der Wirtschaftsbereiche insgesamt
– Ergebnisse der Clusteranalyse –

Gruppe	Arbeitsmarkt	Gruppe	Arbeitsmarkt
1	Lübeck[1] Prenzlau Wolfsburg[1]	4	Eschwege[1] Hof[1] Dessau Görlitz
2	Göttingen[1] Desden Erfurt Freiberg Gera Halberstadt Leipzig Magdeburg Saalkreis Suhl Cottbus Weimar Jena		Riesa Chemnitz Eisenach Plauen Saalfeld Zwickau
		5	Coburg[1] Hoyerswerda
		6	Berlin[1]
		7	Brandenburg Schwedt Wittenberg Eberswalde Eisenhüttenstadt-Frankfurt Wismar
3	Salzwedel/Lüchow[1] Luckenwalde Neuruppin		
		8	Greifswald Neubrandenburg Stendal Pasewalk Schwerin Stralsund Rostock

Eigene Berechnungen. – [1]Teilarbeitsmarktregion.

ellen Ballungsgebiete und der Verdichtungsräume des Südens in einer anderen (Gruppe 2). Weitere große Teile Sachsens, Thüringens und Sachsen-Anhalts wurden einer dritten Gruppe zugeschlagen (Gruppe 4). Arbeitsmarktregionen längs der Oder in Mecklenburg-Vorpommern und Brandenburg, aber auch zwei weitere Arbeitsmärkte im brandenburgischen Umland von Berlin wurden in einem Cluster gebündelt. Eine Sonderstellung nimmt Berlin (Ost) ein, ist es doch in der gegebenen Abgrenzung die einzige (Teil-) Arbeitsmarktregion, die ein selbständiges Cluster bildet. Die übrigen drei hinsichtlich der Gemeinsamkeiten der Beschäftigungsstrukturen gebildeten Gruppen umfassen in zwei Fällen drei und in einem Fall zwei Arbeitsmärkte.

Um die hier getroffenen Zuordnungen und Abgrenzungen nachvollziehen zu können, bedarf es einer näheren Prüfung der für die einzelnen Cluster ermittelten statistischen Informationen. Hierzu sei zunächst auf die nach den Beschäftigungs-

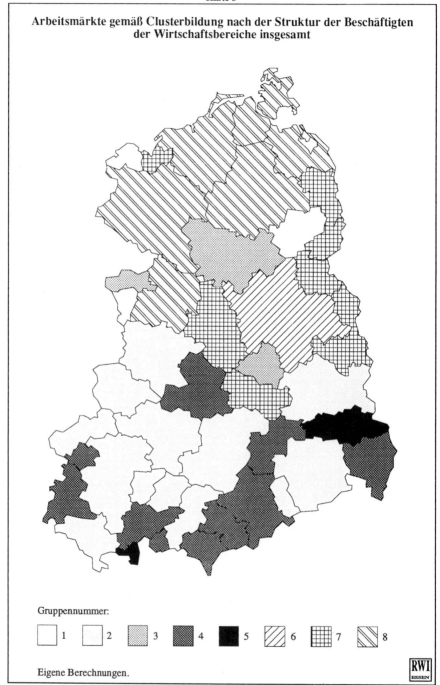

Tabelle 6

Kennziffern der gruppierten Arbeitsmarktregionen nach der Struktur der Beschäftigten der Wirtschaftsbereiche

Gruppe	Kennziffer	Land-, Forstwirtschaft	Industrie	Produzierendes Handwerk	Bauwirtschaft	Verkehr, Post, Fernmeldewesen	Handel	Sonstige prod. Zweige	Nicht prod. Zweige
1	Mittelwert	34,0	14,7	3,4	6,7	7,5	10,5	1,0	22,2
	Standardabweichung	0,7	2,4	0,7	0,4	3,1	0,7	0,6	2,0
	Maximum	34,6	17,9	3,9	7,1	11,8	11,3	1,5	23,6
	Minimum	33,0	11,9	2,3	6,1	4,7	9,6	0,1	19,4
2	Mittelwert	10,1	39,2	3,1	6,6	6,5	9,7	3,1	21,7
	Standardabweichung	1,6	2,7	0,6	1,7	1,5	0,8	1,4	1,6
	Maximum	12,1	42,7	4,3	9,1	9,3	10,7	7,2	25,2
	Minimum	7,4	33,9	2,0	2,4	3,9	7,6	1,7	19,4
3	Mittelwert	27,2	26,7	3,7	5,5	5,9	10,0	1,4	19,6
	Standardabweichung	1,7	1,1	0,8	0,3	0,2	0,3	0,1	1,0
	Maximum	28,9	28,3	4,4	5,9	6,0	10,4	1,5	21,1
	Minimum	25,0	25,6	2,6	5,2	5,6	9,6	1,3	18,8
4	Mittelwert	10,0	47,2	3,7	5,5	5,4	8,8	1,5	17,9
	Standardabweichung	3,5	2,6	0,9	1,0	1,0	0,7	0,8	0,7
	Maximum	16,2	52,4	5,1	6,8	7,0	9,9	3,2	19,4
	Minimum	4,8	43,6	2,5	3,5	3,7	7,5	0,2	17,1
5	Mittelwert	5,3	58,1	2,7	4,4	4,7	7,7	1,0	16,1
	Standardabweichung	0,7	0,1	0,7	0,5	0,5	0,2	0,4	0,1
	Maximum	6,1	58,0	3,4	4,8	5,3	7,9	1,4	16,2
	Minimum	4,6	27,1	2,1	3,9	4,2	7,4	0,6	15,9
6	Mittelwert	5,2	31,8	2,9	7,3	9,9	13,6	5,0	28,9
7	Mittelwert	16,6	31,8	2,1	7,9	8,5	9,5	2,5	21,1
	Standardabweichung	1,2	2,9	0,9	0,9	1,0	0,7	1,1	1,9
	Maximum	18,3	35,5	3,4	9,4	10,2	10,6	3,8	23,5
	Minimum	14,9	28,0	0,7	6,7	7,4	8,5	1,1	18,8
8	Mittelwert	20,6	23,0	2,2	7,6	9,2	11,1	2,8	23,5
	Standardabweichung	3,4	2,2	0,4	0,9	2,1	0,4	0,9	2,0
	Maximum	24,7	24,6	3,0	8,7	13,6	11,7	4,5	27,9
	Minimum	15,2	18,8	1,7	6,0	6,9	10,6	1,8	21,6
Insgesamt	Mittelwert	15,0	35,6	3,0	6,5	7,0	9,7	2,3	20,9
	Standardabweichung	8,0	11,2	0,9	1,5	2,1	1,2	1,3	2,9
	Maximum	34,6	58,1	5,1	9,4	13,6	13,6	7,2	28,9
	Minimum	4,6	11,9	0,7	2,4	3,7	7,4	0,1	15,9

Eigene Berechnungen.

Tabelle 7

Standardisierte[1] Struktur der Beschäftigten der Wirtschaftsbereiche insgesamt

Gruppe	Land-, Forstwirtschaft	Industrie	Produzierendes Handwerk	Bauwirtschaft	Verkehr, Post, Fernmeldewesen	Handel	Sonstige prod. Zweige	Nicht prod. Zweige
1	2,4	-1,9	0,4	0,1	0,3	0,6	-1,0	0,5
2	-0,6	0,3	0,1	0,0	-0,2	-0,1	0,6	0,3
3	1,5	-0,8	0,8	-0,7	-0,5	0,2	-0,7	-0,4
4	-0,6	1,0	0,7	-0,7	-0,7	-0,8	-0,6	-1,0
5	-1,2	2,0	-0,3	-1,4	-1,1	-1,7	-1,0	-1,7
6	-1,2	-0,8	-0,1	0,5	1,4	3,2	2,0	2,8
7	0,2	-0,3	-1,0	0,9	0,7	-0,2	0,2	0,1
8	0,7	-1,1	-0,9	0,7	1,0	1,1	0,3	0,9

Eigene Berechnungen. – [1]Zur Standardisierung vgl. die Erläuterungen im Text.

strukturen gruppierten Arbeitsmärkte verwiesen (vgl. Tabelle 6). Wie ein Vergleich der Differenzen zwischen maximalen und minimalen Ausprägungen der Variablen innerhalb jeder einzelnen Gruppe mit derjenigen zwischen den Gruppen und derjenigen aller Arbeitsmärkte insgesamt erkennen läßt, hat die Clusterbildung erwartungsgemäß dazu geführt, daß die Unterschiede der Merkmalsausprägungen zwischen den Gruppen relativ groß, aber innerhalb der Gruppen relativ klein geworden sind. Ein Vergleich der Standardabweichungen der Variablenausprägungen der Gruppen sowie der Gesamtheit aller Arbeitsmarktregionen führt zu dem gleichen Ergebnis.

Deutlich wird, daß der Beschäftigtenanteil der Land- und Forstwirtschaft in den Gruppen 1, 3 und 8 besonders hoch ist, derjenige der Industrie dagegen in den Gruppen 5, 4 und 2. Die Beschäftigungsanteile der "nichtproduzierenden Zweige" (Dienstleistungen außer Handel und Verkehrswesen) liegen zwischen 16,1 vH in Gruppe 5 und 28,9 vH in Gruppe 6 (Gruppenmittelwerte). Deutlich unter 10 vH liegt in allen Gruppen der Anteil der in der Bauwirtschaft Beschäftigten, der in der DDR-Statistik generell etwas zu niedrig ausgewiesen wurde, da die in den Baubetrieben der Kombinate Beschäftigten nach dem Schwerpunktprinzip der jeweiligen Branche zugeordnet wurden. Die Beschäftigtenanteile des Handels schwanken ebenso zwischen den Gruppen wie diejenigen des Verkehrswesens und des Produzierenden Handwerks.

Vergleicht man die Streuung der regionalen Ausprägungen der einzelnen Variablen untereinander, so zeigen sich bemerkenswerte Unterschiede[6]. Für die Gesamtheit aller 45 Arbeitsmärkte ist der Variationskoeffizient des Beschäftigtenanteils der "sonstigen produzierenden Bereiche" mit 56,5 vH am höchsten. Es folgen in absteigender das Produzierende Handwerk und das Verkehrswesen jeweils mit 30 vH, die Bauwirtschaft mit 23,1 vH, die "nicht produzierenden Zweige" mit 13,9 vH und der Handel mit 12,4 vH.

Einen Eindruck von den Beschäftigungsstrukturen der jeweiligen Gruppen vermittelt auch Tabelle 7, in der die durchschnittlichen sektoralen Beschäftigtenanteile standardisiert, d.h. so umgerechnet wurden, daß die Mittelwerte der Variablenausprägungen für die einzelnen Gruppen den Wert 0 und die Standardabweichungen den Wert 1 annahmen. Die Gruppen 1, 3 und 8 zeichnen sich durch eine besondere agrarische Prägung aus. Eine industrielle Prägung ist hingegen für die Gruppen 5, 4 und, in weitaus geringerem Maße, für die Gruppe 1 typisch.

3.1.2. Gruppenprofile

Die im Ergebnis der Clusteranalyse gewonnene Gruppenbildung gestattet es, Gruppenprofile für jede einzelne Arbeitsmarktgruppe herauszuarbeiten (vgl. auch Schaubild 2). Im einzelnen läßt sich folgendes Bild erkennen:

---

[6] Für diesen Vergleich ist der prozentual ausgedrückte Variationskoeffizient zu verwenden, da sich die Standardabweichung infolge der unterschiedlichen Größendimensionen der Sektoranteile hier nicht als Streuungsmaß eignet.

Schaubild 2

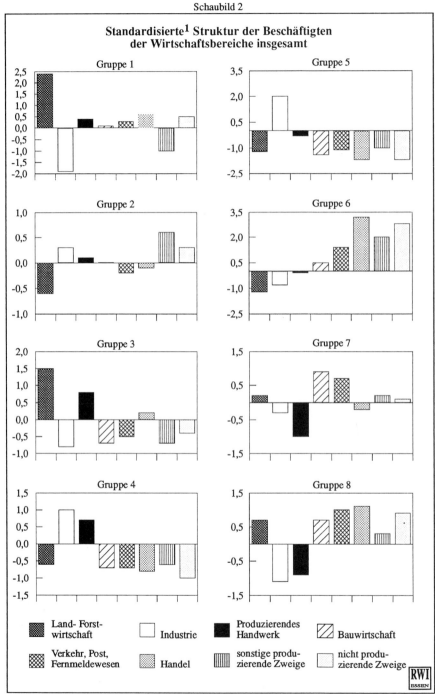

Gruppe 1: Bei den Arbeitsmarktregionen und -teilregionen handelt es sich um stark ländlich geprägte Räume. Die Industrie wie auch die sonstigen produzierenden Bereiche sind sehr schwach vertreten. Agrarische Beschäftigungen spielen eine weit überdurchschnittliche Rolle. Zwei der drei Regionen sind Teilarbeitsmärkte, die jeweils einem westdeutschen Mittelzentrum – Lübeck und Wolfsburg – zuzuordnen sind. Der tertiäre Bereich, der wie überall in der DDR durch ein Übergewicht der staatlichen Einrichtungen, eine Unterentwicklung produktionsbezogener und ein unzureichendes Angebot an haushaltsbezogenen Dienstleistungen gekennzeichnet war, ist in den Regionen der Gruppe 1 etwas stärker entwickelt als in der ehemaligen DDR insgesamt.

Gruppe 2: Dieser Gruppe wurde die höchste Zahl von Arbeitsmärkten zugeordnet. Es handelt sich hierbei durchweg um Ballungsgebiete und Gebiete mit starken Verdichtungsansätzen. Die Arbeitsmärkte umfassen räumlich fast das ganze mitteldeutsche Industrierevier. Die Land- und Forstwirtschaft ist unterdurchschnittlich vertreten, das Verarbeitende Gewerbe dagegen überdurchschnittlich. Stark überrepräsentiert sind die "sonstigen produzierenden Zweige". Zu beachten ist aber, daß der Anteil dieser Residualgröße an der Gesamtbeschäftigung verhältnismäßig gering ist. Auffällig ist, daß Handel und Verkehrswesen schwächer entwickelt sind als im Durchschnitt der ehemaligen DDR, die "nicht produzierenden Bereiche" – überwiegend staatliche Einrichtungen – dagegen stärker.

Gruppe 3: Diese Gruppe umfaßt drei Arbeitsmärkte, von denen einer (Salzwedel/Lüchow) ein Teilarbeitsmarkt ist. Die Regionen sind durch eine herausragende Stellung der Landwirtschaft und durch eine unter dem Durchschnitt liegende Entwicklung der Industrie gekennzeichnet. Hervorzuheben ist der relativ hohe Beschäftigtenanteil im Produzierenden Handwerk.

Gruppe 4: Diese Gruppe, nach der Zahl der zugeordneten Arbeitsmärkte die zweitgrößte, umfaßt vornehmlich Regionen, die bereits seit den ersten Jahrzehnten dieses Jahrhunderts industriell geprägt sind. Überdurchschnittlich entwickelt ist folglich die Industrie, unterdurchschnittlich dagegen sind die Landwirtschaft, die Bauwirtschaft und der tertiäre Bereich vertreten. Hervorzuheben ist bezüglich dieser vornehmlich sächsischen, thüringischen und anhaltischen Regionen die überdurchschnittliche Vertretung des Handwerks.

Gruppe 5: Der Gruppe wurde ein südthüringischer Landkreis, welcher dem Arbeitsmarkt Coburg zugehört, sowie der Arbeitsmarkt Hoyerswerda zugeordnet. Es handelt sich um industriell geprägte Regionen mit weit überdurchschnittlicher Industriebeschäftigung.

Gruppe 6: Diese Gruppe besteht lediglich aus dem Teilarbeitsmarkt Berlin (Ost). Hier sind Industrie und Landwirtschaft relativ schwach ausgeprägt. Die Dienstleistungsbereiche, darunter an erster Stelle der Handel und an zweiter Stelle die sonstigen nicht produzierenden Zweige, nehmen einen weit über dem Durchschnitt liegenden Anteil ein. Im Gegensatz zu den in den Gruppen 2 und 4 erfaßten altindustriellen Gebieten Sachsens und Thüringens ist auch das Produzierende Handwerk leicht unterdurchschnittlich vertreten.

Gruppe 7: Diese Gruppe umfaßt ausschließlich in Brandenburg und Mecklenburg-Vorpommern gelegene Arbeitsmärkte. Die Landwirtschaft ist leicht überdurchschnittlich entwickelt; der Anteil der Industrie liegt geringfügig unter dem Durchschnitt. Bemerkenswert ist die überdurchschnittliche Präsenz der Bauwirtschaft und des Verkehrswesens. Der hohe Beschäftigtenanteil in der Bauwirtschaft mag mit der räumlichen Nähe der meisten dieser Arbeitsmarktregionen zu Berlin zusammenhängen (Wahrnehmung von Bauaufgaben im bezüglich des Wohnungsbaus und der Erstellung öffentlicher Bauten privilegierten Ostberlin).

Gruppe 8: Hier wurden ausnahmslos Arbeitsmarktregionen des Nordens, insbesondere Mecklenburg-Vorpommerns erfaßt. Der Anteil der Landwirtschaft ist überdurchschnittlich hoch, die Industrie dagegen ebenso wie das Produzierende Handwerk stark unterdurchschnittlich vertreten. Die Dienstleistungsbereiche sind ausnahmslos relativ stark ausgeprägt.

3.2. Clusterbildung nach der Struktur der Industriebeschäftigten

3.2.1. Die statistischen Ergebnisse

Die Ergebnisse der Clusterbildung nach den Anteilen der einzelnen Industriezweige – es handelt sich um 9 Industriezweige – an der Gesamtbeschäftigung der Industrie werden im folgenden vorgestellt. Das Dendrogramm gibt Aufschluß über den gewonnenen Gruppierungsvorschlag (vgl. Schaubild 3). Die Abschneidegrenze wurde so gewählt, daß die 45 Arbeitsmarktregionen Ostdeutschlands 13 Gruppen zugeordnet wurden. Die zu den Gruppen jeweils zugehörigen Arbeitsmärkte sind in Tabelle 8 aufgeschlüsselt (vgl. auch Karte 6)[7]. Anders als im Fall der ersten Clusterbildung stellen auf dieser Stufe der Clusterhierarchie allein 8 Arbeitsmärkte eigenständige Gruppen dar. Die Gründe hierfür sind im folgenden zu zeigen. Auf die Gruppe 6 entfallen allein 19 Arbeitsmärkte, das sind 42 vH aller ostdeutschen Arbeitsmärkte (einschließlich der Teilarbeitsmärkte).

Tabelle 9 gibt Auskunft über die Struktur der Industriebeschäftigten in den Arbeitsmarktgruppen. Deutlich wird, daß es sich bei den Arbeitsmarktregionen, die jeweils eine Gruppe für sich bilden, ausnahmslos um Regionen handelt, in denen eine einzelne Branche oder zwei Industriezweige die Industriebeschäftigung dominieren. Die Produktionsstätten der Industrie sind höchst ungleich im Raum verteilt. Die Variationskoeffizienten der Variablenausprägungen für die Gesamtheit der Arbeitsmärkte liegen in einigen Fällen weit über 100 vH. Spitzenreiter sind die an die Braunkohlelagerstätten gebundene Energiewirtschaft und Brennstoffindustrie mit 198,1 vH, die Metallurgische Industrie mit 178,3 vH und die Textilindustrie mit 165,1 vH. Sehr viel gleichmäßiger ist die räumliche Standortverteilung des Maschinen- und Fahrzeugbaus mit 43,2 vH, der Leichtindustrie mit 59,6 vH und der Lebensmittelindustrie mit 63,8 vH. Eine Mittelstellung nehmen die Che-

---

[7] Aufgrund der limitierten technischen Darstellungsmöglichkeiten wurden in Karte 6 in drei Fällen (1 und 2, 8 bis 10 und 11 bis 14) jeweils mehrere Arbeitsmärkte zu einer Gruppe zusammengefaßt.

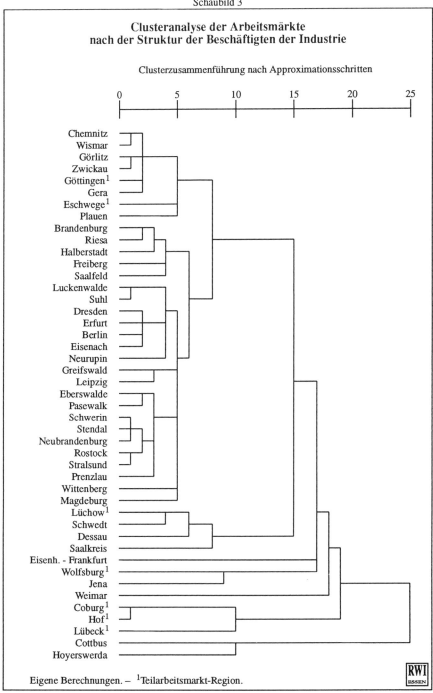

Tabelle 8

Gruppierung der Arbeitsmarktregionen nach der Struktur der Beschäftigten der Industrie

Gruppe	Arbeitsmarkt	Gruppe	Arbeitsmarkt
1	Lübeck[1]	noch 6	Magdeburg
			Neubrandenburg
2	Wolfsburg[1]		Neuruppin
			Pasewalk
3	Göttingen[1]		Prenzlau
	Chemnitz		Rostock
	Gera		Schwerin
	Görlitz		Stendal
	Weimar		Stralsund
	Zwickau		Suhl
	Eschwege[1]		Wittenberg
	Plauen		
		7	Brandenburg
4	Salzwedel/Lüchow[1]		Freiberg
	Schwedt		Halberstadt
	Dessau		Riesa
			Saalfeld
5	Coburg[1]		
	Hof[1]	8	Cottbus
6	Berlin[1]	9	Eisenhüttenstadt-Frankfurt
	Desden		
	Eberswalde	10	Hoyerswerda
	Eisenach		
	Erfurt	11	Jena
	Greifswald		
	Leipzig	12	Saalkreis
	Luckenwalde		
		13	Wismar

Eigene Berechnungen. – [1]Teilarbeitsmarktregion.

RWI ESSEN

mische Industrie mit 118,3 vH, die Elektrogeräteindustrie mit 80,9 vH und die Baumaterialienindustrie mit 73 vH ein.

Einen Überblick über die relative Präsenz der einzelnen Industriezweige in den 13 Arbeitsmarktgruppen gibt Tabelle 10, in der wiederum die durchschnittlichen sektoralen Beschäftigtenanteile standardisiert wurden. Deutlich wird, daß einzelne Gruppen durch ausgeprägte industrielle Monostrukturen gekennzeichnet sind und andere durch eine relativ breit aufgefächerte Industriestruktur.

3.2.2. Gruppenprofile

Für jede der Gruppen läßt sich ein Beschäftigungsprofil erstellen, das die Beschäftigtenanteile der Industriezweige auf Basis der standardisierten Quoten zeigt (vgl. Schaubild 4). Im einzelnen sind folgende Merkmale hervorzuheben:

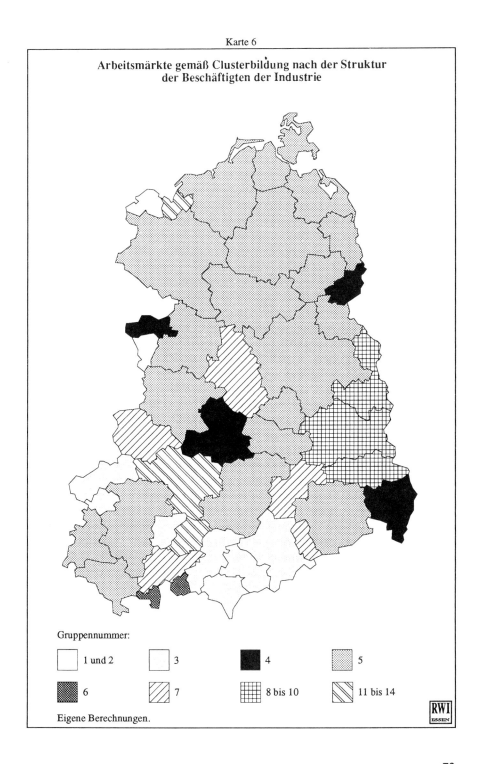

Tabelle 9

Kennziffern der gruppierten Arbeitsmarktregionen nach der Struktur der Beschäftigten der Industrie

Gruppe	Kennziffer	Energie, Brennstoffe	Chemische Industrie	Metallurgie	Baumaterial	Maschinen-, Fahrzeugbau	Elektrogeräteind.	Leichtindustrie	Textilindustrie	Lebensmittelind.
1	Mittelwert	0,0	0,0	0,3	4,6	15,9	4,8	50,3	0,0	24,1
2	Mittelwert	0,0	3,8	0,0	4,0	22,5	39,1	11,4	0,0	19,1
3	Mittelwert	2,0	5,8	1,1	3,0	25,9	10,8	18,1	27,0	6,3
	Standardabw.	2,4	4,2	0,9	1,8	7,8	2,5	5,6	7,9	2,4
	Maximum	7,8	14,0	2,5	6,7	36,9	15,0	29,9	42,1	11,7
	Minimum	0,0	1,8	0,2	0,9	13,7	7,4	11,2	17,7	3,2
4	Mittelwert	3,6	40,3	0,5	2,4	23,1	3,7	14,9	0,1	11,4
	Standardabw.	4,9	8,0	0,6	1,5	6,0	0,6	5,3	0,2	4,9
	Maximum	10,5	51,0	1,2	4,3	31,0	4,6	20,7	0,4	18,4
	Minimum	0,0	31,9	0,0	0,7	16,5	3,3	7,9	0,0	7,8
5	Mittelwert	0,5	5,1	0,0	0,4	12,1	23,8	54,9	0,3	3,0
	Standardabw.	0,1	0,2	0,0	0,4	2,9	4,1	1,0	0,1	0,0
	Maximum	0,6	5,3	0,0	0,8	15,0	27,9	55,8	0,4	3,1
	Minimum	0,4	4,9	0,0	0,0	9,2	19,7	53,9	0,2	3,0
6	Mittelwert	4,5	6,5	2,3	5,1	34,6	12,6	16,6	2,3	15,8
	Standardabw.	6,0	5,5	3,9	3,3	7,1	8,2	6,1	2,7	7,6
	Maximum	26,3	19,6	13,1	15,3	47,6	29,3	27,8	11,4	28,7
	Minimum	0,0	0,0	0,1	1,3	20,2	2,8	6,4	0,0	5,3
7	Mittelwert	1,8	10,5	20,0	3,1	22,0	12,7	19,5	2,9	7,7
	Standardabw.	0,5	6,3	5,4	1,6	5,6	4,0	8,0	2,0	1,6
	Maximum	2,6	18,1	27,3	5,2	31,9	18,7	29,6	6,4	9,7
	Minimum	1,1	1,2	11,8	0,4	16,2	8,1	8,7	0,6	5,4
8	Mittelwert	34,2	10,2	0,2	2,4	16,5	1,7	18,0	8,9	7,9
9	Mittelwert	4,4	1,2	34,1	2,7	10,6	24,4	8,7	0,1	13,7
10	Mittelwert	61,0	6,9	1,7	2,6	10,2	4,0	10,5	0,5	2,6
11	Mittelwert	2,0	4,5	0,0	0,9	9,4	55,5	23,5	0,3	3,8
12	Mittelwert	16,8	38,7	16,3	4,2	11,0	1,5	6,3	0,1	5,1
13	Mittelwert	1,5	0,0	0,1	2,2	65,5	8,0	6,9	0,6	15,3
Insgesamt	Mittelwert	5,4	9,3	4,6	3,7	27,3	13,1	18,8	6,3	11,6
	Standardabw.	10,7	11,0	8,2	2,7	11,8	10,6	11,2	10,4	7,4
	Maximum	61,0	51,0	34,1	15,3	65,5	55,5	55,8	42,1	28,7
	Minimum	0,0	0,0	0,0	0,0	9,2	1,5	6,3	0,0	2,6

Eigene Berechnungen.

Tabelle 10

Standardisierte Struktur der Beschäftigten der Industrie

Gruppe	Energie, Brennstoffe	Chemische Industrie	Metallurgie	Baumaterial	Maschinen-, Fahrzeugbau	Elektrogeräteind.	Leichtindustrie	Textilindustrie	Lebensmittelind.
1	−0,5	−0,8	−0,5	0,3	−1,0	−0,8	2,8	−0,6	1,7
2	−0,5	−0,5	−0,6	0,1	−0,4	2,5	−0,7	−0,6	1,0
3	−0,3	−0,3	−0,4	−0,3	−0,1	−0,2	−0,1	2,0	−0,7
4	−0,2	2,8	−0,5	−0,5	−0,4	−0,9	−0,4	−0,6	0,0
5	−0,5	−0,4	−0,6	−1,2	−1,3	1,0	3,2	−0,6	−1,2
6	−0,1	−0,3	−0,3	0,5	0,6	0,0	−0,2	−0,4	0,6
7	−0,3	0,1	1,9	−0,2	−0,5	0,0	0,1	−0,3	−0,5
8	2,7	0,1	−0,5	−0,5	−0,9	−1,1	−0,1	0,2	−0,5
9	−0,1	−0,7	3,6	−0,4	−1,4	1,1	−0,9	−0,6	0,3
10	5,2	−0,2	−0,4	−0,4	−1,4	−0,9	−0,7	−0,6	−1,2
11	−0,3	−0,4	−0,6	−1,0	−1,5	4,0	0,4	−0,6	−1,1
12	1,1	2,7	1,4	0,2	−1,4	−1,1	−1,1	−0,6	−0,9
13	−0,4	−0,8	−0,5	−0,6	3,2	−0,5	−1,1	−0,6	0,5

Eigene Berechnungen.

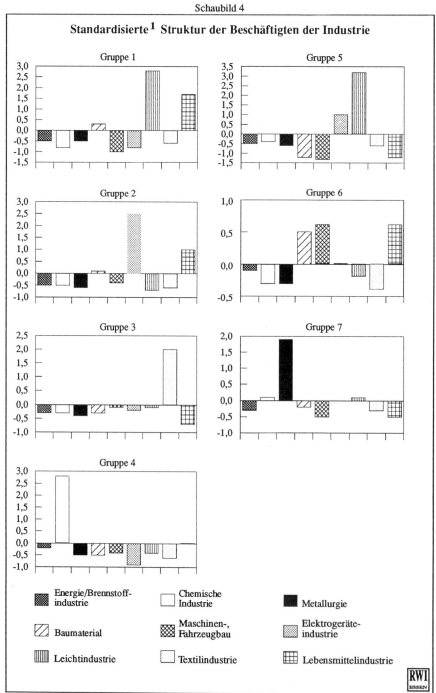

noch Schaubild 4

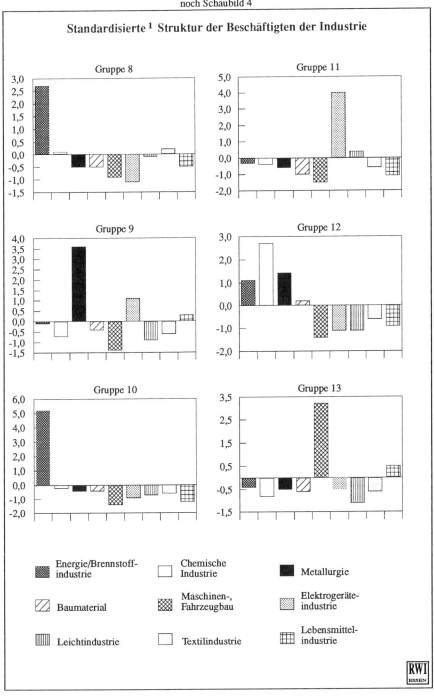

Gruppe 1: Diese Gruppe umfaßt einen einzigen Arbeitsmarkt, die Teil-Arbeitsmarktregion Lübeck (Ost), die mit dem Kreis Grevesmühlen identisch ist. Die Leicht- und die Lebensmittelindustrie sind stark überrepräsentiert. Leicht überdurchschnittlich ist auch die Baumaterialienindustrie vertreten, während die Anteile aller anderen Zweige unter dem Durchschnitt liegen.

Gruppe 2: Es handelt sich wiederum um eine einzelne Arbeitsmarktregion, den Teil-Arbeitsmarkt Wolfsburg bzw. den Kreis Klötze. Der hier dominierende Industriezweig ist die Elektrogeräteindustrie. Über dem Durchschnitt liegt der Anteil der Lebensmittelindustrie, durchschnittlich ist derjenige der Baumaterialienindustrie. Alle andere Zweige sind unterdurchschnittlich vertreten.

Gruppe 3: Diese Gruppe ist die zahlenmäßig zweitstärkste. Sie umfaßt im wesentlichen Arbeitsmarktregionen, die im mitteldeutschen Industrierevier liegen. Es handelt sich also um altindustrielle Gebiete. Ins Auge springt das sehr starke Gewicht der Textilindustrie. Alle anderen Industriezweige sind demgegenüber unterdurchschnittlich ausgeprägt. Deutlich wird also eine ausgeprägte Monostruktur dieser Gruppe von Arbeitsmärkten. Angesichts des Übergewichts der besonders strukturgefährdeten Textilindustrie ist für diese Gruppe von Arbeitsmarktregionen ein besonderes Gefährdungspotential auszumachen.

Gruppe 4: Den drei Arbeitsmärkten ist das überaus hohe Gewicht der Chemischen Industrie gemeinsam. Alle anderen Industriezweige sind unterrepräsentiert. Wiederum ist in Anbetracht der Monostruktur zugunsten eines besonders gefährdeten Industriezweigs von einem gruppenspezifischen Gefährdungspotential zu sprechen. Im einzelnen handelt es sich um die Arbeitsmärkte Dessau, in dem traditionelle deutsche Chemiestandorte zu finden sind – Schwedt, in der der große petrochemische Komplex am Ende der Erdöltrasse aus der UdSSR liegt –, und den Teilarbeitsmarkt Salzwedel/Lüchow, der mit dem Kreis Salzwedel identisch ist.

Gruppe 5: Die Gruppe wird durch zwei südthüringische Arbeitsmarktregionen, die Teil-Arbeitsmärkte Coburg und Hof, die mit den Landkreisen Sonneberg und Lobenstein identisch sind, gebildet. Festzustellen ist eine Dominanz der Leichtindustrie und Elektrogeräteindustrie. Die Anteile aller anderen Industriezweige liegen unter dem Durchschnitt.

Gruppe 6: Diese Gruppe ist hinsichtlich der Zahl der zugeordneten Arbeitsmärkte die größte. Ihr gehören Arbeitsmärkte Sachsens, Thüringens, Brandenburgs und Mecklenburg-Vorpommerns an. Die Industriestruktur ist relativ ausgeglichen. Jeweils überdurchschnittlich vertreten sind der Maschinen- und Fahrzeugbau, die Baumaterialienindustrie und die Lebensmittelindustrie. Spezifische Strukturgefährdungspotentiale werden erst bei einer weiteren Aufgliederung der Industriezweige unmittelbar erkennbar. Hinzuweisen ist auf die Bedeutung der Werftindustrie für den Arbeitsmarkt Rostock und diejenige besonders problematischer Branchen des Maschinen- und Fahrzeugbaus für den Arbeitsmarkt Suhl (u.a. Motorradbau).

Gruppe 7: In dieser Gruppe wurden die Standorte der Eisen- und Stahlindustrie zusammengefaßt. Eine starke Monostruktur zugunsten der Metallurgie ist unübersehbar. Im einzelnen handelt es sich um die Arbeitsmärkte Brandenburg, Riesa, Halberstadt, Freiberg und Saalfeld.

Gruppe 8: Die Gruppe besteht aus einem einzelnen Arbeitsmarkt, der Arbeitsmarktregion Cottbus. Es dominiert mit weitem Abstand die Energiewirtschaft und Brennstoffindustrie (Braunkohleabbau und -verarbeitung). Die leicht überdurchschnittlichen Anteile der Textilindustrie und Chemischen Industrie, bei denen es sich um ausgesprochene Problemzweige handelt, ändern nichts an der starken Monostruktur der Region.

Gruppe 9: Der Arbeitsmarkt Eisenhüttenstadt/Frankfurt (Oder) ist durch die prägende Präsenz in erster Linie der Metallurgischen Industrie, in zweiter Linie der Elektrogeräteindustrie gekennzeichnet. Alle anderen Zweige mit Ausnahme der Lebensmittelindustrie sind unterdurchschnittlich vertreten. Auch für diese Gruppe läßt sich ein spezifisches Gefährdungspotential ausmachen.

Gruppe 10: Die Arbeitsmarktregion Hoyerswerda, welche diese Gruppe bildet, ist wohl deutlicher durch einen einzelnen Industriezweig, die Braunkohleindustrie, geprägt als jede andere Arbeitsmarktregion der ehemaligen DDR. In der absehbaren Rückführung der Braunkohleproduktion und -verarbeitung auf ein deutlich niedrigeres Niveau, aber auch in den durch den Braunkohleabbau hervorgerufenen ökologischen Schäden liegt ein besonderes Strukturproblem dieses Arbeitsmarkts.

Gruppe 11: Die Gruppe besteht einzig aus der Arbeitsmarktregion Jena. Herausragende Besonderheit ist das außerordentlich hohe Gewicht der Elektrogeräteindustrie, die aufgrund der Präsenz der Carl-Zeiss-Werke weit überdurchschnittlich vertreten ist. Kaum ins Gewicht fällt demgegenüber der leicht überdurchschnittliche Anteil der Leichtindustrie. Sichtbar wird, in welchem Maße das wirtschaftliche Wohlergehen des Arbeitsmarktes Jena vom Schicksal der Carl-Zeiss-Werke abhängt.

Gruppe 12: Die Gruppe, die wiederum aus einem einzigen Arbeitsmarkt besteht, der Arbeitsmarktregion Halle (Saalkreis), ist durch das Übergewicht dreier Industriezweige, an erster Stelle der Chemischen Industrie, an zweiter der Metallurgie, an dritter der Energiewirtschaft und der Brennstoffindustrie gekennzeichnet. Abgesehen von der Baumaterialienindustrie sind alle anderen Industriezweige weit unterdurchschnittlich vertreten. Da es sich bei den überrepräsentierten Zweigen um herausragende Problembranchen handelt, die überdies zu einer Zusammenballung ökologischer Probleme auf engstem Raum geführt haben, die in Mitteleuropa nur noch in Nordböhmen ihresgleichen findet, ist von einem außerordentlichen Strukturgefährdungspotential zu sprechen.

Gruppe 13: Dieser Gruppe gehört ein einziger Arbeitsmarkt, die aus Stadt- und Landkreis Wismar bestehende Arbeitsmarktregion Wismar, an. Es besteht eine starke Monostruktur zugunsten des Maschinen- und Fahrzeugbaus, im vorliegenden Fall also der Werftindustrie. Stärker als im Landesdurchschnitt vertreten ist nur die Lebensmittelindustrie. Auch die Arbeitsmarktregion Wismar wird sich künftig mit besonderen Strukturproblemen auseinandersetzen müssen.

Drittes Kapitel

Die ökonomische Leistungskraft der neuen und der alten Bundesländer

1. Wahl der Indikatoren

Die Konzipierung des Einsatzes regionalpolitischer Förderinstrumente setzt eine adäquate Diagnose der wirtschaftlichen Situation der räumlichen Untersuchungseinheiten, im vorliegenden Fall der Arbeitsmarktregionen, voraus. Die zentrale Aufgabe dieser Arbeit besteht neben der Abgrenzung wirtschaftsräumlicher Diagnoseeinheiten darin, die zwischen den west- und den ostdeutschen Arbeitsmarktregionen bestehenden wirtschaftlichen Disparitäten zu messen. Hierfür kämen im Prinzip sowohl ein direkter Ansatz als auch ein indirekter Ansatz in Frage[1]. Der indirekte Ansatz würde nach den Reaktionen der Bevölkerung auf wirtschaftliche Unterschiede im Raum fragen und beispielsweise interregionale Wanderungssalden untersuchen, der direkte Ansatz dagegen versucht, die als wesentlich angesehenen wirtschaftlichen Tatbestände einer Messung zugänglich zu machen und sie unmittelbar zu erfassen. In Anbetracht der hier zu behandelnden Fragestellung ist der direkten Disparitätenmessung der Vorzug zu geben, nicht nur weil dies der im Rahmen der Gemeinschaftsaufgabe "Verbesserung der regionalen Wirtschaftsstruktur" und der von der EG-Kommission praktizierten Vorgehensweise entspricht, sondern auch weil im Falle des gesamtdeutschen Ost-West-Vergleichs sich für die Zeit vor dem Fall der Mauer wirtschaftliche Disparitäten eben nicht in Wanderungssalden messen lassen. Die relative politische Stabilität der DDR seit 1961 beruhte ja gerade auf der gewaltsamen Unterbindung der "Abstimmung mit den Füßen". Die Wanderungsbewegungen der letzten 20 Monate hingegen sind statistisch unzureichend dokumentiert. Auch wäre es nicht zweckmäßig, die gegenwärtigen Einkommensdisparitäten in Deutschland an der Ost-West-Wanderung messen zu wollen, deren Reduktion ein wesentliches Ziel des umfangreichen wirtschaftspolitischen Engagements des Bundes und der westdeutschen Länder in Ostdeutschland ist.

---

[1] Vgl. P. Klemmer, Regionalpolitik auf dem Prüfstand. Köln 1986, S. 42ff.

Im Prinzip könnte man, aufbauend auf der Unterscheidung von Produktionsergebnissen und Produktionsvoraussetzungen, versuchen, eine vergleichende Analyse des Entwicklungspotentials der deutschen Arbeitsmarktregionen durchzuführen. Experimente ambitiöseren Zuschnitts zur Erfassung des endogenen Entwicklungspotentials bzw. des Wachstumspotentials von Regionen haben bekanntlich bislang nicht zu überzeugenden Ergebnissen geführt[2]. In ihren Ansprüchen bescheidenere Vergleiche, so die Erfassung einzelner Produktionsvoraussetzungen anhand von Infrastrukturindikatoren, wären dagegen durchaus möglich. Der interessierenden Frage des Vergleichs deutscher Arbeitsmarktregionen über die frühere Zonengrenze hinweg, wie groß die innerdeutschen Einkommensdisparitäten zum Zeitpunkt des Beitritts der DDR zur Bundesrepublik tatsächlich waren, käme man allerdings auf diesem Wege nicht wesentlich näher.

Im folgenden wird der Versuch eines direkten Vergleiches der wirtschaftlichen Ausgangslage ost- und westdeutscher regionaler Arbeitsmärkte bzw. ostdeutscher und europäischer Regionen zum Zeitpunkt der Wiedervereinigung unternommen. Bei der Indikatorenwahl standen die Förderindikatoren der Gemeinschaftsaufgabe "Verbesserung der regionalen Wirtschaftsstruktur" Pate, die, ergänzt um weitere Indikatoren, in gleicher oder abgewandelter Form auch im Rahmen der unter der Ägide der EG-Kommission durchgeführten europäischen Regionalvergleiche Verwendung finden[3]. In der Gemeinschaftsaufgabe finden derzeit die Indikatoren Arbeitslosenquote, Bruttowertschöpfung je Einwohner (Wirtschaftsbevölkerung), Lohn- und Gehaltsumme je abhängig Beschäftigten und Güte der wirtschaftsnahen Infrastruktur sowie ein aus diesen "Teilindikatoren" gebildeter Gesamtindikator Verwendung.

Bezüglich der neuen Bundesländer setzt schon die Datenlage zu ehrgeizig angelegten regionalen Vergleichsprojekten enge Grenzen. Die Prüfung unterschiedlicher Kriterien zu einer vergleichenden Beurteilung der wirtschaftlichen Ausgangssituation in Ost- und Westdeutschland läßt eine Beschränkung auf zwei Indikatoren sinnvoll erscheinen: Der Regionenvergleich stützt sich auf einen Indikator zur Messung der "Wirtschaftskraft", die Bruttowertschöpfung je Einwohner (Wirtschaftsbevölkerung), sowie auf den wohl wichtigsten Arbeitsmarktindikator, die Arbeitslosenquote. Für letztere liegen, da es offene Arbeitslosigkeit im Wirtschaftssystem der ehemaligen DDR nicht gab, allerdings nur Angaben aus den vergangen zwölf Monaten vor. Eine (arithmetische) Verbindung der beiden Indikatoren in einem Gesamtindikator läßt vertiefte Einsichten ins deutsch-deutsche Wirtschaftsgefälle erwarten.

---

2   Vgl. P. Klemmer, S. 43.
3   Vgl. Kommission der Europäischen Gemeinschaften (Hrsg.) [I], Die Regionen der erweiterten Gemeinschaft. Dritter Periodischer Bericht über die sozio-ökonomische Lage und Entwicklung der Regionen der Gemeinschaft. Luxemburg 1987, S. 22ff.

2. Bruttowertschöpfung

2.1. Die Bruttowertschöpfung als Indikator für die Wirtschaftskraft

Der Praxis der Festlegung der Förderindikatoren für die Gemeinschaftsaufgabe "Verbesserung der regionalen Wirtschaftsstruktur" und der Bestimmung der Förderindikatoren in der Regionalpolitik der EG folgend, bieten sich die dem Inlandskonzept entsprechenden Bruttoaggregate der Entstehungsrechnung der Volkswirtschaftlichen Gesamtrechnung (VGR) als Indikatoren zur vergleichenden Erfassung der "Wirtschaftskraft" von Regionen an. In Frage kämen prinzipiell:

— die bereinigte Bruttowertschöpfung zu Marktpreisen,
— die bereinigte Bruttowertschöpfung zu Faktorkosten,
— das Bruttoinlandsprodukt zu Marktpreisen und
— das Bruttoinlandsprodukt zu Faktorkosten.

Bei der bereinigten Bruttowertschöpfung zu Marktpreisen handelt es sich um den Differenzbetrag zwischen dem aggregierten Bruttoproduktionswert aller Wirtschaftssektoren einer Region und den zu dessen Erstellung notwendigen Vorleistungen, einschließlich der unterstellten Entgelte für Bankdienstleistungen. Aus der bereinigten Bruttowertschöpfung zu Marktpreisen läßt sich durch die Addition der nichtabzugsfähigen Umsatzsteuern und der Einfuhrabgaben das Bruttoinlandsprodukt zu Marktpreisen errechnen. Aus den beiden zu Marktpreisen erfaßten Aggregaten sind durch Subtraktion der indirekten Steuern und Addition der Subventionen deren Pendants zu Faktorkosten zu gewinnen[4]. Die Aggregate der Entstehungsrechnung bieten jeweils einen komprimierten Ausdruck der innerhalb des betrachteten Zeitraums erstellten Waren und erbrachten Leistungen.

Für welches Aggregat man sich letztlich entscheidet, ist wesentlich von den auf regionaler Ebene verfügbaren Daten abhängig. Bei Festlegung der Förderindikatoren im Rahmen der Gemeinschaftsaufgabe wurde in der Vergangenheit auf das Bruttoinlandsprodukt zu Faktorkosten pro Kopf zurückgegriffen[5]. Bei der Neuabgrenzung der Gemeinschaftsaufgabe 1990 fand die Bruttowertschöpfung zu Faktorkosten je Einwohner (Wirtschaftsbevölkerung) als Indikator Verwendung. Da für die bisherige Bundesrepublik Daten zur Bruttowertschöpfung zu Faktorkosten (im folgenden "Bruttowertschöpfung") auf Kreisbasis zur Verfügung stehen, empfiehlt sich deren Verwendung für einen Vergleich der Wirtschaftskraft der Arbeitsmarktregionen Ost- und Westdeutschlands.

---

[4] Während die beiden Aggregate in der deutschen VGR früher selten zu Faktorkosten ausgewiesen wurden, ist dies in der VGR der meisten Industrieländer, die das System of National Accounts verwenden, seit langem üblich.

[5] Zur Verwendung des Bruttoinlandsprodukts zu Faktorkosten als Indikator für die Wirtschaftskraft einer Region vgl. P. Klemmer, S. 43ff., sowie B. Bremicker, P. Klemmer und A. Ortmeyer, Analyse von regionalen Produktionsgesetzmäßigkeiten in der Bundesrepublik Deutschland. (Schriftenreihe der Gesellschaft für Regionale Strukturentwicklung, Band 9.) Bonn 1982, S. 11f.

Allerdings ist zu fragen, inwieweit Vergleiche von Regionen, die stark unterschiedlich strukturierten oder ordnungspolitisch organisierten Volkswirtschaften angehören, anhand von Aggregaten der VGR sinnvoll sind. Bezüglich der internationalen Statistiken von UNO, IWF und Weltbank, die solche Vergleiche auf Länderbasis liefern, gilt der Grundsatz, daß diese um so aussagekräftiger sind, je mehr sich die betrachteten Volkswirtschaften ähneln. Länder, die hinsichtlich ihres allgemeinen Entwicklungsstandes, ihrer Produktionsstruktur, ihrer Teilnahme am Welthandel und ihrer Wirtschaftsordnung übereinstimmen, lassen eher sinnvolle Sozialproduktsvergleiche zu als solche, die sich in einem dieser Punkte stark voneinander unterscheiden. Erfahrungsgemäß bereiten Vergleiche zwischen hoch entwickelten Industrieländern und schwach entwickelten Ländern der südlichen Hemisphäre selbst dann große Schwierigkeiten, wenn die Statistik der letzteren bestimmten Mindestqualitätsanforderungen genügt. Gleiches gilt für die Gegenüberstellung von Markt- und Planwirtschaften. So sehr die Anstrengungen von Statistikern, unter anderem der UNO, in den vergangenen Jahrzehnten auch darauf gerichtet waren, die sich hier stellenden Probleme in den Griff zu bekommen, konnte doch bisher kein methodisch befriedigender Weg zur Lösung des Problems der Vergleichbarkeit der VGR aufgewiesen werden.

Die mit der Wiedervereinigung einhergehende Verfügbarkeit einer nach dem gleichen methodischen Instrumentarium entwickelten VGR für beide Teile Deutschlands kann im nachhinein nichts an der Tatsache ändern, daß die Bundesrepublik und die ehemalige DDR über volkswirtschaftliche Gesamtrechnungswerke verfügten, die jeweils aus dem Kontext von Wirtschaftsordnung und Wirtschaftsstruktur heraus zu interpretieren sind. Aus diesem Grunde werden sich auch nach der prinzipiell möglichen Vorlage "amtlich autorisierter" Zeitreihen für Aggregate der VGR Ostdeutschlands Vergleiche zwischen Ost- und Westdeutschland ungleich komplizierter darstellen als solche zwischen Regionen der bisherigen Bundesrepublik oder zwischen der westdeutschen und anderen westeuropäischen Volkswirtschaften.

Immerhin aber ist es möglich, auf Basis des verfügbaren Materials die groben Dimensionen des Wirtschaftsgefälles zwischen Ost- und Westdeutschland zu beschreiben. Gelingt es, für die ehemalige DDR Bruttowertschöpfungsdaten auf der Ebene der Arbeitsmarktregionen zu ermitteln, so ist damit ein erster direkter Vergleich der wirtschaftlichen Leistungskraft der Arbeitsmarktregionen aller Teile der größeren Bundesrepublik und – auf der Ebene der in Gestalt der sog. NUTS II erfaßten größeren Verflechtungsregionen – von Regierungsbezirken bzw. Ländern auch des östlichen Teils der Bundesrepublik mit den Regionen der EG möglich. Es liegt nahe, hierfür als Bezugsjahr 1989, das letzte volle Jahr des Bestehens der DDR, zu wählen. Zum einen liegt für 1989 das notwendige statistische Ausgangsmaterial vor, nicht jedoch für 1990. Zum anderen würde sich 1990 aufgrund des eingetretenen Strukturbruchs nur sehr bedingt für einen solchen Vergleich eignen. Der 1990 und 1991 festzustellende massive Produktionsrückgang im Verarbeitenden Gewerbe würde zur Überzeichnung der Einkommensdisparitäten im vereinten Deutschland führen, denn die mit der derzeitigen Strukturkrise verbundene Unterauslastung vorhandener Produktionskapazitäten ist als Ausnahmesituation anzusehen.

Im folgenden ist ein Vergleich der wirtschaftlichen Leistungskraft der Arbeitsmarktregionen der neuen Bundesländer bzw. derjenigen Gesamtdeutschlands durchzuführen. Gemessen werden können anhand des benutzen Indikators – der Bruttowertschöpfung zu Faktorkosten pro Kopf der Wirtschaftsbevölkerung – für Ostdeutschland Produktionsergebnisse, die auf Basis der bisherigen Wirtschaftsstruktur dieses Teils Deutschlands zustande kamen. Erfaßt wird also die Ausgangssituation der Wirtschaft beider Teile Deutschlands vor Inkrafttreten der Währungs-, Wirtschafts- und Sozialunion. Da der Ost-West-Vergleich der Wirtschaftskraft von Volkswirtschaften auf Basis von Aggregaten der VGR eine Reihe substanzieller Probleme aufwirft, die in regionalen bzw. internationalen Einkommensvergleichen normalerweise nicht auftreten, soll zunächst auf die methodischen Probleme und Implikationen derartiger Berechnungen eingegangen werden.

2.2. Methodische Implikationen einer Schätzung der regionalen Bruttowertschöpfung für das Gebiet der ehemaligen DDR

2.2.1. Übersicht

Die Regionalisierung der VGR hat in den letzten Jahren in der alten Bundesrepublik Fortschritte gemacht, wenngleich eine Reihe von methodischen Fragen – vor allem der Regionalisierung der Verwendungs- und Verteilungsrechnung – derzeit noch nicht als gelöst gelten kann. Erwähnt sei nur die Erfassung von Primärdaten für überregionale Unternehmen nach dem Unternehmenskonzept, die Frage der räumlichen Zuordnung überregional wirksamer staatlicher Leistungen und der Fragenkomplex der adäquaten Erfassung interregionaler Einkommensströme[6]. Verfügbar sind für die Kreise der bisherigen Bundesrepublik gegenwärtig mit der Bruttowertschöpfung zu Faktorkosten und zu Marktpreisen allein Aggregate der Entstehungsrechnung.

Die Probleme, die einer Ermittlung regionaler Aggregate des Systems der VGR für das ostdeutsche Gebiet entgegenstehen, sind im Vergleich dazu ganz anderer, gravierenderer Natur:

– eine auf den konzeptionellen Grundlagen der bundesdeutschen VGR beruhende Gesamtrechnung ist für das Gebiet der ehemaligen DDR vor dem 1. Juli 1990 nicht verfügbar;

– die statistischen Systeme der Ostblockstaaten tendierten dazu, "illusionäre Erfolgsdaten" auszuweisen[7];

---

[6] Vgl. Gemeinschaftsveröffentlichung der Statistischen Landesämter, Bruttowertschöpfung der kreisfreien Städte und Landkreise in der Bundesrepublik Deutschland 1980 und 1986. (Volkswirtschaftliche Gesamtrechnungen der Länder, Heft 18.) Stuttgart 1989, S. 12. – Zu den Schwierigkeiten, die derzeit einer Regionalisierung der VGR noch im Wege stehen, vgl. auch K. Geppert und B. Görzig, Möglichkeiten und Grenzen einer Regionalisierung der Volkswirtschaftlichen Gesamtrechnung in der Bundesrepublik Deutschland. (Beiträge zur Strukturforschung, Heft 105.) Berlin 1988, S. 20ff.

[7] Vgl. J. Winiecki, Are Soviet-type Economies Entering an Era of Long-term Decline? "Soviet Studies", Oxford, vol. 38 (1986), S. 325ff.

- die von der VGR gelieferten Volumenvergleiche der Industriegüterproduktion vernachlässigen zwangsläufig Qualitätsaspekte;
- die Preisstrukturen in beiden Teilen Deutschlands wichen vor dem 1. Juli 1990 erheblich voneinander ab;
- für die Zeit vor der Herstellung eines einheitlichen deutschen Wirtschaftsraumes stellt sich beim Vergleich volkswirtschaftlicher Aggregate die Frage nach einem geeigneten Umrechnungskurs von Mark der DDR in D-Mark.

Die hier angesprochenen methodischen Angelpunkte eines Vergleichs ost- und westdeutscher Wirtschaftsgrößen sind zunächst detaillierter zu behandeln, bevor die angestellten Berechnungen vorgestellt und ihre Ergebnisse erörtert werden.

2.2.2. Diskrepanzen zwischen SNA und MPS (Entstehungsrechnung)

Die Unterschiede zwischen dem in den Planwirtschaften angewandten Material Product System (MPS) und dem in marktwirtschaftlich organisierten Ländern gebräuchlichen System of National Accounts (SNA) sind teils konzeptioneller Natur, also durch unterschiedliche theoretische Grundlagen bestimmt, teils gehen sie aber auch auf jeweils systemspezifische institutionelle Arrangements zurück oder sind einfach das Ergebnis zufälliger Praktiken der Datenerhebung und Datenauswertung in der VGR[8]. Die Frage der Umrechnung von volkswirtschaftlichen Aggregaten des SNA in solche des MPS und umgekehrt wurde durch das Statistische Amt der Vereinten Nationen und durch Vertreter nationaler Statistischer Ämter in der Vergangenheit ausgiebig behandelt. Die im Auftrag der UNO entwickelten Konversionstabellen für das Nettoprodukt (NMP des MPS) in das Bruttoinlandsprodukt (GDP des SNA)[9] bieten eine zuverlässige Arbeitsgrundlage für die grobe Berechnung von SNA-Aggregaten auf der Grundlage der VGR der Staaten des ehemaligen Ostblocks[10]. Bei Zugrundelegung der Konversionstabellen lassen sich jeweils Näherungslösungen für die analogen Aggregate im anderen System finden. Die Anwendung des MPS in der ehemaligen DDR ist demnach nicht als un-

---

[8] Vgl. L. Drechsler, The System of National Accounts in the Countries in Transition. In: OECD (Ed.) [I], Statistics for a Market Economy. Paris 1991, S. 145.

[9] Etwas unglücklich nimmt sich die Gegenüberstellung einer Bruttogröße des SNA (GDP) und einer Nettogröße des MPS (NMP) aus. Diese ist jedoch nicht zufälliger Natur, sondern erklärt sich einerseits durch die Präferenz westlicher Statistiker für die Bruttogrößen, da die Abschreibungsrechnung als problematischer Punkt der VGR gilt, und andererseits diejenige östlicher Statistiker für Nettogrößen, da man über diese den aus arbeitswerttheoretischer Sicht belangvollen "gesellschaftlich geschaffenen Neuwert" erfassen wollte.

[10] Vgl. hierzu z.B. die ersten Ergebnisse eines intersystemaren Vergleichs der Input-Output-Tabellen Ungarns (MPS-System) und der Bundesrepublik durch das DIW und das Zentrale Statistische Amt Ungarns. In: G. Boda und R. Stäglin, Intersystem Comparison between the Federal Republic of Germany and Hungary on the Basis of SNA Type and MPS Type Input-Output Tables. "Vierteljahrshefte zur Wirtschaftsforschung", Berlin, Jg. 1990, S. 363ff.

überwindbare Barriere für innerdeutsche oder zwischeneuropäische Einkommensvergleiche einzustufen[11].

Die wichtigste Abweichung von SNA und MPS[12] ist konzeptioneller Natur und liegt in den unterschiedlichen Definitionen der Produktionsgrenze, d.h. des zu erfassenden Kreises von Waren und Leistungen. Das zuerst in der UdSSR im Zusammenhang mit dem Aufbau des Planungssystems entwickelte und im Rahmen des RGW perfektionierte MPS folgte konzeptionellen Leitvorstellungen, die dem Gedankenkreis der marxistischen Arbeitswerttheorie entstammten. Unterschieden wurde zwischen "materiellen" Dienstleistungen, nämlich solchen, die einen unmittelbaren Beitrag zur Erstellung von Gütern leisten, und "nichtmateriellen" Dienstleistungen, die nicht Bestandteil des arbeitswerttheoretisch verstandenen Produktionsprozesses sind. Die ersteren gehen aufgrund ihres Beitrages zur Produktion in die Entstehungsrechnung ein, die letzteren nicht. In Zweifelsfällen – zum Beispiel Personentransport der Bahn, haushaltsbezogene Beförderungsleistungen der Post – wird pragmatisch entschieden, wobei für die Zuordnung ausschlaggebend ist, ob die betreffenden Einrichtungen in stärkerem Maße am eng verstandenen Produktionsprozeß beteiligt sind oder nicht. Nicht erfaßt werden in der Entstehungsrechnung die Dienstleistungen der staatlichen Verwaltung, des Bildungswesens, des Gesundheitswesens, der kulturellen Einrichtungen sowie der privaten Dienstleistungsunternehmen. Da die "nichtmateriellen" Dienstleistungen Bestandteil der im MPS erfaßten Umverteilungsströme sind, ist ihre Berücksichtigung in der Entstehungsrechnung durch ein einfaches Umbuchen von Daten ohne weiteres möglich[13].

Durch den institutionellen Aufbau und die systemspezifischen Funktionsmechanismen der Planwirtschaft ist ein weiterer besonderer Unterschied zwischen SNA und MPS bedingt: Der Übergang von Marktpreis- zu Faktorkosten-Aggregaten ist unter planwirtschaftlichen Bedingungen höchst fragwürdig. Zwar gab es in der DDR indirekte Steuern ("produktgebundene Abgaben") und offen ausgewiesene

---

[11] Vgl. hierzu die methodischen Bemerkungen von Vertretern der damaligen beiden deutschen Statistischen Ämter zum ersten Versuch einer auf dem SNA basierenden Sozialproduktsberechnung für die DDR. In: Statistisches Bundesamt (Hrsg.) [I], Zur Sozialproduktsberechnung der Deutschen Demokratischen Republik. (Ausgewählte Arbeitsunterlagen zur Bundesstatistik, Heft 12.) Wiesbaden 1990.

[12] Hier soll nur auf Fragen des Vergleichs von Aggregaten der Entstehungsrechnung eingegangen werden, nicht aber auf den von Aggregaten anderer Teile des Kontensystems der Gesamtrechnung. Die Verteilungs- und die Verwendungsrechnung werfen jeweils zusätzliche Probleme auf. Vgl. dazu auch P.v.d. Lippe, Probleme des statistischen Ost-West-Vergleichs unter besonderer Berücksichtigung der Sozialproduktsrechnung. "RWI-Mitteilungen", Berlin, Jg. 39 (1988), S. 1ff.

[13] Die Daten zu den "nichtmateriellen" Dienstleistungen finden sich in der Bilanz der nichtproduktiven Leistungen, die Bestandteil der Volkswirtschaftsbilanz nach dem MPS ist. Vgl. W. Karbstein, R. Hein und D. Hoeppner, Sozialproduktsrechnung der DDR – erste Ergebnisse und methodische Erläuterungen. In: Statistisches Bundesamt (Hrsg.) [I], S. 10, E. Biebler und J. Schmidt, Consumption Matrices in the German Democratic Republic and in the Federal Republic of Germany – a Contribution to Intercountry Input-Output-Analysis. "Vierteljahreshefte zur Wirtschaftsforschung", Jg. 1990, S. 325ff., L. Drechsler, S. 146.

Subventionen ("produktgebundene Preisstützungen"). Insoweit ist der Übergang von der Bruttowertschöpfung zu Marktpreisen zur Bruttowertschöpfung zu Faktorkosten formal ohne Komplikationen zu vollziehen. Einzuwenden ist hiergegen jedoch, daß das Verfahren nicht den ihm eigentlich zugedachten Sinn erfüllen kann, wenn es auf die wirtschaftlichen Gegebenheiten einer Planwirtschaft angewandt wird. Unter planwirtschaftlichen Bedingungen kann der mit der Zahlung von Subventionen verfolgte Zweck auf ganz anderem Wege erreicht werden. Hier ist vor allem auf die Instrumentalisierung des Preissystems zu struktur-, einkommens- und sozialpolitischen Zwecken hinzuweisen. Beispielsweise erfolgte in der DDR die im Vergleich zur EG außerordentlich hohe Subventionierung der Landwirtschaft nur zum kleinsten Teil über die ausgewiesenen Subventionen der landwirtschaftlichen Erzeugerpreise, zum größten Teil jedoch über die staatliche Setzung der Preisrelationen. Die Unterscheidung der Bruttowertschöpfung nach dem Marktpreis- und dem Faktorkostenkonzept führt leicht zu dem Mißverständnis, man habe es angesichts der Verwendung der gleichen Kategorien auch mit den gleichen Sachverhalten zu tun. Faktisch liegt aber nur eine Übertragung westlicher Begriffe über die ganz anders geartete Realität der Zentralverwaltungswirtschaft vor.

Schließlich ist auf die Existenz einer beträchtlichen Anzahl von eher zufälligen Unterschieden in der Datenerfassung zwischen den statistischen Systemen hinzuweisen, die eine Umrechnung von MPS-Aggregaten in SNA-Aggregate für die ehemalige DDR erschweren[14]. Diese können das Bruttoinlandsprodukt mindern wie

- die aufgrund der Mängel der Außenwirtschaftsstatistik gegebene Schwierigkeit, den Übergang vom Inlands- zum Inländerkonzept zu vollziehen, was vor allem für den von der Entstehungs- zur Verteilungsrechnung von Belang ist;

- das Fehlen statistischer Informationen über freiberuflich Tätige in der ehemaligen DDR;

- die Buchung der Ausgaben für Verpflegung und Bekleidung der Soldaten bei den Vorleistungen;

- die Nichterfassung der Eigennutzung von Eigentumswohnungen im MPS oder

- die Nichtzurechnung werterhöhender Reparaturen an Ausrüstungen zu den Investitionen.

Andere Abweichungen können das Bruttoinlandsprodukt erhöhen wie

- die Zurechnung von Dienstreisen in Unternehmen zum Endverbrauch statt zum intermediären Verbrauch;

---

[14] Vgl. hierzu H. Lützel, Bemerkungen zur vorliegenden Sozialproduktsberechnung der DDR. In: Statistisches Bundesamt (Hrsg.) [I], S. 26ff. – W. Karbstein, R. Hein und D. Hoeppner, S. 11ff.

- der Einschluß von Ausgaben für Rüstungsgüter in die Bruttoanlageinvestitionen (statt Vorleistungen) oder
- die Berechnung von Abschreibungen auf öffentliche Straßen und militärisch genutzte Güter im MPS.

Zusammenfassend ist zu den Unterschieden zwischen der auf dem SNA und der auf dem MPS basierenden Gesamtrechnung anzumerken, daß die Konversion prinzipiell möglich und zulässig ist, institutionelle Unterschiede aber zu beachten sind und angesichts der zahlreichen statistischen Probleme beim Vergleich ost- und westdeutscher volkswirtschaftlicher Aggregate im Zusammenhang mit dem hier speziell verfolgten Ziel eines Vergleichs der Wirtschaftskraft der Arbeitsmarktregionen Deutschlands ein pragmatisches Herangehen favorisiert werden sollte. Allerdings sind die aus unterschiedlichen Erfassungspraktiken erwachsenden Schwierigkeiten hinsichtlich ihrer Bedeutung für systemübergreifende Einkommensvergleiche nicht mit den viel gewichtigeren, im folgenden dargestellten Einschränkungen zu vergleichen.

2.2.3. Verläßlichkeit der Datenerfassung in der ehemaligen DDR

Die Zuverlässigkeit der Statistiken der DDR ist verschiedentlich in Zweifel gezogen worden. In der Tat steht das von der ostdeutschen Statistik vermittelte Bild eines prosperierenden Industrielandes, dessen Wirtschaft sich seit Jahrzehnten auf einem stabilen Wachstumspfad befindet, im Gegensatz zu der Leistungskraft der ostdeutschen Wirtschaft, wie sie sich nach dem Zusammenbruch des SED-Regimes darstellte. Zum Teil ist diese Diskrepanz auf die lückenhafte Publikation und den agitatorischen Gebrauch des statistischen Materials, also den propagandistischen Umgang politisch Verantwortlicher mit der Statistik, zurückzuführen. Als "unangenehm" eingestufte Botschaften, so Informationen über die ökologische Situation, den Zustand des Wohnungsbestandes, Haushaltsdefizite, externe Verschuldung oder Exporterlöse im Außenhandel mit Marktwirtschaften, wurden ganz verschwiegen oder bis zur völligen Unkenntlichkeit des wahren Sachverhalts entstellt. Andere Statistiken wurden in höchst unbefriedigender Form, unter anderem durch den Gebrauch unzureichend erläuterter Indexdaten, veröffentlicht. Generell ist eine mangelnde Transparenz des in den Statistischen Jahrbüchern publizierten Materials festzustellen, die sich im Mangel an Kommentaren zu den verwendeten Kategorien und Abgrenzungen und vielen erläuterungsbedürftigen – bei Nachforschen zumeist leicht aufzuklärenden – Diskrepanzen zwischen den Angaben einzelner Tabellen äußert. Die nach dem Hinfälligwerden der Geheimhaltungsvorschriften verfügbaren Statistiken vermitteln ein weitaus differenzierteres Bild von den wirtschaftlichen Realitäten der ehemaligen DDR als die bis zu diesem Zeitpunkt allgemein zugänglichen Quellen.

Als eine andere mögliche Ursache für ein von der Statistik der ehemaligen DDR vermitteltes zu positives Bild könnte die Fälschung von Daten in Betracht gezogen werden. Nach einer unlängst fertiggestellten Untersuchung der Validität der statistischen Resultate in der ehemaligen DDR durch das Statistische Bundesamt ist allerdings auszuschließen, daß relevante Daten, sei es durch die meldenden Unternehmen, sei es im Zuge der Aggregation im statistischen Erfassungssystem, direkt gefälscht wurden[15]. Die DDR unterschied sich hierin von anderen Ostblockstaaten – als Beispiel sei Rumänien genannt –, in denen die Verantwortlichen nicht vor solchen Fälschungen zurückschreckten. Aus der Tatsache, daß die Unternehmen ihre Produktionsergebnisse entsprechend den vorgegebenen Definitionen korrekt meldeten, darf jedoch, wie im weiteren ausgeführt wird, nicht geschlossen werden, daß die Produktionsstatistik die Entwicklung der Produktion richtig wiedergab.

Zu einer systematischen Irreführung der Öffentlichkeit durch publizierte Statistiken ist es dagegen vor allem im Zusammenhang mit der "Planberichterstattung" durch Partei- und Regierungsinstanzen gekommen. Die propagandistisch motivierten Veröffentlichungen über Erfolge im Wohnungsbau wichen um so stärker von den realen Ergebnissen ab, je mehr man sich 1990, dem Zieljahr für die seinerzeit verkündete "Lösung der Wohnungsfrage" näherte[16]. Generell bezogen sich Verlautbarungen über "Planerfüllung" und "-übererfüllung", ohne daß dies kenntlich gemacht wurde, jeweils auf die Daten der jüngsten Planrevision. Die hier seitens der Verantwortlichen vorgenommene bewußte Schönfärberei ändert nichts an der Validität der der Öffentlichkeit nur in kleinen Ausschnitten verfügbaren Ausgangsstatistik.

Wenn auch die Möglichkeit einer bewußten Fälschung von Daten auszuschließen ist und die Statistiken der ehemaligen DDR in dieser Beziehung als "richtig" gelten müssen, ist doch zugleich die Existenz von systemimmanenten Verzerrungen, die den Wert der statistischen Informationen in weiten Bereichen stark einschränkten, nicht zu übersehen. Die Planwirtschaften der achtziger Jahre, nicht zuletzt auch die der damaligen DDR, hatten die bereits in der UdSSR der frühen Stalinzeit angelegte Tendenz zur Produktion illusionärer Erfolgsdaten nie überwunden. Planberichterstattung und statistisches Berichtswesen waren dazu angehalten, eher ein optimistisches denn ein pessimistisches Bild der wirtschaftlichen Entwicklung zu zeichnen, und sie erfüllten diese Aufgabe solange, bis die politische Macht der Einheitsparteien ins Wanken geriet. Die Mechanismen der Verzerrung der Realität waren subtiler Art. Beispielhaft zu nennen ist die volkswirtschaftliche und sektorale Wachstumsstatistik der DDR, die nicht nur äußere Beobachter über den schleichenden Substanzverlust der ostdeutschen Volkswirtschaft im Unklaren ließ, sondern auch – von Ausnahmen abgesehen – die Herrschenden in der Illusion wiegte, die DDR befinde sich auf dem Pfad einer respektablen, stetigen Aufwärtsentwicklung und sie habe einen Stammplatz unter den 10 größten Industrienationen der Welt erobert. Für solche Verzerrungen läßt sich eine Reihe von Gründen anführen:

---

[15] Vgl. Statistisches Bundesamt (Hrsg.) [II], Untersuchung zur Validität der statistischen Ergebnisse für das Gebiet der ehemaligen DDR. Ergebnisbericht. Wiesbaden 1991, S. 12, E. Hölder, Statement des Präsidenten des Statistischen Bundesamtes. DDR-Statistik: Schein und Wirklichkeit. Wiesbaden, S. 8.

[16] Vgl. K.-H. Manzel, Der Wohnungsbau in der ehemaligen DDR, Planabrechnung und Wirklichkeit. "Bundesbaublatt", Wiesbaden, Jg. 1991, S. 278ff.

- Die im Jargon des Regimes als "Tonnenideologie" bezeichnete Fixierung der Planungsinstanzen auf quantitative Produktionsergebnisse, unabhängig davon, ob die erstellten Produkte dem Bedarf der Abnehmer entsprachen bzw. überhaupt sinnvoll verwendet wurden, war keine Kinderkrankheit des Sowjetsystems, sondern eine unvermeidliche Begleiterscheinung der Zentralverwaltungswirtschaft, die auch in den osteuropäischen Ländern nicht überwunden werden konnte, in denen über zwei Jahrzehnte hinweg substanzielle Reformversuche unternommen wurden (Ungarn, Polen);

- faktische Preissteigerungen, ein Indiz für die Verselbständigung monetärer Prozesse im Planungssystem, wurden in der VGR der ehemaligen DDR nur unzureichend oder überhaupt nicht berücksichtigt;

- die Orientierung des Systems auf quantitative Wachstumserfolge um jeden Preis und die Unterbindung jeglicher Kritik an wirtschaftspolitischen Entscheidungen begünstigte in der DDR wie in den anderen Ostblockstaaten einen Raubbau an den natürlichen Ressourcen, der zu einer besonders kritischen ökologischen Situation führte;

- die von der zentralen Wirtschaftsverwaltung ausgehenden Erfolgspressionen, die Immunisierungsstrategien der nachgeordneten Einheiten der Wirtschaftsbürokratie (Kombinate, Betriebe) gegen diese Pressionen sowie das im Planungssystem angelegte Fehlen wirksamer Kontroll- und Sanktionsmechanismen gegen wirtschaftliche Fehlentscheidungen begünstigte Berechnungspraktiken von Abschreibungen und Investitionen, die den allmählichen Substanzverzehr der ostdeutschen Wirtschaft verschleierten.

Im hiermit angesprochenen weiteren – durch die zitierte Untersuchung des Statistischen Bundesamtes nicht behandelten – Sinne wurden im System der Planberichterstattung wie auch der Datenerhebung für die Zwecke der Zentralverwaltung für Statistik sowohl auf der Ebene der Primärdatenerfassung als auch auf zentraler Ebene stets, wenn auch mit unterschiedlicher Intensität, Daten "gefälscht"[17]. Die moralische Frage, ob diese Manipulationen eher als Resultat des Wirkens eines aus den Spielregeln des planwirtschaftlichen Systems erwachsenden anonymen sozialen Automatismus zu werten sind oder als Resultat bewußter Fehldarstellungen namentlich festzumachender Akteure, ist dabei für die Interpretation der verfügbaren Daten ohne Belang[18].

Auf zentraler Ebene wurde die Preisentwicklung im Konsumgüterbereich durch Manipulationen des Warenkorbs getarnt. Der "Index der Einzelhandelsverkaufspreise, der Leistungstarife und Tarife für die Bevölkerung" der Statistischen Jahrbücher berücksichtigte nur vergleichbare angebotene Waren, nicht jedoch sog. "neue Erzeugnisse", deren Preiserhöhungen nur bedingt durch Qualitätsverbesse-

---

17 Zur den Fälschungsmechanismen vgl. J. Winiecki.
18 Blades geht davon aus, daß bei der Herstellung realitätsverzerrender Statistiken in den Ostblockstaaten "... both the providers and collectors of statistics (were – d.V.) colluding in falsifying the statistics and both behaving as though they believed them to be true." – Vgl. D. Blades, The Statistical Revolution in Central and Eastern Europe. "OECD Observer", Paris, vol. 1991, no. 170, S. 13.

rungen gerechtfertigt waren. Stieg dieser – auf Basis des vorgegebenen Warenkorbs korrekt ermittelte – Index im Zeitraum 1980 bis 1989 nach den offiziellen Angaben jahresdurchschnittlich nur um 0,1 vH, so ergab eine Neuberechnung des Statistischen Bundesamtes nach den Methoden der westdeutschen Statistik – Anpassung des Warenkorbs – für diesen Zeitraum einen jahresdurchschnittlichen Anstieg der Einzelhandelspreise um 12,3 vH[19]. Diese Fehlleistung der Zentralverwaltung für Statistik erklärt sich aus dem besonderen Verhältnis der SED-Führung zur Inflationsfrage: Preisstabilität zählte neben Vollbeschäftigung und stetigem Wachstum zu den herausragenden "Errungenschaften des Sozialismus". Inflation in der eigenen Volkswirtschaft sowie denjenigen der "Bruderländer" war in der DDR aufgrund puristisch bewahrter ideologischer Leitvorstellungen, aber auch aufgrund des deutschen Inflationssyndroms der zwanziger Jahre tabu und durfte daher als solche auch nicht registriert werden.

Betriebe konnten in der Kontrollsphäre des Planungssystems "Planerfüllung" vortäuschen bzw. statistisch eine positive Aufwärtsentwicklung ihrer Produktion dokumentieren, ohne daß diese Daten ein adäquates realwirtschaftliches Pendant gegenüberstand. Dies konnte zum Beispiel geschehen

– durch eine Veränderung ihrer Produktpalette dergestalt, daß mit höheren Preisen ausgezeichnete Produkte ein stärkeres Gewicht erhielten,

– durch die systematische Verschlechterung der Produktqualität und

– durch die Einführung von Pseudo-Produktinnovationen, die ein Anheben des Preisniveaus für die eigenen Produkte gestatteten.

Das Vertuschen der schleichenden – offenen[20] – Inflation wie die besonders unrealistische Investitionsrechnung mußten zwangsläufig zur Überhöhung der Wachstumsraten führen; diese Angaben waren möglicherweise in den achtziger Jahren die unrealistischsten im ganzen Ostblock[21]. Die größten Abweichungen der fiktiven offiziellen Wachstumsraten von den tatsächlichen sind in der Frühphase des Regimes, in den fünfziger Jahren, und in seiner Endphase, in den achtzi-

---

[19] Vgl. E Hölder, S. 7. – Im Zeitraum 1970 bis 1985 ist der Lebenshaltungsindex des Statistischen Jahrbuchs sogar um 0,06 vH jahresdurchschnittlich gefallen. Vgl. Staatliche Zentralverwaltung für Statistik (Hrsg.), Statistisches Jahrbuch der Deutschen Demokratischen Republik 1986. Berlin 1987, S. 270. – Die Frage, ob hier eine "Fälschung" vorliegt, eröffnet Einblicke in die Verfahrensweisen der amtlichen Statistik der ehemaligen DDR: Praktiziert wurde nicht eine Fälschung von Daten, sondern eine irreführende Aufbereitung statistischen Materials, deren Veröffentlichung zur Farce geriet, da die Alltagserfahrung der Bürger unübersehbare Hinweise auf einen Preisauftrieb lieferte.

[20] Diese Erscheinungen einer versteckten Geldentwertung sind von – der aus dem im Vergleich zur Produktion schnelleren Wachsen der Geldmenge resultierenden – "Kassenhaltungsinflation" zu unterscheiden. Deren Ausmaß in der ehemaligen DDR sollte aber nicht überschätzt werden.

[21] So die Vermutung in J. Winiecki, S. 325ff. Allerdings ist hiergegen einzuwenden, daß die VGR der orthodox-kommunistisch regierten Balkanstaaten, in denen die Erfolgsmanie der Herrschenden mit einer orientalisch angehauchten Bürokratie einherging, kaum zuverlässiger als die der bürokratisch effizienten, stets durch eine gewisse Pedanterie bei Umsetzung der Ideale der Kommunistischen Partei geprägten DDR gewesen sein kann. Verbürgt sind zumindest für Rumänien unverblümte Fälschungen statistischen Materials (Änderung der erhobenen Daten).

ger Jahren festzustellen. Winiecki schätzte das tatsächliche Wachstum des "produzierten Nationaleinkommens" der DDR für die Periode 1950 bis 1955 auf 38 vH des offiziell angegeben und für die Periode 1951 bis 1973 auf weniger als 55 vH[22].

Die aus den angesprochenen "Beschönigungsmechanismen" resultierenden Verzerrungen der Daten hatten aller Wahrscheinlichkeit nach zeitlich, sektoral, regional und auf Betriebsebene unterschiedliche Dimensionen. Das ist insoweit von Bedeutung, als eine einsehbare gleichgerichtete Verzerrung zugunsten eines Sektors oder einer Region eine statistische Bereinigung der Daten zuließe. Faktisch läßt sich indessen kein einheitlicher Verzerrungsfaktor feststellen[23].

Obgleich auch die offizielle Statistik von Marktwirtschaften, zumal die marktwirtschaftlich organisierter Entwicklungsländer, jeweils spezifische Problembereiche kennt, sind in bezug auf die Aussagefähigkeit planwirtschaftlicher Statistiken besondere Zweifel anzumelden. Direkte Vergleiche mit den statistischen Rechenwerken marktwirtschaftlich organisierter Industriestaaten sind also mit einiger Vorsicht zu behandeln. Schwächen der Ostblockstatistiken insgesamt wie der DDR-Statistik im besonderen stehen, wie dargestellt, in engem Zusammenhang mit den ordnungspolitischen Grundlagen des Systems. Schon allein aufgrund der systemspezifischen Bedingungen der Datenerstellung sind die Unterschiede zwischen ost- und westdeutschen Statistiken nicht gänzlich durch bloße arithmetische Operationen und die Veränderung der Erfassungskriterien zu beseitigen. Darauf hinzuweisen ist allerdings, daß die hier angesprochenen Defizite der Statistiken der ehemaligen DDR sich dann besonders stark auswirken, wenn es um die Rekonstruktion von Wachstumsverläufen, also die Erstellung von Zeitreihen geht. Die im Rahmen der vorliegenden Arbeit angestrebte Momentaufnahme der volkswirtschaftlichen Produktion von Gütern und Leistungen eines Jahres ist weitaus weniger problembelastet.

2.2.4. Das Qualitätsproblem

Der Zusammenbruch des inneren Marktes der ehemaligen DDR nach der Einführung der D-Mark hat ein grundsätzliches Problem des Vergleichs der Produktionsleistungen von Plan- und Marktwirtschaften ans Licht gebracht: Die in den Zentralverwaltungswirtschaften erstellten Güter, die überwiegend über das planwirtschaftliche Zuteilungssystem verteilt (Inlands- und RGW-Absatz von Produktionsgütern, RGW-Absatz von Konsumgütern) oder auf Verkäufermärkten abgesetzt wurden (Konsumgüterabsatz auf dem Binnenmarkt), sich somit in beiden Fällen einer totalen Protektion erfreuen konnten, sind international nur in engen Grenzen wettbewerbsfähig. Mengenindizes, die gleiche Güter (-gruppen) erfassen, beziehen sich somit auf nur nominell gleiche, substanziell aber kaum vergleichbare Produkte.

---

22 Vgl. J. Winiecki, S. 342ff.
23 Vgl. hierzu J. Winiecki, S. 344, der sich von A. Noves "law of equal cheating" distanziert.

Volkswirtschaftliche oder sektorale Produktionsaggregate aus Zentralverwaltungswirtschaften sind bei Verwendung gleicher konzeptioneller Abgrenzungen und statistischer Erfassungsmethoden also nur in engen Grenzen mit solchen aus Marktwirtschaften vergleichbar. Möglich ist allein ein Vergleich von Volumina, nicht jedoch eine Berücksichtigung der Produktqualität. Für die Einschätzung der wirtschaftlichen Leistungskraft der jeweiligen Wirtschaft entscheidende Aspekte bleiben zwangsläufig außer Betracht[24]. Dies wirkt sich um so stärker aus, je höher spezialisiert die erfaßten Güter sind. Während der Vergleich der Kohle- oder Erdölförderung gänzlich unproblematisch ist und auch derjenige der Getreideproduktion oder – mit Einschränkungen – der Nahrungsmittel sich weitgehend problemlos darstellt, führen quantitative Vergleiche der Erzeugnisse des Fahrzeug- oder Maschinenbaus oder gar der Elektronikindustrie in die Irre, sobald diese Vergleiche etwas über das relative Leistungsvermögen des Sektors aussagen sollen. Ein Trabant beispielsweise läßt sich schlechterdings nicht mit einem Golf oder Kadett vergleichen; die westdeutsche Automobilindustrie bietet überhaupt kein vergleichbares Erzeugnis an. Volumenvergleiche indessen ignorieren die hier auftretenden Qualitätsunterschiede ebenso wie andere typische Begleiterscheinungen der Planwirtschaften – Haldenproduktion, Versorgungsdefizite im Konsumgüterbereich, Zwangsbelieferung von Betrieben mit nicht gewünschten Produktionsgütern –, die im Sinne der Durchführung einer vergleichbaren VGR durchaus von Belang sind. Die Einführung qualitätsbezogener Korrekturfaktoren bei der Bewertung kann das Problem nur mildern, aber nicht grundsätzlich lösen.

Die groteske – von der Industrie selbst übrigens nicht geteilte – Überschätzung der Leistungsfähigkeit der ostdeutschen Elektronikindustrie in der Öffentlichkeit mag als Beispiel dafür dienen, zu welchen Schlußfolgerungen naive Quantitätsvergleiche führen können. Die in der ehemaligen DDR mit großem propagandistischen Aufwand gefeierte Entwicklung des 1-Megabit-Chip hatte für einige Zeit das Image der DDR-Mikroelektronik auch in den westlichen Medien ungeachtet deren tatsächlichen technologischen Rückstandes geprägt. Die seinerzeit in der SED-Propaganda viel gerühmten "Roboter" der DDR bieten ein weiteres Beispiel für die propagandistische Ausnutzung der Quantitätsillusion[25].

Die Bedenken, die gegenüber Vergleichen der Wirtschaftskraft von Zentralverwaltungswirtschaften und Marktwirtschaften anhand der Aggregate der VGR anzumelden sind, sind wie folgt zusammenzufassen:

– In den Volumenvergleichen bleibt außer Betracht, ob die erstellten Waren und Leistungen am Bedarf der Konsumenten und der Abnehmer von Zwischengütern vorbei produziert wurden, ob sie überhaupt einen sinnvollen

---

24 Vgl. OECD (Ed.) [II], Germany. (Economic Surveys 1989/1990.) Paris 1990, S. 30.
25 Gängige oder leicht verbesserte Fabrikate des Maschinenbaus wurden im Zuge der Roboter-Kampagne der SED-Führung nach Honeckers Japan-Besuch in den offiziellen Statistiken als "Roboter" eingestuft. Nach offiziellen Verlautbarungen wurden in der DDR 1987 in ca. 700 Betrieben "Roboter" gebaut, darunter in 198 Betrieben weniger als 7 Stück. Vgl. hierzu Institut für Angewandte Wirtschaftsforschung (Hrsg.) [II], Ursachen der Wirtschaftskrise in der DDR. Schlußbilanz einer verfehlten Wirtschaftspolitik. Berlin 1990, S. 34.

Einsatz fanden und ihre Erstellung somit zur Steigerung des Wohlstands beitrug[26].

- Für die ehemaligen Ostblockwirtschaften typische durchgehende Qualitätsdefizite der erstellten Waren und Leistungen können keine adäquate Berücksichtigung finden, was besonders bei allen stärker differenzierten Industriegütern ein Problem darstellt.

- Die sporadische Verfügbarkeit erstellter Güter, d.h. chronische Versorgungs- und Lieferengpässe, können in derartigen Vergleichen ebensowenig berücksichtigt werden wie die hiermit verbundenen Wohlfahrtseinbußen der Verbraucher (Zeitverluste und psychische Kosten des Anstehens in Warteschlangen, vom Zwang zu Gelegenheitskäufen bestimmtes Kaufverhalten, Erwerb an sich nicht gewünschter Produkte, Rückgriff auf Substitute für – zeitweise – nicht erhältliche Produkte) und ebenso die hiermit verbundene Ressourcenverschwendung im Verarbeitenden Gewerbe (überdimensionierte Lagerhaltung, Anlegung stiller, oftmals nie genutzter Reserven).

- Volumenvergleiche bringen den innovatorischen Rückstand der Wirtschaften des ehemaligen Ostblocks nicht zum Ausdruck.

- Der unkontrollierte Substanzverzehr in Verarbeitender Industrie, Verkehrswesen, Wohnungswirtschaft und anderen Wirtschaftsbereichen der ostdeutschen Planwirtschaft bleibt außer Betracht, da er in der Investitions- und Abschreibungsrechnung nicht adäquat erfaßt wird.

- Nicht berücksichtigt wird bezüglich der Planwirtschaften, daß nicht nur keine gleichwertigen Güter erstellt werden, sondern die bestehenden Produktionseinrichtungen zum großen Teil auch unter marktwirtschaftlichen Bedingungen nicht dazu in der Lage wären, im internationalen Wettbewerb zu bestehen; daher würden auch sehr hohe Pro-Kopf-Einkommen der Ostblockstaaten einen irreführenden Hinweis auf eine nur vermeintlich hohe reale Wirtschaftskraft liefern.

- Die Nichtberücksichtigung der ökologischen Kosten des Wachstums in der VGR macht deren Aggregate besonders in den Fällen zu einem höchst unvollkommenen Wohlstandsindikator, in denen sich angesichts der politischen und ordnungspolitischen Rahmenbedingungen Wirtschaftswachstum auf Grundlage eines hemmungslosen Raubbaus an den natürlichen Ressourcen vollziehen kann.

- Sollen Vergleiche von VGR-Aggregaten dazu herangezogen werden, über einen Vergleich von in einer Periode erstellten Produkt- und Leistungsmengen hinausgehend Entwicklungspotentiale zu erfassen, was mit dem etwas mißverständlichen Begriff der "Wirtschaftskraft" wohl oft ausgedrückt wer-

---

26 Die zentrale Planung der Investitionen führte in den Wirtschaften sowjetischen Typs ebenso zu einer gewaltigen Ressourcenverschwendung wie die Zuteilung von Produktions- und Zwischengütern auf der Grundlage der "materiellen Bilanzierung". Hieraus erklären sich wesentlich die im Lichte einer realistischen Wachstumsstatistik überaus dürftigen Resultate der gewaltigen Investitionsanstrengungen der letzten Jahrzehnte.

den soll[27], so potenzieren sich die aufgezählten Irrtümer und Mißverständnisse sehr schnell. Realistische Einblicke in Entwicklungspotentiale vermitteln die VGR-Daten der Planwirtschaften nämlich gerade nicht.

Analog zur "ökologischen Blindheit"[28] der konventionellen VGR ist von einer "ordnungspolitischen Blindheit" der VGR zu sprechen: Der Vergleich von Produktionsaggregaten zweier Volkswirtschaften basiert unvermeidlicherweise auf der Fiktion, die verglichenen Güter seien, da gleich kategorisiert, auch tatsächlich vergleichbar. Die intendierte – qualitative – Gleichwertigkeit kann beim Vergleich der Produkte des Verarbeitenden Gewerbes einer Zentralverwaltungswirtschaft mit denjenigen einer Marktwirtschaft aber nur im Ausnahmefall gegeben sein. Entscheidend für die Vergleichbarkeit ist, sieht man vom Sonderfall der nichtmarktfähigen Waren und Leistungen ab[29], ob die betrachteten Güter sich im Wettbewerb bewähren müssen. Da letzteres auf die in der Planwirtschaft der ehemaligen DDR erstellten Güter nicht zutraf, ist jedem intersystemaren Vergleich von Produktionsaggregaten eine Grenze gesetzt, die sich mit statistischen Mitteln allenfalls etwas verschieben, nicht jedoch grundsätzlich aufheben läßt. Vergleiche der hier vorgenommenen Art tendieren daher zwangsläufig eher zu einer Überschätzung der Wirtschaftskraft der ostdeutschen Regionen denn zu einer Unterschätzung. Paradoxerweise können sich angesichts der dargestellten Eigentümlichkeiten der VGR reale Wohlfahrtsgewinne in den Wirtschaften der osteuropäischen Länder nach dem Zusammenbruch der kommunistischen Regime in stagnierenden oder sogar negativen Wachstumsdaten niederschlagen[30].

2.2.5. Das Preisstrukturproblem

Ein generelles Problem internationaler Sozialproduktsvergleiche wird durch Unterschiede der nationalen Preisstrukturen aufgeworfen. Mittels unterschiedlicher relativer Preise erfahren gleiche Mengengerüste eine unterschiedliche Bewertung. Die unterschiedlichen Preisgefüge führen somit zu Verzerrungen beim Vergleich von Wertgrößen. Dieses Problem tritt besonders stark beim Vergleich von Markt- und Planwirtschaften und von Wirtschaften, zwischen denen ein sehr starker Entwicklungsabstand besteht, in Erscheinung.

Die Preisstrukturen der Bundesrepublik und der ehemaligen DDR wichen bis zum Inkrafttreten der Währungs-, Wirtschafts- und Sozialunion stark voneinander ab, sie waren erheblich stärker als die gemeinhin im westeuropäischen Raum festzu-

---

[27] Zu den Konnotationen des Begriffs der "Wirtschaftskraft" vgl. P. Klemmer, S. 43., und P. Klemmer unter Mitarbeit von B. Bremicker, Abgrenzung von Fördergebieten. (Beiträge zur Struktur- und Konjunkturforschung, Band 20.) Bochum 1983, S. 66.

[28] Zum Terminus vgl. E. Lutz, Die "ökologische Blindheit" der volkswirtschaftlichen Gesamtrechnung. "Neue Zürcher Zeitung", Zürich, Fernausgabe vom 22. Juni 1991, S. 15.

[29] Der Vergleich der Leistungen des öffentlichen Sektors in der VGR ist unter allen Umständen problematisch, gleich ob es sich um Marktwirtschaften oder Zentralverwaltungswirtschaften handelt.

[30] Vgl. D. Blades, S. 15.

stellen Diskrepanzen zwischen den nationalen Preisstrukturen. Gewisse Unterschiede im Preisgefüge wären durch die Produktionsstrukturen auf Basis von verschiedenen Faktorausstattungen und Präferenzstrukturen erklärbar. Bezüglich der ehemaligen DDR ginge eine solche Erklärung aber am Kernproblem vorbei: Das planwirtschaftliche System brachte ein Preisgefüge hervor, das teils Ergebnis zentraler behördlicher Preissetzung und teils Resultat von Verhandlungsprozessen innerhalb der Wirtschaftsbürokratie war. Letztere wurden entweder zwischen Betrieben (Kombinaten) und der Zentrale geführt (offiziell zentral gesetzte, faktisch ausgehandelte Preise) oder unter formal selbständigen Einheiten der zentral verwalteten Wirtschaft – Betriebe, Kombinate, LPG usw. – ausgehandelt (Kontraktpreise)[31].

Hinzuweisen ist in diesem Zusammenhang auf die sekundäre Rolle des Geldes in der Zentralverwaltungswirtschaft. Den Preisen kommt in den orthodox geprägten Ausformungen des sowjetischen Wirtschaftssystems, zu denen die DDR-Wirtschaft gehörte, gegenüber der administrativen Steuerung von Produktion und Güterströmen nur eine subsidiäre Funktion zu. Sie dienen als Rechenmaßstab und Kontrollinstrument bei der Steuerung der wirtschaftlichen Prozesse durch die Planbehörden[32]. Ansätze zur freien Preisbildung gab es allenfalls in Randbereichen der Wirtschaft – auf "schwarzen" und "grauen" Märkten. Preise brachten nach den Spielregeln des Systems in vielen Fällen die in der Wirtschaftsbürokratie obwaltenden Vorstellungen über "adäquate" Preise, in anderen Fällen die Ergebnisse eines institutionellen Verhandelns zwischen Preisplanbehörde und Betrieben zum Ausdruck, nicht aber die realen Knappheitsverhältnisse. Prinzipiell sollte sich die Preisbildung am "Wertgesetz" orientieren, d.h. überall dort, wo keine spezifischen sozialpolitischen, einkommenspolitischen Ziele oder sonstigen speziellen Intentionen der Planbehörden verfolgt wurden, Knappheitsrelationen zum Ausdruck bringen. Faktisch war dieses Unterfangen von vornherein zum Scheitern verurteilt. Das grundsätzlich nicht zu behebende Dilemma der Preisbildung in zentralplanwirtschaftlichen Systemen, das durch den willkürlichen Einsatz der Preise als "ökonomische Hebel" noch verstärkt wurde, führte zur Entstehung einer im Hinblick auf die Knappheit und Wertschätzung der Güter und Leistungen verzerrten, überdies bezüglich der angestrebten Ziele der Planer inkohärenten und hinsichtlich der zugrundeliegenden Logik der Preissetzung nicht durchschaubaren Preisstruktur.

---

[31] Im Gegensatz zu einer häufig zu findenden Auffassung wurden die Preise in den Ostblockwirtschaften nicht sämtlich zentral gesetzt. Dies geschah vor allem im Fall technologisch einfacher Produkte. Bezüglich höherwertiger Industriegüter hatte hingegen die administrative Preisbildung insoweit fiktiven Charakter, als die Preise als Ergebnis eines Aushandelns zwischen Produktionsbetrieben (Kombinaten) und Preisplanbehörde zustande kamen. Schließlich kam eine dritte Gruppe von Preisen, die sog. "Vertragspreise" ohne Intervention der Zentrale zustande. Vgl. hierzu J. Kornai, Economics of Shortage. Vol. B. (Contributions to Economic Analysis, no. 131.) Amsterdam u.a. 1980, S. 358ff.

[32] Zur Preisbildung in der damaligen DDR und zur Funktion der Preise im zentralplanwirtschaftlichen Lenkungssystem im allgemeinen vgl. P.D. Propp, Zur Transformation einer Zentralverwaltungswirtschaft sowjetischen Typs in eine Marktwirtschaft. (Wirtschaftswissenschaftliche Veröffentlichungen des Osteuropa-Instituts an der Freien Universität Berlin, Band 20.) Berlin 1964, Nachdruck der Edition Deutschland Archiv, Köln 1990, S. 55f.

Streng genommen verfügte die DDR-Wirtschaft wie die anderen Wirtschaften sowjetischen Typs auch nach den diversen Reformversuchen der vergangenen Jahrzehnte nicht über eine allgemeine Recheneinheit im ökonomischen Sinne, die es gestattete, ein realistisches Bild von Kosten und Ergebnissen der Produktion in den Branchen der Volkswirtschaft zu gewinnen[33]. Eine Bewertung der Mengenindizes der ostdeutschen Produktion mit den Preisen der ehemaligen DDR ist aus diesem Grunde problematisch[34]. Ein Ausweg aus dem angesprochenen methodischen Dilemma, die in der Planwirtschaft erstellten Güter mit dem planwirtschaftlichen Preisgefüge bewerten zu müssen, läge darin, eine generelle Neubewertung der in der Entstehungsrechnung erfaßten Wertgrößen vorzunehmen. Hierfür käme die Erarbeitung und rechnerische Anwendung deutsch-deutscher Kaufkraftparitäten oder die Neuberechnung der ostdeutschen Produktionsaggregate auf Basis westdeutscher Preisstrukturen in Frage[35].

2.2.6. Das Paritätenproblem

2.2.6.1. Lösungsansätze

Selbst wenn das Problem der verzerrten, die realen Knappheitsrelationen nicht adäquat widerspiegelnden internen Preisstruktur der ehemaligen DDR nicht auftreten würde, wäre das Problem der Währungsparität zu lösen. Ein in Mark der DDR ausgedrücktes Bruttoinlandsprodukt einer ostdeutschen Region läßt sich nicht direkt mit demjenigen einer westdeutschen Region vergleichen. Zur Lösung des Problems kommen im Prinzip zwei Gruppen von Ansätzen in Frage: eine erste Gruppe praktiziert eine "Gleichnamigmachung" der zu vergleichenden Aggregate über die auf den Devisenmärkten gebildeten Wechselkurse bzw., wo solche nicht vorhanden sind, staatlich fixierte Wechselkurse oder Schwarzmarktkurse; eine zweite Gruppe von Berechnungsansätzen geht davon aus, daß Wechselkurse ein untaugliches Bewertungsinstrument in internationalen Einkommensvergleichen darstellen und deshalb einer direkten oder indirekten Ermittlung von Kaufkraftparitäten der Vorzug zu geben ist.

---

[33] Dies solle allerdings nicht zu dem Fehlschluß verführen, die Preise der Planwirtschaften seien gegenüber der zentralen Lenkung materieller Güterströme gänzlich ohne Bedeutung gewesen: im Ostblock existierte niemals eine Zentralverwaltungswirtschaft in "reiner Form", und die anfangs übermächtige zentrale Lenkung wurde seit den frühen fünfziger Jahren schrittweise zugunsten von dezentralen Steuerungsprozessen abgebaut, obgleich der eigentliche Schritt zum Systemwechsel erst mit dem Sturz der Herrschaft der Kommunistischen Parteien eingeleitet werden konnte. Auch war es im Rahmen der existierenden Planwirtschaften durchaus in gewissem Maße möglich, "falsche" Preise als solche zu erkennen. Zudem lehnten sich die administrativ bestimmten Preissysteme des Osten stark an diejenigen der Marktwirtschaften an und zeigten elementare strukturelle Gemeinsamkeiten mit diesen (z.B. analoge Kostenstrukturen).

[34] Vgl. W. Klitsch, Statistik in den Staaten Osteuropas im Übergang. "Wirtschaft und Statistik", Stuttgart, Jg. 1991, S. 76., und P.D. Propp, S. 112f.

[35] Das Statistische Bundesamt errechnet zur Zeit deutsch-deutsche Kaufkraftparitäten. Ergebnisse sind bislang noch nicht veröffentlicht. Ihre mögliche Anwendung bei der Erarbeitung retrospektiver Zeitreihen von Aggregaten der VGR für die ehemalige DDR ist noch nicht abzusehen. Vgl. H. Lützel, S. 28.

2.2.6.2. Wechselkursgestützte Umrechnungen

Wechselkurse eignen sich auf den ersten Blick schon deswegen besonders gut als Umrechnungsbasis für nationale Aggregate der VGR, weil sie, sofern es sich um Länder mit konvertibler Währung handelt, jederzeit leicht verfügbar sind und in einem System freier Wechselkurse einen objektiven, allenfalls in beschränktem Maße durch Zentralbanken und staatliche Instanzen manipulierbaren Maßstab der Bewertung der einzelnen Währungen liefern. Eine theoretische Begründung für die Eignung der Wechselkurse als Umrechnungsbasis für internationale Einkommensvergleiche liefert die klassische Kaufkraftparitätentheorie, die besagt, daß Wechselkurse die jeweiligen Kaufkraftparitäten der Währungen ausdrücken. Faktisch sind auch für Währungen, die miteinander in einem System freier Wechselkurse verbunden sind, mittelfristig stabile und erhebliche Abweichungen der Wechselkurse von den Kaufkraftparitäten das Normale. Grundsätzlich werden die Wechselkurse in erster Linie durch grenzüberschreitende Waren- und Leistungstransaktionen beeinflußt. Ein Großteil der Güter, die das Bruttoinlandsprodukt eines Landes bilden, partizipiert indessen überhaupt nicht an grenzüberschreitenden Transaktionen, die betreffenden Teile des nationalen Preisgefüges können deshalb allenfalls einen indirekten Einfluß auf die Wechselkursbildung haben. Auch ist auf die Eigendynamik der internationalen Finanz- und Devisenmärkte zu verweisen; starke und lang anhaltende Abweichungen der Wechselkurse von den Kaufkraftparitäten sind daher eher die Regel als die Ausnahme. Zwar läßt sich eine tendenzielle Änderung der Wechselkurse in Systemen freier Wechselkursbildung im Anschluß an die relativen Veränderungen nationaler Preisniveaus infolge unterschiedlicher Inflationsraten mit ökonometrischen Methoden nachweisen, jedoch handelt es sich hier stets um eine langfristige Gleichgewichtsbeziehung[36]. Vergleich von VGR-Daten, die sich auf die Wechselkurse stützen, wie die Weltbankstatistiken, zeigen infolge der tatsächlichen Abweichungen der Wechselkurse von den Kaufkraftparitäten immer wieder schwer verständliche Rangfolgen der Länder im Pro-Kopf-Einkommen und gelegentliche, noch schwerer verständliche Umgruppierungen.

Vergleiche mit Planwirtschaften auf Basis offizieller Wechselkurse erweisen sich als illusorisch[37] – nicht nur, daß es sich in der Regel um mehrere, jeweils für verschiedene Zwecke festgelegte Wechselkurse handelt, die gesetzten Wechselkurse sind auch allzuoft Ausdruck des Prestigedenkens von Wirtschaftsfunktionären und haben überhaupt nichts mit den außenwirtschaftlichen Realitäten zu tun. Die Mark der DDR war in den vier Jahrzehnten des Bestehens der DDR stets eine reine Binnenwährung. Die von seiten der DDR-Behörden über Jahrzehnte hinweg bewahrte Fiktion einer "Gleichwertigkeit" von D-Mark und Mark entsprach zu keinem Zeitpunkt seit der in den Westzonen und Westsektoren von Berlin durchgeführten Währungsreform den faktischen Tauschrelationen in Außenhandelstransaktionen. Nach dem Fall der Mauer konnte sich, wie schon einmal vor der hermetischen Abriegelung des ostdeutschen Gebietes 1961, ein im Westen freier, im Osten schwar-

---

[36] Vgl. S. Holzer und I. Noorlander, Sind Kaufkraftparitäten noch relevant? "Neue Zürcher Zeitung", Fernausgabe vom 19. September 1990, S. 14.
[37] Zur Einschätzung vgl. D. Blades, S. 14.

zer bzw. in der Endphase der deutschen Teilung, "grauer" Devisenmarkt für Mark bzw. D-Mark bilden. Die Bewertung der Mark der DDR war dabei in Abhängigkeit von den jeweiligen politischen Konstellationen stets starken Schwankungen unterworfen, lag aber in der Zeit nach dem 9. November 1989 zumeist deutlich unter einem Verhältnis von 1:4, jedenfalls solange, bis sich die – politisch unvermeidlichen – Arrangements der Währungs-, Wirtschafts- und Sozialunion, die auf eine massive Aufwertung der Ost-Mark hinausliefen, abzeichneten.

Ein im Frühjahr 1990 wohl bisweilen unterschätztes, relativ verläßliches Indiz für die Entwicklung des Außenwerts der Mark der DDR ist die Entwicklung der Realtauschverhältnisse im DDR-Außenhandel mit Marktwirtschaften und die mit dieser verbundenen Veränderungen der sog. Richtungskoeffizienten, die zugunsten in das "nichtsozialistische Wirtschaftsgebiet" exportierender DDR-Betriebe einen kontomäßigen Ausgleich des Fehlbetrages zwischen fiktiven, auf der Basis der offiziellen Wechselkurse berechneten Erlösen der Exportgeschäfte und den realen Erlösen sicherte. Die Erhöhung der Richtungskoeffizienten in den siebziger und achtziger Jahren, die eine Verschlechterung der terms of trade anzeigt, ist ein deutlicher Hinweis auf eine tendenzielle Verschlechterung der ohnehin schon seit den fünfziger Jahren geringen Wettbewerbsfähigkeit der ostdeutschen Wirtschaft auf den freien Außenmärkten. Als Ausdruck der relativ geringen Leistungsfähigkeit der DDR-Wirtschaft lassen sich Ergebnisse einer vergleichenden Berechnung des Faktorgehalts der Endnachfrage für die Bundesrepublik und die DDR im Jahre 1988 interpretieren[38]. Danach erwirtschafteten in der ehemaligen DDR 2,4 Mill. direkt oder indirekt für die Herstellung von Exportprodukten arbeitende Personen ein Exportvolumen von 50 Mrd. DM. In der Bundesrepublik hingegen bedurfte es 1988 nur des Einsatzes von 600 000 Erwerbstätigen, um einen gleichen Exporterlös zu erzielen. Mit Recht wurde auf gewisse Schwachpunkte dieser Berechnung hingewiesen, wie zum Beispiel den Einschluß von Arbeitskräften, die soziale Dienstleistungen erbrachten, oder möglicherweise erhöhte Exportangaben der Kombinate[39]. Einzuwenden ist allerdings auch im umgekehrten Sinne, daß es sich bei mehr als zwei Dritteln der Exporte um Lieferungen in den RGW-Raum handelte, die sich wie der Absatz auf dem Binnenmarkt höchstmöglicher Protektion erfreuten.

Wenn sich demnach Sozialproduktsvergleiche für die Zeit vor 1990 auf Wechselkurse stützen sollten, käme bestenfalls ein Vergleich, der auf den faktischen impliziten Wechselkursen der Mark der DDR gegenüber konvertiblen Währungen in Außenhandelstransaktionen mit Hartwährungsländern basiert, in Frage. Der Umrechnungskurs gegenüber der D-Mark könnte dabei günstigstenfalls bei 1:3 liegen[40]. Die Ergebnisse kämen dem realen Produktivitätsgefälle zwischen der ost-

---

[38] Vgl. R. Filip-Köhne und U. Ludwig, Dimensionen eines Ausgleichs des Wirtschaftsgefälles zur DDR. (DIW-Diskussionspapiere, Nr. 3.) Berlin 1990, S. 6ff.
[39] Vgl. R. Filip-Köhne und U. Ludwig, S. 7.
[40] Diese Folgerung wurde seinerzeit vor allem von ostdeutschen Ökonomen stark kritisiert. Vgl. G. Specht, Zum Produktivitätsgefälle zwischen Bundesrepublik und DDR. In: Institut für Angewandte Berufsforschung (Hrsg.) [III], Ökonomische und soziale Probleme einer Währungsunion und Wirtschaftsgemeinschaft zwischen der BRD und der DDR. Berlin 1990, S. 3ff.

und westdeutschen Wirtschaft, wie es sich in zahlreichen im Laufe des vergangenen Jahres durchgeführten Sektoranalysen abzeichnete, nahe. Sie ständen zugleich – wie im Falle vieler Entwicklungsländer und aller kommunistischen Staaten – im Gegensatz zu den Resultaten eines auf Kaufkraftparitäten beruhenden Vergleichs.

2.2.6.3. Vergleiche auf Basis von Kaufkraftparitäten und physischen Indikatoren

Insbesondere die Vereinten Nationen und ihre Regionalkommissionen haben in der Vergangenheit erhebliche Anstrengungen zu internationalen Vergleiche der nationalen Bruttosozialprodukte unternommen, die auf der Feststellung von Kaufkraftparitäten basieren. Im International Comparison Project (ICP), das das Statistische Amt der Vereinten Nationen in Zusammenarbeit mit der University of Pennsylvania durchführte[41], wurden unter anderem auch Vergleiche zwischen west- und osteuropäischen Wirtschaften angestellt. Es handelte sich dabei jeweils um binäre Vergleiche der ost- und westeuropäischen Untersuchungsländer mit dem als "Brückenland" fungierenden Österreich[42]. Kaufkraftparitätenvergleiche folgen sehr unterschiedlichen methodischen Vorgehensweisen, denen aber mehrheitlich gemein ist, daß sie einen erheblichen Rechenaufwand voraussetzen. Es werden aber auch immer wieder simplere "short-cut"-Verfahren – extremes Beispiel ist die sog. "Hamburger-Parität" – praktiziert[43]. Am Rande sei vermerkt, daß Kaufkraftparitätenvergleiche auf der Ermittlung absoluter oder relativer Kaufkraftparitäten beruhen können. Nur bedingt mit den üblichen Kaufkraftparitätenvergleichen gleichzusetzen ist das durch die ECE für europäische Ost-West-Vergleiche entwickelte "Physische-Indikatoren-Verfahren", in dessen Rahmen im Ergebnis internationaler Querschnittsanalysen gewonnene Regressionsgleichungen die Basis für Schätzungen von VGR-Aggregaten im Anschluß an die bekannten Werte bestimmter Indikatoren – Stahlproduktion, Zementproduktion, Erwerbstätigenanteil in der Landwirtschaft, Straßenkilometer pro Einwohner u.ä. – liefern[44].

Die Rangfolge der im ICP-Projekt erfaßten Mehrzahl der Mitgliedsländer der UNO nach dem Pro-Kopf-Einkommen (GDP per capita) weicht sehr stark von der auf Basis von Wechselkursumrechnungen zustande gekommenen Reihenfolge der Weltentwicklungsberichte der Weltbank ab. Kaufkraftparitätenansätze führen also zu wesentlichen Verschiebungen in der Darstellung des Einkommensgefälles zwischen den Staaten der Welt. Die Bruttoinlandsprodukte von Entwicklungsländern werden in der Regel stark aufgewertet, diejenigen von marktwirtschaftlich organi-

---

41 Vgl. United Nations (Ed.), Structural Trends and Prospects in the European Economy. (Economic Survey of Europe in 1969. Part I.) New York 1970, S. 139.

42 Vgl. L. Drechsler, S. 140.

43 Die Anwendung eines "short-cut-Verfahrens" demonstrierte der "Altmeister" der internationalen Kaufkraftparitätenvergleiche, I.B. Kravis bei seiner China-Mission. – Vgl. I.B. Kravis, An Approximation of the Relative Real Per Capita GDP of the People's Republic of China. Prepared as an Appendix to the Report of the Economics Delegation to the People's Republic of China. Washington, D.C., 1980.

44 Vgl. United Nations (Ed.), S. 139ff.

sierten Industrieländer demgegenüber relativ reduziert[45]. Wesentlichen Einfluß auf die Ergebnisse hat jeweils die Berechnung des Index: Je nachdem, ob ein multi- oder bilateraler Vergleich durchgeführt und ob – im Falle eines binären Vergleichs – die Verbrauchsstruktur des Entwicklungs- oder diejenige des Industrielandes zugrundegelegt wird, fallen die Resultate sehr unterschiedlich aus[46]. Festzuhalten bleibt aber, daß Kaufkraftparitätenvergleiche stets zu einer starken Aufwertung in der Beurteilung der Wirtschaftskraft der schwächeren Länder, einschließlich der Planwirtschaften, und zu einer entsprechenden Abwertung der Einschätzung der Wirtschaftskraft der maßgeblichen Industrienationen führen.

Für das Bruttoinlandsprodukt der damaligen DDR liegen ältere und neuere Schätzungen vor, die im Rahmen des ICP erstellt wurden. Daneben ist auf eine Reihe weiterer Berechnungsversuche hinzuweisen, die sich auf Kaufkraftparitätenvergleiche stützen[47]:

– Kravis und Mitarbeiter (ICP) schätzten das ostdeutsche Pro-Kopf-Einkommen von 1975 auf 85 vH des westdeutschen;

– der Mitte der achtziger Jahre durch das Deutsche Institut für Wirtschaftsforschung unternommene Versuch, im Anschluß an sektorale Produktivitätsschätzungen Aggregate der volkswirtschaftlichen Gesamtrechnung für die DDR zu berechnen, ist den auf der Berechnung von Kaufkraftparitäten beruhenden Schätzversuchen zuzuordnen[48]. Danach lag 1983 die Wirtschaftsleistung je Einwohner in der DDR bei 76 vH der westdeutschen;

– Collier schätzte das Bruttosozialprodukt pro Kopf der DDR im Jahre 1980 auf 70 vH desjenigen der Bundesrepublik;

– nach Alton lag das Bruttosozialprodukt der DDR pro Einwohner 1985 bei 64 vH desjenigen der Vereinigten Staaten;

– nach Wharton lag das Bruttoinlandsprodukt der DDR je Einwohner 1980 bei 45 vH des westdeutschen;

– die Banca Nazionale del Lavoro, Roma, taxierte das Bruttoinlandsprodukt der DDR je Einwohner 1983 auf 65 vH desjenigen der Bundesrepublik.

---

45 Zu den Ergebnissen des International Comparison Project vgl. I.M. Kravis, A.W.Heston and R. Summer, Real GDP per Capita for More than One Hundred Countries. "Economic Journal", London, vol. 88 (1978), S. 215ff.

46 Statistisch gesehen ist weder die eine noch die andere Lösung befriedigend, und eine theoretisch fundierte ökonometrische Lösung der Frage ist praktisch nicht durchführbar. Vgl. J. Pfanzangl, Allgemeine Methodenlehre der Statistik. Teil I: Elementare Methoden unter besonderer Berücksichtigung der Anwendungen in den Wirtschafts- und Sozialwissenschaften. (Sammlung Göschen, Band 7546.) Berlin und New York 1972, S. 84ff.

47 Vgl. Bundesministerium für innerdeutsche Beziehungen (Hrsg.) Materialien zum Bericht zur Lage der Nation im geteilten Deutschland 1987. Bonn 1987, S. 480, I.L. Collier, The Estimation of Gross Domestic Product and its Growth Rate for the German Democratic Republic. (World Bank Staff Working Papers, no. 773.) Washington, D.C. 1985, S. 32ff.

48 Zur DIW-Berechnung des ostdeutschen Bruttoinlandsprodukts auf Basis von Kaufkraftparitäten vgl. Bundesministerium für innerdeutsche Beziehungen (Hrsg.), S. 473ff.

Schon die große Schwankungsbreite der Ergebnisse der kaufkraftparitäten-gestützten Sozialproduktsvergleiche sollte Anlaß zu Mißtrauen geben. Angesichts der Entwicklung seit dem Zusammenbruch der DDR und der heute verfügbaren statistischen Informationen sind diese Untersuchungsergebnisse trotz der methodischen Akribie, mit der sie im einzelnen erarbeitet wurden, mehrheitlich als Fehldeutungen der wirtschaftlichen Leistungskraft der ehemaligen DDR zu interpretieren.

Insgesamt läßt sich zu den auf Kaufkraftparitäten basierenden Vergleichsansätzen feststellen, daß diese im allgemeinen dazu neigen, die systembedingten Unterschiede zwischen Markt- und Planwirtschaften noch stärker zu ignorieren, als die VGR dies ohnehin tut. Diese Vergleiche beeindrucken ohne Zweifel hinsichtlich des mit ihnen verbundenen enormen rechnerischen Aufwandes. Ihre Ergebnisse sind indessen um so unbefriedigender, je unähnlicher die verglichenen Volkswirtschaften sind. Ein Beispiel für bewährte und methodisch reife kaufkraftparitätengestützte Einkommensvergleiche liefert der Statistik der Europäischen Gemeinschaften[49]. Leider läßt sich dieses positive Beispiel nicht ohne weiteres auf Vergleiche von Markt- und Planwirtschaften übertragen.

2.2.6.4. Die Umrechnungskurse der Währungs-, Wirtschafts- und Sozialunion

Im Zuge der Währungs-, Wirtschafts- und Sozialunion wurde für Einkommen und Transferleistungen und einen gestaffelten Sockelbetrag der Sparguthaben eine 1:1-Parität zwischen D-Mark und Mark sowie ansonsten ein Umtauschkurs von 1:2 gewählt. Die Entscheidung für die 1:1-Parität für Löhne, Gehälter und staatliche Transferleistungen war als politisch-psychologisches Zugeständnis der Bundesrepublik an die von den Folgelasten des Zweiten Weltkrieges in ungleich stärkerem Maße als die Bevölkerung der westlichen Teile Deutschlands betroffene ostdeutsche Bevölkerung zu werten[50]. Sowohl die Inkaufnahme der wirtschaftspolitischen Risiken der ausgehandelten Umtauschsätze als auch die damit verbundenen hohen Transferleistungen in die neuen Bundesländer waren unvermeidlich: Ein in den Augen der ostdeutschen Bevölkerung ungünstigerer Umtauschkurs hätte keine soziale Akzeptanz gefunden. Zu berücksichtigen ist auch, daß nicht nur sozialpolitische Erwägungen gegen einen ökonomisch "richtigen", für die Mark der DDR weitaus ungünstigeren Umtauschkurs sprachen, sondern auch die in dieser Frage wieder zum Ausdruck kommende symbolische Überfrachtung der Währungsproblematik, hatte doch gerade die DDR-Führung jahrzehntelang auf die "Gleichwer-

---

[49] Vgl. hierzu Kommission der Europäischen Gemeinschaften (Hrsg.) [II], Die Regionen in den 90er Jahren. Vierter Periodischer Bericht über die sozioökonomische Lage und Entwicklung der Regionen der Gemeinschaft. Luxemburg 1991.

[50] Zur Rolle einkommens- und vermögenspolitischer Erwägungen bei der Festsetzung der Umtauschkurse vgl. G.J. Schinasi, L. Lipschitz and D. McDonald, Monetary and Financial Issues in German Unification. In: L. Lipschitz and D. McDonald (Ed.), German Unification. Economic Issues, (IMF Occasional Papers, no. 75.) Washington, D.C., 1990, S. 147ff. – Vgl. ferner H. Siebert, The Integration of Germany. Real Economic Adjustment. "European Economic Review", Amsterdam, vol. 35 (1991), S. 601.

tigkeit" von ost- und westdeutscher Währung gepocht und gegenüber Drittstaaten wie gegenüber der eigenen Bevölkerung unabhängig von der Ausgestaltung realer Außenhandelstransaktionen stets an der Fiktion eines 1:1-Kurses zwischen D-Mark und Mark festgehalten. Ein Umtauschkurs für Löhne und Transfereinkommen, der unter dem 1:1-Verhältnis gelegen hätte, wäre vor diesem Hintergrund in den Augen der ostdeutschen Bevölkerung als "Diskreditierung" ihrer Leistungen erschienen und hätte den ohnehin unter den Sachzwängen der günstigen internationalen politischen Konstellation stehenden Prozeß der Aufhebung der deutschen Spaltung ernsthaft beeinträchtigen können. Mehr noch: In Anbetracht der niedrigen Löhne in Ostdeutschland hätte ein niedriger Wechselkurs ökonomische Mauern zwischen Ost- und Westdeutschland errichtet, die ein Zusammenwachsen der beiden Teile Deutschlands nicht nur gravierend behindert hätten, sondern sich auch als zusätzlicher Wanderungsanreiz ausgewirkt hätten.

Der 1:1-Umtauschsatz für Löhne und Transfereinkommen bewegte sich ungefähr auf der Höhe des Verhältnisses der seinerzeit vom Deutschen Institut für Wirtschaftsforschung ermittelten Binnenkaufkraft von Mark der DDR und D-Mark. Darauf, daß derartige Berechnungen aufgrund zahlreicher methodischer Komplikationen die Mark relativ günstig bewerten mußten, wurde oben schon hingewiesen. Faktisch wurde die 1:1-Parität durch das Vertragspaket der Währungsunion für einen beträchtlichen Teil der wirtschaftlichen Transaktionen zur offiziellen Rechnungsgrundlage für die ostdeutsche Wirtschaft erhoben.

2.2.7. Zusammenfassende Bewertung

Wie dargelegt, setzt jede retrospektive Berechnung von Aggregaten der VGR für Ostdeutschland eine Reihe von Prämissen und methodischen Hilfskonstruktionen voraus, deren Für und Wider Gegenstand der Diskussion sein kann. Daten für die Entwicklung der Bruttowertschöpfung in der ehemaligen DDR, die ihrer Qualität nach den Ergebnissen der bundesdeutschen Entstehungsrechnung voll gleichzusetzen wären, kann es weder gegenwärtig noch in Zukunft geben[51]. Schätzungen basieren auf methodischen Kompromissen und einer – prinzipiell nicht revidierbaren – viele Schwachpunkte aufweisenden Datenbasis. Die Ergebnisse derartiger Schätzungen sind daher eher als grobe Orientierungslinie zur vergleichenden Einschätzung der wirtschaftlichen Ausgangsbasis in beiden Teilen Deutschland im Jahr der Wiedervereinigung zu nehmen denn als präzise Statistik[52]. Ungeachtet dieser Einschränkung lassen sich die regionalen Disparitäten innerhalb der neuen Bundesländer und zwischen den alten und neuen Bundesländern anhand des Indi-

---

[51] Schneider ist zuzustimmen, wenn er feststellt, daß es in der ehemaligen DDR volkswirtschaftliche Gesamtrechnungen von der Aussagekraft der westdeutschen nicht gab. Vgl. H.K. Schneider, Perspektiven für die deutsche Wirtschaft. Zum Jahresgutachten 1990/91 des Sachverständigenrats zur Begutachtung der gesamtwirtschaftlichen Entwicklung. "Zeitschrift für Energiewirtschaft", Wiesbaden, Jg. 15 (1991), S. 39.
[52] Zur Einschätzung der Problematik von retrospektiven VGR-Schätzungen für die ehemalige DDR vgl. auch T. Mayer and G. Thumann, German Democratic Republic. Background and Plans for Reform. In: L. Lipschitz and D. McDonald (Eds.), S. 52f.

kators Bruttowertschöpfung auf der Grundlage dieser Datenbasis einigermaßen zuverlässig einschätzen, wenn die angeführten methodischen Probleme beachtet werden.

Die an eine solche Schätzung zu stellenden Erwartungen sind angesichts der angesprochenen methodischen Komplikationen wie folgt zu formulieren:

— Produktionsergebnisse beider Volkswirtschaften können nur im Rahmen der VGR verglichen werden; deren immanente Schwächen bezüglich der unbefriedigenden Berücksichtigung systembedingter Leistungsunterschiede sind in Kauf zu nehmen, aber bei der Interpretation von Ergebnissen in Betracht zu ziehen;

— die Berechnung sollte einen hinsichtlich der ungefähren Größenordnungen verläßlichen Eindruck von den zwischen den Arbeitsmarktregionen Deutschlands vor Beginn der Währungs-, Wirtschafts- und Sozialunion gegebenen Einkommensunterschieden vermitteln, ohne den späteren detaillierten Berechnungen retrospektiver Zeitreihen für Aggregate der VGR für das Gebiet der ehemaligen DDR durch das Statistische Bundesamt vorgreifen zu können oder zu wollen;

— anzustreben ist eine Momentaufnahme der wirtschaftlichen Leistungskraft der Arbeitsmarktregionen Deutschlands vor dem Fall der Mauer, nicht jedoch die Herstellung retrospektiver Zeitreihen für die ehemalige DDR; die Rückrechnung der ermittelten Daten auf der Basis der realen Wachstumsraten der DDR-Statistik ist unzulässig;

— bei Ermittlung der Daten für das gewählte Vergleichsjahr ist vor allem ein methodisch akzeptabler Kompromiß bezüglich der Behandlung einerseits des Preisstrukturproblems und andererseits des Kaufkraftparitätenproblems zu finden;

— für das Berechnungsverfahren ist der regionalanalytische Zweck des Vergleichs der Arbeitsmarktregionen ausschlaggebend; es wird keine originäre Entwicklung einer volkswirtschaftlichen Gesamtrechnung für die ehemalige DDR auf D-Mark-Basis angestrebt;

— Aggregat und Berechnungsansatz sind so zu wählen, daß ein direkter Vergleich mit auf der Ebene der Arbeitsmarktregionen bzw. auf Kreisebene regionalisierten Daten der VGR der bisherigen Bundesrepublik möglich ist.

Noch einmal sei auf Qualitätsprobleme der DDR-Statistik hingewiesen, die im nachhinein auch durch das Statistische Bundesamt nicht behoben werden können: Es ist bekannt, daß in der VGR der bisherigen Bundesrepublik die Ergebnisqualität der statistischen Berechnungen von Aggregat zu Aggregat, von Sektor zu Sektor und von Bundesland zu Bundesland erheblich variiert[53]. Wesentlich größer als in der bisherigen Bundesrepublik ist die Spannweite der Qualitätsunterschiede in

---

53 Vgl. H.J. Treeck, Nutzungsmöglichkeiten und -grenzen der Volkswirtschaftlichen Gesamtrechnungen der Bundesländer für Wirtschaftsstrukturanalysen. "Statistische Rundschau Nordrhein-Westfalen", Düsseldorf, Jg. 42 (1991), S. 250.

der VGR der EG-Staaten. Die Unterschiede in der Ergebnisqualität von VGR-Aggregaten in Ost-West-Vergleichen übertreffen jedoch das in Westeuropa normale Maß bei weitem. Es kann kein Zweifel daran bestehen, daß die DDR über eines der besten und effizientesten statistischen Erhebungssysteme im Ostblock verfügte, trotzdem bleibt ein unübersehbarer Rückstand zur westdeutschen Statistik[54].

Im folgenden wird eine Berechnung der Bruttowertschöpfung der Arbeitsmarktregionen der ehemaligen DDR für 1989 vorgestellt, die Ausgangsbasis eines gesamtdeutschen Vergleichs der wirtschaftlichen Leistungskraft der Arbeitsmarktregionen ist.

2.3. Ermittlung der Bruttowertschöpfung der Arbeitsmarktregionen der neuen Bundesländer für 1989

2.3.1. Datenbasis

Daten der volkswirtschaftlichen Gesamtrechnung, die ohne weiteres mit denjenigen der alten Bundesländer vergleichbar wären, liegen wie dargestellt für die Zeit vor der Währungs-, Wirtschafts- und Sozialunion nicht vor. Die Anstrengungen des Statistischen Bundesamtes, die VGR beider Teile Deutschlands zu integrieren, sind einstweilen auf die Einrichtung eines mit der Statistik der alten Bundesländer kompatiblen Erfassungssystems in den neuen Ländern gerichtet. Mit der Vorlage der Berechnungsergebnisse für das Bruttoinlandsprodukt der neuen Bundesländer im zweiten Halbjahr 1990 wurden unlängst erste Ergebnisse dieser Arbeit vorgestellt[55]. Diese lassen sich aufgrund der dargestellten methodischen Barrieren nicht einfach in die Zeit vor dem Inkrafttreten der Währungsunion "zurückschreiben"[56]. Mit der Vorlage von retrospektiven Zeitreihen, die den direkten Vergleich der Da-

---

54 Staatlich verordnete Geheimniskrämerei und Spionagehysterie, die Behinderung der täglichen Arbeit der Statistiker durch kafkaeske Sicherheitsvorschriften, starke Einschränkungen konzeptioneller Arbeiten zur Weiterentwicklung der statistischen Erhebungssysteme durch ideologische Glaubenssätze, die Instrumentalisierung der Statistik für die Propagandazwecke der herrschenden Einheitspartei haben die Qualität der DDR-Statistik zweifellos beeinträchtigt. Dies festzustellen heißt nicht, die Verdienste der Arbeit der DDR-Statistiker unter relativ schweren Bedingungen zu schmälern.

55 Vgl. H. Horstmann, R. Heinz und D. Hoeppner, Sozialprodukt im Gebiet der ehemaligen DDR im 2. Halbjahr 1990. "Wirtschaft und Statistik", S. 305ff. – Statistisches Bundesamt (Hrsg.) [III], Bruttosozialprodukt im Gebiet der ehemaligen DDR betrug im 2. Halbjahr 1990 105 Mrd. DM. (Mitteilung für die Presse, Nr. 139/91.) Wiesbaden 1991

56 Vor allem die Unvergleichbarkeit von D-Mark und Mark der DDR und die unterschiedlichen Preisgefüge lassen eine "saubere" statistische Lösung, die den Qualitätsanforderungen der bundesdeutschen VGR gerecht würde, fast unerreichbar erscheinen. Zumindest wird jede retrospektive VGR für die ehemalige DDR mit vielen Prämissen und Hilfskonstruktionen arbeiten müssen und ausführlicher methodischer Erläuterungen bedürfen. Die Gefahr einer verkürzten Aufnahme derartiger amtlicher Berechnungen durch die Öffentlichkeit und darüber hinaus auch realitätsferner Deutungen des Wachstums und Strukturwandels der ostdeutschen Wirtschaft ist jedenfalls sehr groß. – Zur Unzulässigkeit einfacher Rückrechnungen der VGR (Ost) für das 2. Halbjahr 1990 vgl. H. Horstmann, R. Heinz und D. Hoeppner, S. 305.

ten für das dritte und vierte Quartal 1990 mit den Daten für 1989, dem letzten vollen Jahr der Existenz der DDR, gestatteten, ist einstweilen nicht zu rechnen.

Verschiedene Forschungseinrichtungen unternahmen im Laufe der vergangenen 12 Monate den Versuch, Aggregate oder Subaggregate der VGR nach der SNA-Methodik für die ehemalige DDR zu errechnen. Es handelt sich hierbei um:

— die Ermittlung des Bruttoinlandsprodukts und der Bruttowertschöpfung der ehemaligen DDR für die achtziger Jahre nach dem Entstehungskonzept sowie die Ermittlung des Brutto- und Nettoinlandsprodukts nach dem Verwendungskonzept, jeweils in Mark der DDR, durch das Statistische Amt der DDR[57];

— die durch das Deutsche Institut für Wirtschaftsforschung erarbeitete volkswirtschaftliche Gesamtrechnung für die ehemalige DDR auf D-Mark-Basis[58];

— die Berechnung des Produktionswertes, der Vorleistungen, der Brutto- und Nettowertschöpfung der Landwirtschaft der ehemaligen DDR auf der Grundlage von D-Mark- und Mark-Preisen durch das Institut für Agrarpolitik, Marktforschung und Wirtschaftssoziologie der Universität Bonn und das Institut für Agrarökonomie Berlin[59].

Ein Vergleich gesamtwirtschaftlicher Größen in beiden Teilen Deutschlands muß, welches auch immer das gewählte methodische Vorgehen ist, an Daten der ehemaligen Zentralverwaltung für Statistik bzw. – für 1990 – des Statistischen Amtes der DDR anknüpfen. Dies trifft auch auf die hier vorgestellten Berechnungen der regionalen Bruttowertschöpfung zu. Zuzüglich den ostdeutschen MPS-Ausgangsquellen wurde selektiv auf Ergebnisse der eben genannten Berechnungen zurückgegriffen. Für die Berechnung der regionalen Bruttowertschöpfung der Arbeitsmarktregionen der neuen Bundesländer wurden folgende Quellen genutzt:

— Beschäftigte der Zweige des Verarbeitenden Gewerbes in den Kreisen nach den Daten der "Erfassung der Arbeitsstätten der Betriebe des Wirtschaftsbereichs Industrie", Stichtag 31.12.1987[60];

---

57 Vgl. Statistisches Bundesamt (Hrsg.) [I], S. 29ff.
58 Vgl. Deutsches Institut für Wirtschaftsforschung (Hrsg.) [I], Beschleunigter Produktionsrückgang in der Deutschen Demokratischen Republik. Die ersten Ergebnisse der volkswirtschaftlichen Gesamtrechnung für das zweite Quartal 1990. (Bearb.: K. Müller-Krummholz.) "DIW-Wochenbericht", Berlin, Jg. 57 (1990), S. 457ff.
59 Vgl. C. Böse u.a., Auswirkungen der geänderten Rahmenbedingungen auf die Landwirtschaft der neuen Bundesländer – Untersuchungen auf sektoraler Ebene. In: W. Henrichsmeyer und K. Schmidt, Die Integration der Landwirtschaft der neuen Bundesländer in den europäischen Agrarmarkt. "Agrarwirtschaft", Sonderheft 129, Hamburg und Frankfurt 1991, S. 69ff. – Unterrichtung durch die Bundesregierung (Hrsg.), [II], Agrarbericht 1991. Agrar- und ernährungspolitischer Bericht der Bundesregierung. Deutscher Bundestag, Drucksache 12/70. Bonn 1991, S. 146f.
60 Statistisches Amt der DDR [I], Kennziffern für Produktionsstätten der Betriebe des Wirtschaftsbereichs Industrie nach der Systematik der Volkswirtschaftszweige (Territorial bereinigtes Ergebnis) – Stichtag: 31.12.1987. Berlin 1990.

- Bruttoproduktion der Zweige des Verarbeitenden Gewerbes 1987 zu Industrieabgabepreisen (IAP) nach den Daten der Arbeitsstättenzählung 1987[61];
- Beschäftigte nach Wirtschaftssektoren auf Kreisebene 1989[62];
- Daten der Volkswirtschaftlichen Gesamtrechnung der DDR für 1989[63];
- Berechnung des Brutto- und Nettoinlandsprodukts der ehemaligen DDR nach dem SNA für 1980 bis 1989 durch das Statistische Amt der DDR[64];
- Ergebnisse der volkswirtschaftlichen Gesamtrechnung des Deutschen Instituts für Wirtschaftsforschung für die ehemalige DDR auf D-Mark-Basis[65];
- Angaben des Statistischen Bundesamts, Zweigstelle Berlin-Alexanderplatz, zur Entwicklung der Erzeugerpreise nach dem 1. Juli 1990[66]
- Daten zum "Staatlichen Aufkommen" landwirtschaftlicher Produkte nach Kreisen für 1989[67];
- Berechnung der Bruttoproduktionswerts und der Vorleistungen der Landwirtschaft für 1989 nach DDR-Preisen und den Preisen der Bundesrepublik[68];
- Vorleistungsquoten des Verarbeitenden Gewerbes der – bisherigen – Bundesrepublik[69];
- Daten zu den Berufspendlern über Kreisgrenzen nach der Volkszählung 1981[70].

2.3.2. Vorgehensweise

Zwei Fragen, das Preisstrukturproblem und die Frage des Umrechnungskurses der Mark der DDR in D-Mark, sind zu lösen, ehe mit den westlichen Daten vergleichbare Daten für die Bruttowertschöpfung der Arbeitsmarktregionen der ehemaligen DDR ermittelt werden können. Eine Umrechnung der vom Statistischen Amt der DDR berechneten SNA-Aggregate zum "politischen" Umtauschkurs für ostdeut-

---

[61] Vgl. Statistisches Amt der DDR (Hrsg.) [I].
[62] Daten aus der Öffentlichkeitsdatenbank des Gemeinsamen Statistischen Amtes der Länder Brandenburg, Mecklenburg-Vorpommern, Sachsen, Sachsen-Anhalt, Thüringen.
[63] Vgl. Statistisches Amt der DDR (Hrsg.) [II], Statistisches Jahrbuch des gesellschaftlichen Gesamtprodukts und des Nationaleinkommens 1989. Berlin 1990.
[64] Vgl. Statistisches Bundesamt (Hrsg.) [I], S. 9ff.
[65] Vgl. Deutsches Institut für Wirtschaftsforschung (Hrsg.) [I].
[66] Vgl. Statistisches Amt der DDR (Hrsg.) [III], Indizes der Erzeugerpreise gewerblicher industrieller Produkte August 1990. (Reihe "Preise", Heft 8.) Berlin 1990.
[67] Daten aus der Öffentlichkeitsdatenbank des Gemeinsamen Statistischen Amts der Länder Brandenburg, Mecklenburg-Vorpommern, Sachsen, Sachsen-Anhalt, Thüringen.
[68] Vgl. Unterrichtung durch die Bundesregierung [II], S.146f. – C. Böse u.a., S. 69ff.
[69] Vgl. Statistisches Bundesamt (Hrsg.) [IV], Konten und Standardtabellen. (Fachserie 18: Volkswirtschaftliche Gesamtrechnungen, Reihe 1.) Stuttgart 1990.
[70] Daten aus der Öffentlichkeitsdatenbank des Gemeinsamen Statistischen Amtes der Länder Brandenburg, Mecklenburg-Vorpommern, Sachsen, Sachsen-Anhalt, Thüringen.

sche Löhne und Transfereinkommen von 1:1 würde zu einer starken Überbewertung der Produktionsergebnisse von Industrie und Landwirtschaft führen, denn die Erzeugerpreise ostdeutscher Industrieprodukte und – in noch höherem Maß – Agrarprodukte lagen weit über dem bundesdeutschen Niveau. Die an sich naheliegende Wahl eines für die Mark ungünstigeren Kurses im Anschluß etwa an die Ergebnisse von physischen Produktivitätsvergleichen[71] würde andere Komplikationen mit sich bringen: Was etwa sollte mit den Dienstleistungen des öffentlichen Sektors geschehen, die in ihrer Bewertung wesentlich durch Löhne und Gehälter im öffentlichen Dienst bestimmt, durch den Währungsentscheid des 1. Juli 1990 so nahtlos mit einer 1:1-Parität in die VGR der neuen Ära überführt würden? Das Preisstrukturproblem bliebe mit einer pauschalen Umrechnung vorgegebener, von der MPS-Systematik in die SNA-Systematik konvertierter Aggregate aus der Betrachtung ausgespart. Eine plausible und angesichts aller Umstände auch vertretbare Lösung liegt in der Neubewertung des ostdeutschen Mengengerüsts der Entstehungsrechnung mit dem Preisgefüge, das sich nach dem Inkrafttreten der Währungs-, Wirtschafts- und Sozialunion in Ostdeutschland eingestellt hat.

Mit der Einführung der D-Mark setzten sich aufgrund der Wettbewerbsschwäche der ostdeutschen und der Dominanz der westdeutschen Wirtschaft – modifizierte – bundesdeutsche Preisstrukturen durch. Anbieter marktgängiger Waren und Leistungen orientierten sich nach dem 1. Juli 1990 in ihrer Angebotspreisgestaltung durchweg an westdeutschen Vorbildern. Der Gedanke liegt daher nahe, das ostdeutsche Bruttoinlandsprodukt, soweit dies aus marktgängigen Gütern besteht, mit den neuen, aus der bisherigen Bundesrepublik übernommenen Preisen zu bewerten, um einen Eindruck von den Größenordnungen des kurz vor der Wiedervereinigung in beiden Teilen Deutschlands erzeugten Sozialprodukts zu gewinnen. Die Leistungen des öffentlichen Sektors können angesichts dessen, daß deren Bewertung in erster Linie von den gezahlten Löhnen und Gehältern abhängt, auf Basis der 1:1-Parität bewertet werden.

Es handelt sich freilich um eine Berechnung der Bruttowertschöpfung der ostdeutschen Arbeitsmarktregionen, die sich zweier Fiktionen bedient: erstens, die erstellten und unabhängig von Qualitätsaspekten mit D-Mark-Preisen bewerteten Güter seien auch zu diesen Preisen abzusetzen bzw. fänden überhaupt Käufer, und zweitens, die Kostenstrukturen seien so beschaffen, daß die Güter erstellenden Unternehmen wirtschaftlich überleben könnten. Tatsächlich war der größte Teil des überregional gehandelten Güterangebots des Verarbeitenden Gewerbes gegenüber der westdeutschen Industrie zu den D-Mark-Preisen nicht wettbewerbsfähig und wäre dies in Anbetracht des qualitativ unzureichenden Angebots wohl auch bei einem anderen Umtauschkursarrangement kaum gewesen. Der Vergleich der Bruttowertschöpfung der Arbeitsmarktregionen Deutschlands stellt daher die Produktionsergebnisse des Ostens tendenziell eher in einem günstigen Licht dar.

Bei der Berechnung der Bruttowertschöpfung der Arbeitsmarktregionen Ostdeutschlands für 1989 wurden zwei unterschiedliche rechnerische Ansätze für die

---

[71] Diese wären für die meisten Branchen des Verarbeitenden Gewerbes nicht ohne weiteres durchzuführen, relativ unproblematisch hingegen für den Agrarsektor.

Ermittlung der sektoralen Subaggregate auf der Ebene der Regionen praktiziert: Teils wurden auf Kreisbasis vorliegende Ausgangsdaten unter Zugrundelegung von D-Mark-Preisen revidiert (Ermittlung eines DDR-Subaggregats auf Basis von regionalen Daten); teils wurden vorgegebene gesamtwirtschaftliche Produktionsdaten nach einem bestimmten Verteilungsschlüssel auf die Arbeitsmarktregionen "verteilt" (regionale Auffächerung eines vorgegebenen DDR-Subaggregats). Bezüglich des ersten Verfahrensweges wurde auf ostdeutsche Regionaldaten zurückgegriffen, bezüglich des zweiten auf konsistente Ergebnisse der genannten unterschiedlichen Berechnungsversuche des Bruttoinlandsprodukts der ehemaligen DDR. Ausschlaggebend für die jeweilige Verfahrensweise war die Datenlage. Daten auf Kreisebene bildeten für die Verarbeitende Industrie und die Landwirtschaft den Ausgangspunkt für die Ermittlung der jeweiligen sektoralen Bruttowertschöpfung der Kreise, die in der jeweiligen Arbeitsmarktregion liegen. Im Falle der tertiären Bereiche, der Bauwirtschaft und des Produzierenden Handwerks mußte auf vorliegende Aggregate zurückgegriffen werden.

Bezüglich der bedeutendsten Wirtschaftsbereiche wurde wie folgt vorgegangen:

- Für die Landwirtschaft lagen den Berechnungen Daten zum "staatlichen Aufkommen" an wichtigen landwirtschaftlichen Produkten (Fleisch, Milch, Getreide, Kartoffeln, Zuckerrüben, Eier) auf Kreisbasis zugrunde. Dieses ist im wesentlichen mit der landwirtschaftlichen Marktproduktion des betreffenden Produkts identisch, da die Direktvermarktung landwirtschaftlicher Produkte nur geringfügig ins Gewicht fiel. Die einzelnen Produkte wurden mit westdeutschen Preisen bewertet. Der so gewonnene Bruttoproduktionswert aller Kreise bzw. aller durch Aggregation von Kreisen entstehenden Arbeitsmarktregionen liegt unter dem Produktionswert der Landwirtschaft, da nur Daten zu den wichtigsten Agrarprodukten zur Verfügung standen, andere Produkte wie Ölsaaten, Sonderkulturen und Schafwolle nicht berücksichtigt wurden. Des weiteren war der Eigenverbrauch von Agrarprodukten für den Zweck der menschlichen Ernährung hierin nicht erfaßt. Die sich hier ergebende Differenz ließ sich durch Heranziehung des im Rahmen eines Forschungsauftrages des Bundesministers für Wirtschaft ermittelten Produktionswertes[72] der landwirtschaftlichen Produktion feststellen. Der Differenzbetrag wurde unter der Annahme konstanter Arbeitsproduktivität nach Maßgabe der Beschäftigtenzahlen auf die Arbeitsmarktregionen verteilt. Bei der Berechnung der Vorleistungen der landwirtschaftlichen Produktion wurde wie im Falle des Verarbeitenden Gewerbes vorgegangen.

- Für die wichtigsten Wirtschaftsabteilungen des Verarbeitenden Gewerbes bildeten die kreisweise verfügbaren Daten der Warenproduktion zu Industrieabgabepreisen (IAP) den Ausgangspunkt der Berechnung[73]. Aus diesen Da-

---

[72] Vgl. C. Böse u.a., S. 69ff. – Unterrichtung durch die Bundesregierung (Hrsg.) [II], S. 146f.
[73] Die auf sektoraler Ebene vorliegenden Daten zu den Produktionswerten des Jahres 1989 wurden auf Basis der Regionalstruktur der Produktion der Sektoren von 1987, die in der Arbeitsstättenzählung ermittelt wurde, regional aufgeschlüsselt. Erhebliche Änderungen des regionalen Einkommensgefälles in der ehemaligen DDR sind für die Zeit von 1987 bis 1989 wenig wahrscheinlich.

ten, den sektoralen Produktionswerten der Industrie, ist unter Abzug der Vorleistungen die Bruttowertschöpfung zu laufenden Preisen der Industriebranchen zu errechnen. Da die Berechnung zu einer möglichst realistischen Einschätzung der relativen Wirtschaftskraft der ostdeutschen Arbeitsmarktregionen führen sollte, wurden die Bruttoproduktionswerte unter Zugrundelegung der im Gefolge der Währungs-, Wirtschafts- und Sozialunion sich durchsetzenden neuen Preisstruktur korrigiert[74].

Bei der Bewertung der Produktion mit D-Mark-Preisen stellt sich die Frage nach der adäquaten Bewertung der Vorleistungen. Hierfür könnte sowohl die Verwendung der Vorleistungsdaten der DDR-Statistik in Betracht gezogen werden als auch eine Neubewertung der Volumenindizes der Einsatzfaktoren mit D-Mark-Preisen erfolgen. Gegen beide Verfahrensweisen sprechen gewichtige Gründe:

— Die Vorleistungsangaben der DDR beruhen auf dem Mengen- und Preisgerüst des Jahres 1989. Eine Verwendung der Mark-Preise zur Bewertung der Mengenindizes der Vorleistungen würde das Prinzip der Bewertung von Produktion und Produktionsfaktoren mit demselben Preisgefüge verletzen (westdeutsche Output- und ostdeutsche Inputpreise). Dies müßte in der Konsequenz zu unrealistischen Schlußfolgerungen bezüglich der Effizienz des Faktoreinsatzes führen.

— Aber auch die Neubewertung des Jahres 1989 der Vorleistungen mit D-Mark-Preisen wäre nach Beginn der Währungsunion[75] höchst fragwürdig. Dies würde dazu führen, daß dem ostdeutschen Verarbeitenden Gewerbe eine ganz andere Kostenstruktur, nämlich die westdeutsche, übertragen würde. Zu diesen Konditionen hätte ein sehr großer Teil der Produktion gar nicht stattfinden können. Dies fände seinen statistischen Niederschlag in minimalen Bruttowertschöpfungs- und wahrscheinlich negativen Nettowertschöpfungszahlen in vielen Branchen. Logisches Ergebnis des Verfahrens wäre, daß einzelne Branchen der ostdeutschen Industrie im Saldo (fast) "nichts" produziert hätten[76]. Da bei einer Übertragung des westdeutschen Kostengefüges das Ni-

---

[74] Vgl. Statistisches Amt der DDR (Hrsg.) [III].

[75] Die Ergebnisse der ersten Kostenstrukturerhebung des Statistischen Bundesamtes für das Gebiet der neuen Bundesländern stehen noch aus. Vgl. Statistisches Bundesamt (Hrsg.) [V], Sechs Monate nach der Vereinigung — wie weit ist die Einführung der Bundesstatistik in den neuen Bundesländern? ("Mitteilung für die Presse", Nr. 4/91.) Wiesbaden 1991, S. 3.

[76] Vgl. hierzu die Berechnung des Produktionswerts, der Bruttowertschöpfung und der Nettowertschöpfung der landwirtschaftlichen Produktion der DDR von 1989, die durch das Institut für Agrarpolitik der Universität Bonn durchgeführt wurde. Danach betrug die Nettowertschöpfung zu Faktorkosten des Agrarsektors 1989 –0,3 Mrd. DM (und das Nettoeinkommen aus landwirtschaftlicher Tätigkeit –10,3 Mrd. DM). Dabei handelt es sich um eine Modellrechnung zu der Frage, wie es um die Kosten-Erlös-Relationen der agrarischen Produktion unter den Bedingungen des neuen Preisgefüges bei Aufrechterhaltung der bestehenden Strukturen im Agrarsektor – Betriebsorganisation, Betriebsgrößen, Beschäftigte, Produktionspalette, Bodennutzung, materielle Einsatzfaktoren – bestellt wäre. Diese Simulationsrechnung liefert einen Beweis dafür, daß die ostdeutsche Landwirtschaft vor radikalen Anpassungszwängen steht. Vgl. Unterrichtung durch die Bundesregierung [II], S. 146f.

veau der Produktpreise stärker sinken würde als das Niveau der Vorleistungspreise, die Input-Koeffizienten für den Vorleistungsverbrauch sich also tendenziell erhöhten[77], würde das Bruttowertschöpfungsaggregat sich rechnerisch verringern. Für regionalwirtschaftliche Analysen besonders problematisch wäre hierbei, daß die statistisch ausgewiesene sektorale Produktionsstruktur und damit auch die regionale Produktionsstruktur – die Sektoren sind sehr ungleichmäßig im Raum verteilt – sich allein aufgrund arithmetischer Manipulationen radikal verändern würden.

Eine Lösung des Problems der Behandlung der Vorleistungen sollte vom Anliegen der Untersuchung ausgehen. Als akzeptabler Ausweg bietet es sich daher an, auf eine detaillierte Neubewertung der Vorleistungen ganz zu verzichten und statt dessen unter Zugrundelegung der sektoralen Vorleistungsquoten der Bundesrepublik Vorleistungen zu errechnen, die bei den ermittelten Bruttoproduktionswerten dann zu verzeichnen gewesen wären, wenn das westdeutsche Preisgefüge gegolten hätte und die gleichen Vorleistungsvolumina verbraucht worden wären. Auf diesem Wege werden große Verzerrungen vermieden, die sich aus der Überlagerung ost- und west@deutscher Preis- und Mengenstrukturen der Vorleistungen und Produktion zwangsläufig ergeben würden[78]. Der gewählte Lösungsweg basiert auf einer Hilfskonstruktion, die gegenüber den dargestellten Alternativen wesentliche Vorzüge aufweist und als Näherungslösung tragbar ist.

- Da für die Bauwirtschaft keine Daten auf Kreisebene verfügbar waren, wurde die hierfür durch das Statistische Amt der DDR ausgewiesene Summe mit Hilfe der Beschäftigtenziffern unter Zugrundelegung der Prämisse gleicher Arbeitsproduktivität auf die Regionen aufgeschlüsselt. Aufgrund der verfügbaren – allerdings lückenhaften – Preisinformationen wurde ein 1:1-Umrechnungskurs zugrundegelegt[79].

- Im Fall des Produzierenden Handwerks wurde bezüglich der Zugrundelegung eines sektoralen Subaggregats und dessen Aufschlüsselung wie bei der Bauwirtschaft verfahren. Eine Preiskorrektur wurde hier aufgrund von Einzelinformationen über die Preisgestaltung im Handwerk nicht vorgenommen.

---

[77] Die Input-Koeffizienten oder technischen Koeffizienten, präziser wäre von "wirtschaftlich-technischen Koeffizienten" zu sprechen, spiegeln jeweils durch Preise bewertete technische Produktionszusammenhänge wie den Produktionsverbrauch eines bestimmten materiellen Einsatzfaktors wider.

[78] Im Grunde handelt es sich hierbei um einen Kaufkraftparitätenansatz, der sich allerdings in Gestalt der Preise nach Einführung der Währungsunion einer realistischen Bewertungsbasis bedient.

[79] Vgl. hierzu auch eine Berechnung des DIW, die offensichtlich auf einer 1:1-Umrechnung basiert, in Deutsches Institut für Wirtschaftsforschung (Hrsg.) [II], Deutliche Zunahme der Bauproduktion. (Bearb.: J.A. Hübener.) "DIW-Wochenbericht", Jg. 58 (1991), S. 207.

— Für die tertiären Bereiche – Verkehr, Post- und Fernmeldewesen, Binnenhandel und "nichtproduzierender Bereich" – wurde der Berechnung die Schätzung der sektoralen Bruttowertschöpfung zu laufenden Preisen durch das damalige Statistische Amt der DDR zugrundegelegt[80]. Diese Schätzung berücksichtigt im Gegensatz zur im MPS üblichen Praxis die nicht-materiellen Dienstleistungen, wobei einige Abweichungen vom Konzept der Gesamtrechnung der bisherigen Bundesrepublik nicht zu vermeiden waren. Das Aggregat wurde auf die Arbeitsmarktregionen anhand der Beschäftigtenziffern unter Zugrundelegung der Prämisse einer konstanten Arbeitsproduktivität "verteilt". Als problematisch erwies sich die Berücksichtigung des in den offiziellen Beschäftigungsziffern nicht berücksichtigten "X-Bereichs"[81]. Da hierfür keine Beschäftigungsziffern auf Kreisebene verfügbar waren, konnten die hier sicher stark unterschiedlichen regionalen Besatzwerte (regionale Massierung von Angehörigen der NVA, der kasernierten Volkspolizei und der Einheiten des Ministerium für Staatssicherheit) bei der regionalen Aufschlüsselung des sektoralen Subaggregats des Dienstleistungsbereichs keine Berücksichtigung finden.

Bei der Berechnung der Bruttowertschöpfung pro Kopf konnte auf die Daten zur Wohnbevölkerung zurückgegriffen werden, die auf Kreisebene vorliegen und zum Zwecke der Betrachtung der "kreisscharf" abgegrenzten Arbeitsmärkte zu aggregieren waren. Dem regionalpolitischen Untersuchungsanliegen eher gemäß als die Bezugnahme auf die Wohnbevölkerung ist der Bezug auf die Wirtschaftsbevölkerung. Eine Zugrundelegung der Wohnbevölkerung hätte den Nachteil, berufsbedingte Pendelwanderungen zu ignorieren und damit die Bruttowertschöpfung nicht auf die tatsächlich zur Entstehung des Bruttoinlandsprodukts in der Region beitragende Bevölkerung nebst abhängiger Bevölkerung und Ruheständlern zu beziehen, sondern auf die gesamte jeweilige Wohnbevölkerung, unabhängig vom Ort des Einkommenserwerbs. Die Zuordnung entspräche der Logik des Inländerkonzepts der Verwendungsrechnung und nicht jener des Inlandskonzepts der Entstehungsrechnung. Um dies zu vermeiden, wurde die für die Arbeitsmarktregionen errechnete Bruttowertschöpfung nicht direkt auf die Wohnbevölkerung, sondern auf die um die Pendler zwischen den Regionen korrigierte Wohnbevölkerung – die "Wirtschaftsbevölkerung" – bezogen. Dadurch wird ein realistischeres Bild der Bruttowertschöpfung pro Kopf gewonnen, was für die Regionen, in denen Berufspendelbewegungen über die Regionengrenzen hinweg eine größere Rolle spielen, zu ansehnlichen Veränderungen der Pro-Kopf-Werte führt.

---

[80] Vgl. Statistisches Bundesamt Wiesbaden (Hrsg.) [I], S. 22.
[81] Der sog. "X-Bereich" wurde für September 1989 auf insgesamt 700 000 Erwerbspersonen geschätzt. Es handelte sich um Erwerbspersonen, die in der NVA, der Volkspolizei, dem MfS, der Einheitspartei, den damaligen Blockparteien, bei der Wismut AG und in den Kirchen tätig waren. – Zur Zahlenangabe vgl. F. Dietz und H. Rudolph, Berufstätigenerhebung und der Datenspeicher "Gesellschaftliches Arbeitsvermögen". Statistische Grundlagen zu wichtigen Strukturen der Erwerbstätigen in der vormaligen DDR. "Mitteilungen aus der Arbeitsmarkt- und Berufsforschung", Jg. 23 (1990), S. 513.

Die "Wirtschaftsbevölkerung" wurde für das bisherige Bundesgebiet nach der Formel: Wirtschaftsbevölkerung = Wohnbevölkerung + (2 x Saldo der Pendelwanderung) berechnet; die Multiplikatoren der Pendelwanderung mit 2 berücksichtigt, daß im Zusammenhang der Ermittlung der Indikatoren der Gemeinschaftsaufgabe bei der Berechnung der Wirtschaftsbevölkerung durchgängig eine Abhängigenquote von einer Person pro Pendler unterstellt wird[82]. Für die ehemalige DDR war dagegen dieser Faktor angesichts der höheren Erwerbsquote, die vor allem aus der stärkeren Erwerbsbeteiligung der Frauen resultierte, nach unten zu revidieren. In den vorliegenden Berechnungen wurde ein Faktor von 1,5 zugrunde gelegt.

Während bezüglich der Pendelwanderung für das bisherige Bundesgebiet auf die Ergebnisse der Volkszählung 1987 zurückgegriffen werden konnte, mußte im Fall der ehemaligen DDR mit den Daten der Volkszählung 1981 vorlieb genommen werden[83]. Auf die Frage, ob diese Daten für die Ermittlung der Wirtschaftsbevölkerung von 1989 geeignet sind, wurde bereits oben im Zusammenhang mit der Abgrenzung der Arbeitsmarktregionen ausführlich eingegangen[84].

2.3.3. Ergebnisse

Auf der Grundlage der beschriebenen Berechnungen wurden für alle Arbeitsmarktregionen und -teilregionen der ehemaligen DDR Daten zur Bruttowertschöpfung im Jahre 1989 gewonnen. Diese sind mit den Daten der Bruttowertschöpfung zu Faktorkosten der Kreise für 1986 der bisherigen Bundesrepublik[85] zu vergleichen. Auf den ersten Blick könnte der zeitliche Abstand von drei Jahren zwischen dem ost- und dem westdeutschen Bezugsjahr den Vergleich beeinträchtigen. Neuere regionalisierte Gesamtrechnungsdaten sind jedoch nicht verfügbar. Angesichts dessen, daß es bei dem vorliegenden Vergleich um die Vermittlung wesentlicher Größendimensionen und nicht um die Erstellung einer den Anforderungen der amtlichen Statistik genügenden regionalisierten volkswirtschaftlichen Gesamtrechnung ging, wurde darauf verzichtet, die westdeutschen Daten zu "aktualisieren". Hierfür hätte man eine pauschale Umrechnung der Regionaldaten auf Basis der realen Wachstumsraten und der Inflationsraten der drei Jahre vornehmen können. Dies empfiehlt sich jedoch nicht, da die Veränderungen im regionalen Einkommensgefüge, die aus unterschiedlichen sektoralen und standortspezifischen Wachstumsprozessen resultieren, dabei gänzlich ausgespart blieben. Bekanntermaßen kommt es auch in relativ kurzen Zeiträumen zu beträchtlichen Verschiebungen der regionalen Einkommensdisparitäten. Für das Einkommensgefälle zwischen den Arbeitsmarktregionen der bisherigen Bundesrepublik würde also bei

---

[82] Zur Berechnung der Wirtschaftsbevölkerung vgl. H. Brede, J. Kraft und C. Ossosio-Capella, Leistungs- und Verflechtungsanalyse. In: Akademie für Raumforschung und Landesplanung (Hrsg.) [II], Handwörterbuch der Raumforschung, Band II. Zweite Auflage, Hannover 1970, S. 1886.

[83] Daten aus der Öffentlichkeitsdatenbank des Gemeinsamen Statistischen Amtes der Länder Brandenburg, Mecklenburg-Vorpommern, Sachsen, Sachsen-Anhalt, Thüringen.

[84] Vgl. Abschnitt 3 im ersten Kapitel.

[85] Vgl. Gemeinschaftsveröffentlichung der Statistischen Landesämter, Tabellenteil.

der pauschalen Fortschreibung der Daten ein falsches Bild gezeichnet. Zurecht allerdings würde der Abstand zwischen ost- und westdeutschen Arbeitsmarktregionen noch stärker betont, als dies ohnehin schon der Fall ist.

Die sich aus der Addition der regionalen Bruttowertschöpfungsdaten ergebende Summe für das Gebiet der ehemaligen DDR beläuft sich auf 256,1 Mrd. DM 1989 (laufende Preise). Die Bruttowertschöpfung je Einwohner hätte demnach bei 15 584 DM gelegen[86]. In den alten Bundesländern lag sie 1986 bei 29 847 DM[87]. Der – problematische – direkte Vergleich der beiden Zahlen ergibt ein ostdeutsches Pro-Kopf-Einkommen in Höhe von 52,2 vH des westdeutschen. Berücksichtigt man für die Bundesrepublik pauschal das zwischen 1986 und 1989 eingetretene reale Wachstum und die Erhöhung des Preisniveaus[88], so ergibt sich eine Bruttowertschöpfung pro Kopf von 34 552 DM. Ungünstiger für die ehemalige DDR ist das Verhältnis der ostdeutschen zur westdeutschen Bruttowertschöpfung je Erwerbstätigen aufgrund der im Osten wesentlich höheren Erwerbsquote[89]. Hier ergibt sich ein Verhältnis von 26 677 DM zu 74 696 DM, womit die "Arbeitsproduktivität" in der DDR 1989 bei 35,7 vH der westdeutschen gelegen hätte.

2.3.4. Vergleich mit alternativen Schätzungen

Anliegen der vorliegenden Berechnungen war es, eine auf der Ebene der analytischen Arbeitsmarktregionen regionalisierte Schätzung des ostdeutschen BIP im Jahr 1989 zu liefern. Wie bereits ausgeführt, handelt es sich nicht um den Versuch einer eigenständigen volkswirtschaftlichen Gesamtrechnung. Allerdings führt das verwendete Verfahren der Verbindung einer Neubewertung regionaler Produktionswerte einzelner Sektoren (Zweige des Verarbeitenden Gewerbes, Landwirtschaft) mit der "Aufteilung" vorgegebener gesamtwirtschaftlicher sektoraler Subaggregate für die übrigen Sektoren (Dienstleistungen, produzierendes Handwerk, Bauwirtschaft) zwangsläufig zur Ermittlung einer gesamtwirtschaftlichen Bruttowertschöpfung. Um die hier vorgenommenen Berechnungen in den Kontext neuerer Ansätze zur volkswirtschaftlichen Gesamtrechnung für Ostdeutschland einzuordnen, sollen diese Daten mit Angaben, die aus Gesamtrechnungen neueren Datums für Ostdeutschland stammen, verglichen werden.

Zu Vergleichszwecken sollen im einzelnen berücksichtigt werden[90]:
- die Berechnung des Bruttoinlandsprodukts der DDR für 1989 durch das Statistische Amt der DDR[91],

---

[86] 16,434 Mill Einwohner.
[87] Die Daten unterscheiden sich von denjenigen der Tabelle 13 insofern, als dort die ungewichteten Mittelwerte der Bruttowertschöpfung pro Kopf der Arbeitsmärkte angegeben werden.
[88] Nominales Wachstum von 5 vH pro Jahr.
[89] 9,6 Mill. Erwerbstätige in der DDR im Jahre 1989.
[90] Vgl. Statistisches Bundesamt (Hrsg.) [I], S. 22, H. Horstmann, R. Hein und D. Hoeppner, S. 307, Deutsches Institut für Wirtschaftsforschung (Hrsg.) [I], S. 458.
[91] Vgl. in diesem Zusammenhang auch die seinerzeit im IAW angestellten Berechnungen zum Bruttoinlandsprodukt der DDR in W. Urbansky, Berechnungen zur Entstehung und Verwendung

Tabelle 11

Vergleich unterschiedlicher Berechnungen der Bruttowertschöpfung
1989 bzw. 1990

	Statistisches Amt der DDR	DIW	Statistisches Bundesamt	RWI
	Bruttoinlandsprodukt		Bruttowertschöpfung	
	1989		III-IV 1990[1]	1989
	in Mrd. M		in Mrd. DM	
Land- und Forstwirtschaft	33,6	11	3,7	10,3
Produzierendes Gewerbe	229,8	174	47,5	141,7
Handel und Verkehr	45,2	41,6	16,0	45,1
Dienstleistungen und Staat	59,0	61,5	39,8[a]	59,0
Insgesamt	367,6	287,8	107,2	256,1

Zu den Quellen vgl. die Anmerkungen im Text. – [1]Unbereinigte Bruttowertschöpfung, d.h. unterstellte Bankdienstleistungen sind nicht abgezogen. – [a]60 vH davon sind den Bankdienstleistungen zuzurechnen.

RWI ESSEN

- die 1990 erarbeitete Modellrechnung des Deutschen Instituts für Wirtschaftsforschung und

- die Berechnung des ostdeutschen Bruttoinlandsprodukts für das zweite Halbjahr 1990 durch das Statistische Bundesamt.

In Tabelle 11 werden die Resultate dieser und der hier vorgelegten Berechnungen gegenübergestellt. Sie sind nicht unmittelbar vergleichbar: Die Berechnung des BIP durch das damalige Statistische Amt der DDR wurde in Mark der DDR erstellt, die des DIW dagegen basiert auf der D-Mark. Die erste "offizielle" volkswirtschaftliche Gesamtrechnung in D-Mark und auf Basis des SNA bezieht sich auf das zweite Halbjahr 1990 und darf nicht einfach in die Zeit vor Einführung der D-Mark zurückgerechnet werden. Der Vergleich der Ergebnisse dient lediglich einer einfachen Konsistenzüberprüfung.

Die Werte für Handel und Verkehr sowie den öffentlichen Sektor und private Dienstleistungsunternehmen wurden wie erwähnt durch eine 1:1-Übertragung der entsprechenden sektoralen Subaggregate der Mark-Entstehungsrechnung des Statistischen Amtes der damaligen DDR gewonnen. Die entsprechenden Daten im DIW-Berechnungsansatz unterscheiden sich hiervon nur geringfügig. Stärkere Unterschiede gegenüber der DIW-Modellrechnung treten hingegen bezüglich des Verarbeitenden Gewerbes auf: Während die Berechnung des DIW auf errechneten Unterschieden der Arbeitsproduktivitäten in den einzelnen Branchen beruhte, wurden in der vorliegenden regionalisierten Berechnung die Produktionswerte der Industrien mit dem Preisgerüst, das sich nach dem 1. Juli 1990 durchsetzte, neu bewertet, woraus nicht nur starke Verschiebungen im sektoralen und regionalen

---

des Bruttoinlandsprodukts in der DDR. In: Institut für Angewandte Berufsforschung ((Hrsg.) [III], S. 10ff.

Produktionsergebnis resultierten, sondern auch eine generelle Herunterstufung des Produktionsergebnisses des Verarbeitenden Gewerbes. Der hier ermittelte Wert liegt hinsichtlich der Größenordnungen näher bei den – zurückgerechneten – Ergebnissen des Statistischen Bundesamtes als bei den DIW-Berechnungen. Veranschlagt man die Produktion der Bauwirtschaft und des Handwerks im 2. Halbjahr 1990 mit etwa 14 Mrd. DM, so hätte die (unbereinigte) Bruttowertschöpfung der Industrie im 2. Halbjahr bei 33,5 Mrd. DM gelegen. Der Produktionsausstoß der Industrie dürfte sich in diesem Halbjahr auf dem Niveau von 49,5 vH des Vorjahres[92] bewegt haben. Da die planwirtschaftliche Industrieproduktion keine großen saisonalen Schwankungen kannte, läßt sich hieraus auf eine (unbereinigte) Bruttowertschöpfung der Industrie im Jahre 1989 von 135,4 Mrd. DM und des Verarbeitenden Gewerbes insgesamt von ca. 163,4 Mrd. DM[93] schließen. Wäre es möglich, den sektoralen Wert der Bruttowertschöpfung durch Abzug der unterstellten Entgelte für Bankdienstleistungen zu bereinigen, ergäbe sich ein deutlich niedrigerer Wert, der näher bei der vorgelegten Schätzung läge[94]. Bezüglich des Agrarsektors stimmen die hier angestellten Berechnungen mit der Modellrechnung des DIW weitgehend überein, beide Berechnungen liegen leicht über den – zurückgerechneten – Ergebnissen der VGR des Statistischen Bundesamtes.

Wie dargestellt kann es für die ehemalige DDR gegenwärtig nur um die Angabe Größenordnungen, nicht um präzise Berechnungen von VGR-Aggregaten für ein einzelnes Jahr und schon gar nicht um die Aufstellung retrospektiver Zeitreihen gehen. Gezeigt werden konnte hier allerdings, daß die vorgelegten regionalisierten Bruttowertschöpfungsdaten im wesentlichen sowohl mit der VGR des Statistischen Bundesamtes für das 2. Halbjahr 1990 als auch mit der Modellrechnung des Deutschen Instituts für Wirtschaftsforschung übereinstimmen.

2.4. Einkommensdisparitäten in Deutschland

2.4.1. Die Bruttowertschöpfung der Arbeitsmarktregionen Deutschlands vor der Wiedervereinigung

In Tabelle 12 werden Daten für die Bruttowertschöpfung zu Faktorkosten je Einwohner (Wirtschaftsbevölkerung) für alle Arbeitsmarktregionen Deutschlands präsentiert. Zusätzlich werden die Bruttowertschöpfung der Arbeitsmarktregion und die Wirtschaftsbevölkerung angegeben. Die aus östlich und westlich der ehe-

---

[92] Vgl. Sachverständigenrat zur Begutachtung der gesamtwirtschaftlichen Entwicklung, Marktwirtschaftlichen Kurs halten. Zur Wirtschaftspolitik für die neuen Bundesländer. Sondergutachten vom 13. April 1991. Wiesbaden 1991, S. 32.
[93] Bauwirtschaft 21,6 Mrd. DM, Produzierendes Handwerk 6,4 Mrd. DM.
[94] In der VGR wird diese Operation nur an der unbereinigten Bruttowertschöpfung vorgenommen, da sich eine sektorale Aufgliederung der Entgelte für Bankdienstleistungen aus konzeptionellen und statistischen Gründen als zu schwierig erweist. Die unterstellten Entgelte für Bankdienstleistungen in den neuen Bundesländern betrugen im 2. Halbjahr 1990 ca. 11 Mrd. DM. Vgl. H. Essig, W. Strohm und Mitarbeiter, Volkswirtschaftliche Gesamtrechnungen 1. Halbjahr 1990. Vorläufiges Ergebnis. "Wirtschaft und Statistik", Jg. 1991, S. 592., H. Horstmann, R. Heinz und D. Hoeppner, S. 307.

Tabelle 12

Bruttowertschöpfung zu Faktorkosten in den Arbeitsmarktregionen Deutschlands
1989 bzw. 1986; in DM/Einwohner

Nr.	Arbeitsmarkt	BWS/ Einwohner	nachrichtlich: BWS in Mill. DM	Wirtschafts- bevölkerung
163	Günzburg	42407	4188	98758
119	München	41244	94345	2287497
64	Frankfurt	39538	112118	2835710
88	Stuttgart	36722	87555	2384263
7	Hamburg	36460	93661	2568899
9	Wolfsburg[1]	36018	12503	347131
37	Düsseldorf	35828	56652	1581216
239	Schwedt[2]	35517	3065	86308
97	Karlsruhe	34547	25743	745153
65	Wiesbaden	33290	13896	417426
9	Wolfsburg[3]	34096	39639	1162579
86	Mainz	33196	16254	489640
100	Pforzheim	32879	8441	256730
135	Dingolfing	32053	2950	92035
13	Hannover	31871	36713	1151927
150	Nürnberg	31829	42251	1327458
98	Mannheim/Heidelberg/Ludwigshafen	31369	53336	1700296
39	Essen	31030	29660	955847
6	Itzehoe	30852	3357	108809
45	Köln/Bonn	30683	82631	2693094
103	Offenburg	30624	10543	34478
118	Ingolstadt	30473	10433	342374
999	Berlin[1]	30365	61159	2014100
90	Heilbronn	30332	10955	361168
113	Ulm	30317	12608	415870
57	Paderborn	30225	6933	229383
108	Lörrach	30052	5143	171139
96	Baden-Baden/Rastatt	30012	6987	232809
89	Göppingen	29972	6397	213429
54	Gütersloh	29921	8429	281712
110	Reutlingen	29635	7007	236447
105	Villingen-Schwenningen	29354	5782	196972
109	Waldshut-Tiengen	29334	3741	127530
60	Hagen	29251	18752	641080
106	Tuttlingen	29247	3274	111942
107	Singen	29169	6497	222739
76	Koblenz	29115	20444	702186
35	Bremen	29105	32378	1112447
8	Braunschweig/Salzgitter	29023	17431	600590
114	Biberach	29019	4257	146699
121	Burghausen	29001	2721	93825
42	Wuppertal/Solingen/Remscheid	28914	19425	671612
23	Stade	28702	3908	136160
158	Augsburg	28630	15154	529313
159	Kaufbeuren	28444	4181	146989
161	Memmingen	28418	4372	153848
112	Albstadt	28392	4719	166210
145	Hof[1]	28264	4517	159814

noch Tabelle 12

Bruttowertschöpfung zu Faktorkosten in den Arbeitsmarktregionen Deutschlands
1989 bzw. 1986; in DM/Einwohner

Nr.	Arbeitsmarkt	BWS/Einwohner	nachrichtlich: BWS in Mill. DM	Wirtschafts-bevölkerung
125	Landsberg a.L.	28260	1907	67481
153	Aschaffenburg	28234	8326	294890
58	Bochum	28168	24821	881167
123	Bad Tölz	28160	4173	148191
4	Heide	28042	3459	123349
71	Kassel	27893	16754	600657
115	Friedrichshafen	27870	4803	172334
143	Bayreuth	27812	4776	171727
104	Rottweil	27736	3373	121611
162	Dillingen	27693	1868	67455
164	Lindau	27689	1820	65731
94	Heidenheim	27643	3464	125311
91	Künzelsau	27621	2252	81532
116	Ravensburg	27556	6489	235482
34	Brake	27529	2283	82930
50	Münster	27488	19187	698022
160	Kempten	27486	5248	190936
138	Regensburg	27484	9841	358069
40	Krefeld	27482	13277	483117
48	Gummersbach	27475	6162	224275
127	Traunstein	27433	3866	140924
92	Schwäbisch-Hall	27302	4040	147974
95	Schwäbisch-Gmünd	27296	7356	269489
38	Duisburg	27284	30926	1133504
2	Kiel	27248	18660	684829
56	Minden	27195	7603	279578
101	Freudenstadt	27115	2530	93308
144	Coburg[1]	27090	5289	195241
62	Siegen	26951	13882	515080
120	Rosenheim	26919	6089	226194
1	Flensburg	26772	6937	259117
166	Saarbrücken	26771	28575	1067370
66	Erbach	26761	1900	70999
3	Lübeck[1]	26672	13337	500041
145	Hof[3]	26683	15237	571040
129	Landshut	26580	4284	161172
53	Bielefeld	26566	15609	583784
67	Giessen	26526	12243	461547
102	Freiburg	26516	13612	513349
19	Celle	26491	4109	155112
147	Kulmbach	26478	1791	67640
15	Hildesheim	26397	6763	256201
128	Weilheim	26395	2505	94906
93	Mergentheim	26372	3269	123957
33	Vechta	26180	2516	96105
12	Osterode	26155	2291	87593
142	Bamberg	26150	4857	185739
47	Euskirchen	26147	3484	133246

noch Tabelle 12

Bruttowertschöpfung zu Faktorkosten in den Arbeitsmarktregionen Deutschlands
1989 bzw. 1986; in DM/Einwohner

Nr.	Arbeitsmarkt	BWS/ Einwohner	nachrichtlich: BWS in Mill. DM	Wirtschafts- bevölkerung
117	Sigmaringen	26089	2908	111464
165	Donauwörth	25985	3006	115683
155	Würzburg	25914	11890	458825
74	Korbach	25856	3788	146503
46	Düren	25822	5693	220475
10	Göttingen[1]	25797	9964	386245
14	Hameln	25692	3971	154559
72	Fulda	25677	4677	182147
43	Kleve	25645	5721	223083
49	Gelsenkirchen	25618	21905	855062
41	Mönchengladbach	25590	10951	427936
59	Dortmund	25499	29471	1155759
3	Lübeck[3]	25524	40422	1583695
20	Lüneburg	25465	3173	124603
122	Reichenhall	25436	2241	88104
132	Deggendorf	25340	2541	100275
146	Kronach	25289	1722	68093
26	Oldenburg	25258	6591	260945
27	Osnabrück	25213	11934	473333
61	Arnsberg	25109	6515	259468
44	Aachen	25061	12890	514338
137	Amberg	25060	6178	246525
99	Mosbach	25003	2916	116628
111	Tübingen	24955	3972	159164
24	Uelzen/Salzwedel/Lüchow[1]	24900	3199	128476
52	Lengerich	24898	8296	333206
124	Garmisch-Partenkirchen	24888	1898	76263
73	Hersfeld	24768	3066	123790
11	Goslar	24729	3689	149177
131	Straubing	24716	2794	113045
69	Marburg	24711	5438	220061
149	Ansbach	24675	4548	184313
154	Schweinfurt	24666	5856	237411
81	Trier	24617	5443	221110
5	Husum	24493	3613	147513
55	Detmold	24469	7086	289590
85	Landau	24406	2748	112515
126	Mühldorf	24403	2006	82202
80	Simmern	24377	1914	78518
63	Soest	24307	6151	253055
22	Soltau/Fallingbostel	24306	2817	115897
28	Wilhelmshaven	24082	5677	235732
144	Coburg[3]	24156	8494	351629
70	Lauterbach	24066	2175	90375
220	Hoyerswerda[2]	24047	8076	335843
148	Marktredwitz	24037	3819	158877
87	Pirmasens	23990	3967	165361
139	Weiden i.d.Oberpfalz	23870	3194	133810

noch Tabelle 12

Bruttowertschöpfung zu Faktorkosten in den Arbeitsmarktregionen Deutschlands
1989 bzw. 1986; in DM/Einwohner

Nr.	Arbeitsmarkt	BWS/ Einwohner	nachrichtlich: BWS in Mill. DM	Wirtschafts- bevölkerung
24	Uelzen[3]	23936	7161	299171
17	Nienburg	23727	2467	103975
68	Limburg	23661	2995	126582
152	Weissenburg	23526	1864	79233
51	Bocholt	23463	6766	288370
157	Neustadt/Saale	23317	1674	71793
82	Wittlich	23284	3499	150278
77	Bad Kreuznach	23270	3188	137002
84	Kaiserslauterm	23106	7072	306069
16	Holzminden/Höxter	23075	4809	208407
21	Rotenburg a.d.W.	22944	2728	118896
130	Passau	22881	4942	215989
25	Emden	22840	5132	224691
31	Nordhorn	22790	2577	113078
156	Bad Kissingen	22750	2102	92394
30	Lingen	22654	5956	262910
151	Neustadt/Aisch	22620	1580	69850
36	Bremerhaven/Cuxhaven	22510	6661	295908
136	Pfarrkirchen	22450	2023	90111
75	Eschwege[1]	22301	2257	101204
29	Cloppenburg	22186	2309	104074
10	Göttingen[3]	22243	4566	205278
999	Berlin[3]	22224	6875	309352
141	Neumarkt i.d.Oberpfalz	22013	1838	83496
78	Idar-Oberstein	21716	1871	86156
18	Schaumburg	21487	2771	128963
24	Uelzen/Salzwedel/Lüchow[2]	21200	962	45366
79	Cochem	20859	1088	52159
83	Bitburg	20732	1630	78624
134	Regen	19900	1424	71557
32	Leer	19473	2396	123044
215	Freiberg[2]	19471	2221	114042
133	Freyung	19274	1312	68072
211	Eisenhüttenstadt-Frankfurt[2]	18924	4435	234346
140	Cham	18847	2185	115934
207	Dessau[2]	17794	8777	493264
75	Eschwege[3]	17995	10962	609198
145	Hof[2]	17544	483	27545
206	Cottbus[2]	17244	7291	422785
224	Magdeburg[2]	17074	11890	696409
209	Eberswalde[2]	16878	1969	116632
222	Leipzig[2]	16643	21709	1304362
10	Göttingen[2]	16318	3678	225377
248	Wittenberg[2]	16109	2591	160831
250	Zwickau[2]	16095	8073	501596
236	Saalfeld[2]	16045	3462	215782
232	Plauen[2]	15933	3748	235249
204	Brandenburg[2]	15924	4176	262245

noch Tabelle 12

Bruttowertschöpfung zu Faktorkosten in den Arbeitsmarktregionen Deutschlands
1989 bzw. 1986; in DM/Einwohner

Nr.	Arbeitsmarkt	BWS/ Einwohner	nachrichtlich: BWS in Mill. DM	Wirtschafts- bevölkerung
219	Halberstadt[2]	15810	5466	345735
217	Görlitz[2]	15527	6924	445900
234	Riesa[2]	15365	4428	288180
243	Suhl[2]	15272	3468	227043
210	Eisenach[2]	15088	4046	268171
205	Chemnitz[2]	15036	14391	957091
221	Jena[2]	14965	3143	210040
237	Saalkreis[2]	14921	12369	828911
218	Greifswald[2]	14880	2844	191147
999	Berlin[2]	14729	32214	2187053
208	Dresden[2]	14711	17085	1161361
247	Wismar[2]	14706	1331	90501
144	Coburg[2]	14651	841	57431
212	Erfurt[2]	14623	11061	756455
235	Rostock[2]	14501	7933	547067
240	Schwerin[2]	14311	6968	486905
223	Luckenwalde[2]	13929	1089	78212
246	Weimar[2]	13803	2089	151337
75	Eschwege[2]	13363	1203	90048
216	Gera[2]	13318	4840	363437
226	Neubrandenburg[2]	13141	4887	371901
241	Stendal[2]	13123	2626	200104
242	Stralsund[2]	13005	2831	217651
227	Neuruppin[2]	12886	2534	196645
233	Prenzlau[2]	12859	1003	78029
230	Pasewalk[2]	12216	1119	91614
9	Wolfsburg[2]	12176	343	28147
3	Lübeck[2]	11652	462	39671

Eigene Berechnungen. – [1]Westdeutsche Teilarbeitsmarktregion. – [2]Ostdeutsche Arbeitsmarkt- oder Teilarbeitsmarktregion. – [3]Gesamte Arbeitsmarktregion.

RWI ESSEN

maligen Demarkationslinie liegenden Kreisen bestehenden Arbeitsmarktregionen treten jeweils dreifach in Erscheinung: als "grenzübergreifende" Arbeitsmarktregion, als westdeutsche und als ostdeutsche Teilarbeitsmarktregion. Der hier vorgenommene separate Ausweis des Bruttowertschöpfungsindikators für Teil- und Gesamtarbeitsmärkte ist erforderlich, da der Ost-West-Vergleich der Einkommensdisparitäten im Mittelpunkt des Interesses steht. Auch ermöglicht es die separate Betrachtung der Teilarbeitsmärkte nachzuvollziehen, wie sich das Hinzukommen ostdeutscher Gebiete auf die Einkommenssituation der im Rahmen der Gemeinschaftsaufgabe geförderten Arbeitsmärkte des bisherigen Grenzgebiets auswirkt.

2.4.2. Das West-Ost-Einkommensgefälle

Tabelle 13 vermittelt einen Überblick über die regionalen Disparitäten bezüglich der Bruttowertschöpfung zu Faktorkosten je Einwohner (Wirtschaftsbevölkerung)[95]. Diese lag nach den vorliegenden Berechnungen in fast allen Arbeitsmarktregionen der neuen Bundesländer deutlich unter derjenigen der westdeutschen Arbeitsmarktregionen. Die wichtigste Ausnahme bildet die Arbeitsmarktregion Schwedt, die mit 35 517 DM zu den zehn einkommensstärksten regionalen Arbeitsmärkten Gesamtdeutschlands gehört. Unter den ostdeutschen Arbeitsmarktregionen weisen ferner Hoyerswerda (24 047 DM), die Teilarbeitsmarktregion Ülzen/Salzwedel (21 200 DM), Freiberg (19 471 DM) und Eisenhüttenstadt/Frankfurt (O) deutlich überdurchschnittliche Werte auf, liegen aber sämtlich weit hinter den meisten westdeutschen Arbeitsmärkten. Ungeachtet des Sonderfalls Schwedt ergibt sich aus den Daten generell ein sehr ausgeprägten West-Ost-Einkommensgefälle.

Die Wiedervereinigung hat das Einkommensgefälle der Bundesrepublik erhöht: bewegt sich die Spannweite der prozentualen Abweichungen der regionalen Bruttowertschöpfung je Kopf in Westdeutschland zwischen 63 vH und 142 vH des Bundesdurchschnitts, so liegt sie in Gesamtdeutschland zwischen 46 vH und 158 vH[96]. Das regionale Wirtschaftsgefüge weist eine in den beiden deutschen Nachkriegsstaaten, aber auch im Vorkriegsdeutschland nicht zu findende Besonderheit auf: Neben dem größeren, sehr entwickelten und prosperierenden Landesteil existiert ein schwächer entwickelter kleinerer Landesteil mit deutlich niedrigerer wirtschaftlicher Leistungskraft und gravierenden Strukturproblemen. Quer durch Deutschland und seine Hauptstadt verläuft fürs erste entlang der ehemaligen Demarkationslinien eine unübersehbare Wohlstandsgrenze.

2.4.3. Einkommensdisparitäten auf dem Gebiet der ehemaligen DDR

Das ausgeprägte, großflächige West-Ost-Einkommensgefälle überlagert erhebliche regionale Unterschiede der Bruttowertschöpfung je Einwohner sowohl in den alten als auch in den neuen Bundesländern. Entgegen der Vermutung, daß die sozialistische Wirtschaftspolitik in Hervorhebung einer ausgleichspolitischen Zielsetzung zu einer Nivellierung räumlicher Unterschiede in Wirtschaftskraft und Einkommen geführt habe, läßt sich zeigen, daß die Streubreite der regionalen Ausprägungen des Bruttowertschöpfungsindikators in Ostdeutschland größer ist als in Westdeutschland. Zwar ist die Standardabweichung der Werte für beide Teilgebiete fast identisch (vgl. Tabelle 13), jedoch ist hier zu berücksichtigen, daß die durchschnittliche Höhe der Bruttowertschöpfung je Kopf in Ostdeutschland weitaus geringer ist. Der Variationskoeffizient (Standardabweichung bezogen auf

---

[95] Bei den in Tabelle 13 ausgewiesenen Mittelwerten handelt es sich jeweils um das ungewichtete arithmetische Mittel; die östlichen Teilarbeitsmärkte wurden jeweils den neuen und die westlichen den alten Bundesländern zugeschlagen.

[96] Gesamtdeutsche Bruttowertschöpfung pro Kopf 26 805 DM;. Bruttowertschöpfung pro Kopf der alten Bundesländer 29 847 DM (1986); Minimum Arbeitsmarkt Pasewalk 12 216 DM.

Tabelle 13

Zur Streuung der Bruttowertschöpfung zu Faktorkosten in den Arbeitsmarktregionen Deutschlands
1989 bzw. 1986

	Neue Bundesländer		Alte Bundesländer		Neue bezogen auf alte Bundesländer	
	BWS/ Einwohner in DM	Wirtschafts- bevölkerung	BWS/ Einwohner in DM	Wirtschafts- bevölkerung	BWS/ Einwohner in DM	Wirtschafts- bevölkerung in vH
Mittelwert	15852	365195	26890	363242	59,0	100,5
Standardabweichung	3766	400597	3758	500360	100,2	80,1
Minimum	11652	27545	18847	34478	61,8	79,9
Maximum	35517	2187053	42407	2835710	83,8	77,1

5 Arbeitsmärkte mit den jeweils extremsten Ausprägungen

Neue Bundesländer			Alte Bundesländer		
Arbeitsmarkt	BWS/ Einwohner in DM	Wirtschafts- bevölkerung	Arbeitsmarkt	BWS/ Einwohner in DM	Wirtschafts- bevölkerung
Schwedt	35517	86308	Günzburg	42407	98758
Hoyerswerda	24047	335843	München	41244	2287497
Freiberg	19471	114042	Frankfurt	39538	2835710
Eisenhüttenstadt-Frankfurt	18924	234346	Stuttgart	36722	2384263
Dessau	17794	493264	Hamburg	36460	2568899
Stendal	13123	200104	Bitburg	20732	78624
Stralsund	13005	217651	Regen	19900	71557
Neuruppin	12886	196645	Leer	19473	123044
Prenzlau	12859	78029	Freyung	19274	68072
Pasewalk	12216	91614	Cham	18847	115934

Eigene Berechnungen.

RWI ESSEN

den arithmetischen Mittelwert) beträgt für die ostdeutschen Arbeitsmärkte 23,8 vH, für die westdeutschen hingegen nur 14,0 vH[97]. Die größere Streubreite der Indikatorwerte für die ostdeutschen Arbeitsmarktregionen kommt auch darin zum Ausdruck, daß die Schwankungsbreite der regionalen Ausprägungen in Ostdeutschland zwischen 74 vH und 224 vH des (ungewichteten) arithmetischen Mittels der Arbeitsmärkte liegt, in Westdeutschland dagegen zwischen 70 vH und 158 vH[98].

Die Resultate der Berechnung der Bruttowertschöpfung der Arbeitsmarktregionen Ostdeutschlands sind in den Karten 7 und 8 dargestellt[99]. Die Unterschiede in der relativen Wirtschaftskraft der Regionen der ehemaligen DDR kommen besonders deutlich in der Bruttowertschöpfung je Einwohner (Wirtschaftsbevölkerung) zum Ausdruck (vgl. Karte 8). Auffällig ist zunächst, daß sich die regionalen Disparitäten der Bruttowertschöpfung je Kopf in Raster einfügen, die aus Westdeutschland wohlvertraut sind: überdurchschnittliche Werte finden sich in industriellen Ballungsgebieten und ihrem Umland (z.B. Arbeitsmärkte Magdeburg, Leipzig und Dessau); ländliche, vorwiegend agrarisch geprägte Regionen dagegen weisen auch in Ostdeutschland im allgemeinen deutlich niedrigere Werte der Bruttowertschöpfung je Einwohner auf (z.B. Neuruppin, Neubrandenburg, Weimar, Stendal); eine mittlere Position nehmen Arbeitsmärkte mit starken Verdichtungsansätzen ein (z.B. Suhl, Eisenach, Brandenburg, Görlitz).

Eine Besonderheit des regionalen Gefälles der Wirtschaftskraft in Ostdeutschland ist ein – im Vergleich zur parallelen Erscheinung in Westdeutschland – sehr viel ausgeprägteres Nord-Süd-Gefälle. Der Wert des Indikators in den Arbeitsmarktregionen Mecklenburg-Vorpommerns, des nördlichen Brandenburg und Sachsen-Anhalt fällt gegenüber demjenigen der Regionen in den zentralen und südlichen Teilen der ehemaligen DDR deutlich ab. Disparitäten im Industrialisierungsgrad zwischen nördlichen und südlichen Teilen des heutigen Ostdeutschland waren auch schon vor dem 2. Weltkrieg festzustellen und haben sehr weit in die Vergangenheit zurückreichende Wurzeln. Dieser Abstand bezüglich der Wirtschaftskraft hat sich in den vergangen Jahrzehnten gegenüber dem Vorkriegsstand wohl eher verringert.

Ein West-Ost-Gefälle mit einer besonders niedrigen Wirtschaftskraft der Gebiete längs der Ostgrenze ist entgegen Erwartungen, die man aus den westdeutschen re-

---

[97] Zur Verwendung des Variationskoeffizienten als Streuungsmaß für interregionale Unterschiede der Wertschöpfung vgl. W. Gerß, Inter- und intraregionale Unterschiede der Wertschöpfung in der Bundesrepublik Deutschland. "Statistische Rundschau Nordrhein-Westfalen", Jg. 42 (1990), S. 643ff.
[98] Hierbei bleiben die Teilarbeitsmarktregionen, bei denen es sich im Osten, abgesehen vom Sonderfall Berlins, um einzelne Landkreise handelt, ausgeklammert.
[99] Für die Teilarbeitsmärkte werden in den Karten 7 und 8 jeweils die Daten des östlichen Teilgebiets ausgewiesen; die Angaben für den Arbeitsmarkt Berlin beziehen sich auf den Ostteil der Stadt sowie das in der ehemaligen DDR gelegene Umland.

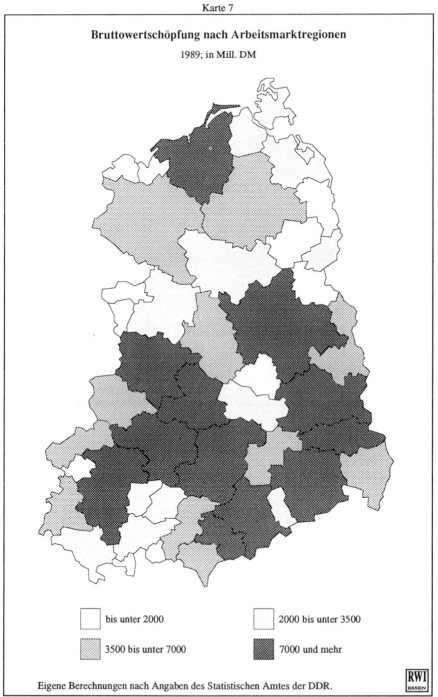

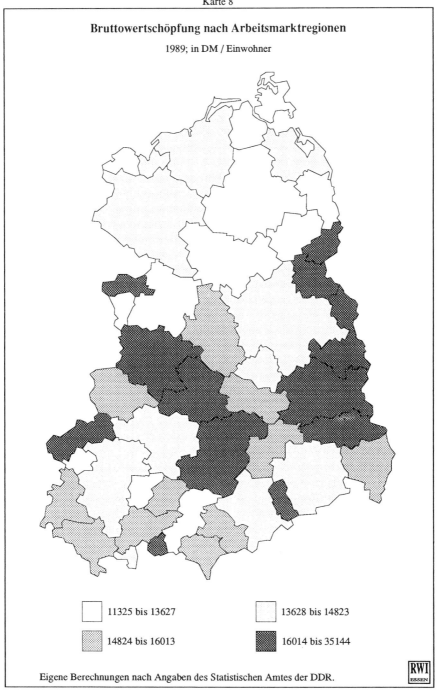

gionalen Disparitäten ableiten könnte, nicht festzustellen[100]. In diesem Zusammenhang ist ein weiterer Sachverhalt hervorzuheben: Die Höhe der Bruttowertschöpfung je Einwohner einer Region ist davon abhängig, ob in der betreffenden Region Sektoren mit besonders hoher Wertschöpfung vertreten sind und wie hoch die Bevölkerungsdichte ist. Bereits einfache Grenzverschiebungen der Untersuchungseinheiten können in raumwirtschaftlichen Analysen bemerkenswerte statistische Effekte zeigen. Bei Interpretation sowohl des westdeutschen als auch des ostdeutschen Gefälles der Wirtschaftskraft ist dieser statistische Zusammenhang zu beachten: Erklärungsbedürftig erscheinen auf den ersten Blick besonders hohe Werte des Indikators in einigen an der Ostgrenze gelegenen Arbeitsmärkten, aber auch z.B. auf dem Teilarbeitsmarkt Salzwedel. Die Produktion der nach dem Zweiten Weltkrieg neu entstandenen großen Industriekomplexe in Schwedt (Petrochemie), Eisenhüttenstadt (Eisen- und Stahlindustrie), Frankfurt/Oder (Mikroelektronik) und der auf dem Braunkohleabbau basierenden Elektrizitätswirtschaft des ehemaligen Bezirks Cottbus führt in Kombination mit der relativ dünnen Besiedlung dieser Gebiete zu hohen Pro-Kopf-Werten. Schwedt mit seinem großen Erdölkomplex am Ende der Erdöltrasse aus der UdSSR ist unter den ostdeutschen Arbeitsmärkten der Spitzenreiter bezüglich des Indikators. Im Falle Salzwedels hat die Erdgasförderung nebst der niedrigen Bevölkerungsdichte ihren statistischen Niederschlag in einer besonders hohen Bruttowertschöpfung je Einwohner gefunden.

Überraschend sind die relativ niedrigen Werte für die Arbeitsmarktregionen Dresden, Chemnitz, Halle (Saalkreis) und Berlin (Ost). Im Falle der sächsischen Arbeitsmärkte dürfte eine besondere Vernachlässigung dieser Räume in der planwirtschaftlichen Ära eine Rolle gespielt haben. Diese artikulierte sich unter anderem in der industriellen Standortpolitik und im Wohnungsbau. Sachsen, speziell die beiden südlichen Regierungsbezirke, verfügen über die schlechteste Wohnungsausstattung in Ostdeutschland überhaupt[101]. Auch die relativ hohe Bevölkerungsabnahme dieses Raumes, der einstmals zu den Vorreitern der Industrialisierung in Deutschland zählte, in den vergangenen Jahrzehnten dürfte wesentlich auf diese Politik zurückzuführen sein. Die relativ niedrige Bruttowertschöpfung je Einwohner Ostberlins läßt sich aus der starken Präsenz der öffentlichen Dienstleistungseinrichtungen in der Verwaltungsmetropole der ehemaligen DDR erklären. Als Industriestandort erfuhr Ostberlin hingegen nicht die gleiche Förderung wie als Sitz der Regierung; die Betriebe bestanden zumeist schon in der Vorkriegszeit[102].

---

[100] Schon an anderer Stelle wurde darauf hingewiesen, daß in Zukunft die Grenzgebiete Problemregionen werden könnten; vgl. R. Budde u.a., Übertragung regionalpolitischer Konzepte auf Ostdeutschland. (Untersuchungen des Rheinisch-Westfälischen Instituts für Wirtschaftsforschung, Heft 2.) Essen 1991, Abschnitt 3 im ersten Kapitel.

[101] Vgl. Daten aus der Öffentlichkeitsdatenbank des Gemeinsamen Statistischen Amtes der Länder Brandenburg, Mecklenburg-Vorpommern, Sachsen, Sachsen-Anhalt, Thüringen.

[102] Zum gegenwärtigen Industriepotential des Ostteils von Berlin und des Berliner Umlandes vgl. B. Wondras und A. Zorn, Zum industriellen Potential im Großraum Berlin. In: Institut für Angewandte Wirtschaftsforschung (Hrsg.) [I], S. 31ff.

2.4.4. Zur Validität der Ergebnisse angesichts der seit 1989 eingetretenen Veränderungen

Die Daten für die Bruttowertschöpfung Ostdeutschlands beziehen sich, wie ausgeführt, auf 1989, also die Zeit vor dem seither eingetretenen Strukturbruch. Die Einführung der Marktwirtschaft, die Integration Ostdeutschlands in das D-Mark-Währungsgebiet und der Abbau der Handelsbarrieren am 1. Juli 1990 haben einem Strukturwandlungsprozeß den Weg gebahnt, der, auf längere Sicht gesehen, zur Entstehung einer völlig neuen Wirtschaftsstruktur führen dürfte. Auswirkungen dieser Entwicklung sind in den vorgestellten Berechnungen nicht berücksichtigt. Hieraus könnte der Schluß gezogen werden, die vorgelegten Daten seien bereits obsolet. Dem ist entgegenzuhalten, daß der seit der Währungsunion verstrichene Zeitraum eines Jahres viel zu kurz ist, als daß sich bereits eine neue sektorale und regionale Struktur herausgebildet haben könnte. Die ostdeutsche Wirtschaft befindet sich in einer tiefen Anpassungskrise; ein fühlbarer Aufschwung ist frühestens für die zweite Jahreshälfte 1991 zu erwarten. Zudem lassen sich in der derzeitigen Situation die besonderen Schwachstellen der in den vergangenen Jahrzehnten geprägten oder modifizierten Wirtschaftsstruktur Ostdeutschlands noch nicht voll überblicken. Auch ist zu bedenken, daß der wirtschaftliche Strukturwandel, auch wenn er sich unter solch dramatischen Umständen wie in der ehemaligen DDR vollzieht, längere Zeiträume in Anspruch nehmen wird, was sich schon aus normalen Investitionsplanungs- und -durchführungsfristen erklären läßt.

Neuere regionale VGR-Daten sind aus naheliegenden statistisch-organisatorischen Gründen noch nicht verfügbar. Auch würden solche Daten primär die Ausnahmesituation der gegenwärtigen Strukturkrise spiegeln, von der nahezu alle Branchen des Verarbeitenden Gewerbes und die Landwirtschaft betroffen sind. Zu erinnern ist hierbei besonders an die derzeitige äußerst starke Unterauslastung der industriellen Produktionskapazitäten und die trotz der starken Verringerung der Beschäftigtenzahlen seit 1989 damit verbundene besonders niedrige Arbeitsproduktivität. Längerfristige Prognosen des Strukturwandels der ostdeutschen Wirtschaft sind angesichts der Umwägbarkeiten des Prozesses wissenschaftlich nicht vertretbar.

Allerdings lassen sich Tendenzen des regionalen Strukturwandels identifizieren, denn in den heutigen Strukturen sind bereits die Möglichkeiten und Grenzen künftigen sektoralen und regionalen Strukturwandels angelegt. Natürlich wurden die 1989 auf dem Gebiet der neuen Bundesländer zu beobachtenden Einkommensdisparitäten durch die Standortentscheidungen der Planwirtschaft mitbestimmt. Insofern ist auch mit erheblichen Veränderungen im raumwirtschaftlichen Gefüge in den nächsten Jahren zu rechnen. Dies betrifft ebenso die Standortverteilung des Verarbeitenden Gewerbes wie diejenige der Landwirtschaft[103]. Indessen wirken auch konstante, systemunabhängige Bestimmungsfaktoren der raumwirtschaftlichen Entwicklung weiter, die schon die regionale Strukturentwicklung im 19. Jahrhundert und in der ersten Hälfte des 20. Jahrhunderts wesentlich bestimmt ha-

---

[103] Vgl. K. Schnabel u.a., Auswirkungen der geänderten Rahmenbedingungen auf die Landwirtschaft der neuen Bundesländer – Untersuchungen auf regionaler Ebene. In: W. Heinrichsmeyer und K. Schmidt (Hrsg.), S. 97ff.

ben. Hervorzuheben sind die Rolle des Siedlungsnetzes und der Bevölkerungsdichte, der Infrastrukturausstattung und der Ausstattung der Regionen mit Humankapital. Einen radikalen Umbruch in der Entwicklung der räumlichen Wirtschaftsstruktur hat die Zentralverwaltungswirtschaft nicht bewirkt, er ist auch jetzt nicht zu erwarten.

Trotzdem führt der gegenwärtige, ob seiner Dimensionen und Geschwindigkeit dramatische Strukturwandel der ostdeutschen Wirtschaft mit Sicherheit zu erheblichen Veränderungen der sektoralen Wirtschaftsstruktur. Obwohl kaum anzunehmen ist, daß die regionale Wirtschaftsstruktur der neuen Bundesländer von diesen Entwicklungen gänzlich unberührt sein wird, ist doch auch nicht zu erwarten, daß sich die bestehenden Standortmuster vollkommen verändern. Immerhin aber sind schon heute gewisse Entwicklungen voraussehbar: Die in den letzten vierzig Jahren verdeckte Strukturschwäche des nordostdeutschen Raumes wird schnell offenkundig werden. Die meisten der altindustriellen Gebiete – z.B. der Dresdner Raum – haben sehr gute Chancen, ihre Stellung im raumwirtschaftlichen Gefüge Ostdeutschlands zu verbessern. Auf längere Sicht gesehen werden die meisten Produktionsstätten vollständig erneuert oder ganz stillgelegt werden müssen[104]. Es wird wesentlich von der Begleitung des Prozesses des Strukturwandels durch die Wirtschaftspolitik abhängen, ob hiermit ein Prozeß der Entindustrialisierung altindustrieller Gebiete einhergehen wird.

In der gegenwärtig absehbaren regionalen Konzentration der Investitionen im Verarbeitenden Gewerbe auf das "klassische" mitteldeutsche Industrierevier und den Berliner Raum zeichnen sich historische Kontinuitäten der Standortwahl im Verarbeitenden Gewerbe ab, die auch über den 1990 eingeleiteten Strukturbruch hinaus wirksam sind[105]. Es deutet sich bereits an, daß neben der Berliner Region die Agglomerations- und Verdichtungsräume des Südens der ehemaligen DDR relativ günstige Chancen haben, in nicht allzu ferner Zukunft in den Genuß eines Wachstumsschubes zu kommen. Um die Wachstumschancen der agrarisch geprägten Regionen des Nordens dagegen ist es wesentlich schlechter bestellt.

3. Arbeitslosenquote

3.1. Arbeitslosigkeit in den neuen Bundesländern

3.1.1. Zur Entwicklung auf dem Arbeitsmarkt

Der Übergang von der Zentralverwaltungs- zur Marktwirtschaft in Ostdeutschland führte zu starken Arbeitskräftefreisetzungen in allen Sektoren und einem tiefgreifenden Strukturwandel der Beschäftigung. Erstmals wurden die Erwerbstätigen

---

[104] Vgl. Deutsches Institut für Wirtschaftsforschung und Institut für Weltwirtschaft an der Universität Kiel, Gesamtwirtschaftliche und unternehmerische Anpassungsprozesse in Ostdeutschland. Zweiter Bericht. "DIW-Wochenbericht", Jg. 58 (1991), S. 334.

[105] Vgl. A. Weichselberger und P. Jäckel, Investitionsaktivitäten westdeutscher Unternehmen in der ehemaligen DDR. "Ifo-schnelldienst", Berlin und München, Jg. 44 (1991), Heft 12, S. 9f.

der ehemaligen DDR mit offener Arbeitslosigkeit konfrontiert. In der ehemaligen DDR galt das Prinzip der behördlich garantierten Vollbeschäftigung und gleichzeitig das Prinzip der durch den Staat – im Falle von Männern im erwerbsfähigen Alter mit drakonischen Mitteln durchgesetzten – Arbeitspflicht. Eine Eigentümlichkeit der Planwirtschaft bestand darin, einen chronischen Arbeitskräftemangel zu erzeugen. Volkswirtschaftspläne waren stets darauf gerichtet, das Produktionspotential in höchstmöglicher Weise auszunutzen, um auf diesem Wege maximale (reale) Wachstumsraten zu erzielen. Die Betriebe standen unter beständigem, sich jeweils gegen Ende des Kalenderjahres verstärkenden Druck, die Jahrespläne zu erfüllen und überzuerfüllen. Hierzu bedurfte es nicht zuletzt einer möglichst reichlichen Ausstattung mit Arbeitskräften. Kostenerwägungen traten gegenüber dem Planerfüllungsgedanken – trotz der jahrzehntelangen vergeblichen Versuche, das System zu perfektionieren – völlig in den Hintergrund und entbehrten der erforderlichen Rechnungsgrundlage; wirksame Sanktionsmechanismen gegen ineffizientes Wirtschaften gab es nicht und konnte es aus prinzipiellen ordnungspolitischen Gründen in der Planwirtschaft nicht geben. Dies – der Zwang, Pläne zu erfüllen und dabei zu gewärtigenden Faktorenpässen durch Horten von Arbeitskräften und Einsatzfaktoren vorzubauen – erzeugte einen ständigen Nachfragesog auf dem Arbeitsmarkt. So tendierte das System dazu, den Eindruck eines Arbeitskräftemangels hervorzurufen, obwohl nahezu alle Betriebe, gemessen an Effizienzkriterien, weitaus zu viele Arbeitskräfte beschäftigten[106]. Die ökonomische Kehrseite davon war eine verdeckte Arbeitslosigkeit nicht exakt zu beziffernden Ausmaßes[107].

Da es keine offene Arbeitslosigkeit gab, kann die Arbeitsmarktstatistik für Ostdeutschland nicht an historische Zeitreihen anknüpfen. Arbeitslosigkeit wird in den Statistiken der marktwirtschaftlich organisierten Industrieländer üblicherweise anhand der Arbeitslosenquoten ausgewiesen. In der Umbruchsituation, in der sich der ostdeutsche Arbeitsmarkt bis auf weiteres befindet, ist dies aus einer Reihe von Gründen problematisch. Es stellt sich die Frage nach der Wahl eines Indikators für den Stand der Arbeitslosigkeit, welcher der spezifischen Situation des ostdeutschen Arbeitsmarktes gerecht wird.

Der gegenwärtig ablaufende Umbruchprozeß in Ostdeutschland artikuliert sich in einer Reihe von separaten Entwicklungen auf dem Arbeitsmarkt, die Ausmaß und Struktur der Erwerbstätigkeit bereits fundamental verändert haben bzw. in den nächsten Jahren verändern werden:

– Eine sehr große Zahl von Menschen hat in dem seit Inkrafttreten der Währungs-, Wirtschafts- und Sozialunion verflossenen Jahr Arbeitsverträge abgeschlossen. Da nicht klar ist, inwieweit damit ein Stellenwechsel verbunden ist

---

[106] Erinnert sei an die im zweiten Halbjahr 1989 ständig zu hörende Klage über den "dramatischen Arbeitskräftemangel" in der DDR infolge der Abwanderung von Erwerbspersonen ins Bundesgebiet. Wie man heute weiß, gab es in der DDR kaum eine Arbeitsstätte, die nicht personell übersetzt war.

[107] Zumindest ist es aber möglich, jeweils auf bestimmten Prämissen beruhende Berechnungen der verdeckten Arbeitslosigkeit in der ehemaligen DDR anzustellen. Vgl. hierzu K. Vogler-Ludwig, Verdeckte Arbeitslosigkeit in der DDR. "Ifo-schnelldienst", Jg. 43 (1990), Nr. 24, S. 3ff.

oder es sich nur um die juristische Neufassung tatsächlich schon vorher bestehender Arbeitsverhältnisse handelt, läßt sich keine exakte Zahl für die Aufnahme neuer Beschäftigungen durch Arbeitnehmer angeben. Es fehlen auch präzise Informationen darüber, inwieweit durch Stellenwechsel neu geschaffene Arbeitsplätze erstmalig oder schon vorher bestehende Arbeitsplätze neu besetzt wurden.

— Ein zunehmender Teil der Erwerbspersonen ist arbeitslos oder wird dies in nächster Zeit werden; die Zahl der als arbeitslos gemeldeten Personen in Ostdeutschland betrug im Mai 1991 842 000, die Arbeitslosenquote lag bei 9,5 vH[108]. In der Arbeitsmarktstatistik des Monats Juli wird nach — Auslaufen des Kündigungsschutzabkommens in der Metallindustrie[109] — die Zahl der als arbeitslos gemeldeten Personen stark ansteigen. Gleiches ist nach Auslaufen der "Warteschleife" des öffentlichen Dienstes, in der sich im 1. Halbjahr 1991 700 000 Personen befunden haben sollen, am 31. August 1991 zu erwarten[110]. Im Frühjahrsgutachten der Wirtschaftsforschungsinstitute wird die jahresdurchschnittliche Arbeitslosenzahl für 1991 auf 1,2 Mill. Personen geschätzt[111].

— Insgesamt 1 963 097 Erwerbstätige in den neuen Bundesländern waren im Mai 1991 von Kurzarbeit unterschiedlichen Ausmaßes betroffen[112].

— Eine fühlbare, allerdings wahrscheinlich auch besonders gegen eine Konjunkturabschwächung anfällige[113] Entlastung des Arbeitsmarktes der ostdeutschen Arbeitsmarktregionen geht von den wachsenden Pendlerströmen in die alten Bundesländer einschließlich Berlins (West) aus — derzeit dürften ca. 300 000 Personen einer Arbeit jenseits der Grenzen der ehemaligen DDR nachgehen[114].

---

108 Vgl. Bundesanstalt für Arbeit (Hrsg.) [I], Arbeitsmarktbericht für Mai 1991. Kurzfassung: Im Osten greift Arbeitsmarktpolitik. "Amtliche Nachrichten der Bundesanstalt für Arbeit", Nürnberg, Jg. 39 (1991), S. 935.

109 Vgl. R. Bispinck und WSI-Tarifarchiv, Auf dem Wege zur Tarifunion: Tarifpolitik in den neuen Bundesländern im Jahr 1990. "WSI-Mitteilungen", Köln, Jg. 44 (1991), S. 148. — L. Clasen, Tarifentwicklung/Ost: Erste Zwischenbilanz. "Bundesarbeitsblatt", Stuttgart 1991, Nr. 6, S. 7.

110 Vgl. o.V., Öffentlicher Dienst/Ost: Warteschleife im Nebel. "iwd", Köln, Jg. 17 (1991), Nr. 13, S. 6, o.V., Beschäftigung Ost: Umschichtungs-Problem. "iwd", Jg. 17 (1991), Nr. 27, S. 4.

111 Vgl. o.V., Die Lage der Weltwirtschaft und der deutschen Wirtschaft im Frühjahr 1991. Beurteilung der Wirtschaftslage durch folgende Mitglieder der Arbeitsgemeinschaft deutscher wirtschaftswissenschaftlicher Forschungsinstitute e.V., München: Deutsches Institut für Wirtschaftsforschung, Berlin, HWWA-Institut für Wirtschaftsforschung, Hamburg, Ifo-Institut für Wirtschaftsforschung, München, Institut für Weltwirtschaft an der Universität Kiel, Rheinisch-Westfälisches Institut für Wirtschaftsforschung, Essen. Abgeschlossen in Essen am 25. April 1991. Ohne Erscheinungsort und -jahr, S. 21.

112 Vgl. Bundesanstalt für Arbeit (Hrsg.) [II], Die Entwicklung des Arbeitsmarktes im Mai 1991. "Amtliche Nachrichten der Bundesanstalt für Arbeit", Jg. 39 (1991), S. 960.

113 Vgl. J.B. Donges, Arbeitsmarkt und Lohnpolitik in Deutschland. "Wirtschaftsdienst", Hamburg, Jg. 71 (1991), S. 283.

114 Nettoauspendlerzahl; vgl. B. Hof, S. A-14ff. — Eine Schätzung des Instituts für Arbeitsmarkt- und Berufsforschung taxierte die voraussichtliche Auspendlerzahl für 1991 auf ca. 200 000. Vgl.

- Nach wie vor stark ins Gewicht fällt die – in den meisten Fällen wahrscheinlich dauerhafte – Abwanderung von Erwerbspersonen in den Westen Deutschlands. Zwar dürfte sie in den letzten Monaten zurückgegangen sein, aber derzeit doch noch bei über 10 000 Erwerbstätigen (15 000 Personen – Erwerbspersonen einschließlich Abhängige unter Zugrundelegung einer Abhängigenquote von 0,5) monatlich liegen[115].

- Für eine spürbare Entlastung des Arbeitsmarktes sorgt die noch unter der letzten Regierung der DDR in Kraft gesetzte Vorruhestandsregelung. Danach bezogen Ende Mai 1991 etwa 372 000 Personen Vorruhestandsgeld[116].

- Weitere 141 000 Personen bezogen Ende Mai 1991 Altersübergangsgeld nach einer Regelung, welche die am Tage der Wiedervereinigung ausgelaufene Vorruhestandsregelung für vorzeitig aus dem Erwerbsleben ausscheidende Personen ablöste[117]. Auch die Angehörigen dieser Personengruppen treten auf dem Arbeitsmarkt nicht mehr als Arbeitssuchende in Erscheinung[118].

- Eine in den kommenden Monaten voraussichtlich schnell wachsende Zahl von Personen nimmt an von der Bundesanstalt für Arbeit finanzierten Weiterbildungs- und Umschulungsmaßnahmen teil. Seit 1. Januar 1991 sind bis Ende Mai insgesamt 281 000 Erwerbspersonen in Qualifizierungsmaßnahmen eingetreten, die von Arbeitsämtern gefördert werden. Darin sind sowohl als arbeitslos gemeldete Personen (Ende April 95 871) als auch Kurzarbeiter und andere von Arbeitslosigkeit gefährdete Personen enthalten[119].

- Die Begründung von zeitlich befristeten Arbeitsverhältnissen im Rahmen von Arbeitsbeschaffungsmaßnahmen (ABM) erlangt wachsende Bedeutung. Waren im Februar 1991 noch 46 947 Personen in ABM beschäftigt, so betrug die Zahl im Mai bereits 113 599 Personen[120]. Sollten in den nächsten Monaten in stärkerem Maße Beschäftigungs-, Qualifizierungs- und Umweltsanierungsgesellschaften gegründet werden, ist mit einer sehr starken Erhöhung der Zahl der in ABM Beschäftigten zu rechnen.

---

[115] Autorengemeinschaft, Zur Arbeitsmarktentwicklung 1990/1991 im vereinten Deutschland. "Mitteilungen aus der Arbeitsmarkt- und Berufsforschung", Jg. 23 (1990), S. 462. Vgl. dazu die Vorausschätzung der Übersiedlerzahl (nur Erwerbspersonen) für 1991 auf 160 000 in Autorengemeinschaft.

[116] Vgl. Bundesanstalt für Arbeit (Hrsg.) [I], S. 936.

[117] Ab 1. Juli 1991 können Arbeitnehmer, die seit dem 3. Oktober 1990 arbeitslos geworden sind, bereits bei Vollendung des 55. Lebensjahres Altersübergangsgeld in einem Zeitraum von maximal 5 Jahren erhalten. Vgl. Presse- und Informationsamt der Bundesregierung (Hrsg.), Anhaltende Beschäftigungsexpansion in den alten Bundesländern – Anpassungsschwierigkeiten beim wirtschaftlichen Wiederaufbau in den neuen Bundesländern. (Sozialpolitische Umschau, Nr. 197/1991.) Bonn 1991, S. 9, Presse- und Informationsamt der Bundesregierung (Hrsg.), Altersübergangsgeld. (Aktuelle Beiträge zur Wirtschafts- und Finanzpolitik, Nr. 24/1991.) Bonn 1991, S. 6.

[118] Vgl. Bundesanstalt für Arbeit (Hrsg.) [I], S. 936.

[119] Vgl. Bundesanstalt für Arbeit (Hrsg.) [I], S. 936, und Bundesanstalt für Arbeit (Hrsg.) [II], S. 1059.

[120] Vgl. Zentrale Arbeitsverwaltung (Hrsg.), Der Arbeitsmarkt im Beitrittsgebiet, Februar 1991. Berlin 1991, Übersicht 4, sowie Bundesanstalt für Arbeit (Hrsg.) [II], S. 960.

Die unter planwirtschaftlichen Bedingungen mit der Erwerbspersonenzahl identische Erwerbstätigenzahl vom 30. September 1989 in Höhe von 9,6 Mill. Personen[121] wird heute infolge der dauerhaften oder zeitweisen Abwanderung von Arbeitskräften in das bisherige Bundesgebiet und nach West-Berlin sowie dem Übergang von Arbeitskräften in den Vorruhestand und Ruhestand[122] weit unterschritten. Es ist außerdem zu erwarten, daß sich die bis 1989 äußerst hohe Erwerbsquote von mehr als 90 vH in den nächsten Jahren fühlbar verringern wird. Während bis 1989 das Erwerbstätigenpotential in der ehemaligen DDR aufgrund des planwirtschaftlichen Beschäftigungsregimes weitgehend ausgeschöpft wurde, ist nunmehr mit dem – in vielen Fällen unfreiwilligen – Rückzug von Erwerbspersonen aus dem Berufsleben, d.h. mit dem Entstehen einer "stillen Reserve" auf dem Arbeitsmarkt zu rechnen.

3.1.2. Wahl des Indikators für die Arbeitslosigkeit in Ostdeutschland

Die Arbeitsmarktstatistik erfaßt als "arbeitslos" alle bei der Arbeitsverwaltung registrierten, nicht erwerbstätigen Personen, die jünger als 65 (60) Jahre, nicht arbeitsunfähig erkrankt sind und nicht in Ausbildung stehen (einschließlich der von der BfA geförderten Qualifizierungsmaßnahmen), die des weiteren eine über drei Monate hinausgehende Beschäftigung von mindestens 18 Wochenstunden suchen und für eine sofortige Arbeitsaufnahme zur Verfügung stehen[123].

Die Arbeitslosenquote ist – unter normalen Verhältnissen – ein aussagekräftiger Indikator für die Unterauslastung des in einer Region vorhandenen Erwerbspersonenpotentials. Als solcher ging sie in den Kreis der Förderindikatoren der Gemeinschaftsaufgabe "Verbesserung der regionalen Wirtschaftsstruktur" ein. Der Vergleich der Arbeitslosenquoten von Regionen innerhalb eines hinsichtlich des wirtschaftlichen Entwicklungsstandes und der arbeitsmarktpolitischen Maßnahmen homogen strukturierten Wirtschaftsraums bringt – gleiche Abgrenzungs- und Erfassungspraktiken vorausgesetzt – keinerlei besondere Schwierigkeiten mit sich. Anders stellt sich die Frage der Vergleichbarkeit der Arbeitslosenquoten indessen, wenn sie eine Arbeitsmarktsituation beschreiben sollen, in der ungewöhnliche arbeitsmarktpolitische Arrangements eine große Rolle spielen. Dies genau ist gegenwärtig in den neuen Bundesländern der Fall: In Ostdeutschland liegt eine arbeitsmarktpolitische Ausnahmesituation vor, die weder in den alten Bundesländern noch in der EG insgesamt ein Pendant findet.

Infolge der außerordentlich geringen Wettbewerbsfähigkeit der ostdeutschen Industrie geht die Freisetzung von Arbeitskräften viel schneller voran als die Schaf-

---

121 "Ständig Berufstätige" zuzüglich Beschäftigte im "X-Bereich" und Auszubildende.
122 Die in der ehemaligen DDR weit verbreitete Berufstätigkeit von Menschen im Rentenalter ging im Zuge der jüngsten Arbeitsmarktentwicklung stark zurück.
123 Vgl. o.V., Arbeitslosenstatistik: Was die Zahlen sagen. "iwd", Jg. 16 (1989), Nr. 27, S. 6. – Zur Definition der Arbeitslosigkeit im Sinne des Gesetzgebers vgl. auch Bundesanstalt für Arbeit (Hrsg.) [III], AFG, Arbeitsförderungsgesetz Textausgabe mit angrenzenden Gesetzen, Verordnungen und BA-Regelungen. 37. Ausgabe, Stand: 1. Januar 1990. Nürnberg 1990, S. 34f.

fung neuer Arbeitsplätze. Die bei einem unkontrollierten Verlauf dieses Freisetzungsprozesses vorauszusehenden außerordentlich hohen Arbeitslosenquoten auf dem gesamten Gebiet der ehemaligen DDR lassen arbeitsmarktpolitische Interventionen erheblichen Ausmaßes und unkonventionellen Zuschnitts dringend geboten erscheinen[124]. Dies gilt um so mehr, als die sich abzeichnende Arbeitslosigkeit in Ostdeutschland – wie in den anderen ehemaligen Planwirtschaften – auf hierauf schlecht vorbereitete psychologische Voraussetzungen trifft. Arbeitslosigkeit wurde in der SED-Propaganda als Grundübel des Kapitalismus dargestellt und deren Folgen stets in den denkbar dunkelsten Farben ausgemalt. Als größtes Verdienst der DDR wurden hingegen die staatliche Garantie einer – wenn auch oft nicht ausbildungsadäquaten – Beschäftigung herausgestellt.

Ein Teil der inzwischen eingeleiteten arbeitsmarktpolitischen Maßnahmen führt zu einer sofortigen dauerhaften Entlastung des Arbeitsmarktes (Vorruhestandsregelung, Regelung für den Bezug von Altersübergangsgeld); ein anderer federt den Übergang zur Arbeitslosigkeit ab oder räumt den in Bedrängnis geratenen Unternehmen die Möglichkeit ein, aufgrund vorübergehender Anpassungsschwierigkeiten notwendige Massenentlassungen zu vermeiden (Kurzarbeiterregelung); ein dritter schließlich soll die berufliche Anpassung von Erwerbspersonen an den Wandel der Beschäftigungsstruktur erleichtern und die derzeitige Kluft zwischen Angebot und Nachfrage auf dem Arbeitsmarkt verringern (Arbeitsbeschaffungsmaßnahmen großen Umfangs, Qualifizierungsoffensive).

In den neuen Bundesländern schlägt sich in der amtlichen Arbeitslosenquote, die nach den gleichen Kriterien wie in der bisherigen Bundesrepublik ermittelt wird, derzeit nur ein Teil der tatsächlichen Arbeitslosigkeit nieder. Die Abweichungen sind auf folgenden Feldern zu suchen:

– in der Kurzarbeit, die derzeit zum großen Teil tatsächliche Arbeitslosigkeit verschleiert, aber als arbeitsmarkt- und sozialpolitische Maßnahme notwendig ist;
– in der den Rahmen der herkömmlichen westdeutschen Arbeitsmarktpolitik längst überschreitenden Einbindung einer sehr großen Zahl von Erwerbspersonen in ABM-Beschäftigungen und Qualifizierungsmaßnahmen;
– in der derzeit noch unzureichenden Erfassung der Zahl der Erwerbspersonen.

Die mittlerweile über den 1. Juli 1991 hinaus verlängerten Kurzarbeiterregelungen gestatten es, den Übergang vieler ehemals voll beschäftigter Arbeitskräfte in die offene Arbeitslosigkeit zu verzögern. Zumindest bei einem großen Teil der statistisch ausgewiesenen Kurzarbeit handelt es sich um verdeckte Arbeitslosigkeit[125]. Um ein realistisches Bild des Ausmaßes der Arbeitslosigkeit in den fünf neuen Bundesländern zu gewinnen, ist daher die Kurzarbeit unbedingt zu berücksichtigen. Dabei sind die tatsächlichen Arbeitsausfälle, die in den Daten der Bundesanstalt für Arbeit detailliert ausgewiesen werden, zugrundezulegen.

---

[124] Vgl. R. Budde u.a.
[125] Vgl. o.V. Die Lage der Weltwirtschaft und der deutschen Wirtschaft im Frühjahr 1991, S. 26.

Auf den ersten Blick weniger einleuchtend erscheint die Berücksichtigung auch der in AB-Maßnahmen Beschäftigten und der Teilnehmer an Qualifizierungsmaßnahmen. Zu bedenken ist jedoch, daß ABM im Gegensatz zu den alten Bundesländern in Ostdeutschland nicht dazu eingesetzt werden, Langzeitarbeitslosen einen Wiedereinstieg ins Berufsleben zu ermöglichen, sondern dazu, die Massenarbeitslosigkeit zu reduzieren, um die kritische Übergangszeit bis zu einer nachhaltigen Verbesserung der Situation auf dem Arbeitsmarkt überbrücken zu helfen. Eine "normale" Anschlußbeschäftigung auf Basis der ABM ist für die meisten der Betroffenen in den neuen Bundesländern nicht in Sicht. Hierzu wurden die Bedingungen für die Genehmigung von ABM für Ostdeutschland einer radikalen Revision unterzogen. Da die ABM in den fünf neuen Bundesländern und in Berlin (Ost) aus arbeitsmarktpolitischer Sicht also eine ganz andere Funktion erfüllen als die ihnen im Arbeitsförderungsgesetz ursprünglich zugedachte, könnte man von der Neueinführung eines arbeitsmarktpolitischen Instruments zur Reduktion der Massenarbeitslosigkeit sprechen. Kein Zweifel kann daran bestehen, daß die hier vollzogene Ausgestaltung der ABM für Ostdeutschland in der gegenwärtigen Situation notwendig und sinnvoll ist.

Die Rolle der Qualifizierungsmaßnahmen ist ähnlich einzuschätzen. Die von den Arbeitsämtern geförderten Weiterbildungs- und Umschulungsmaßnahmen erfüllen die Funktion, die Entwertung des Humankapitals durch Langzeitarbeitslosigkeit zu verhindern. Die langfristige berufliche Reintegration der Arbeitslosen soll erleichtert werden. Im Gegensatz zur westdeutschen Praxis muß unter ostdeutschen Bedingungen die Bindung der Qualifizierungsmaßnahmen an künftige konkrete berufliche Einsatzfelder oftmals schon deswegen in den Hintergrund treten, weil sich die Produktions- und Beschäftigungsstruktur nur in engen Grenzen prognostizieren läßt. Besonders in den Beschäftigungs- und Qualifizierungsgesellschaften kommt die veränderte Funktion zum Ausdruck, die ABM wie Qualifizierungsmaßnahmen im Umfeld des ostdeutschen Arbeitsmarktes zu erfüllen haben.

Die Zahl der Erwerbspersonen in den neuen Bundesländern, die sich seit der Öffnung der Mauer stark verringert hat, kann gegenwärtig noch nicht zufriedenstellend erfaßt werden. Die adäquate statistische Erfassung scheitert an der lückenhaften Meldung der Personen, die einer abhängigen Beschäftigung nachgehen, am Problem der Zuordnung der nach dem Arbeitsort erfaßten Beschäftigten zu deren Wohnort und der unzureichenden Erfassung der Personen, die einer selbständigen Arbeit nachgehen. Eine Überschlagsrechnung ergibt, daß sich seit September 1989 die Zahl der Erwerbstätigen in den neuen Bundesländern erheblich verringert hat: Bis Ende Mai 1991 sind 513 000 Erwerbspersonen durch Inanspruchnahme der Vorruhestands- bzw. Altersübergangsgeldregelung aus dem Erwerbsleben ausgeschieden. Weitere rd. 0,8 Mill. Auspendler und Übersiedler, die vormals in den neuen Bundesländer erwerbstätig waren, entlasten den ostdeutschen Arbeitsmarkt. Der Errechnung der Arbeitslosenquote liegt jedoch die für Dezember 1989 angegebene offizielle Zahl von 8,9 Mill. abhängigen zivilen Erwerbspersonen (ohne "X-Bereich") zugrunde[126]. Tatsächlich dürfte die Erwerbspersonenzahl gegenwärtig nur noch 7,6 Mill. betragen. Die Arbeitslosenquote hätte demnach im Mai 1991 11,1 vH statt der ausgewiesenen 9,5 vH betragen[127].

Zusammenfassend ist festzustellen, daß die amtliche Arbeitslosenquote die Entwicklung auf dem Arbeitsmarkt in den neuen Bundesländern seit der Währungs-, Wirtschafts- und Sozialunion nicht ausreichend widerspiegelt. Eine Betrachtung allein dieser Quote würde zur Unterschätzung des tatsächlichen Ausmaßes der Arbeitslosigkeit in den fünf neuen Bundesländern führen. Um mit einer verläßlichen Grundlage für gesamtdeutsche Arbeitsmarktvergleiche arbeiten zu können, werden im folgenden die Ergebnisse der Berechnung einer korrigierten Arbeitslosenquote vorgestellt, welche

– die Arbeitslosen der Arbeitsmarktstatistik,

– auf Vollbeschäftigteneinheiten umgerechnete Kurzarbeiter ("Kurzarbeit 0"),

– Teilnehmer an Qualifizierungsmaßnahmen und

– Beschäftigte in ABM

berücksichtigt. Eine Neuberechnung der regionalen Erwerbsquoten gegenüber der Arbeitsmarktstatistik ist hingegen nicht möglich. Der Rückgang der Erwerbspersonenzahl durch Auspendler, Migranten und Vorruheständler hat in den Arbeitsmarktregionen Ostdeutschlands ein sehr unterschiedliches Ausmaß, so daß sich eine pauschale Reduktion der Zahl der Erwerbspersonen verbietet. Für eine regional differenzierte Verringerung fehlen jedoch die erforderlichen statistischen Informationen.

Die Verwendung einer korrigierten Arbeitslosenquote in interregionalen Vergleichen der Arbeitslosigkeit ist als provisorischen Hilfsmittel anzusehen, das dazu dient, die spezifische Umbruchsituation auf dem ostdeutschen Arbeitsmarkt zu erfassen. Erst nach einer Normalisierung der Lage auf dem ostdeutschen Arbeitsmarkt wird wieder auf die Arbeitslosenquote im langfristigen Durchschnitt im herkömmlichen Sinne als dem wichtigsten Indikator für die Entwicklung auf dem Arbeitsmarkt zurückzugreifen sein.

---

[126] Vgl. o.V., Nur noch etwa 5 Millionen Vollerwerbstätige in der ehemaligen DDR. "Wittener Konjunktur-Archiv", Witten, Jg. 2 (1991), S. 40, und o.V., Entlastungsmaßnahmen für den ostdeutschen Arbeitsmarkt. "Wittener Konjunktur-Archiv", Witten Jg. 2 (1991), S. 47.

[127] 9,585 Mill. Erwerbspersonen (Erwerbstätige unter den damaligen Bedingungen) im Sinne der Erwerbspersonenabgrenzung in der Bundesrepublik. Die Zahl setzt sich zusammen aus den "ständig Beschäftigten" der DDR-Statistik (8 547 349 am 30. September 1989), den Beschäftigten des sog. "X-Bereichs" (0,7 Mill.) und den Auszubildenden (338 500). Von den rd. 9,6 Mill. sind abzuziehen: ca. 0,4 Mill. berufstätige Rentner, 0,3 Mill. Auspendler nach Berlin (West) und in die alten Bundesländer, 0,5 Mill. Übersiedler, die in Ostdeutschland erwerbstätig waren (0,75 Mill. Personen, Abhängigenquote 0,5) sowie 0,5 Mill. Vorruheständler. Angaben zur Beschäftigtenstatistik 1989 nach F. Dietz und H. Rudolph, S. 513.

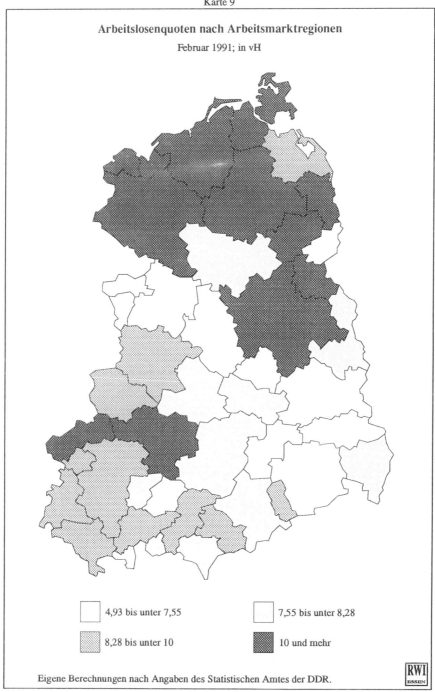

3.1.3. Amtliche Arbeitslosenquote

Das Ausmaß der in der amtlichen Arbeitsmarktstatistik für Februar 1991[128] erfaßten Arbeitslosigkeit auf der Ebene der Arbeitsmarktregionen ist Karte 9 zu entnehmen. Augenfällig ist ein starkes Nord-Süd-Gefälle. Die registrierte Arbeitslosigkeit in der Küstenregion erreichte frühzeitig sehr hohe Werte, so in den Arbeitsmarktregionen der Küstenstädte Rostock, Wismar und Stralsund 12,6 vH, 12,2 vH und 10,5 vH. Eine besonders hohe Arbeitslosigkeit ist auch aus anderen Regionen des Landes Mecklenburg-Vorpommern zu vermelden: östlicher Teil des Arbeitsmarktes Lübeck 17,3 vH, Pasewalk 13,3 vH, Schwerin 12,6 vH. Relativ gering ist dagegen die Arbeitslosigkeit in den zentralen, in den südlichen Teilen Brandenburgs gelegenen Arbeitsmarktregionen und denjenigen Ostsachsens. In Luckenwalde erreicht die amtliche Arbeitslosigkeit mit 4,9 vH ihren geringsten Wert in den neuen Bundesländern überhaupt. Höhere Arbeitslosenquoten sind hingegen auf den thüringischen Arbeitsmärkten und in denen des zentralen und südwestlichen Sachsen-Anhalt zu registrieren. Hierunter ist der durch die Chemische Industrie geprägte Saalkreis (Halle) hervorzuheben, in dem die Arbeitslosenquote im Februar 10,5 vH betrug. Auf Länderebene wurde im Mai die höchste Arbeitslosigkeit mit 12,1 vH im Bundesland Mecklenburg-Vorpommern gemessen[129], die niedrigste mit 8,3 vH in Sachsen.

3.1.4. Kurzarbeit

Die Zusammensetzung der statistisch ausgewiesenen Kurzarbeit zeigt starke regionale Unterschiede im Ausmaß des Arbeitsausfalls. Karte 10 zeigt den Gesamtausfalls von Arbeitszeit bei den Kurzarbeitern auf der Ebene der Arbeitsmarktregionen. Dieser lag in allen Arbeitsmarktregionen der neuen Bundesländer einschließlich der östlichen Teilregionen der gemischten Arbeitsmarktregionen über 40 vH. Die Kurzarbeit nähert sich in besonderem Maße in den Regionen des Nordostens einschließlich Berlins (Ost) der "Kurzarbeit 0" an. Relativ günstig nimmt sich derzeit die Situation in Teilen Thüringens, Sachsen-Anhalts und im südöstlichen Brandenburg aus. Kurzarbeit spielt sowohl in den altindustriellen Regionen Mitteldeutschlands als auch an den Standorten ehrgeiziger Industrialisierungsprojekte (Schwedt) und in ländlichen geprägten Regionen (Vorpommern) sowie im Umland der Industrieregionen mit Verdichtungsansätzen (Erzgebirgsregionen, Zentralthüringen) eine erhebliche Rolle. Besonders hoch ist die Kurzarbeit derzeit nicht zuletzt dort, wo tarifliche Vereinbarungen in einzelnen Industriebe-

---

[128] Die hier und im folgenden verwendeten Arbeitsmarktstatistiken für die neuen Bundesländer beziehen sich auf den Berichtsmonat Februar. Neuere regionalisierte Arbeitsmarktdaten sind noch nicht verfügbar. Der zeitliche Abstand zwischen Erhebungsmonat und Freigabe der regionalisierten Daten auf Kreisebene für die Veröffentlichung ist in den neuen Bundesländern erheblich größer als in den alten, da die Bundesanstalt für Arbeit im Osten nicht über einen gut eingespielten Apparat verfügt und die Arbeitsverwaltung in den neuen Ländern die Daten noch auf manueller Basis aufbereiten muß. Vgl. Zentrale Arbeitsverwaltung (Hrsg.), Übersichten 1, 3 und 4.

[129] Vgl. Bundesanstalt für Arbeit (Hrsg.) [II], S. 960.

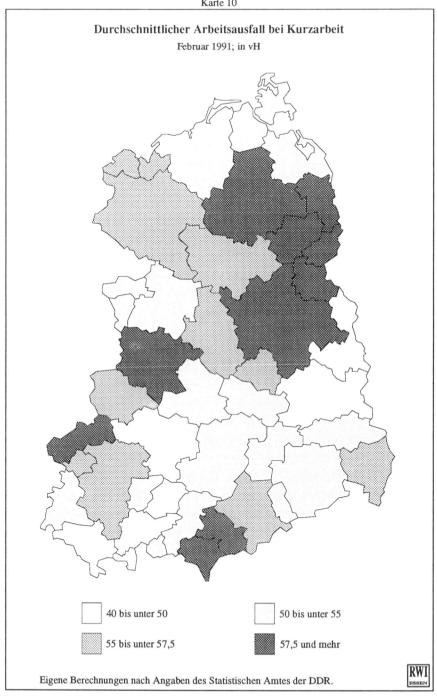

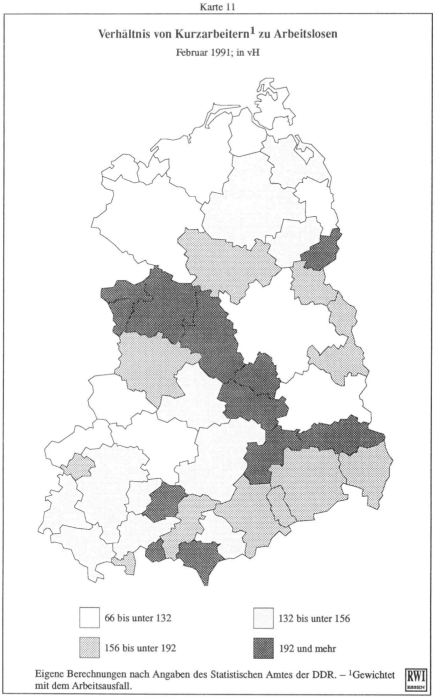

reichen (wie das Kündigungsschutzabkommen in der Metallindustrie) bisher größere Arbeitskräftefreisetzungen verhindert haben.

Das Ausmaß der Kurzarbeit wird verdeutlicht, wenn das prozentuale Verhältnis der gewichteten, d.h. auf "Kurzarbeit 0" umgerechneten Kurzarbeiter zu den derzeit gemeldeten Arbeitslosen ins Verhältnis gesetzt wird (vgl. Karte 11). Diese Zahl liegt besonders in ganz Sachsen, im größten Teil Thüringens, aber auch in Arbeitsmarktregionen der weiter nördlich gelegenen neuen Bundesländer weit über 100 vH. Der stärkste Anstieg der Kurzarbeit war im Zeitraum Oktober 1990 bis Mai 1991 in Thüringen mit 55 vH und in Mecklenburg-Vorpommern mit 41 vH zu verzeichnen[130]. In 12 Arbeitsmarktregionen (einschließlich Teilarbeitsmärkte) beträgt die Zahl der gewichteten Kurzarbeiter das zwei- bis dreifache der Zahl der Arbeitslosen.

3.1.5. Korrigierte Arbeitslosenquote

In Tabelle 14 sind die Daten zum Stand von Februar 1991 der gesamten Arbeitslosigkeit in den fünf neuen Bundesländern zusammengestellt. Die korrigierte Arbeitslosenquote faßt den derzeitigen Stand von offener Arbeitslosigkeit, Kurzarbeit und zeitweiser Einbindung von Arbeitskräften in AB- und Qualifizierungsmaßnahmen zusammen. Karte 12 zeigt die regionalen Unterschiede in der Arbeitslosigkeit auf Basis dieser korrigierten Arbeitslosenquote. Deutlich wird ein ausgeprägtes Nord-Süd-Gefälle zuungunsten des Nordens. Am günstigsten nimmt sich die Situation derzeit in Arbeitsmarktregionen Brandenburgs (Luckenwalde 16,0 vH, Cottbus 17,1 vH, Brandenburg 18,0 vH), Sachsens (Hoyerswerda 16,5 vH, Leipzig 19,5 vH) und Thüringens (Jena 18,6 vH, Weimar 18,7 vH) aus. In etlichen Arbeitsmarktregionen vor allem des nördlichen Ostdeutschland hat die Arbeitslosigkeit bereits eine Quote von 25 vH überschritten (Pasewalk 30,1 vH, Stendal 27,6 vH, Prenzlau 27,5 vH, Neubrandenburg 27,1 vH, Eberswalde 27,0 vH, Freiberg 26,8 vH, Schwerin 25,3 vH)[131].

3.2. Vergleich des Stands der Arbeitslosigkeit in den Arbeitsmarktregionen Deutschlands

Zusammenfassende Informationen zum Stand der Arbeitslosigkeit in den alten und neuen Bundesländern sind in Tabelle 15 dargestellt. Danach ist die Arbeitslosenquote der ehemaligen DDR fast dreimal so hoch wie die der bisherigen Bun-

---

[130] Vgl. Statistisches Landesamt Mecklenburg-Vorpommern (Hrsg.), Mecklenburg-Vorpommern im Vergleich der neuen Bundesländer – ausgewählte Bereiche. "Statistisches Monatsheft Mecklenburg-Vorpommern", Schwerin, Jg. 1 (1991), Heft 2, S. 6.

[131] In der Aufzählung fehlen die Teilarbeitsmarktregionen, die jeweils aus einem einzigen ländlich geprägten Kreis bestehen und deren Vergleich mit den anderen Arbeitsmarktregionen an dieser Stelle nicht sinnvoll erscheint.

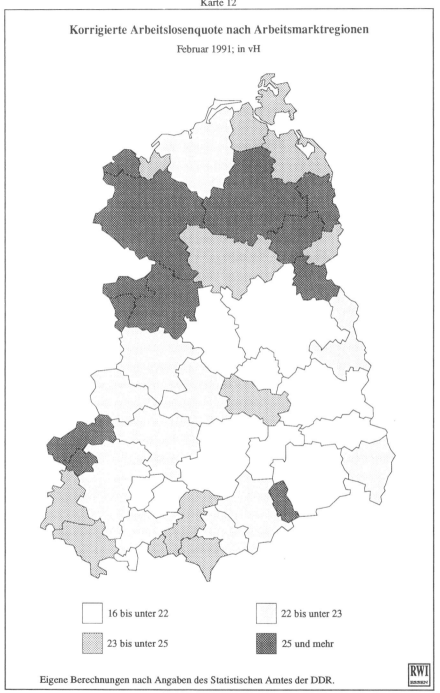

Tabelle 14

Zur Arbeitslosigkeit in den Arbeitsmarktregionen Ostdeutschlands
Februar 1991; in vH

Nr.	Arbeitsmarkt	Arbeitslosen-quote	Korr. Arbeits-losenquote[1]	ABM/Erwerbs-personen	ABM/Arbeitslose	Kurzarbeiter[2]/Erwerbspers.	Kurzarbeiter[2]/Arbeitslose	Ausfallzeit bei Kurzarbeit[3]
3	Lübeck	17,32	29,54	0,61	3,51	11,62	67,12	57,04
9	Wolfsburg	6,92	27,99	0,90	12,95	20,17	291,55	51,00
10	Göttingen	14,59	30,60	1,00	6,85	15,01	102,89	58,93
24	Salzwedel/Lüchow	7,39	28,45	0,89	12,10	20,17	273,17	51,00
75	Eschwege	9,52	26,89	0,90	9,46	16,47	172,99	56,70
144	Coburg	7,79	21,53	0,58	7,46	13,15	168,76	49,08
145	Hof	8,07	24,30	0,52	6,43	15,72	194,84	50,81
202	Berlin	11,07	21,25	0,36	3,25	9,82	88,71	62,77
204	Brandenburg	5,99	18,04	0,43	7,17	11,62	194,13	56,27
205	Chemnitz	7,55	21,73	0,34	4,56	13,84	183,31	56,38
206	Cottbus	7,49	17,13	0,46	6,11	9,18	122,50	45,14
207	Dessau	8,24	21,75	0,66	8,05	12,84	155,76	51,39
208	Dresden	7,40	20,01	0,28	3,75	12,34	166,75	52,18
209	Eberswalde	9,99	27,03	0,95	9,51	16,08	160,93	60,36
210	Eisenach	9,45	24,74	0,72	7,61	14,57	154,27	52,50
211	Eisenhüttenstadt-Frankfurt	7,97	21,67	1,03	12,92	12,67	158,85	47,55
212	Erfurt	8,75	22,40	0,82	9,37	12,84	146,81	55,52
215	Freiberg	9,48	26,82	0,48	5,03	16,86	177,96	51,45
216	Gera	8,83	24,98	0,55	6,23	15,61	176,81	50,59
217	Görlitz	8,22	21,65	0,37	4,45	13,06	158,87	56,26
218	Greifswald	9,71	23,36	0,86	8,86	12,79	131,70	54,49
219	Halberstadt	9,85	22,35	0,60	6,08	11,90	120,76	57,36
220	Hoyerswerda	5,09	16,29	0,42	8,26	10,78	211,73	50,09
221	Jena	5,75	18,63	0,72	12,55	12,16	211,29	48,59
222	Leipzig	8,14	19,47	0,36	4,44	10,96	134,59	50,28
223	Luckenwalde	4,93	16,01	0,41	8,23	10,69	216,52	55,73

noch Tabelle 14

Zur Arbeitslosigkeit in den Arbeitsmarktregionen Ostdeutschlands
Februar 1991; in vH

Nr.	Arbeitsmarkt	Arbeitslosen-quote	Korr. Arbeits-losenquote[1]	ABM/Erwerbs-personen	ABM/ Arbeitslose	Kurzarbeiter[2]/ Erwerbspers.	Kurzarbeiter[2]/ Arbeitslose	Ausfallzeit bei Kurzarbeit[3]
224	Magdeburg	8,27	21,55	0,36	4,34	12,92	156,17	58,29
226	Neubrandenburg	10,22	27,08	1,36	13,29	15,49	151,56	60,84
227	Neuruppin	8,01	22,72	0,55	6,85	14,17	176,97	56,89
230	Pasewalk	13,26	30,11	1,36	10,25	15,49	116,85	60,84
232	Plauen	7,78	24,40	1,38	17,71	15,24	195,97	62,49
233	Prenzlau	10,50	27,54	0,95	9,06	16,09	153,19	60,37
234	Riesa	6,99	21,02	0,42	6,04	13,60	194,49	50,91
235	Rostock	12,57	21,61	0,77	6,12	8,28	65,89	51,35
236	Saalfeld	8,66	21,70	0,70	8,05	12,34	142,39	48,68
237	Saalkreis	10,53	21,96	0,49	4,62	10,95	103,95	41,16
239	Schwedt (Stadt)	6,27	23,31	0,95	15,18	16,08	256,42	60,37
240	Schwerin	12,56	25,31	0,60	4,74	12,15	96,71	57,01
241	Stendal	6,56	27,63	0,90	13,64	20,17	307,48	51,01
242	Stralsund	10,50	23,36	0,74	7,01	12,12	115,41	52,76
243	Suhl	9,65	23,39	0,58	6,03	13,15	136,30	49,08
246	Weimar	7,64	18,69	0,75	9,85	10,29	134,62	54,43
247	Wismar	12,20	24,43	0,61	4,97	11,62	95,30	57,06
248	Wittenberg	7,94	23,82	0,69	8,71	15,19	191,42	51,26
250	Zwickau	8,54	22,18	0,56	6,54	13,07	152,97	58,54
	Mittelwert	8,98	23,25	0,69	7,96	13,59	161,95	54,06
	Standardabweichung	2,45	3,58	0,27	3,34	2,71	53,17	4,81
	Minimum	4,93	16,01	0,28	3,25	8,28	65,89	41,16
	Maximum	17,32	30,60	1,38	17,71	20,17	307,48	62,77

Eigene Berechnungen. – [1](Arbeitslose + Beschäftigte in ABM + Arbeitsausfall durch Kurzarbeit)/Erwerbspersonen. – [2]Mit Arbeitsausfall gewichtet. – [3]Durchschnittlicher Arbeitsausfall.

RWI ESSEN

Tabelle 15

Zur Streuung der Arbeitslosenquoten in den Arbeitsmarktregionen Ostdeutschlands
Februar 1991 bzw. 1987 bis 1990

	Neue Bundesländer		Alte Bundesländer		Neue bezogen auf alte Bundesländer	
	Arbeitslosenquote	Erwerbspersonen	Arbeitslosenquote	Erwerbspersonen	Arbeitslosenquote	Erwerbspersonen
	in vH		in vH		in vH	
Mittelwert	23,3	195705	7,6	145143	288,9	132,5
Standardabweichung	3,5	201402	2,7	203883	102,1	66,2
Minimum	16,0	15051	3,1	19116	153,8	36,6
Maximum	30,6	1042100	14,8	1144277	516,6	212,4

5 Arbeitsmärkte mit den jeweils extremsten Ausprägungen

	Neue Bundesländer			Alte Bundesländer		
Arbeitsmarkt	Arbeitslosenquote	Erwerbspersonen	Arbeitsmarkt		Arbeitslosen-Einwohner	Erwerbspersonen
	in vH				in vH	
Pasewalk	30,1	44083	Leer		14,8	47273
Stendal	27,6	171570	Wilhemlshaven		14,4	86632
Prenzlau	27,5	40901	Emden		14,4	74679
Neubrandenburg	27,1	197031	Dortmund		13,0	433308
Eberswalde	27,0	62262	Gelsenkirchen		12,8	337781
Jena	18,6	116501	Stuttgart		3,7	1019162
Brandenburg	18,0	209745	Albstadt		3,7	78439
Cottbus	17,1	228144	Freudenstadt		3,6	39387
Hoyerswerda	16,3	188991	Rottweil		3,4	52641
Luckenwalde	16,0	73452	Künzelsau		3,1	32695

Eigene Berechnungen.

desrepublik[132]. Nicht in einer einzigen westdeutschen Arbeitsmarktregion läßt sich eine Arbeitslosenquote finden, die höher wäre als die – korrigierte – Arbeitslosenquote einer ostdeutschen Arbeitsmarktregion. Die ostdeutsche Region mit der günstigsten Arbeitsmarktsituation – Luckenwalde – verzeichnet eine Arbeitslosenquote von 16 vH; die westdeutsche Region mit der höchsten Arbeitslosigkeit – Leer – weist eine Quote von 14,8 vH auf. Wie schon im Falle des Einkommensindikators ist ein sehr starkes West-Ost-Gefälle auf dem Arbeitsmarkt zu registrieren.

Die Streubreite der Arbeitslosenquoten ist in den neuen Bundesländern weitaus geringer als in den alten. Während die Arbeitslosenquoten des Arbeitsmarktes mit der niedrigsten und der höchsten Arbeitslosenquote in den neuen Bundesländern 69 vH und 129 vH der Gebiets-Arbeitslosenquote betragen, liegen diese Werte in den alten Bundesländern bei 41 vH und 195 vH[133]. Der Variationskoeffizient beträgt für Ostdeutschland 15,0 vH und für Westdeutschland 35,5 vH[134]. Erheblich vergrößert hat sich die Spannbreite der Arbeitslosenquoten in der Bundesrepublik durch den Beitritt der DDR. Das Verhältnis der Region mit der niedrigsten Arbeitslosigkeit (Künzelsau) liegt bei 27 vH der gesamtdeutschen Arbeitslosenquote, das der Region mit der höchsten Arbeitslosigkeit (Pasewalk) dagegen bei 259 vH[135].

Die starken Unterschiede im Ausmaß der Arbeitslosigkeit in alten und neuen Bundesländern und die viel geringere Streuung der Arbeitslosenquoten in Ostdeutschland lassen erkennen, daß die gegenwärtig zu beobachtende Arbeitslosigkeit in beiden Teilen Deutschlands auf sehr unterschiedliche Gründe zurückzuführen ist und es zu ihrer Bekämpfung unterschiedlicher arbeitsmarktpolitischer Strategien bedarf: In den alten Bundesländern spielt eine friktionelle und mit dem normalen Strukturwandel verbundene strukturelle Arbeitslosigkeit eine erhebliche Rolle. In Ostdeutschland sind von der gegenwärtigen "Niveau-Arbeitslosigkeit" Arbeitnehmer aller Sektoren, aller Regionen und fast aller Qualifikationen betroffen. Es handelt sich um eine in der Arbeitsmarktgeschichte der Bundesrepublik der letzten Jahrzehnte neue Erscheinung, die eine Entsprechung allenfalls in den ersten Jahren nach der Währungsreform findet. Die derzeitige Massenarbeitslosigkeit in den neuen Bundesländern geht nicht auf konjunkturelle Faktoren, sondern vornehmlich auf die ungünstigen Produktions- und Angebotsbedingungen zurück und

---

132 Bei den Daten für die neuen Bundesländer handelt es sich um die "korrigierten" Arbeitslosenquoten für Februar 1991. Zum Vergleich werden in Anlehnung an das im Rahmen der Neuabgrenzung der Gemeinschaftsaufgabe zur Anwendung kommende Verfahren für die westdeutschen Arbeitsmarktregionen die durchschnittlichen Arbeitslosenquoten des Zeitraum 1987 bis 1990 herangezogen. Vgl. Bundesforschungsanstalt für Landeskunde und Raumordnung (Hrsg.), Indikatorenbeschreibung GA-Neuabgrenzung 1990. Bonn, unveröffentlichtes Manuskript.

133 Ohne Teilarbeitsmarktregionen.

134 Errechnet auf Basis der Standardabweichungen und arithmetischen Mittel der Tabelle 15. Die Teilarbeitsmarktregionen der neuen Bundesländer wurden in dieser Berechnung jeweils den westlichen Teilarbeitsmärkten zugeschlagen.

135 Gesamtdeutsche Arbeitslosenquote 11,6 vH; errechnet auf der Grundlage der offiziellen Erwerbspersonenzahlen sowie der "korrigierten" Arbeitslosenzahl der neuen Bundesländer.

ist eine Folgeerscheinung der Fehlentwicklungen des planwirtschaftlichen Systems[136].

4. Gesamtindikator

4.1. Die Ermittlung des Gesamtindikators

Um zu einer umfassenden Einschätzung der wirtschaftlichen Situation in den Arbeitsmarktregionen Deutschlands zu kommen, ist die in den beiden bislang behandelten Indikatoren – der Bruttowertschöpfung je Einwohner (Wirtschaftsbevölkerung) und der Arbeitslosenquote[137] – enthaltene Information zusammenzufassen. Hierfür käme im Prinzip ein breites Spektrum unterschiedlicher Verfahren in Betracht, das von der intuitiven Abwägung der in den Einzelindikatoren enthaltenen Informationen über die Festsetzung von Schwellenwerten für die Teilindikatoren bis zur anspruchsvollen rechnerischen Konstruktion eines Gesamtindikators reicht. Die Entscheidung für das eine oder andere Verfahren ist letztlich politischer Natur. Die Wissenschaft kann allerdings Empfehlungen zur Auswahl des relativ günstigsten Verfahrens geben, indem sie auf Schwächen und Stärken der verschiedenen Alternativen hinweist[138]. Vor dem Hintergrund der Erfahrungen bei der Festlegung der Förderindikatoren im Rahmen der Gemeinschaftsaufgabe "Verbesserung der regionalen Wirtschaftsstruktur" bietet sich die Bildung eines Gesamtindikators in einem Kombinationsmodell aus den zur Verfügung stehenden einzelnen Indikatoren an[139]. Ein Gesamtindikator, der die im Arbeitslosigkeits- und Bruttowertschöpfungsindikator enthaltene Information bündelt, soll daher auch hier für die Arbeitsmarktregionen Deutschlands berechnet werden. Die arithmetische Verknüpfung der Teilindikatoren in einem Gesamtindikator bietet den Vorteil, daß die Informationen der Teilindikatoren in einer jederzeit nachprüfbaren und leicht faßlichen Weise gebündelt werden können, wobei die Teilindikatoren im Hinblick auf die ihnen zugesprochene Bedeutung zu gewichten sind. Bei der Betrachtung eines Gesamtindikators ist in Rechnung zu stellen, daß die Verdichtung der Informationen der Teilindikatoren in einem Indikator stets auch einen gewissen Informationsverlust mit sich bringt. Zum Beispiel kann im vorliegenden Fall die besonders hohe Einkommenswertigkeit eines Teils der Arbeitsplätze in einer Region eine hohe Arbeitslosenquote arithmetisch aufwiegen und somit im Gesamtindikator eine akute Problemlage verschleiern.

Die hier vorgenommene Berechnung des Gesamtindikators folgt der von Blien, Koller und Schiebel beschriebenen Verfahrensweise[140]. Bevor aus den Teilindika-

---

[136] Vgl. F. Egle, Arbeitslosigkeit in Deutschland: Lösungen für einen neuen Ost-West-Konflikt. "Orientierungen zur Wirtschafts- und Gesellschaftspolitik", Bonn, Jg. 1991, Heft 3, S. 34ff.

[137] Der Berechnung des Gesamtindikators liegt im Falle Ostdeutschlands jeweils die korrigierte Arbeitslosenquote zugrunde.

[138] Vgl. U. Blien, M. Koller und W. Schiebel, Indikatoren zur Neuabgrenzung der Förderregionen. "Mitteilungen aus der Arbeitsmarkt- und Berufsforschung", Jg. 24 (1991), S. 9.

[139] Zur Entscheidung des Bund-Länder-Gremiums für ein Kombinationsmodell der Förderindikatoren, das mit dem 16. Rahmenplan am 1. Januar 1987 in Kraft trat, vgl. P. Klemmer, S. 85.

[140] Zur Verfahrensweise und zu ihrer Darstellung vgl. U. Blien, M. Koller und W. Schiebel, S. 9f.

toren ein Gesamtindikator gebildet werden kann, sind die Teilindikatoren vergleichbar zu machen, weisen doch die beiden Ausgangsindikatoren jeweils unterschiedliche Dimensionen auf. Beide Indikatoren wurden einer Standardisierung unterworfen, welche die Aufgabe hat, die Streuung der Teilindikatoren auf einen einheitlichen Wert umzurechnen. Der Standardisierung lag eine modifizierte Version der sogenannten z-Transformation zugrunde

(2) $$z_i = \frac{(x_i - \bar{x}) \cdot 15}{S} + 100.$$

Die gewichtete Standardabweichung wurde berechnet als

(3) $$S = [\, 1/n + \sum_{i}^{n} g_i \cdot (x_i - \bar{x})^2 \,]^{0,5}$$

mit
z_i : standardisierter Wert,
x_i : ursprünglicher Wert,
i : Index für die Region,
$\bar{x}$: arithmetisches Mittel,
S : gewichtete Standardabweichung,
g_i : Gewicht der Region (regionaler Anteil an der Wirtschaftsbevölkerung – Bruttowertschöpfung, regionaler Anteil an der Erwerbsbevölkerung – Arbeitslosenquote),
n : Anzahl der Regionen.

Die "z-transformierte" Zahlenreihe weist in ihrer ursprünglichen – nicht modifizierten – Form den Mittelwert 0 und die Standardabweichung 1 auf. Die Modifizierung – Multiplikation der Einzelwerte mit 15 und "Zentrieren" auf 100 (d.h. Addition von 100) – soll die Anschaulichkeit des Indikators erhöhen. Im Falle des Arbeitslosenindikators war noch eine spezielle Umrechnung vorzunehmen: Im Gegensatz zu Einkommensindikatoren und anderen gängigen Förderindikatoren der Gemeinschaftsaufgabe zeigen hohe Werte des Arbeitslosigkeitsindikators – d.h. hohe Arbeitslosenquoten – eine negative Situation an. Vorgenommen wurde daher eine "Spiegelung"; vor der Standardisierung wurden die Indikatorwerte von 200 subtrahiert.

Zusätzlich zur Standardisierung und unabhängig von dieser wurde auch eine Normierung der Werte beider Indikatoren vorgenommen. Der hierbei beschrittene Weg entspricht dem bei der Ermittlung der Förderindikatoren im Rahmen der Gemeinschaftsaufgabe Neuabgrenzung angewandten Verfahren. Die Ausprägungen der standardisierten und der normierten Werte sind den Tabellen 16 bis 18 zu entnehmen. Die standardisierten Werte für die beiden Teilindikatoren bildeten die Grundlage für die Errechnung des Gesamtindikators. Bei der arithmetischen Verknüpfung der Indikatoren wurde ein anderer Weg beschritten als bei Berechnung

Tabelle 16

Gesamt- und Teilindikatoren[1] für die Arbeitsmarktregionen der alten Bundesländer

Nr.	Arbeitsmarkt	Bruttowertschöpfung zu Faktorkosten				Arbeitslosigkeit				Gesamt-indikator[2]
		BWS/ Einwohner	Wirtschafts-bevölk.	normierter Indikator	standard. Indikator	Arbeits-losenquote	Erwerbs-personen	normierter Indikator	standard. Indikator	
		in DM				in vH				
163	Günzburg	42407	98758	142,08	165,57	5,30	40598	134,57	112,61	136,55
119	München	41244	2287497	138,19	160,69	5,10	981403	131,91	113,72	135,18
64	Frankfurt	39538	2835710	132,47	153,52	4,40	1144277	139,29	117,60	134,36
88	Stuttgart	36722	2384263	123,04	141,69	3,70	1019162	148,25	121,47	131,19
97	Karlsruhe	34547	745153	115,75	132,56	5,30	305120	133,12	112,61	122,18
100	Pforzheim	32879	256730	110,16	125,55	4,40	120947	145,14	117,60	121,51
135	Dingolfing	32053	92035	107,39	122,08	4,30	25373	146,94	118,15	120,10
65	Wiesbaden	33290	417426	111,54	127,28	5,80	174112	127,73	109,84	118,24
86	Mainz	33196	489640	111,22	126,88	6,10	200701	123,93	108,18	117,16
103	Offenburg	30624	34478	102,60	116,08	4,30	141044	146,25	118,15	117,11
89	Göppingen	29972	213429	100,42	113,34	4,00	100489	150,17	119,81	116,53
9	Wolfsburg	36018	347131	120,68	138,74	8,10	144863	99,75	97,11	116,07
108	Lörrach	30052	171139	100,69	113,68	4,40	77872	145,40	117,60	115,62
90	Heilbronn	30332	361168	101,63	114,85	4,70	147498	141,32	115,93	115,39
110	Reutlingen	29635	236447	99,29	111,92	4,20	103920	147,70	118,70	115,26
109	Waldshut-Tiengen	29334	127530	98,28	110,66	4,00	54598	150,45	119,81	115,14
113	Ulm	30317	415870	101,58	114,79	4,80	166496	139,99	115,38	115,08
114	Biberach	29019	146699	97,23	109,34	3,80	55909	152,90	120,92	114,98
96	Baden-Baden/Rastatt	30012	232809	100,55	113,51	4,70	99848	141,59	115,93	114,71
112	Albstadt	28392	166210	95,13	106,70	3,70	78439	153,98	121,47	113,85
91	Künzelsau	27621	81532	92,54	103,46	3,10	32695	161,64	124,79	113,63
106	Tuttlingen	29247	111942	97,99	110,29	4,50	48051	144,35	117,04	113,62
150	Nürnberg	31829	1327458	106,64	121,14	6,50	539580	117,42	105,97	113,30
104	Rottweil	27736	121611	92,93	103,95	3,40	52641	157,83	123,13	113,13
37	Düsseldorf	35828	1581216	120,04	137,94	8,90	617834	88,26	92,68	113,07
118	Ingolstadt	30473	342374	102,10	115,44	5,80	133977	127,94	109,84	112,61

121	Burghausen	29001	93825	97,17	109,26	4,70	33877	141,98	115,93	112,55
98	Mannheim/Heidelberg/Ludwigsh.	31369	1700296	105,10	119,21	6,50	685497	116,73	105,97	112,39
105	Villingen-Schwenningen	29354	196972	98,35	110,74	5,10	84360	136,78	113,72	112,22
115	Friedrichshafen	27870	172334	93,38	104,51	4,10	66668	149,15	119,26	111,64
164	Lindau	27689	65731	92,77	103,75	4,00	26411	150,62	119,81	111,49
107	Singen	29169	222739	97,73	109,97	5,30	92403	134,28	112,61	111,28
101	Freudenstadt	27115	93308	90,85	101,34	3,60	39387	155,46	122,02	111,20
125	Landsberg a.L.	28260	67481	94,68	106,15	4,60	29784	143,23	116,49	111,20
92	Schwäbisch-Hall	27302	147974	91,47	102,12	3,80	56611	152,89	120,92	111,12
159	Kaufbeuren	28444	146989	95,30	106,92	4,80	55463	140,62	115,38	111,07
153	Aschaffenburg	28234	294890	94,60	106,04	4,70	131327	141,41	115,93	110,88
116	Ravensburg	27556	235482	92,32	103,19	4,30	85784	146,58	118,15	110,42
162	Dillingen	27693	67455	92,78	103,77	4,50	28894	144,47	117,04	110,20
161	Memmingen	28418	153848	95,21	106,81	5,20	54355	135,72	113,17	109,94
123	Bad Tölz	28160	148191	94,35	105,73	5,00	67775	138,10	114,27	109,92
158	Augsburg	28630	529313	95,92	107,70	5,60	223497	129,91	110,95	109,32
94	Heidenheim	27643	125311	92,62	103,56	4,80	52094	140,64	115,38	109,31
95	Schwäbisch-Gmünd	27296	269489	91,45	102,10	4,70	111676	141,52	115,93	108,80
54	Gütersloh	29921	281712	100,25	113,12	6,80	114038	115,80	104,31	108,63
66	Erbach	26761	70999	89,66	99,85	4,40	34115	145,66	117,60	108,36
7	Hamburg	36460	2568899	122,16	140,59	10,60	1049769	66,70	83,27	108,20
144	Coburg	27090	195241	90,76	101,23	4,80	81117	140,48	115,38	108,08
93	Mergentheim	26372	123957	88,36	98,22	4,30	43219	146,84	118,15	107,72
165	Donauwörth	25985	115683	87,06	96,59	4,00	40812	150,54	119,81	107,58
117	Sigmaringen	26089	111464	87,41	97,03	4,10	43700	149,29	119,26	107,57
128	Weilheim	26395	94906	88,44	98,31	4,50	39898	144,40	117,04	107,27
160	Kempten	27486	190936	92,09	102,90	5,50	72565	131,94	111,51	107,11
129	Landshut	26580	161172	89,05	99,09	5,00	62616	138,13	114,27	106,41
76	Koblenz	29115	702186	97,55	109,74	7,30	270077	108,98	101,54	105,56
127	Traunstein	27433	140924	91,91	102,67	6,10	51411	124,69	108,18	105,39
120	Rosenheim	26919	226194	90,19	100,51	5,70	91050	129,39	110,40	105,34
146	Kronach	25289	68093	84,73	93,67	4,60	31436	143,22	116,49	104,46
99	Mosbach	25003	116628	83,77	92,47	4,50	49151	144,34	117,04	104,03
142	Bamberg	26150	185739	87,61	97,28	5,70	71562	129,49	110,40	103,63
149	Ansbach	24675	184313	82,67	91,09	4,40	69596	145,45	117,60	103,50
102	Freiburg	26516	513349	88,84	98,82	6,20	201538	122,70	107,63	103,13

noch Tabelle 16

Gesamt- und Teilindikatoren[1] für die Arbeitsmarktregionen der alten Bundesländer

	Arbeitsmarkt		Bruttowertschöpfung zu Faktorkosten			Arbeitslosigkeit				Gesamt-indikator[2]
Nr.		BWS/ Einwohner	Wirtschafts-bevölk.	normierter Indikator	standard. Indikator	Arbeits-losenquote	Erwerbs-personen	normierter Indikator	standard. Indikator	
		in DM				in vH				
155	Würzburg	25914	458825	86,82	96,29	5,70	170706	128,97	110,40	103,11
6	Itzehoe	30852	108809	103,37	117,04	9,40	45888	84,19	89,91	102,58
111	Tübingen	24955	159164	83,61	92,27	5,10	73022	136,84	113,72	102,43
45	Köln/Bonn	30683	2693094	102,80	116,33	9,40	1046413	80,86	89,91	102,27
147	Kulmbach	26478	67640	88,71	98,66	6,60	28751	118,66	105,42	101,98
62	Siegen	26951	515080	90,30	100,65	7,00	193430	112,98	103,20	101,92
143	Bayreuth	27812	171727	93,18	104,27	7,80	65047	103,76	98,77	101,48
48	Gummersbach	27475	224275	92,05	102,85	7,60	93618	106,09	99,88	101,35
72	Fulda	25677	182147	86,03	95,30	6,20	68301	123,38	107,63	101,28
145	Hof	28264	159814	94,70	106,16	8,20	65977	98,85	96,56	101,25
57	Paderborn	30225	229383	101,27	114,40	9,50	84381	82,84	89,36	101,11
42	Wuppertal/Solingen/Remscheid	28914	671612	96,87	108,90	8,70	276273	91,92	93,79	101,06
999	Berlin	30365	2014100	101,74	114,99	9,60	896072	78,97	88,81	101,05
124	Garmisch-Partenkirchen	24888	76263	83,39	91,98	5,60	30796	130,94	110,95	101,02
122	Reichenhall	25436	88104	85,22	94,29	6,10	33935	124,78	108,18	101,00
138	Regensburg	27484	358069	92,08	102,89	7,80	134715	103,46	98,77	100,81
60	Hagen	29251	641080	98,00	110,31	9,10	256051	87,12	91,58	100,51
67	Giessen	26526	461547	88,87	98,86	7,20	184018	110,58	102,09	100,47
56	Minden	27195	279578	91,12	101,67	7,80	106519	103,58	98,77	100,21
13	Hannover	31871	1151927	106,78	121,32	10,70	446128	67,12	82,72	100,17
23	Stade	28702	136160	96,16	108,00	8,90	60180	90,28	92,68	100,05
68	Limburg	23661	126582	79,27	86,83	5,40	54086	133,27	112,06	98,64
69	Marburg	24711	220061	82,79	91,24	6,50	85361	119,61	105,97	98,33
152	Weissenburg	23526	79233	78,82	86,26	5,40	30651	133,40	112,06	98,32
85	Landau	24406	112515	81,77	89,96	6,40	47796	121,02	106,52	97,89
33	Vechta	26180	96105	87,71	97,41	8,00	33786	101,44	97,67	97,54

152

47	Euskirchen	26147	133246	87,60	97,27	8,00	57413	101,34	97,67	97,47
154	Schweinfurt	24666	237411	82,64	91,05	6,90	86937	114,70	103,76	97,20
74	Korbach	25856	146503	86,63	96,05	7,90	52485	102,59	98,22	97,13
70	Lauterbach	24066	90375	80,63	88,53	6,40	37539	121,07	106,52	97,11
151	Neustadt/Aisch	22620	69850	75,79	82,46	5,10	28538	137,09	113,72	96,83
50	Münster	27488	698022	92,10	102,91	9,20	248732	85,93	91,02	96,78
71	Kassel	27893	600657	93,45	104,61	9,50	220221	82,38	89,36	96,68
73	Hersfeld	24768	123790	82,98	91,48	7,20	44062	111,22	102,09	96,64
61	Arnsberg	25109	259468	84,13	92,91	7,60	92912	106,09	99,88	96,33
80	Simmern	24377	78518	81,67	89,84	7,00	30812	113,74	103,20	96,29
46	Düren	25822	220475	86,52	95,91	8,40	87312	96,31	95,45	95,68
53	Bielefeld	26566	583784	89,01	99,03	9,00	218670	88,48	92,13	95,52
141	Neumarkt i.d.Oberpfalz	22013	83496	73,75	79,91	5,10	37919	137,04	113,72	95,33
40	Krefeld	27482	483117	92,08	102,88	9,70	193008	80,03	88,25	95,29
8	Braunschweig/Salzgitter	29023	600590	97,24	109,35	10,70	238851	67,69	82,72	95,11
126	Mühldorf	24403	82202	81,76	89,95	7,50	33094	107,58	100,43	95,05
148	Marktredwitz	24037	158877	80,53	88,41	7,20	65693	111,12	102,09	95,01
136	Pfarrkirchen	22450	90111	75,22	81,74	5,70	32535	129,70	110,40	95,00
15	Hildesheim	26397	256201	88,44	98,32	9,20	109365	86,42	91,02	94,60
131	Straubing	24716	113045	82,81	91,26	8,00	41576	101,40	97,67	94,41
132	Deggendorf	25340	100275	84,90	93,88	8,60	34916	94,06	94,34	94,11
43	Kleve	25645	223083	85,92	95,16	8,90	88874	90,17	92,68	93,92
35	Bremen	29105	1112447	97,51	109,70	11,30	426778	59,92	79,40	93,32
52	Lengerich	24898	333206	83,42	92,03	8,60	135032	93,67	94,34	93,18
139	Weiden i.d.Oberpfalz	23870	133810	79,98	87,71	7,80	49174	103,83	98,77	93,08
156	Bad Kissingen	22750	92394	76,22	83,00	7,00	36692	113,71	103,20	92,55
34	Brake	27529	82930	92,23	103,08	10,70	32722	68,27	82,72	92,34
157	Neustadt/Saale	23317	71793	78,12	85,38	7,70	28136	105,15	99,33	92,09
27	Osnabrück	25213	473333	84,47	93,35	9,30	164419	85,01	90,47	91,90
39	Essen	31030	955847	103,96	117,78	12,70	348695	43,13	71,65	91,86
137	Amberg	25060	246525	83,96	92,71	9,20	99582	86,46	91,02	91,86
3	Lübeck	26672	500041	89,36	99,48	10,40	212380	71,43	84,38	91,62
55	Detmold	24469	289590	81,98	90,22	8,90	120968	90,06	92,68	91,45
63	Soest	24307	253055	81,44	89,54	8,80	97123	91,37	93,24	91,37
20	Lüneburg	25465	124603	85,32	94,41	9,70	50983	80,49	88,25	91,28
19	Celle	26491	155112	88,76	98,72	10,40	61718	71,87	84,38	91,27

noch Tabelle 16

Gesamt- und Teilindikatoren[1] für die Arbeitsmarktregionen der alten Bundesländer

Nr.	Arbeitsmarkt	Bruttowertschöpfung zu Faktorkosten			Arbeitslosigkeit				Gesamt-indikator[2]
		BWS/ Einwohner in DM	Wirtschafts-bevölk.	normierter Indikator	standard. Indikator	Arbeits-losenquote in vH	Erwerbs-personen	normierter Indikator	standard. Indikator	
41	Mönchengladbach	25590	427936	85,74	94,93	9,80	177291	78,86	87,70	91,24
82	Wittlich	23284	150278	78,01	85,25	8,00	51779	101,36	97,67	91,24
2	Kiel	27248	684829	91,29	101,90	10,90	264198	65,19	81,61	91,19
17	Nienburg	23727	103975	79,50	87,11	8,40	38635	96,50	95,45	91,18
84	Kaiserslautern	23106	306069	77,42	84,50	7,90	125887	102,28	98,22	91,10
22	Soltau/Fallingbostel	24306	115897	81,44	89,54	9,00	46322	89,10	92,13	90,82
21	Rotenburg a.d.W.	22944	118896	76,87	83,82	8,00	47217	101,38	97,67	90,48
130	Passau	22881	215989	76,66	83,55	8,20	74112	98,82	96,56	89,82
4	Heide	28042	123349	93,95	105,23	11,80	41065	54,73	76,63	89,80
81	Trier	24617	221110	82,48	90,85	9,70	77118	80,41	88,25	89,54
77	Bad Kreuznach	23270	137002	77,96	85,19	8,70	52861	92,76	93,79	89,39
87	Pirmasens	23990	165361	80,38	88,21	9,30	74208	85,32	90,47	89,33
58	Bochum	28168	881167	94,38	105,76	12,10	346999	50,41	74,97	89,04
166	Saarbrücken	26771	1067370	89,69	99,89	11,40	379040	58,83	78,84	88,75
51	Bocholt	23463	288370	78,61	86,00	9,10	107349	87,66	91,58	88,74
78	Idar-Oberstein	21716	86156	72,76	78,66	7,80	31147	103,90	98,77	88,14
14	Hameln	25692	154559	86,08	95,36	11,00	58916	64,51	81,06	87,92
12	Osterode	26155	87593	87,63	97,31	11,30	33432	60,89	79,40	87,90
79	Cochem	20859	52159	69,89	75,06	7,10	19116	112,56	102,65	87,78
44	Aachen	25061	514338	83,97	92,71	10,80	195896	66,59	82,16	87,28
10	Göttingen	25797	386245	86,43	95,80	11,40	154064	59,37	78,84	86,91
75	Eschwege	22301	101204	74,72	81,12	8,90	40783	90,35	92,68	86,71
38	Duisburg	27284	1133504	91,41	102,05	12,40	448205	46,58	73,31	86,49
11	Goslar	24729	149177	82,85	91,32	10,90	60483	65,74	81,61	86,33
16	Holzminden/Höxter	23075	208407	77,31	84,37	9,80	74911	79,19	87,70	86,02
1	Flensburg	26772	259117	89,70	99,90	12,30	96126	48,48	73,86	85,90

18	Schaumburg	21487	128963	71,99	77,70	8,60	55087	93,98	94,34	85,62
83	Bitburg	20732	78624	69,46	74,53	7,90	26012	102,70	98,22	85,56
31	Nordhorn	22790	113078	76,36	83,17	9,80	40606	79,30	87,70	85,41
30	Lingen	22654	262910	75,90	82,60	9,80	80577	79,17	87,70	85,11
5	Husum	24493	147513	82,06	90,32	11,30	51511	60,85	79,40	84,68
24	Uelzen	24900	128476	83,43	92,03	12,20	47894	49,81	74,41	82,76
26	Oldenburg	25258	260945	84,63	93,54	12,50	88525	46,05	72,75	82,49
49	Gelsenkirchen	25618	855062	85,83	95,05	12,80	337781	41,94	71,09	82,20
59	Dortmund	25499	1155759	85,43	94,55	13,00	433308	39,36	69,98	81,35
29	Cloppenburg	22186	104074	74,33	80,63	11,00	35466	64,58	81,06	80,85
134	Regen	19900	71557	66,67	71,03	10,20	25896	74,43	85,49	77,92
133	Freyung	19274	68072	64,58	68,40	9,90	25746	78,12	87,15	77,21
36	Bremerhaven/Cuxhaven	22510	295908	75,42	81,99	12,70	117148	43,54	71,65	76,65
140	Cham	18847	115934	63,15	66,61	9,90	38860	78,08	87,15	76,19
28	Wilhemlshaven	24082	235732	80,69	88,60	14,40	86632	22,76	62,23	74,26
25	Emden	22840	224691	76,52	83,38	14,40	74679	22,77	62,23	72,04
32	Leer	19473	123044	65,24	69,24	14,80	47273	17,88	60,02	64,46

Eigene Berechnungen. – [1]Zur Normierung und Standardisierung vgl. die Anmerkungen im Text. – [2]Multiplikative Verknüpfung.

Tabelle 17

Gesamt- und Teilindikatoren[1] für die Arbeitsmarktregionen der neuen Bundesländer

Nr.	Arbeitsmarkt	Bruttowertschöpfung zu Faktorkosten				Arbeitslosigkeit				Gesamtindikator[2]
		BWS/ Einwohner in DM	Wirtschaftsbevölk.	normierter Indikator	standard. Indikator	Arbeitslosenquote in vH	Erwerbspersonen	normierter Indikator	standard. Indikator	
239	Schwedt	35517,1	86308	227,87	228,45	23,31	47059	93,30	99,76	150,96
220	Hoyerswerda	24046,8	335843	154,28	155,19	16,29	188991	123,13	129,18	141,59
206	Cottbus	17244,2	422785	110,64	111,75	17,13	228144	118,88	125,68	118,51
211	Eisenhüttenstadt-Frankfurt	18923,9	234346	121,41	122,47	21,67	125775	99,84	106,62	114,27
204	Brandenburg	15924,4	262245	102,17	103,32	18,04	209745	115,07	121,86	112,20
222	Leipzig	16643,3	1304362	106,78	107,91	19,47	708406	103,02	115,87	111,82
207	Dessau	17794,3	493264	114,17	115,26	21,75	238342	98,27	106,32	110,70
224	Magdeburg	17073,9	696409	109,54	110,66	21,55	383935	97,57	107,15	108,89
223	Luckenwalde	13928,6	78212	89,36	90,57	16,01	73452	125,99	130,36	108,66
221	Jena	14964,9	210040	96,01	97,19	18,63	116501	113,61	119,38	107,71
236	Saalfeld	16045,2	215782	102,94	104,09	21,70	119809	99,80	106,53	105,30
250	Zwickau	16095,2	501596	103,26	104,41	22,18	260567	96,13	104,52	104,46
234	Riesa	15365,0	288180	98,58	99,75	21,02	154162	102,45	109,37	104,45
145	Hof	17544,1	27545	112,56	113,66	24,30	15051	89,14	95,61	104,25
208	Dresden	14711,0	1161361	94,38	95,57	20,01	627482	101,59	113,59	104,19
217	Görlitz	15527,3	445900	99,62	100,78	21,65	241299	98,66	106,72	103,71
215	Freiberg	19470,9	114042	124,92	125,97	26,82	62757	77,28	85,05	103,51
24	Uelzen/Salzwedel/Lüchow	21199,8	45366	136,01	137,01	28,45	39823	70,05	78,19	103,50
246	Weimar	13803,2	151337	88,56	89,77	18,69	84627	113,77	119,14	103,42
219	Halberstadt	15809,6	345735	101,43	102,59	22,35	186632	96,14	103,79	103,18
205	Chemnitz	15035,9	957091	96,47	97,64	21,73	528617	95,28	106,39	101,92
203	Berlin	14729,3	2187053	94,50	95,69	21,25	1042100	92,29	108,42	101,85
237	Saalkreis	14921,4	828911	95,73	96,91	21,96	367595	95,93	105,41	101,07

noch Tabelle 17

Gesamt- und Teilindikatoren[1] für die Arbeitsmarktregionen der neuen Bundesländer

Nr.	Arbeitsmarkt	Bruttowertschöpfung zu Faktorkosten				Arbeitslosigkeit				Gesamtindikator[2]
		BWS/ Einwohner	Wirtschaftsbevölk.	normierter Indikator	standard. Indikator	Arbeitslosenquote	Erwerbspersonen	normierter Indikator	standard. Indikator	
		in DM				in vH				
144	Coburg	14650,7	57431	94,00	95,18	21,53	32526	101,55	107,23	101,03
248	Wittenberg	16109,5	160831	103,36	104,50	23,82	87229	90,58	97,62	101,00
235	Rostock	14500,5	547067	93,03	94,23	21,61	293452	98,26	106,87	100,35
243	Suhl	15272,5	227043	97,99	99,15	23,39	129714	92,10	99,44	99,30
232	Plauen	15933,3	235249	102,23	103,38	24,40	129550	87,54	95,18	99,19
212	Erfurt	14622,6	756455	93,82	95,00	22,40	453669	93,13	103,56	99,19
218	Greifswald	14880,1	191147	95,47	96,65	23,36	99017	92,55	99,56	98,09
209	Eberswalde	16878,3	116632	108,29	109,41	27,03	62262	76,31	84,16	95,96
210	Eisenach	15087,6	268171	96,80	97,97	24,74	149039	85,84	93,77	95,85
247	Wismar	14706,4	90501	94,35	95,54	24,43	40599	88,31	95,08	95,31
227	Neuruppin	12885,8	196645	82,67	83,91	22,72	129895	95,07	102,22	92,61
240	Schwerin	14310,6	486905	91,81	93,01	25,31	229867	82,55	91,39	92,20
242	Stralsund	13005,2	217651	83,44	84,68	23,36	111831	92,38	99,53	91,80
216	Gera	13318,1	363437	85,45	86,67	24,98	176582	84,48	92,74	89,65
75	Eschwege	13363,4	90048	85,74	86,96	26,89	50506	77,03	84,73	85,84
10	Göttingen	16317,6	225377	104,69	105,83	30,60	85795	59,99	69,17	85,56
226	Neubrandenburg	13141,1	371901	84,31	85,54	27,08	197031	74,97	83,97	84,75
241	Stendal	13123,0	200104	84,20	85,43	27,63	171570	72,70	81,64	83,51
233	Prenzlau	12858,8	78029	82,50	83,74	27,54	40901	74,19	82,03	82,88
9	Wolfsburg	12176,1	28147	78,12	79,38	27,99	23426	72,29	80,13	79,76
230	Pasewalk	12215,7	91614	78,37	79,63	30,11	44083	62,50	71,24	75,32
3	Lübeck	11652,3	39671	74,76	76,03	29,54	17291	65,27	73,61	74,81

Eigene Berechnungen. – [1]Zur Normierung und Standardisierung vgl. die Anmerkungen im Text. – [2]Multiplikative Verknüpfung.

Tabelle 18

Gesamt- und Teilindikatoren[1] für die Arbeitsmarktregionen Deutschlands

Nr.	Arbeitsmarkt	Bruttowertschöpfung zu Faktorkosten			Arbeitslosigkeit				Gesamt-indikator[2]
		BWS/Einwohner in DM	Wirtschaftsbevölk.	normierter Indikator	standard. Indikator	Arbeitslosenquote in vH	Erwerbspersonen	normierter Indikator	standard. Indikator	
163	Günzburg	42407	98758	158,19	148,11	5,30	40598	153,00	112,02	128,81
119	München	41244	2287497	153,86	144,95	5,10	981403	150,48	112,48	127,69
64	Frankfurt	39538	2835710	147,49	140,31	4,40	1144277	155,74	114,10	126,53
88	Stuttgart	36722	2384263	136,99	132,66	3,70	1019162	162,31	115,71	123,89
97	Karlsruhe	34547	745153	128,87	126,75	5,30	305120	151,78	112,02	119,16
100	Pforzheim	32879	256730	122,65	122,21	4,40	120947	160,55	114,10	118,08
135	Dingolfing	32053	92035	119,57	119,97	4,30	25373	161,89	114,33	117,11
65	Wiesbaden	33290	417426	124,18	123,33	5,80	174112	147,99	110,87	116,94
86	Mainz	33196	489640	123,83	123,07	6,10	200701	145,24	110,18	116,45
37	Düsseldorf	35828	1581216	133,65	130,23	8,90	617834	119,16	103,74	116,23
103	Offenburg	30624	34478	114,24	116,08	4,30	141044	161,33	114,33	115,20
7	Hamburg	36460	2568899	136,01	131,95	10,60	1049769	103,10	99,82	114,77
89	Göppingen	29972	213429	111,81	114,31	4,00	100489	164,17	115,02	114,66
90	Heilbronn	30332	361168	113,15	115,29	4,70	147498	157,78	113,40	114,34
108	Lörrach	30052	171139	112,11	114,53	4,40	77872	160,76	114,10	114,31
113	Ulm	30317	415870	113,09	115,25	4,80	166496	156,81	113,17	114,21
150	Nürnberg	31829	1327458	118,73	119,36	6,50	539580	140,30	109,26	114,20
110	Reutlingen	29635	236447	110,55	113,39	4,20	103920	162,39	114,56	113,97
96	Baden-Baden/Rastatt	30012	232809	111,96	114,42	4,70	99848	158,01	113,40	113,91
109	Waldshut-Tiengen	29334	127530	109,43	112,57	4,00	54598	164,40	115,02	113,79
98	Mannheim/Heidelberg/Ludwigshafen	31369	1700296	117,02	118,11	6,50	685497	139,69	109,26	113,60
114	Biberach	29019	146699	108,25	111,72	3,80	55909	166,15	115,48	113,58
118	Ingolstadt	30473	342374	113,68	115,67	5,80	133977	148,17	110,87	113,25
106	Tuttlingen	29247	111942	109,10	112,34	4,50	48051	160,02	113,87	113,10
112	Albstadt	28392	166210	105,91	110,01	3,70	78439	166,92	115,71	112,82
105	Villingen-Schwenningen	29354	196972	109,50	112,63	5,10	84360	154,56	112,48	112,56

121	Burghausen	29001	93825	108,18	111,67	4,70	33877	158,32	113,40	112,53
91	Künzelsau	27621	81532	103,04	107,92	3,10	32695	172,45	117,09	112,41
104	Rottweil	27736	121611	103,47	108,23	3,40	52641	169,70	116,40	112,24
107	Singen	29169	222739	108,81	112,13	5,30	92403	152,76	112,02	112,08
9	Wolfsburg	34230	375278	127,69	125,88	10,87	168289	103,47	99,21	111,75
159	Kaufbeuren	28444	146989	106,11	110,16	4,80	55463	157,34	113,17	111,65
115	Friedrichshafen	27870	172334	103,97	108,60	4,10	66668	163,46	114,79	111,65
125	Landsberg a.L.	28260	67481	105,42	109,66	4,60	29784	159,23	113,64	111,63
164	Lindau	27689	65731	103,29	108,10	4,00	26411	164,54	115,02	111,51
153	Aschaffenburg	28234	294890	105,32	109,58	4,70	131327	157,86	113,40	111,48
54	Gütersloh	29921	281712	111,62	114,17	6,80	114038	139,45	108,57	111,34
92	Schwäbisch-Hall	27302	147974	101,85	107,05	3,80	56611	166,15	115,48	111,18
161	Memmingen	28418	153848	106,01	110,08	5,20	54355	153,82	112,25	111,16
101	Freudenstadt	27115	93308	101,15	106,54	3,60	39387	168,00	115,94	111,14
123	Bad Tölz	28160	148191	105,05	109,38	5,00	67775	155,52	112,71	111,04
158	Augsburg	28630	529313	106,80	110,66	5,60	223497	149,52	111,33	111,00
116	Ravensburg	27556	235482	102,79	107,74	4,30	85784	161,60	114,33	110,98
162	Dillingen	27693	67455	103,31	108,11	4,50	28894	160,11	113,87	110,95
94	Heidenheim	27643	125311	103,12	107,98	4,80	52094	157,35	113,17	110,55
95	Schwäbisch-Gmünd	27296	269489	101,82	107,03	4,70	111676	157,95	113,40	110,17
66	Erbach	26761	70999	99,83	105,58	4,40	34115	160,97	114,10	109,76
76	Koblenz	29115	702186	108,61	111,98	7,30	270077	134,42	107,42	109,68
160	Kempten	27486	190936	102,53	107,55	5,50	72565	151,09	111,56	109,54
6	Itzehoe	30852	108809	115,09	116,70	9,40	45888	116,81	102,59	109,42
93	Mergentheim	26372	123957	98,38	104,52	4,30	43219	161,81	114,33	109,31
45	Köln/Bonn	30683	2693094	114,46	116,24	9,40	1046413	113,38	102,59	109,20
117	Sigmaringen	26089	111464	97,32	103,75	4,10	43700	163,57	114,79	109,13
128	Weilheim	26395	94906	98,46	104,59	4,50	39898	160,06	113,87	109,13
165	Donauwörth	25985	115683	96,93	103,47	4,00	40812	164,47	115,02	109,09
13	Hannover	31871	1151927	118,89	119,47	10,70	446128	104,08	99,59	109,08
129	Landshut	26580	161172	99,15	105,09	5,00	62616	155,54	112,71	108,83
127	Traunstein	27433	140924	102,34	107,41	6,10	51411	145,89	110,18	108,79
120	Rosenheim	26919	226194	100,42	106,01	5,70	91050	149,24	111,10	108,53
57	Paderborn	30225	229383	112,75	115,00	9,50	84381	115,79	102,36	108,49
42	Wuppertal/Solingen/Remscheid	28914	671612	107,86	111,43	8,70	276273	122,13	104,20	107,75
60	Hagen	29251	641080	109,12	112,35	9,10	256051	118,70	103,28	107,72

noch Tabelle 18

Gesamt- und Teilindikatoren[1] für die Arbeitsmarktregionen Deutschlands

Nr.	Arbeitsmarkt	Bruttowertschöpfung zu Faktorkosten				Arbeitslosigkeit				Gesamt-indikator[2]
		BWS/ Einwohner in DM	Wirtschafts-bevölk.	normierter Indikator	standard. Indikator	Arbeits-losenquote in vH	Erwerbs-personen	normierter Indikator	standard. Indikator	
142	Bamberg	26150	185739	97,55	103,92	5,70	71562	149,33	111,10	107,45
146	Kronach	25289	68093	94,34	101,58	4,60	31436	159,22	113,64	107,44
102	Freiburg	26516	513349	98,91	104,91	6,20	201538	144,36	109,95	107,40
143	Bayreuth	27812	171727	103,75	108,44	7,80	65047	130,85	106,27	107,35
23	Stade	28702	136160	107,07	110,86	8,90	60180	121,17	103,74	107,24
99	Mosbach	25003	116628	93,27	100,80	4,50	49151	160,01	113,87	107,13
48	Gummersbach	27475	224275	102,49	107,52	7,60	93618	132,49	106,73	107,12
155	Würzburg	25914	458825	96,67	103,28	5,70	170706	148,88	111,10	107,12
62	Siegen	26951	515080	100,54	106,10	7,00	193430	137,37	108,11	107,10
138	Regensburg	27484	358069	102,53	107,55	7,80	134715	130,57	106,27	106,91
147	Kulmbach	26478	67640	98,77	104,81	6,60	28751	141,58	109,03	106,90
149	Ansbach	24675	184313	92,05	99,91	4,40	69596	160,80	114,10	106,77
56	Minden	27195	279578	101,45	106,76	7,80	106519	130,68	106,27	106,51
111	Tübingen	24955	159164	93,09	100,67	5,10	73022	154,61	112,48	106,41
67	Giessen	26526	461547	98,95	104,94	7,20	184018	135,65	107,65	106,29
72	Fulda	25677	182147	95,78	102,63	6,20	68301	144,94	109,95	106,23
122	Reichenhall	25436	88104	94,89	101,98	6,10	33935	145,97	110,18	106,00
124	Garmisch-Partenkirchen	24888	76263	92,84	100,49	5,60	30796	150,40	111,33	105,77
39	Essen	31030	955847	115,75	117,19	12,70	348695	86,90	94,99	105,51
8	Braunschweig/Salzgitter	29023	600590	108,27	111,73	10,70	238851	104,73	99,59	105,49
71	Kassel	27893	600657	104,05	108,66	9,50	220221	115,32	102,36	105,46
50	Münster	27488	698022	102,54	107,56	9,20	248732	117,85	103,05	105,28
33	Vechta	26180	96105	97,66	104,00	8,00	33786	129,20	105,81	104,90
35	Bremen	29105	1112447	108,57	111,95	11,30	426778	98,91	98,21	104,86
47	Euskirchen	26147	133246	97,54	103,91	8,00	57413	129,11	105,81	104,86
40	Krefeld	27482	483117	102,52	107,54	9,70	193008	113,66	101,90	104,68

74	Korbach	25856	146503	96,45	103,12	7,90	52485	130,01	106,04	104,57
69	Marburg	24711	220061	92,18	100,01	6,50	85361	142,22	109,26	104,53
53	Bielefeld	26566	583784	99,10	105,05	9,00	218670	119,71	103,51	104,28
68	Limburg	23661	126582	88,26	97,15	5,40	54086	152,05	111,79	104,22
85	Landau	24406	112515	91,04	99,18	6,40	47796	143,26	109,49	104,21
154	Schweinfurt	24666	237411	92,01	99,88	6,90	86937	138,69	108,34	104,03
152	Weissenburg	23526	79233	87,76	96,79	5,40	30651	152,16	111,79	104,02
46	Düren	25822	220475	96,33	103,03	8,40	87312	125,47	104,89	103,95
61	Arnsberg	25109	259468	93,67	101,09	7,60	92912	132,50	106,73	103,87
73	Hersfeld	24768	123790	92,39	100,16	7,20	44062	136,22	107,65	103,84
15	Hildesheim	26397	256201	98,47	104,59	9,20	109365	118,35	103,05	103,82
70	Lauterbach	24066	90375	89,78	98,25	6,40	37539	143,31	109,49	103,72
34	Brake	27529	82930	102,69	107,67	10,70	32722	105,38	99,59	103,55
80	Simmern	24377	78518	90,94	99,10	7,00	30812	138,04	108,11	103,51
43	Kleve	25645	223083	95,67	102,55	8,90	88874	121,06	103,74	103,14
132	Deggendorf	25340	100275	94,53	101,72	8,60	34916	123,91	104,43	103,06
151	Neustadt/Aisch	22620	69850	84,38	94,32	5,10	28538	154,82	112,48	103,00
126	Mühldorf	24403	82202	91,03	99,17	7,50	33094	133,62	106,96	102,99
2	Kiel	27248	684829	101,65	106,90	10,90	264198	102,90	99,13	102,95
4	Heide	28042	123349	104,61	109,06	11,80	41065	95,65	97,06	102,89
131	Straubing	24716	113045	92,20	100,02	8,00	41576	129,17	105,81	102,87
148	Marktredwitz	24037	158877	89,67	98,17	7,20	65693	136,13	107,65	102,80
58	Bochum	28168	811167	105,08	109,41	12,10	346999	92,15	96,37	102,68
19	Celle	26491	155112	98,82	104,85	10,40	61718	107,94	100,28	102,54
52	Lengerich	24898	333206	92,88	100,52	8,60	135032	123,53	104,43	102,45
136	Pfarrkirchen	22450	90111	83,75	93,86	5,70	32535	149,51	111,10	102,12
141	Neumarkt i.d.Oberpfalz	22013	83496	82,12	92,67	5,10	37919	154,77	112,48	102,10
27	Osnabrück	25213	473333	94,05	101,37	9,30	164419	117,27	102,82	102,09
41	Mönchengladbach	25590	427936	95,46	102,40	9,80	177291	112,83	101,67	102,03
137	Amberg	25060	246525	93,48	100,96	9,20	99582	118,38	103,05	102,00
20	Lüneburg	25465	124603	94,99	102,06	9,70	50983	114,14	101,90	101,98
139	Weiden i.d.Oberpfalz	23870	133810	89,04	97,72	7,80	49174	130,91	106,27	101,91
145	Hof	26688	187359	99,56	105,38	11,19	81028	100,91	98,47	101,86
166	Saarbrücken	26771	1067370	99,87	105,61	11,40	379040	98,18	97,98	101,72
55	Detmold	24469	289590	91,28	99,35	8,90	120968	120,94	103,74	101,52
63	Soest	24307	253055	90,67	98,91	8,80	97123	121,91	103,97	101,41

noch Tabelle 18

Gesamt- und Teilindikatoren[1] für die Arbeitsmarktregionen Deutschlands

Nr.	Arbeitsmarkt	Bruttowertschöpfung zu Faktorkosten				Arbeitslosigkeit				Gesamt-indikator[2]
		BWS/ Einwohner in DM	Wirtschafts-bevölk.	normierter Indikator	standard. Indikator	Arbeits-losenquote in vH	Erwerbs-personen	normierter Indikator	standard. Indikator	
157	Neustadt/Saale	23317	71793	86,98	96,22	7,70	28136	131,87	106,50	101,23
38	Duisburg	27284	1133504	101,78	107,00	12,40	448205	89,26	95,68	101,18
22	Soltau/Fallingbostel	24306	115897	90,67	98,91	9,00	46322	120,33	103,51	101,18
156	Bad Kissingen	22750	92394	84,87	94,68	7,00	36692	138,02	108,11	101,17
17	Nienburg	23727	103975	88,51	97,33	8,40	38635	125,66	104,89	101,04
12	Osterode	26155	87593	97,57	103,93	11,30	33432	100,09	98,21	101,03
82	Wittlich	23284	150278	86,86	96,13	8,00	51779	129,13	105,85	100,85
81	Trier	24617	221110	91,83	99,75	9,70	77118	114,05	101,90	100,82
14	Hameln	25692	154559	95,84	102,67	11,00	58916	102,65	98,90	100,77
84	Kaiserslautern	23106	306069	86,19	95,64	7,90	125887	129,73	106,04	100,71
1	Flensburg	26772	259117	99,87	105,61	12,30	96126	91,09	95,91	100,64
144	Coburg	24263	252672	90,51	98,79	9,59	113643	114,92	102,15	100,46
87	Pirmasens	23990	165361	89,49	98,05	9,30	74208	117,59	102,82	100,40
21	Rotenburg a.d.W.	22944	118896	85,59	95,20	8,00	47217	129,15	105,81	100,37
44	Aachen	25061	514338	93,49	100,96	10,80	195896	103,99	99,36	100,16
77	Bad Kreuznach	23270	137002	86,81	96,09	8,70	52861	122,96	104,20	100,06
130	Passau	22881	215989	85,35	95,03	8,20	74112	127,28	105,35	100,06
51	Bocholt	23463	288370	87,53	96,61	9,10	107349	119,23	103,28	99,89
3	Lübeck	25568	539712	95,38	102,34	11,84	229671	94,75	96,97	99,62
11	Goslar	24729	149177	92,25	100,06	10,90	60483	103,53	99,13	99,59
5	Husum	24493	147513	91,37	99,41	11,30	51511	100,03	98,21	98,81
78	Idar-Oberstein	21716	86156	81,01	91,87	7,80	31147	130,98	106,27	98,81
16	Holzminden/Höxter	23075	208407	86,08	95,56	9,80	74911	113,18	101,67	98,57
49	Gelsenkirchen	25618	855062	95,56	102,47	12,80	337781	86,06	94,76	98,54
26	Oldenburg	25258	260945	94,22	101,49	12,50	88525	89,35	95,45	98,43
79	Cochem	20859	52159	77,81	89,54	7,10	19116	137,21	107,88	98,28

162

31	Nordhorn	22790	113078	85,02	94,78	9,80	40606	113,30	101,67	98,17
59	Dortmund	25499	1155759	95,12	102,15	13,00	433308	84,07	94,30	98,15
30	Lingen	22654	262910	84,51	94,42	9,80	80577	113,16	101,67	97,97
18	Schaumburg	21487	128963	80,15	91,24	8,60	55087	123,83	104,43	97,61
83	Bitburg	20732	78624	77,34	89,19	7,90	26012	130,12	106,04	97,25
29	Cloppenburg	22186	104074	82,76	93,14	11,00	35466	102,73	98,90	95,98
239	Schwedt	35517	86308	132,49	129,38	23,31	47059	-5,89	70,57	95,55
28	Wilhelmshaven	24082	235732	89,83	98,30	14,40	86632	72,62	91,08	94,62
36	Bremerhaven/Cuxhaven	22510	295908	83,97	94,02	12,70	117148	87,51	94,99	94,51
134	Regen	19900	71557	74,23	86,93	10,20	25896	109,82	100,75	93,58
25	Emden	22840	224691	85,20	94,92	14,40	74679	72,64	91,08	92,98
133	Freyung	19274	68072	71,90	85,23	9,90	25746	112,47	101,44	92,98
140	Cham	18847	115934	70,31	84,07	9,90	38860	112,42	101,44	92,34
220	Hoyerswerda	24047	335843	89,70	98,20	16,29	188991	55,76	86,72	92,28
999	Berlin	22225	4201153	82,91	93,25	15,86	1938172	56,58	87,71	90,44
24	Uelzen/Salzwedel/Lüchow	23934	173842	89,28	97,90	19,58	87717	26,99	79,16	88,03
32	Leer	19473	123044	72,64	85,77	14,80	47273	69,17	90,16	87,93
10	Göttingen	22304	611622	83,20	93,46	18,27	239859	38,35	82,17	87,64
206	Cottbus	17244	422785	64,33	79,71	17,13	228144	48,36	84,79	82,21
75	Eschwege	18093	191252	67,49	82,02	18,86	91289	33,36	80,82	81,42
204	Brandenburg	15924	262245	59,40	76,12	18,04	209745	40,39	82,70	79,34
211	Eisenhüttenstadt-Frankfurt	18924	234346	70,59	84,27	21,67	125775	8,53	74,34	79,15
222	Leipzig	16643	1304362	62,09	78,07	19,47	708406	27,46	79,41	78,74
223	Luckenwalde	13929	78212	51,96	70,69	16,01	73452	58,42	87,36	78,59
207	Dessau	17794	493264	66,38	81,20	21,75	238342	7,86	74,17	77,61
221	Jena	14965	210040	55,82	73,51	18,63	116501	35,30	81,34	77,33
224	Magdeburg	17074	696409	63,69	79,25	21,55	383935	9,55	74,62	76,90
246	Weimar	13803	151337	51,49	70,35	18,69	84627	34,84	81,21	75,59
208	Dresden	14711	1161361	54,88	72,82	20,01	627482	22,81	78,16	75,45
236	Saalfeld	16045	215782	59,85	76,45	21,70	119809	8,33	74,28	75,36
234	Riesa	15365	288180	57,32	74,60	21,02	154162	14,28	75,84	75,22
250	Zwickau	16095	501596	60,04	76,58	22,18	260567	4,10	73,18	74,86
217	Görlitz	15527	445900	57,92	75,04	21,65	241299	8,71	74,39	74,71
219	Halberstadt	15810	345735	58,98	75,81	22,35	186632	2,57	72,78	74,28
205	Chemnitz	15036	957091	56,09	73,71	21,73	528617	7,94	74,21	73,96
237	Saalkreis	14921	828911	55,66	73,39	21,96	367595	5,93	73,67	73,53

noch Tabelle 18

Gesamt- und Teilindikatoren[1] für die Arbeitsmarktregionen Deutschlands

Nr.	Arbeitsmarkt	Bruttowertschöpfung zu Faktorkosten			Arbeitslosigkeit				Gesamt-indikator[2]
		BWS/ Einwohner in DM	Wirtschafts-bevölk.	normierter Indikator	standard. Indikator	Arbeits-losenquote in vH	Erwerbs-personen	normierter Indikator	standard. Indikator	
235	Rostock	14501	547067	54,09	72,25	21,61	293452	9,00	74,47	73,35
215	Freiberg	19471	114042	72,63	85,76	26,82	62757	-36,80	62,50	73,21
248	Wittenberg	16109	160831	60,09	76,62	23,82	87229	-10,38	69,39	72,92
212	Erfurt	14623	756455	54,55	72,58	22,40	453669	2,08	72,65	72,62
243	Suhl	15272	227043	56,97	74,35	23,39	129714	-6,54	70,39	72,34
232	Plauen	15933	235249	59,44	76,14	24,40	129550	-15,48	68,06	71,99
218	Greifswald	14880	191147	55,51	73,28	23,36	99017	-6,30	70,46	71,86
210	Eisenach	15088	268171	56,28	73,85	24,74	149039	-18,44	67,28	70,49
247	Wismar	14706	90501	54,86	72,81	24,43	40599	-15,74	68,00	70,36
209	Eberswalde	16878	116632	62,96	78,71	27,03	62262	-38,68	62,01	69,86
227	Neuruppin	12886	196645	48,07	67,86	22,72	129895	-0,72	71,92	69,86
242	Stralsund	13005	217651	48,51	68,18	23,36	111831	-6,35	70,45	69,31
240	Schwerin	14311	486905	53,38	71,73	25,31	229867	-23,37	65,97	68,79
216	Gera	13318	363437	49,68	69,04	24,98	176582	-20,58	66,71	67,87
226	Neubrandenburg	13141	371901	49,02	68,55	27,08	197031	-38,93	61,90	65,14
241	Stendal	13123	200104	48,95	68,50	27,63	171570	-43,83	60,62	64,44
233	Prenzlau	12859	78029	47,97	67,79	27,54	40901	-43,19	60,84	64,22
230	Pasewalk	12216	91614	45,57	66,04	30,11	44083	-65,89	54,91	60,22

Eigene Berechnungen. – [1]Zur Normierung und Standardisierung vgl. die Anmerkungen im Text. – [2]Multiplikative Verknüpfung.

der Förderindikatoren in der Neuabgrenzung der Gemeinschaftsaufgabe[141]. Beide Indikatoren wurden hier gleich gewichtet[142]. Der Gesamtindikator wurde durch die multiplikative Verknüpfung – Bildung des jeweiligen geometrischen Mittels – der standardisierten Werte der beiden Teilindikatoren gewonnen. Die gleiche Gewichtung war im vorliegenden Fall deshalb angebracht, weil in Gestalt der Bruttowertschöpfung ein zentraler Einkommensindikator mit einem zentralen Arbeitsmarktindikator in Gestalt der Arbeitslosenquote verbunden wurde. Beiden Indikatorengruppen ist im Hinblick auf die Einschätzung der wirtschaftlichen Lage der Regionen gleicher Rang zuzusprechen. Im speziellen Fall der ostdeutschen Ausprägungen des hier errechneten Gesamtindikators beschreibt der Einkommensindikator zudem Aspekte der Situation vor, der Arbeitsmarktindikator hingegen solche der Entwicklung seit dem am 1. Juli 1990 eingeleiteten Strukturbruch.

4.2. Vergleich der wirtschaftlichen Situation der Arbeitsmarktregionen Deutschlands nach dem Gesamtindikator

Die Tabellen 16 bis 18 enthalten die Ergebnisse der Berechnung des Gesamtindikators. Tabelle 16 stellt die Resultate der separaten Berechnung des Gesamtindikators für die Arbeitsmarktregionen und -teilregionen des bisherigen Bundesgebiets vor. In Tabelle 17 sind analog hierzu die Resultate einer separaten Berechnung des Gesamtindikators für die Arbeitsmarktregionen und -teilregionen der neuen Bundesländer ausgewiesen. Tabelle 18 enthält die Berechnung des auf alle Arbeitsmarktregionen Deutschlands bezogenen Gesamtindikators.

Die Reihenfolge der Arbeitsmarktregionen nach dem Gesamtindikator zeigt wesentliche Verschiebungen gegenüber den Einzelindikatoren. Die Ausprägungen des Gesamtindikators zeigen wiederum ein starkes Ost-West-Gefälle zuungunsten Ostdeutschlands. Das untere Viertel der Werte des Gesamtindikators wird ausschließlich von auf dem Gebiet der neuen Bundesländer gelegenen Arbeitsmarktregionen besetzt. Alle anderen ostdeutschen Arbeitsmarktregionen wie auch die "grenzüberschreitenden" Arbeitsmarktregionen befinden sich im dritten Viertel. Am unteren Ende der Skala sind besonders viele Arbeitsmarktregionen Mecklen-

---

[141] Auch in der Gemeinschaftsaufgabe, so im 10. Rahmenplan (Zeitraum 1981 bis 1985), wurden die Teilindikatoren gelegentlich mit gleichem Gewicht im Gesamtindikator berücksichtigt. Vgl. P. Klemmer und H. Schrumpf, Die Eckwertbeschlüsse zum Zehnten Rahmenplan der Gemeinschaftsaufgabe "Verbesserung der regionalen Wirtschaftsstruktur". In: Kommunalverband Ruhrgebiet (Hrsg.), Regionale Wirtschaftspolitik am Scheideweg? Essen 1981, S. 28. – Zum Gewichtungsproblem vgl. auch U. Blien, M. Koller und W. Schiebel, S. 10ff.

[142] Die Gleichgewichtung der Teilindikatoren garantiert im vorliegenden Fall der multiplikativen Verknüpfung zweier Teilindikatoren auch deren Gleichbehandlung. Probleme von der Art der seinerzeit bezüglich der Gleichgewichtung der Teilindikatoren bei der Bestimmung der Förderindikatoren der Gemeinschaftsaufgabe monierten, können hier nicht auftreten. Zu letzterem vgl. H.-F. Eckey und K. Wehrt, Das Gewichtungsproblem der Förderindikatoren in der Gemeinschaftsaufgabe "Verbesserung der regionalen Wirtschaftsstruktur" (unter besonderer Berücksichtigung der Arbeitsmärkte des Ruhrgebiets). (RUFIS-Beiträge, Nr. 7/1983.) Bochum 1983, S. 27ff.

burg-Vorpommerns zu finden, aber auch Arbeitsmarktregionen aus den anderen neuen Bundesländern.

Damit verstärkt sich der Eindruck, der bereits beim Vergleich des Bruttowertschöpfungs- und des Arbeitslosigkeitsindikators zu gewinnen war: Die Regionen der ehemaligen DDR, die am unteren Ende der Pro-Kopf-Einkommens-Skala rangierten, sind in der Tendenz auch besonders stark von der Arbeitslosigkeit betroffen. Mecklenburg-Vorpommern sieht sich mit besonderen Problemen konfrontiert.

Viertes Kapitel

Vergleich der Regionen der neuen Bundesländer mit den Regionen der Europäischen Gemeinschaft

1. Vorbemerkungen zur Methodik

Die Regionen der neuen Bundesländer sollen mit den Regionen der Europäischen Gemeinschaft auf Basis der Indikatoren verglichen werden, die schon beim innerdeutschen Vergleich verwendet wurden. Die statistische Ausgangslage läßt diesen Vergleich anhand des Einkommensindikators zu, hinsichtlich der Qualität der ostdeutschen Daten gelten allerdings wiederum die angeführten Einschränkungen und Relativierungen. Als unkompliziert hingegen erweist sich der Vergleich des Standes der Arbeitslosigkeit.

Beim Vergleich der ostdeutschen mit den europäischen Regionen stellt sich die Frage nach der räumlichen Bezugsebene. Ideal wäre es, wenn bereits für den gesamten Bereich der EG auf analytische Arbeitsmarktregionen zurückgegriffen werden könnte. Da entsprechende Daten nach den Kriterien der Erreichbarkeit und Pendelverflechtung in allen anderen EG-Staaten bislang nicht vorliegen und solche Regionen noch gar nicht abgegrenzt sind, ist hier auf die in Gestalt der "NUTS 2-Regionen" vorliegenden größeren Verflechtungseinheiten Bezug zu nehmen. Als räumliche Diagnoseeinheiten für Ostdeutschland dienen im europäischen Vergleich also Regierungsbezirke, soweit solche gebildet wurden, andernfalls Bundesländer. Die Kreisdaten waren daher auf der Ebene der zehn ostdeutschen "NUTS 2-Regionen" (einschließlich der Teilregion Berlin-Ost) neu zu aggregieren[1].

Abweichend vom innerdeutschen findet beim ostdeutsch-europäischen Regionenvergleich das Bruttoinlandsprodukt zu Marktpreisen Verwendung. Dieser Indikator ist auf der Ebene der "NUTS 2-Regionen" der EG (ein-schließlich der west-

---

[1] Nur in zwei der fünf neuen Bundesländer, in Sachsen und Sachsen-Anhalt, wurden Regierungsbezirke gebildet. Die sächsischen Regierungsbezirke sind hinsichtlich ihrer territorialen Ausdehnung mit den ehemaligen Bezirken (Gebietsstand vom 30. Oktober 1990) identisch. Brandenburg, Mecklenburg-Vorpommern und Thüringen haben darauf verzichtet, Regierungsbezirke zu bilden.

deutschen) für 1989 verfügbar[2]. Für die ostdeutschen "NUTS 2-Regionen" finden die ermittelten, in ECU umgerechneten Werte der Bruttowertschöpfung Verwendung. Der leichte Unterschied in der Erfassung von Bruttowertschöpfung und Bruttoinlandsprodukt fällt nicht ins Gewicht, da es auch hier nur darum gehen kann, Größenordnungen aufzuzeigen[3]. Die Ergebnisse des Vergleichs der ostdeutschen mit den europäischen Regionen[4] sind in Tabelle 19 dargestellt.

2. Bruttoinlandsprodukt

Bei den EG-Daten für das Bruttoinlandsprodukt handelt es sich um von den nationalen Statistischen Ämtern erhobene Regionaldaten der einzelnen Länder für 1989, die auf Basis der Wechselkurse in ECU umgerechnet wurden[5]. Die ost- und westdeutschen Daten weisen eine sehr unterschiedliche Qualität auf; nur die Daten für die westdeutschen Regionen genügen im strengen Sinn den Qualitätsstandards der europäischen Statistik.

Das Bruttoinlandsprodukt (neue Bundesländer: Bruttowertschöpfung) je Einwohner läßt erkennen, daß die westdeutschen "NUTS 2-Regionen" fast ausnahmslos dem oberen Drittel der westeuropäischen Regionen und hier vornehmlich der Spitzengruppe zuzurechnen sind (vgl. Tabelle 19). Die ostdeutschen Regionen hingegen sind im untersten Drittel der europäischen Regionen zu finden. Während sich das Pro-Kopf-Einkommen der meisten westdeutschen Regionen leicht über dem Niveau der Regionen der BENELUX-Staaten, Nordfrankreichs, Norditaliens und Dänemarks bewegt, finden die ostdeutschen Regionen ihre Pendants vor allem in den südlichen Mitgliedsländern der EG.

Das starke Einkommensgefälle zwischen den ostdeutschen "NUTS 2-Regionen" und den prosperierenden Regionen der EG kommt noch deutlicher bei einer Durchschnittsbetrachtung zum Ausdruck (vgl. Tabelle 20). Der Durchschnitt des Bruttoinlandsprodukts pro Kopf der zehn ostdeutschen Regionen liegt bei

---

[2] EUROSTAT konnte allerdings für Großbritannien nur Angaben auf "NUTS 1-Ebene" zur Verfügung stellen; im Falle Frankreichs waren keine Regionaldaten für die Départments d'Outre-Mer verfügbar, im Falle Portugals für die Überseeischen Provinzen und in Spanien für Ceuta y Melilla.

[3] Während im innerdeutschen Vergleich das Aggregat der ostdeutschen regionalen Ausprägungen des Einkommensindikators 14,1 vH des westdeutschen Aggregats beträgt, beläuft es sich im EG-Vergleich auf 11,9 vH des von EUROSTAT ausgewiesenen Bruttoinlandsprodukts der alten Bundesländer. Die Regionaldaten für die Bruttowertschöpfung der westdeutschen Arbeitsmarktregionen beziehen sich auf 1986, die EUROSTAT-Daten für die westdeutschen "NUTS 2-Regionen" auf 1989. Die Abweichung der Daten ist schon wesentlich durch das zwischen 1986 und 1989 zu verzeichnende reale Wachstum zu erklären. Erfassungsunterschiede erklären ein übriges.

[4] Die Daten für die europäischen Regionen stammen aus einer Sonderaufbereitung von EUROSTAT für die vorliegende Arbeit.

[5] Bei einer Berechnung der regionalen Bruttoinlandsprodukte pro Einwohner auf Basis von Kaufkraftparitäten (PPP-Daten von EUROSTAT) würden die westdeutschen Regionen im Vergleich zu den Regionen der meisten anderen EG-Länder leicht zurückgestuft.

7 882 ECU, derjenige der Regionen der EG (ohne deutsche Regionen) bei 11 400 ECU. Danach beträgt die ostdeutsche Wirtschaftsleistung 69 vH des Durchschnitts der EG-Regionen. Das deutsche Einkommensniveau sinkt durch das Hinzukommen der neuen Bundesländer absolut und relativ zu den Partnerstaaten der EG deutlich ab. Die regionale Streuung der Werte ist in der ehemaligen DDR wie in der bisherigen Bundesrepublik erheblich geringer als in der Gemeinschaft. Aber auch das innere Einkommensgefälle Gesamtdeutschlands ist weniger ausgeprägt als in der EG insgesamt. Die Indikatorwerte der einkommensschwächsten ostdeutschen Regionen liegen deutlich über denjenigen der einkommensschwächsten Regionen der EG. Die ostdeutsche Region mit dem schlechtesten Produktionsergebnis, Mecklenburg-Vorpommern, hat 1989 immerhin noch einen Indikatorwert erzielt, der um das fast zweifache über demjenigen des Centro (Portugal), der Region der Gemeinschaft mit dem niedrigsten Bruttoinlandsprodukt pro Kopf, liegt.

An dieser Stelle ist noch einmal ausdrücklich vor einem Fehlschluß zu warnen[6]: Das Produktionsergebnis der Regionen der neuen Bundesländer im Jahre 1989 ist im Kontext des planwirtschaftlichen Systems erzielt worden. Die meisten Produktionszweige des Verarbeitenden Gewerbes sind nach der Integration der neuen Bundesländer in die EG weder international noch auf dem – offenen – heimischen Markt wettbewerbsfähig. Insofern vermitteln die Pro-Kopf-Einkommensdaten ein viel zu positives Bild von der derzeitigen Wirtschaftskraft Ostdeutschlands. Die zunehmende, gerade im Hinblick auf den Gemeinsamen Markt gegebene Flexibilität der Niederlassung von Industrie- und Dienstleistungsbetrieben bringt eine Verschärfung des Wettbewerbs zwischen den Standorten und Regionen der Gemeinschaft mit sich[7]. Für die zur Zeit besonders strukturschwache ostdeutsche Wirtschaft bedeutet dies eine enorme Herausforderung, der sie ohne eine besondere regionalpolitische Flankierung des Umstrukturierungsprozesses nicht gewachsen sein wird. In dieser Beziehung gehören die ostdeutschen Regionen zu den strukturschwächsten der Gemeinschaft.

3. Arbeitslosenquote

Die regionalen Arbeitslosenquoten beziehen sich auf das Jahr 1989[8]. Bezüglich der in Tabelle 19 für die Regionen der alten Bundesländer ausgewiesenen Quoten ist auf einen nicht vermeidbaren Unterschied zu den im innerdeutschen Vergleich verwendeten Daten der Tabellen 15 bis 18 hinzuweisen: Das Statistische Amt der Europäischen Gemeinschaft verwendet für die Berechnung der Arbeitslosenquote Abgrenzungskriterien, die bei den Erwerbspersonen von denen der deutschen Arbeitsmarktstatistik abweichen. Während die EG-Statistiker hierunter die gesamte

---

[6] Vgl. auch die ausführlichen Kommentare zur Problematik des Ost-West-Vergleichs von Volkswirtschaftlichen Gesamtrechnungen im dritten Kapitel.

[7] Vgl. Kommission der Europäischen Gemeinschaften (Hrsg.) [III], Europa 2000. Perspektiven der künftigen Raumordnung der Gemeinschaft. Vorläufiger Überblick. Luxemburg 1991, S. 10.

[8] EG-Regionen einschließlich der westdeutschen "NUTS 2-Regionen": Jahresdurchschnitt 1989; neue Bundesländer: Februar 1991.

Tabelle 19

Gesamt- und Teilindikatoren[1] für die NUTS 2-Regionen der Europäischen Gemeinschaften

NUTS 2-Region	Bruttoinlandsprodukt zu Marktpreisen				Arbeitslosigkeit				Gesamtindikator[2]
	BIP/ Einwohner in ECU	Bevölkerung	normierter Indikator	standard. Indikator	Arbeitslosenquote in vH	Erwerbspersonen	normierter Indikator	standard. Indikator	
Darmstadt (D)	23060	3424	173,5	136,31	3,8	1593	160,7	115,88	125,68
Hamburg (D)	27023	1597	203,3	149,57	8,5	838	112,1	103,64	124,50
Oberbayern (D)	21388	3648	160,9	130,71	3,4	1762	164,8	116,92	123,62
Stuttgart (D)	20480	3528	154,1	127,68	2,8	1691	171,0	118,48	122,99
Ile de France (F)	21971	1713	165,3	132,66	6,3	930	134,8	109,37	120,45
Hovedstadsregionen (DK)	23183	10370	174,4	136,72	7,7	4696	120,3	105,72	120,23
Luxembourg (Grand-Duche) (L)	16976	373	127,7	115,95	1,7	165	182,4	121,34	118,62
Mittelfranken (D)	18756	1534	141,1	121,91	4,0	730	158,6	115,35	118,59
Karlsruhe (D)	18505	2420	139,2	121,07	3,9	1102	159,7	115,62	118,31
Lombardia (I)	18319	8893	137,8	120,45	3,9	3899	159,7	115,62	118,01
Schwaben (D)	16590	1556	124,8	114,66	2,9	657	170,0	118,22	116,43
Tübingen (D)	16365	1546	123,1	113,91	2,8	650	171,0	118,48	116,17
Freiburg (D)	16272	1885	122,4	113,60	3,1	800	167,9	117,70	115,63
Valle d'Aosta (I)	16874	115	127,0	115,61	4,2	60	156,5	114,83	115,22
Rheinhessen-Pfalz (D)	16780	1817	126,3	115,30	4,7	724	151,4	113,53	114,41
Emilia-Romagna (I)	17160	3923	129,1	116,57	5,2	1816	146,2	112,23	114,38
Trentino-Alto Adige (I)	15710	883	118,2	111,72	3,5	443	163,8	116,66	114,16
Bremen (D)	21992	660	165,5	132,73	10,6	323	90,3	98,18	114,15
South East (UK)	16294	17344	122,6	113,67	4,7	8371	151,4	113,53	113,60
Düsseldorf (D)	18553	5090	139,6	121,23	7,9	2099	118,3	105,20	112,93
Oberfranken (D)	15150	1036	114,0	109,84	3,9	449	159,7	115,62	112,69
Berlin (West) (D)	17479	2047	131,5	117,64	6,9	872	128,6	107,81	112,61
Alsace (F)	16144	1616	121,5	113,17	5,3	625	145,2	111,97	112,57
Veneto (I)	15518	4378	116,8	111,07	4,9	1929	149,3	113,01	112,04
Unterfranken (D)	14553	1211	109,5	107,85	3,7	500	161,7	116,14	111,91
Köln (D)	17079	3886	128,5	116,30	7,1	1526	126,5	107,29	111,70

Region							
Hannover (D)	17131	2003	128,9	116,47	7,2	858	125,5	107,03	111,65
Kassel (D)	15616	1162	117,5	111,40	5,4	448	144,1	111,71	111,56
Detmold (D)	15789	1806	118,8	111,98	5,8	726	140,0	110,67	111,32
Antwerpen (B)	16827	1590	126,6	115,45	7,1	595	126,5	107,29	111,30
Braunschweig (D)	16985	1589	127,8	115,98	7,5	666	122,4	106,24	111,01
Niederbayern (D)	13870	1032	104,4	105,56	3,5	394	163,8	116,66	110,97
West-Vlaanderen (B)	14239	1097	107,1	106,80	4,3	396	155,5	114,57	110,62
Koblenz (D)	14324	1353	107,8	107,08	4,5	511	153,4	114,05	110,51
Piemonte (I)	15967	4372	120,1	112,58	6,8	1898	129,7	108,07	110,30
Friuli-Venezia Giulia (I)	15625	1208	117,6	111,43	6,4	535	133,8	109,11	110,26
Vest For Storebaelt (DK)	17097	2830	128,6	116,36	8,2	1400	115,2	104,42	110,23
Giessen (D)	14172	958	106,6	106,57	4,7	357	151,4	113,53	110,00
Oberpfalz (D)	13914	972	104,7	105,71	4,8	383	150,3	113,27	109,42
Zeeland (NL)	14795	356	111,3	108,66	6,0	102	137,9	110,15	109,40
Brabant (B)	15642	2231	117,7	111,49	7,1	1021	126,5	107,29	109,37
Arnsberg (D)	15764	3621	118,6	111,90	7,6	1399	121,4	105,98	108,90
Noord-Holland (NL)	15996	2359	120,4	112,67	8,0	804	117,2	104,94	108,74
Schleswig-Holstein (D)	14691	2560	110,5	108,31	6,4	958	133,8	109,11	108,71
Saarland (D)	15767	1054	118,6	111,91	8,1	421	116,2	104,68	108,23
Rhône-Alpes (F)	15290	5230	115,0	110,31	7,9	2020	118,3	105,20	107,73
South West (UK)	12833	4634	96,6	102,09	5,0	1878	148,3	112,75	107,29
Trier (D)	13106	472	98,6	103,00	5,4	171	144,1	111,71	107,27
Oost-Vlaanderen (B)	13319	1329	100,2	103,72	5,9	430	139,0	110,41	107,01
Toscana (I)	15011	3567	112,9	109,38	8,1	1553	116,2	104,68	107,00
Zuid-Holland (NL)	14686	3219	110,5	108,29	8,0	1027	117,2	104,94	106,60
Münster (D)	14316	2399	107,7	107,05	7,6	845	121,4	105,98	106,52
Ost For Storebaelt,Ex.Hovedst. (DK)	15397	587	115,8	110,67	9,0	259	106,9	102,34	106,42
Groningen (NL)	18096	556	136,2	119,70	12,0	168	75,9	94,53	106,37
Weser-Ems (D)	13908	2131	104,6	105,69	7,3	792	124,5	106,77	106,23
Liguria (I)	15509	1744	116,7	111,04	9,3	724	103,8	101,56	106,20
Franche-Comté (F)	14210	1090	106,9	106,70	8,0	399	117,2	104,94	105,82
Utrecht (NL)	13408	971	100,9	104,01	7,0	325	127,6	107,55	105,77
Marche (I)	13701	1429	103,1	105,00	7,5	648	122,4	106,24	105,62
Centre (F)	14296	2355	107,6	106,99	8,6	895	111,0	103,38	105,17
East Midlands (UK)	12411	3970	93,4	100,68	6,2	1703	135,9	109,63	105,06
Lüneburg (D)	12114	1449	91,1	99,69	5,9	463	139,0	110,41	104,91

noch Tabelle 19

Gesamt- und Teilindikatoren[1] für die NUTS 2-Regionen der Europäischen Gemeinschaften

NUTS 2-Region	Bruttoinlandsprodukt zu Marktpreisen				Arbeitslosigkeit				Gesamt-indikator[2]
	BIP/Einwohner in ECU	Bevölkerung	normierter Indikator	standard. Indikator	Arbeitslosenquote in vH	Erwerbspersonen	normierter Indikator	standard. Indikator	
Haute-Normandie (F)	15667	1701	117,9	111,57	10,6	643	90,3	98,18	104,66
Bourgogne (F)	13894	1613	104,5	105,64	9,0	601	106,9	102,34	103,98
Noord-Brabant (NL)	12943	2164	97,4	102,46	8,0	695	117,2	104,94	103,69
Champagne-Ardenne (F)	14767	1362	111,1	108,56	10,3	502	93,4	98,96	103,65
Lazio (I)	15469	5147	116,4	110,91	11,1	2127	85,2	96,87	103,65
Basse-Normandie (F)	13270	1388	99,8	103,55	8,6	532	111,0	103,38	103,47
Limburg (B)	13894	739	104,5	105,64	9,5	238	101,7	101,04	103,31
Limburg (NL)	12707	1098	95,6	101,67	8,0	342	117,2	104,94	103,29
West Midlands (UK)	11990	5207	90,2	99,27	7,4	2220	123,4	106,50	102,82
Bretagne (F)	12832	2771	96,5	102,09	8,6	1011	111,0	103,38	102,73
Luxembourg (B)	11450	228	86,2	97,46	6,8	71	129,7	108,07	102,63
Pays de la Loire (F)	13228	3074	99,5	103,41	9,3	1129	103,8	101,56	102,48
Midi-Pyrenées (F)	13004	2380	97,8	102,66	9,1	884	105,9	102,08	102,37
Lorraine (F)	12990	2334	97,7	102,62	9,1	793	105,9	102,08	102,35
Umbria (I)	13010	819	97,9	102,68	9,2	343	104,8	101,82	102,25
Drenthe (NL)	11830	438	89,0	98,74	8,0	127	117,2	104,94	101,79
Auvergne (F)	12719	1326	95,7	101,71	9,2	497	104,8	101,82	101,76
Limousin (F)	11936	733	89,8	99,09	8,2	277	115,2	104,42	101,72
Aquitaine (F)	14294	2741	107,5	106,98	11,3	1004	83,1	96,35	101,53
Picardie (F)	13573	1785	102,1	104,57	10,9	613	87,2	97,39	100,92
Overijssel (NL)	12044	1013	90,6	99,45	9,0	306	106,9	102,34	100,89
Provence-Alpes-Côte d'Azur (F)	14062	4154	105,8	106,20	11,6	1419	80,0	95,57	100,75
Yorkshire and Humberside (UK)	11561	4913	87,0	97,84	8,6	2024	111,0	103,38	100,57
Gelderland (NL)	11730	1789	88,3	98,40	9,0	567	106,9	102,34	100,35
Poitou-Charentes (F)	12753	1598	96,0	101,82	10,5	575	91,4	98,44	100,12
North West (UK)	12067	6364	90,8	99,53	9,7	2541	99,6	100,52	100,02

Wales (UK)	10863	2857	81,7	95,50	8,5	1026	112,1	103,64	99,49
Berlin (Gesamt) (D)	13835	3326	104,1	105,44	12,4	1580	72,0	93,57	99,33
Liège (B)	12824	995	96,5	102,06	11,2	338	84,1	96,61	99,30
Baleares (E)	11987	679	90,2	99,26	10,2	209	94,5	99,22	99,24
Corse (F)	11321	247	85,2	97,03	9,4	80	102,8	101,30	99,14
Scotland (UK)	12257	5094	92,2	100,16	10,9	2120	87,2	97,39	98,77
Abruzzi (I)	11707	1260	88,1	98,32	10,5	488	91,4	98,44	98,38
Friesland (NL)	10987	599	82,7	95,91	10,0	173	96,5	99,74	97,81
Namur (B)	11126	417	83,7	96,38	10,2	128	94,5	99,22	97,79
Rioja (E)	10122	261	76,2	93,02	9,6	89	100,7	100,78	96,82
Nord-Pas-de-Calais (F)	12457	3937	93,7	100,83	12,6	1276	69,6	92,97	96,82
North (UK)	11293	3071	85,0	96,94	11,2	1189	84,1	96,61	96,78
Navarra (E)	11231	520	84,5	96,73	11,5	177	81,0	95,83	96,28
Languedoc-Roussillon (F)	12335	2079	92,8	100,42	13,2	651	63,4	91,41	95,81
Flevoland (NL)	8888	198	66,9	88,89	9,0	59	106,9	102,34	95,38
Kriti (GR)	4751	515	35,7	75,05	2,6	218	173,1	119,00	94,50
Ionia Nisia (GR)	4496	181	33,8	74,20	3,2	75	166,9	117,44	93,35
Madrid (E)	10876	4842	81,8	95,54	13,3	1391	62,4	91,15	93,32
Sterea Ellada (GR)	6260	564	47,1	80,10	6,6	212	131,7	108,59	93,26
Aragon (E)	9691	1218	72,9	91,58	11,9	371	76,9	94,79	93,17
Peloponnisos (GR)	5165	575	38,9	76,44	5,3	247	145,2	111,97	92,51
Molise (I)	10464	335	78,7	94,16	13,4	125	61,4	90,89	92,51
Hainaut (B)	10376	1275	78,1	93,87	13,3	367	62,4	91,15	92,50
Notio Aigaio (GR)	4854	238	36,5	75,40	4,9	86	149,3	113,01	92,31
Algarve (P)	3840	342	28,9	72,00	3,1	122	167,9	117,70	92,06
Cataluna (E)	10907	5994	82,1	95,65	14,3	1810	52,1	88,54	92,03
Norte (P)	3573	3617	26,9	71,11	3,0	1344	169,0	117,96	91,59
Centro (P)	3467	1785	26,1	70,75	3,0	690	169,0	117,96	91,36
Lisboa e Vale do Tejo (P)	5332	3447	40,1	76,99	7,0	1268	127,6	107,55	91,00
Ipeiros (GR)	3580	322	26,9	71,13	4,4	122	154,5	114,31	90,17
Anatoliki Makedonia, Thraki (GR)	5093	578	38,3	76,19	7,4	244	123,4	106,50	90,08
Dytiki Makedonia (GR)	4520	300	34,0	74,28	6,4	112	133,8	109,11	90,02
Kentriki Makedonia (GR)	4874	1655	36,7	75,46	7,4	634	123,4	106,50	89,65
Thessalia (GR)	4695	697	35,3	74,86	7,2	268	125,5	107,03	89,51
Puglia (I)	9670	4051	72,8	91,51	15,1	1326	43,8	86,46	88,95
Voreio Aigaio (GR)	3643	196	27,4	71,34	6,6	65	131,7	108,59	88,02

noch Tabelle 19

Gesamt- und Teilindikatoren[1] für die NUTS 2-Regionen der Europäischen Gemeinschaften

NUTS 2-Region	Bruttoinlandsprodukt zu Marktpreisen				Arbeitslosigkeit				Gesamt-indikator[2]
	BIP/Einwohner in ECU	Bevölkerung	normierter Indikator	standard. Indikator	Arbeitslosenquote in vH	Erwerbspersonen	normierter Indikator	standard. Indikator	
Attiki (GR)	5124	3530	38,6	76,30	9,4	1231	102,8	101,30	87,91
Dytiki Ellada (GR)	4277	653	32,2	73,46	8,1	271	116,2	104,68	87,70
Comunidad Valenciana (E)	9051	3771	68,1	89,44	15,3	1072	41,7	85,94	87,67
Galicia (E)	6821	2813	51,3	81,98	12,5	999	70,7	93,23	87,42
Castilla – La Mancha (E)	7565	1711	56,9	84,47	14,8	463	46,9	87,24	85,84
Murcia (E)	8499	1015	63,9	87,59	16,2	267	32,4	83,60	85,57
Ireland (IRL)	8762	3538	65,9	88,47	17,1	1081	23,1	81,26	84,79
Asturias (E)	8674	1133	65,3	88,18	17,4	360	20,0	80,48	84,24
Pais Vasco (E)	10824	2127	81,4	95,37	20,0	661	–6,9	73,71	83,84
Cantabria (E)	8500	527	64,0	87,59	17,6	159	17,9	79,96	83,69
Sardegna (I)	9927	1654	74,7	92,37	19,3	539	0,3	75,53	83,53
Castilla – Leon (E)	8193	2634	61,6	86,57	17,4	775	20,0	80,48	83,47
Alentejo (P)	3788	569	28,5	71,83	11,7	203	79,0	95,31	82,74
Berlin (Ost) (D)	8003	1279	60,2	85,93	19,1	708	2,3	76,04	80,83
Leipzig (D)	8045	1200	60,5	86,07	19,4	654	–1,0	75,21	80,46
Brandenburg (D)	8341	2641	62,8	87,06	20,9	1435	–15,9	71,46	78,87
Basilicata (I)	8217	622	61,8	86,65	20,9	209	–16,2	71,37	78,64
Dresden (D)	7668	1883	57,7	84,81	20,4	1003	–10,7	72,76	78,55
Sicilia (I)	9051	5153	68,1	89,44	22,0	1584	–27,6	68,50	78,27
Canarias (E)	8988	1466	67,6	89,23	22,5	367	–32,8	67,20	77,43
Halle (D)	7799	1030	58,7	85,25	21,7	468	–24,5	69,29	76,86
Campania (I)	8779	5752	66,1	88,53	22,7	1864	–34,8	66,68	76,83
Dessau (D)	8754	619	65,9	88,44	22,5	305	–34,8	66,68	76,79
Chemnitz (D)	7822	1817	58,9	85,33	23,6	981	–33,0	67,13	75,68
Magdeburg (D)	8084	1316	60,8	86,20	23,2	806	–44,5	64,26	74,43
Thüringen (D)	7387	2684	55,6	83,87	24,5	1460	–40,1	65,35	74,04
Mecklenburg-Vorpommern (D)	6913	1964	52,0	82,29	25,5	986	–53,2	62,07	71,47
Calabria (I)	7507	2149	56,5	84,27	27,2	678	–63,8	59,39	70,75
Andalucia (E)	6777	6851	51,0	81,83	25,5	1582	–81,4	54,97	67,07
Extremadura (E)	5710	1125	43,0	78,26	26,9	256	–78,3	55,75	66,05

Eigene Berechnungen. – [1] Zur Normierung und Standardisierung vgl. die Anmerkungen im Text. – [2] Multiplikative Verknüpfung.

RWI ESSEN

Tabelle 20

Zur Streuung des Bruttoinlandsprodukts in den NUTS 2-Regionen Europas

	Neue Bundesländer		Alte Bundesländer		EG ohne Bundesrepublik	
	BIP¹/Einwohner in ECU	Bevölkerung in 1000	BIP¹/Einwohner in ECU	Bevölkerung in 1000	BIP¹/Einwohner in ECU	Bevölkerung in 1000
Mittelwert	7882	1643	16822	1982	11400	2312
Standardabw.	479	643	3178	1071	4177	2386
Maximum	6913	619	12114	472	3467	115
Minimum	8754	2684	27023	5090	23183	17344

5 NUTS 2-Regionen mit den jeweils extremsten Ausprägungen

Dessau	8754	619	Hamburg	27023	1597	Ile de France (F)	23183	10370
Brandenburg	8341	2641	Darmstadt	23060	3424	Hovedstadsregionen (DK)	21971	1713
Magdeburg	8084	1316	Bremen	21992	660	Lombardia (I)	18319	8893
Leipzig	8045	1200	Oberbayern	21388	3648	Groningen (NL)	18096	556
Berlin(Ost)	8003	1279	Stuttgart	20480	3528	Emilia-Romagna (I)	17160	3923
Chemnitz	7822	1817	Oberpfalz	13914	972	Alentejo (P)	3788	569
Halle	7799	1030	Weser-Ems	13908	2131	Voreio Aigaio (GR)	3643	196
Dresden	7668	1883	Niederbayern	13870	1032	Ipeiros (GR)	3580	322
Thüringen	7387	2684	Trier	13106	472	Norte (P)	3573	3617
Mecklenburg-Vorp.	6913	1964	Lüneburg	12114	1449	Centro (P)	3467	1785

Eigene Berechnungen. – ¹Zu Marktpreisen.

Bevölkerung im Erwerbsalter abzüglich der Erwerbsunfähigen fassen, berücksichtigt das Erwerbskonzept der deutschen Statistik unter "Erwerbspersonen" alle Personen, "die eine unmittelbar oder mittelbar auf Erwerb gerichtete Tätigkeit ausüben (Erwerbstätige) oder suchen (Erwerbslose)"[9]. Nicht erfaßt sind Personen, die eine Erwerbstätigkeit weder ausüben noch suchen (z.B Hausfrauen/-männer und Studierende) sowie Kinder unter 15 Jahren[10]. Die Zahl der westdeutschen Erwerbspersonen ist angesichts der in der bisherigen Bundesrepublik relativ niedrigen Erwerbsquote sehr viel geringer als die Erwerbspersonenzahl für Westdeutschland laut EG-Statistik. Die Arbeitslosenquote für die bisherige Bundesrepublik ist daher nach der deutschen Erfassungspraxis, die dem innerdeutschen Vergleich der Arbeitslosenquoten zugrunde lag, erheblich höher als nach der Erfassungspraxis der EG. Nach EG-Maßstab sind die Arbeitslosenquoten der westdeutschen Regionen jeweils um mehr als 2 vH-Punkte niedriger. Eine derartiges statistisch bedingte Diskrepanz zwischen den deutschen und den EG-Daten tritt jedoch nicht bei den Arbeitslosenquoten der ostdeutschen Regionen auf. Im Unterschied zur bisherigen Bundesrepublik spielten in der DDR nicht berufstätige Hausfrauen eine erheblich geringere Rolle. Die Erwerbspersonenzahl für die neuen Bundesländer ist demnach fast identisch mit der nach den statistischen Kriterien der EG abgegrenzten[11]. Eine Umrechnung der ostdeutschen Arbeitslosenquoten nach der Erfassungspraxis der EG erübrigt sich daher.

Bezüglich des Standes der Arbeitslosigkeit lassen sich die ostdeutschen "NUTS 2-Regionen" am ehesten mit denjenigen Regionen der EG vergleichen, in denen sich die Lage auf dem Arbeitsmarkt am problematischsten darstellt. Ostdeutschland insgesamt wird voll zum Gebiet mit der höchsten Arbeitslosigkeit in der EG werden. Hervorzuheben ist das durchgängig extrem hohe Niveau der Arbeitslosigkeit in den Regionen Ostdeutschlands (vgl. Tabelle 21). In Mecklenburg-Vorpommern, der "NUTS 2-Region" Ostdeutschlands, in der sich die Lage auf dem Arbeitsmarkt zur Zeit am kritischsten darstellt, erreicht die Arbeitslosigkeit 24,5 vH – ein Niveau, das unter den erfaßten europäischen Regionen einzig von Andalusien (27,2 vH), der Extremadura (26,9 vH) und Kalabrien (25,5 vH) übertroffen wird. Die ostdeutschen Regionen mit der geringsten Arbeitslosigkeit liegen im EG-Maßstab ohne Ausnahme im unteren Drittel der europäischen Regionen. Unter arbeitsmarktpolitischem Aspekt sind demnach alle ostdeutschen Regionen Problemregionen. Die durchschnittliche Arbeitslosenquote der ostdeutschen "NUTS 2-Regionen" ist mehr als doppelt so hoch wie die der europäischen Regionen (21,8 vH zu 10,0 vH).

Die hohe Arbeitslosigkeit in den neuen Bundesländer führt dazu, daß sich die regionalen Disparitäten der Arbeitslosenquoten innerhalb der Gemeinschaft durch das Hinzukommen der ehemaligen DDR erneut vergrößern. In der zweiten Hälfte

---

[9] A. Hullmann und R. Schmidt, Struktur und Entwicklung der Erwerbstätigkeit. "Statistische Rundschau Nordrhein-Westfalen", Jg. 42 (1991), S. 257.
[10] Vgl. A. Hullmann und R. Schmidt,, S. 257.
[11] Auf die unzureichende Erfassung der derzeitigen ostdeutschen Erwerbspersonenzahl und deren Auswirkungen auf die Arbeitslosenquote wurde bereits oben hingewiesen.

Tabelle 21

Zur Streuung der Arbeitslosenquoten in den NUTS 2-Regionen Europas

	Neue Bundesländer		Alte Bundesländer		EG ohne Bundesrepublik	
	Arbeits-losenquote	Erwerbs-personen	Arbeits-losenquote	Erwerbs-personen	Arbeits-losenquote	Erwerbs-personen
	in vH	in 1000	in vH	in 1000	in vH	in 1000
Mittelwert	21,8	881	5,5	829	10,0	871
Standardabw.	1,7	356	2,0	473	5,1	1047
Maximum	19,1	305	2,8	171	1,7	59
Minimum	24,5	1460	10,6	2099	27,2	8371

5 NUTS 2-Regionen mit den jeweils extremsten Ausprägungen

Mecklenburg-Vorp.	24,5	986	Bremen	10,6	Andalucia (E)	27,2	1582
Magdeburg	23,6	806	Hamburg	8,5	838	Extremadura (E)	26,9	256
Thüringen	23,2	1460	Saarland	8,1	421	Calabria (I)	25,5	678
Dessau	22,7	305	Düsseldorf	7,9	2099	Campania (I)	22,7	1864
Chemnitz	22,5	981	Arnsberg	7,6	1399	Canarias (E)	22,5	367
Halle	21,7	468	Oberbayern	3,4	1762	Algarve (P)	3,1	122
Brandenburg	20,9	1435	Freiburg	3,1	800	Norte (P)	3,0	1344
Dresden	20,4	1003	Schwaben	2,9	657	Centro (P)	3,0	690
Leipzig	19,4	654	Stuttgart	2,8	1691	Kriti (GR)	2,6	218
Berlin (Ost)	19,1	708	Tübingen	2,8	650	Luxembourg (L)	1,7	165

Eigene Berechnungen.

RWI ESSEN

der achtziger Jahr war zunächst eine Stabilisierung und in der Folge eine Verringerung der Disparitäten zu beobachten gewesen[12].

Das Problem der äußerst hohen Arbeitslosenquoten in Ostdeutschland läßt sich kaum in die üblichen Erklärungsansätze hoher Arbeitslosigkeit in der Gemeinschaft einordnen. Ausschlaggebend für die hohe Arbeitslosigkeit in den Regionen der neuen Bundesländer sind die mit dem Systemwechsel sichtbar gewordenen Fehlentwicklungen der Planwirtschaft. Wie oben bereits angesprochen, ist die hohe Arbeitslosigkeit in Ostdeutschland derzeit ein globales Problem. Betroffen sind Erwerbspersonen aller Regionen, der meisten Sektoren und fast aller Berufe[13]. Die Arbeitslosigkeit im Osten Deutschlands ist weder mit dem normalen Strukturwandel der Wirtschaft noch mit Friktionen auf dem Arbeitsmarkt zu erklären. Auch konjunkturelle Faktoren spielen keine entscheidende Rolle. Es handelt sich vielmehr um einen historisch spezifischen Typ von Massenarbeitslosigkeit, der überall dort auftritt, wo der Übergang von zentralen Planwirtschaften zu Marktwirtschaften vollzogen wird.

4. Gesamtindikator

Die Berechnung des Gesamtindikators für die europäischen Regionen folgt dem für die Berechnung des deutschen Gesamtindikators beschriebenen Verfahren[14]. Dabei mußten die regionalen Bevölkerungsdaten für 1988 zugrundegelegt werden, da diese flächendeckend auf "NUTS 2-Ebene" für 1989 noch nicht verfügbar sind. Ähnliche Probleme stellten sich bezüglich der Erwerbspersonendaten, die flächendeckend nur für 1986 erstellt werden konnten[15]. Diese Modifikationen beeinträchtigen die Aussagekraft des Vergleichs der Ausprägungen des Gesamtindikators für die europäischen Regionen nur geringfügig.

Über die Einordnung der ostdeutschen Regionen in die Reihung der europäischen Regionen nach der Höhe des Gesamtindikators gibt Tabelle 19 Auskunft. Alle zehn "NUTS 2-Regionen" Ostdeutschlands sind hinsichtlich des Werts des Gesamtindikators mit Regionen zu vergleichen, die traditionell zu den strukturschwächsten der Gemeinschaft zählen: mit der Extremadura, Andalusien, Kalabrien, der Campania, den Kanarischen Inseln, Sizilien, der Basilicata, dem Alentejo und Kastilien-Leon. Bemerkenswert ist, daß die Regionen Griechenlands bezüglich des Gesamtindikators ausnahmslos über den ostdeutschen Regionen liegen. Dies erklärt sich aus den relativ niedrigen ausgewiesenen Arbeitslosenquoten der griechischen Regionen. Mecklenburg-Vorpommern und Thüringen gehören nach

---

[12] Vgl. Kommission der Europäischen Gemeinschaften (Hrsg.) [II], S. 12.
[13] Vgl. Abschnitt 3 im dritten Kapitel.
[14] Vgl. Abschnitt 4 im dritten Kapitel.
[15] Für die alten Bundesländer waren keine Erwerbspersonenzahlen für 1986 verfügbar; die regionale Verteilung der Erwerbspersonen für 1986 wurde daher auf Basis der Daten der Arbeitsstättenzählung 1987 vorgenommen. Für Griechenland und die Niederlande waren keine Erwerbsquoten auf "NUTS 2-Ebene" für 1986 verfügbar, sondern nur für 1988; daher wurde die regionale Struktur des Jahres 1988 auf die Erwerbspersonen des Jahres 1986 übertragen.

der vorliegenden Zusammenstellung zu den fünf Regionen der Gemeinschaft mit den schlechtesten Indikatorwerten.

Für Gesamtdeutschland ergibt sich nach der Wiedervereinigung die Situation, daß ca. drei Viertel der deutschen Regionen, nämlich die westdeutschen, in der Spitzengruppe der europäischen Regionen zu finden sind, das restliche Viertel, die ostdeutschen Regionen, jedoch am Ende der europäischen Wohlstandsskala. Erkennbar ist somit an den Ausprägungen des Gesamtindikators, daß sich die relative Position Deutschlands bezüglich des Standes der Arbeitslosigkeit und der Wirtschaftsleistung in der Europäischen Gemeinschaft durch das Hinzukommen der ostdeutschen Regionen nicht unerheblich verschlechtert hat.

Fünftes Kapitel

Zusammenfassung der Ergebnisse

1. Abgrenzung der Arbeitsmarktregionen in den neuen Bundesländern

In der vorliegenden Arbeit wurden zunächst regionale Diagnoseeinheiten für den Raum der neuen Bundesländer problemadäquat abgegrenzt. Hierfür boten sich in Abstimmung mit den Grundüberlegungen der Gemeinschaftsaufgabe "Verbesserung der regionalen Wirtschaftsstruktur" vor allem funktionale Arbeitsmarktregionen an, da sie am besten dazu geeignet sind, die wirtschaftliche Zusammenarbeit von Arbeit und Realkapital im Raum sowie die Arbeitsmarktauswirkungen von realkapitalbezogenen Fördermaßnahmen zu erfassen. Eine solche Abgrenzung regionaler Arbeitsmärkte für das Gebiet der neuen Bundesländer erweist sich trotz der problematischen Datenlage sowie des sich derzeit vollziehenden abrupten Strukturwandels als noch durchführbar. Mit anderen Worten: die in der bisherigen Bundesrepublik im Rahmen der Gemeinschaftsaufgabe "Verbesserung der regionalen Wirtschaftsstruktur" gebräuchlichen Abgrenzungsmethoden regionaler Arbeitsmärkte konnten in wesentlichen Zügen auch auf die neuen Bundesländer übertragen und damit Diagnoseeinheiten festgelegt werden, die sich für gesamtdeutsche und europäische Regionalvergleiche anbieten.

Das angewandte Abgrenzungskonzept basiert auf der Kombination einer Erreichbarkeits- und einer Berufspendlerverflechtungsanalyse. Die Erreichbarkeitsanalyse bezieht sich auf ein Straßen- und Schienenverkehrsnetz für das Gebiet der neuen Bundesländer, das eine realitätsnahe Abbildung der Erreichbarkeitsverhältnisse der einzelnen Zentren erlaubt. Hierzu wurden zunächst unter Verwendung bisheriger Beschäftigtenzahlen die potentiellen Arbeitsmarktzentren auf dem Gebiet der neuen Bundesländer definiert und anschließend – unter Auswertung der bisherigen Berufspendlerverflechtungen bzw. über die Errechnung von sog. Anbindungskoeffizienten – eine Auswahl auch künftig relevanter Arbeitsmarktzentren getroffen. Dabei galt es das Anliegen der regionalen Strukturpolitik zu beachten, der erwerbsfähigen und -willigen Wohnbevölkerung in zumutbarer Pendelentfernung vom Heimatort in quantitativer und qualitativer Hinsicht ausreichend Arbeitsplätze zur Verfügung zu stellen. Das funktional auf die Zentren ausgerichtete Umland wurde diesen zunächst jeweils so zugeordnet, daß eine normativ festgelegte zumutbare Pendelzeit von maximal 60 Minuten pro einfacher Pendelbewegung nicht überschritten wurde.

Um aber auch die faktischen Gegebenheiten möglichst weitgehend zu berücksichtigen, wurde eine tiefergehende Pendelverflechtungsanalyse vorgenommen. Hierbei zeigte sich, daß die im Rahmen der Erreichbarkeitsanalyse ermittelten Abgrenzungen in einer Reihe von Fällen nicht dem tatsächlichen Pendelverhalten entsprachen. In diesen Fällen erfolgten Abgrenzungsmodifikationen, bei denen teilweise auch Pendelzeiten zum Arbeitsmarktzentrum von mehr als 60 Minuten in Kauf genommen wurden. Als Ergebnis einer solchen Erreichbarkeits- und Pendelverflechtungsanalyse schälte sich schließlich ein Abgrenzungsvorschlag von 45 "kreisscharf" abgegrenzten Arbeitsmarktregionen für das Gebiet der neuen Bundesländer heraus. Bei sieben der so festgelegten Regionen handelt es sich um Teilarbeitsmärkte, die die bisherigen innerdeutschen Grenzen überschreiten.

Diese Abgrenzung von Arbeitsmarktregionen für Ostdeutschland erfolgte für eine Zeit gravierender wirtschaftlicher Wandlungen, die auch an der räumlichen Verflechtungsstruktur nicht spurlos vorbeigehen wird. A priori läßt sich darum nicht sagen, in welchem Maße und mit welchen räumlichen Orientierungen das gegenwärtige Erwerbspersonen- und Pendlerpotential der ostdeutschen Gemeinden bzw. Kreise künftig ausgeschöpft wird. Die Umstrukturierung der ostdeutschen Wirtschaft ist noch lange nicht so weit gediehen, daß sich konkrete Aussagen zur Veränderung der wirtschaftsräumlichen Verflechtung formulieren ließen. Die Frage einer Neufassung der Abgrenzung von Arbeitsmarktregionen für Ostdeutschland – und bezüglich des "Grenzgebiets" für Westdeutschland – wird sich in Zukunft darum nochmals stellen müssen. Diese Neuabgrenzung ist erst dann vorzunehmen, wenn die zu erwartenden neuen Verflechtungsbeziehungen im ostdeutschen Raum und in den angrenzenden westdeutschen Gebieten klare Konturen gewonnen haben. Dies wird voraussichtlich erst in fünf Jahren der Fall sein. Bis dahin kann jedoch mit dem hier vorgeschlagenen Abgrenzungskonzept wissenschaftlich vertretbar gearbeitet, d.h. auf der Basis dieser Diagnoseeinheiten können gesamtdeutsche und auch europäische Regionenvergleiche vorgenommen werden.

2. Eine erste Typisierung der regionalen Arbeitsmärkte

Mit der Abgrenzung von Arbeitsmarktregionen für das Gebiet der ehemaligen DDR liegen somit räumliche Diagnoseeinheiten vor, die den Ausgangspunkt für regionale Strukturanalysen, insbesondere in Form der Bestimmung von spezifischen Problemgruppen bilden können. Als erster Schritt auf dem Wege eines systematischen Vergleichs der Arbeitsmarktregionen bot sich darum deren Gruppierung durch Bildung von Typen an, die durch spezifische Kombinationen relevanter Strukturmerkmale gekennzeichnet sind. Ziel der Typisierung war es also, eine Ausgangsbasis für die Identifizierung regionalspezifischer Problemlagen zu gewinnen, die jeweils für eine Gruppe von Arbeitsmarktregionen charakteristisch sind.

Mittels der Methode der Clusteranalyse wurden zwei Typisierungen der Arbeitsmarktregionen Ostdeutschlands vorgenommen, um die sektorale Orientierung und die Art der industriellen Abhängigkeit der einzelnen räumlichen Beobachtungseinheiten zu bestimmen. Die erste Typisierung basierte auf Angaben zur jeweiligen regionalen Wirtschaftsstruktur und arbeitete demzufolge mit den sektoralen Beschäftigtenanteilen der einzelnen Regionen. Hierbei schälten sich acht Typen von Arbeitsmarktregionen heraus, die jeweils durch spezifische Beschäftigtenanteile an der regionalen Gesamtbeschäftigung charakterisiert sind. Sie sind vor allem Folge der regional stark divergierenden Bedeutung von Industrie und Landwirtschaft, der immer noch beachtlichen Unterschiede bezüglich des Handwerks und des Verkehrswesens sowie der Abweichungen bezüglich der sog. "nichtproduzierenden Wirtschaftszweige" bzw. der Bauwirtschaft. Eine erste Gruppe umfaßt z.B. vor allem stark ländlich geprägte Räume, eine zweite Gebiete mit starken Verdichtungsansätzen, eine dritte Regionen mit hohem Bedeutungsanteil des Handwerks und eine vierte eher altindustriell orientierte Räume. (Ost-) Berlin bildet ein eigenes Cluster.

Ausgangspunkt der zweiten Typisierung war die sektorale Struktur der Industriebeschäftigten. Hiernach lassen sich die 45 Arbeitsmärkte des Gebiets der neuen Bundesländer in insgesamt dreizehn Gruppen gliedern, die sich jeweils durch die Dominanz bestimmter Industriegruppen auszeichnen. Anders als im Fall der ersten Clusterbildung stellen im Rahmen der zweiten Typisierung allein acht Arbeitsmärkte eigenständige Gruppen dar und müssen daher als strukturelle Sonderfälle angesehen werden, da es sich bei ihnen jeweils um Räume handelt, in denen eine einzelne Branche oder zwei Industriezweige die regionale Industriebeschäftigung dominieren. Auf diese Weise lassen sich vor allem die industriellen Monostrukturprobleme einzelner Gebiete Ostdeutschlands (z.B. Textil-, Chemie- oder Metallurgieregionen) sichtbar machen. Diesen monostrukturell geprägten Räumen stehen wiederum Gebiete mit breit gefächerter Industriestruktur gegenüber.

3. Vergleich der wirtschaftlichen Leistungskraft der Arbeitsmarktregionen der neuen und der alten Bundesländer

Eine zentrale Aufgabe der Arbeit bestand in einem Vergleich der wirtschaftlichen Leistungskraft der Arbeitsmarktregionen der neuen Bundesländer mit jener der bisherigen Rahmenplanung der Gemeinschaftsaufgabe "Verbesserung der regionalen Wirtschaftsstruktur" bzw. der regionalpolitischen Gebietseinheiten der Europäischen Gemeinschaft. Der Vergleich der deutschen Arbeitsmarktregionen wurde anhand der Indikatoren Bruttowertschöpfung zu Faktorkosten je Einwohner (Wirtschaftsbevölkerung) und Arbeitslosenquote durchgeführt. Zusätzlich wurde durch eine arithmetische Verknüpfung dieser beiden Indikatoren über das geometrische Mittel ein Gesamtindikator gebildet.

Vergleiche der Wirtschaftskraft von ehemaligen "DDR"-Regionen und marktwirtschaftlich bestimmten "West"-Regionen bringen eine Reihe spezieller Probleme mit sich, die sich nur in begrenztem Maße lösen lassen. An solche Vergleiche können daher nicht die gleichen Qualitätsanforderungen gestellt werden wie an

Vergleiche der wirtschaftlichen Leistungskraft von Regionen der bisherigen Bundesrepublik und Vergleiche von Regionen innerhalb der bisherigen Europäischen Gemeinschaft. Ein Vergleich der Wirtschaftskraft der Arbeitsmarktregionen im vereinigten Deutschland ist aber auch unter Verwendung der ehemaligen DDR-Statistik durchaus möglich und wissenschaftlich vertretbar. Die relevanten Größendimensionen des internen ostdeutschen und des gesamtdeutschen Einkommensgefälles im letzten Jahr des Bestehens der DDR konnten auf Basis der durchgeführten Berechnungen erfaßt werden. Es zeigte sich, daß in der größer gewordenen Bundesrepublik ein starkes West-Ost-Einkommensgefälle besteht. Durch das Hinzukommen der neuen Bundesländer sinkt, statistisch gesehen (Nivellierungseffekt), das Pro-Kopf-Einkommen der Bundesrepublik relativ zu demjenigen der anderen Staaten der Europäischen Gemeinschaft.

Zur Beurteilung der Arbeitsmarktsituation wurde – wie in den meisten Regionaldiagnosen üblich – die Arbeitslosenquote als Indikator verwendet. Für Ostdeutschland erwies sich hierbei die Einführung einer "korrigierten" Arbeitslosenquote als zweckmäßig, welche die Auswirkungen der gegenwärtig außergewöhnlichen arbeitsmarktpolitischen Maßnahmen auf die amtliche Arbeitslosenquote berücksichtigt. Bei deren Berechnung wurde somit im Unterschied zur amtlichen Arbeitslosenquote der statistische Niederschlag der zur Abfederung des Umbruchs auf dem Arbeitsmarkt in den neuen Bundesländern ins Werk gesetzten arbeitsmarktpolitischen Arrangements berücksichtigt. Nachgewiesen wurde ein äußerst starkes flächendeckendes Gefälle auf dem Arbeitsmarkt zwischen den alten und den neuen Bundesländern. Die Arbeitslosigkeit ist derzeit in keiner Arbeitsmarktregion der alten Bundesrepublik höher als in der bestgestellten Region der neuen Bundesländer.

Die Streubreite der Arbeitslosenquote in den neuen Bundesländern ist erheblich geringer als in den alten. Die Arbeitslosigkeit im Osten Deutschlands ist weder mit einem normalen Strukturwandel der Wirtschaft noch mit Friktionen auf dem Arbeitsmarkt zu erklären. Auch konjunkturelle Faktoren spielen keine entscheidende Rolle. Es handelt sich vielmehr um einen historisch spezifischen Typ von Massenarbeitslosigkeit, der überall dort auftritt, wo der Übergang von zentralen Plan- zu Marktwirtschaften vollzogen wird.

Der Gesamtindikator, der die beiden Teilindikatoren in gleicher Gewichtung kombiniert, ermöglichte es, die innerhalb Deutschlands und zwischen den Regionen der neuen Bundesländer und der Europäischen Gemeinschaft bestehenden Wohlstands- bzw. Entwicklungsunterschiede noch deutlicher herauszuarbeiten. Erkennbar waren wiederum ein starkes West-Ost-Gefälle in Deutschland und erhebliche regionale Differenzen im neu hinzugekommen Teil der Bundesrepublik. Problemregionen sind in allen Teilen der ehemaligen DDR zu finden. Die wirtschaftliche Leistungskraft und die Arbeitsmarktsituation der nördlichen Regionen der ehemaligen DDR stellen sich hierbei im Durchschnitt schlechter dar als die der südlichen Regionen.

4. Vergleich der Regionen der neuen Bundesländer mit den Regionen der Europäischen Gemeinschaft

Mittels dreier Indikatoren, nämlich des Bruttoinlandsprodukts zu Marktpreisen je Einwohner, der Arbeitslosenquote und eines aus diesen beiden Indikatoren abgeleiteten Gesamtindikators, wurde die wirtschaftliche Situation der Regionen der Europäischen Gemeinschaft schließlich mit den Regionen Ostdeutschlands auf der sog. "NUTS 2-Ebene" verglichen.

Der Vergleich anhand des Einkommensindikators führte zu dem Ergebnis, daß die durchschnittliche Ausprägung des Indikators der zehn Regionen der neuen Bundesländer 1989 bei 69 vH des arithmetischen Mittels der westeuropäischen Regionen (ohne Bundesrepublik) lag. Alle ostdeutschen Regionen sind im untersten Drittel der europäischen "NUTS 2-Regionen" angesiedelt. Allerdings liegt die Indikatorausprägung der untersten ostdeutschen Regionen noch um fast das zweifache über dem Schlußlicht der europäischen Regionen, der portugiesischen Region Centro. Wenngleich die Regionen der neuen Bundesländer zu den einkommensschwachen Regionen der Gemeinschaft zählen, befinden sie sich also nicht am Ende der regionalen Einkommensskala. Die westdeutschen "NUTS 2-Regionen" sind demgegenüber fast ausnahmslos dem oberen Drittel der westeuropäischen Regionen und hier vornehmlich der Spitzengruppe zuzurechnen. Während sich das Pro-Kopf-Einkommen der meisten westdeutschen Regionen leicht über dem Niveau der Regionen der BENELUX-Staaten, Nordfrankreichs, Norditaliens und Dänemarks bewegt, finden die ostdeutschen Regionen ihre Pendants vor allem in den südlichen Mitgliedsländern der EG.

Bezüglich des Standes der Arbeitslosigkeit lassen sich die ostdeutschen "NUTS 2-Regionen" am ehesten mit denjenigen Regionen der EG vergleichen, in denen sich die Lage auf dem Arbeitsmarkt am problematischsten darstellt. Hervorzuheben ist das durchgängig extrem hohe Niveau der Arbeitslosigkeit in den Regionen Ostdeutschlands. In Mecklenburg-Vorpommern, d.h. der "NUTS 2-Region" Ostdeutschlands, in der sich die Lage auf dem Arbeitsmarkt zur Zeit am kritischsten darstellt, erreicht die Arbeitslosigkeit ein Niveau, das unter den erfaßten europäischen Regionen einzig von Andalusien, der Extremadura und Kalabrien übertroffen wird. Die ostdeutschen Regionen mit der geringsten Arbeitslosigkeit liegen im EG-Maßstab immer noch im unteren Drittel der europäischen Regionen. Unter arbeitsmarktpolitischem Aspekt sind demnach alle Regionen der ehemaligen DDR Problemregionen. Die durchschnittliche (korrigierte) Arbeitslosenquote der zehn "NUTS 2-Regionen" der neuen Bundesländer liegt um mehr als das zweifache über der durchschnittlichen Arbeitslosenquote der EG (ohne Bundesrepublik).

Bezüglich der regionalen Ausprägungen des Gesamtindikators befinden sich die ostdeutschen Regionen sämtlich am Ende der europäische Rangskala zusammen mit den südeuropäischen Regionen. Die Regionen der ehemaligen DDR gehören somit zu den strukturschwächsten der Europäischen Gemeinschaft. Für Gesamtdeutschland ergibt sich nach der Wiedervereinigung die Situation, daß ca. drei Viertel der deutschen Regionen, nämlich die westdeutschen, in der Spitzengruppe der europäischen Regionen zu finden sind, das restliche Viertel, die ostdeutschen Regionen, jedoch am Ende der europäischen Wohlstandsskala.

5. Regionalpolitische Schlußfolgerungen

Die neuen Bundesländer sind auf Beschluß des Planungsausschusses für regionale Wirtschaftsstruktur im Rahmen der Gemeinschaftsaufgabe "Verbesserung der regionalen Wirtschaftsstruktur" analog zum bisherigen Vorgehen bei der Zonenrandförderung per se als Fördergebiet eingestuft worden. Hierfür waren der vermutete generelle Rückstand der ostdeutschen Wirtschaft gegenüber der bisherigen Bundesrepublik sowie, auf technischer Ebene, die Tatsache ausschlaggebend, daß die meisten Indikatoren der Gemeinschaftsaufgabe für das Gebiet der neuen Bundesländer derzeit nicht oder nur teilweise verfügbar sind. Wie die Ergebnisse des innerdeutschen und des europäischen Regionenvergleichs zeigen, sind die regionalen Disparitäten zwischen den Arbeitsmärkten Ost- und Westdeutschlands tatsächlich so groß, daß es gegenwärtig gerechtfertigt ist, das gesamte Gebiet der ehemaligen DDR als Fördergebiet einzustufen.

Eine Analyse der Regionen Ostdeutschlands unter wirtschaftsstrukturellen Gesichtspunkten bringt zudem einige recht interessante Hinweise zu möglichen Förderstrategien zum Vorschein. Es läßt sich bereits jetzt absehen, daß nach dem Klassifizierungsschema der EG alle Regionen der neuen Bundesländer als sog. "Ziel Nr. 1-Regionen" zu typisieren sind. Zwar handelt es sich bei den Zahlen zur Bruttowertschöpfung um Schätzungen und bei den Arbeitslosenquoten um Stichtagsergebnisse und nicht – wie sonst üblich – um langjährige Durchschnitte; ein erheblicher realer Rückgang der Bruttowertschöpfung seit Anfang 1990 und eine einstweilen fortwirkende Tendenz zur Verschlechterung der Lage auf dem Arbeitsmarkt in Ostdeutschland sind jedoch nicht zu übersehen. Die Probleme Ostdeutschlands werden somit aller Wahrscheinlichkeit nach in den nächsten Jahren zumindest ebenso gravierend sein wie die der südlichen EG-Regionen.

Nach vier bis fünf Jahren sollte im Interesse einer einheitlichen Behandlung des gesamten Bundesgebiets in den neuen Bundesländern zu dem Normalverfahren der Gemeinschaftsaufgabe übergegangen werden. Dann sollte es möglich sein, alle Indikatoren der Gemeinschaftsaufgabe nach westlichen Erhebungsstandards für die Arbeitsmärkte Gesamtdeutschlands zu erheben. Nach dieser Übergangsfrist werden sich auch die Konturen der künftigen regionalen Wirtschaftsstruktur bzw. der regionalen Entwicklungstendenzen des Gebiets der neuen Bundesländer genauer abzeichnen.

Nur durch eine Gleichbehandlung des Gebiets der neuen Bundesländer nach der notwendigen Übergangsfrist kann auch im Bereich der regionalen Wirtschaftspolitik dokumentiert werden, daß die neuen Bundesländer integraler Bestandteil eines einheitlichen Staatsgebiets sind, also keine Sonderbehandlung beabsichtigt ist. Dieser Aspekt ist zum einen in Hinblick auf das Zusammenwachsen der beiden Teile Deutschlands wesentlich, zum anderen aber auch in Hinblick auf die EG: Eine pauschale Förderung der neuen Bundesländer würde sehr schnell auf die Kritik der Staaten, die Regionen mit besonderen Entwicklungsproblemen umfassen, stoßen.

Erneut deutlich wurden ausgeprägte regionale Disparitäten, hierunter vor allem ein Nord-Süd-Gefälle, innerhalb Ostdeutschlands. Für die regionale Wirtschaftspolitik zeigt dies einerseits eine besondere Förderungswürdigkeit des nördlichen Raumes an. Andererseits dürften im Süden unter wachstumspolitischen Gesichtspunkten die schnellsten Erfolge zu erzielen sein.

Tabelle A1

Die drei besten Alternativen der Zuordnung der Kreise zu Zentren nach der Erreichbarkeitsanalyse

Kreis	Zentrum 1	Zentrum 2	Zentrum 3
Altenburg	Leipzig	Eigenständig	–
Altentreptow	Neubrandenburg	–	–
Angermünde	Schwedt	–	–
Anklam	Greifswald	Neubrandenburg	–
Annaberg	Chemnitz	Eigenständig	–
Apolda	Weimar	Jena	–
Arnstadt	Erfurt	–	–
Artern	Sangerhausen	–	–
Aschersleben	Aschersleben	Bernburg	–
Aue	Zwickau	Eigenständig	–
Auerbach	Plauen	–	–
Bad Doberan	Rostock	–	–
Bad Freienwalde	Eberswalde	Berlin	–
Bad Langensalza	Erfurt	Gotha	Mülhausen
Bad Liebenwerda	Finsterwalde	Riesa	Torgau
Bad Salzungen	Eisenach	–	–
Bautzen	Görlitz	Eigenständig	Dresden
Beeskow	Frankfurt/Oder	Eisenhüttenstadt	–
Belzig	Brandenburg	Potsdam	Dessau
Berlin-Ost	Berlin	–	–
Berlin-West	Berlin	–	–
Bernau	Berlin	–	–
Bernburg	Bernburg	–	–
Bischofswerda	Dresden	Bautzen	–
Bitterfeld	Dessau	Leipzig	Eigenständig
Borna	Leipzig	–	–
Brand-Erbisdorf	Freiberg	–	–
Brandenburg (L)	Brandenburg	–	–
Brandenburg (S)	Brandenburg	–	–
Bützow	Rostock	–	–
Burg	Magdeburg	–	–
Calau	Cottbus	–	–
Chemnitz (L)	Chemnitz	–	–
Chemnitz (S)	Chemnitz	–	–
Cottbus (L)	Cottbus	–	–
Cottbus (S)	Cottbus	–	–
Delitzsch	Leipzig	–	–
Demmin	Neubrandenburg	Stralsund	Greifswald
Dessau (S)	Dessau	–	–
Dippoldiswalde	Dresden	–	–
Döbeln	Riesa	Dresden	Leipzig
Dresden(S)	Dresden	–	–
Dresden (L)	Dresden	–	–
Eberswalde	Eberswalde	Berlin	–
Eilenburg	Leipzig	–	–
Eisenach	Eisenach	Erfurt	Gotha
Eisenberg	Jena	Gera	–
Eisenhüttenstadt (L)	Eisenhüttenstadt	–	–
Eisenhüttenstadt (S)	Eisenhüttenstadt	–	–
Eisleben	Halle	Eigenständig	–
Erfurt (L)	Erfurt	–	–
Erfurt (S)	Erfurt	–	–
Finsterwalde	Finsterwalde	Senftenberg	–
Flöha	Chemnitz	–	–
Forst	Cottbus	–	–
Frankfurt(Oder) (S)	Frankfurt/Oder	–	–
Freiberg	Freiberg	Dresden	Chemnitz
Freital	Dresden	–	–

noch Tabelle A1

Die drei besten Alternativen der Zuordnung der Kreise zu Zentren nach der Erreichbarkeitsanalyse

Kreis	Zentrum 1	Zentrum 2	Zentrum 3
Fürstenwalde	Frankfurt/Oder	Berlin	–
Gadebusch	Schwerin	Lübeck	–
Gardelegen	Stendal	Magdeburg	–
Geithain	Leipzig	Altenburg	–
Genthin	Brandenburg	–	–
Gera (L)	Gera	–	–
Gera (S)	Gera	–	–
Glauchau	Chemnitz	Zwickau	–
Görlitz (L)	Görlitz	–	–
Görlitz (S)	Görlitz	–	–
Gotha	Erfurt	Eigenständig	–
Gräfenhainichen	Dessau	–	–
Gransee	Neuruppin	Berlin	Eigenständig
Greifswald (L)	Greifswald	–	–
Greifswald (S)	Greifswald	–	–
Greiz	Gera	Eigenständig	–
Grevesmühlen	Lübeck	Schwerin	Wismar
Grimma	Leipzig	–	–
Grimmen	Stralsund	Greifswald	–
Großenhain	Dresden	Riesa	–
Guben	Eisenhüttenstadt	Cottbus	Eigenständig
Güstrow	Rostock	–	–
Hagenow	Schwerin	–	–
Hainichen	Chemnitz	–	–
Halberstadt	Halberstadt	–	–
Haldensleben	Magdeburg	–	–
Halle(Saale) (S)	Halle	–	–
Halle-Neustadt (S)	Halle	–	–
Havelberg	Stendal	Wittenberge	–
Heiligenstadt	Göttingen	Worbis	Mülhausen
Herzberg	Torgau	Finsterwalde	–
Hettstedt	Aschersleben	Eisleben	–
Hildburghausen	Suhl	Coburg	–
Hohenmölsen	Leipzig	Weißenfels	–
Hohenstein-Ernstthal	Chemnitz	Zwickau	–
Hoyerswerda	Hoyerswerda	–	–
Ilmenau	Erfurt	Suhl	Eigenständig
Jena (L)	Jena	–	–
Jena (S)	Jena	–	–
Jessen	Wittenberg	–	–
Jüterbog	Luckenwalde	–	–
Kamenz	Dresden	Hoyerswerda	–
Klingenthal	Plauen	Eigenständig	–
Klötze	Wolfsburg	Salzwedel	–
Königs-Wusterhausen	Berlin	–	–
Köthen	Dessau	Bernburg	–
Kyritz	Neuruppin	Wittstock	–
Leipzig (L)	Leipzig	–	–
Leipzig (S)	Leipzig	–	–
Lobenstein	Hof	–	–
Löbau	Görlitz	Bautzen	–
Luckau	Cottbus	Lübben	–
Luckenwalde	Luckenwalde	Berlin	–
Ludwigslust	Schwerin	–	–
Lübben	Cottbus	Eigenständig	–
Lübz	Parchim	–	–
Lüchow-Dannenberg	Salzwedel	Eigenständig	Ülzen
Magdeburg (S)	Magdeburg	–	–

noch Tabelle A1

Die drei besten Alternativen der Zuordnung der Kreise zu Zentren nach der Erreichbarkeitsanalyse

Kreis	Zentrum 1	Zentrum 2	Zentrum 3
Malchin	Waren	Neubrandenburg	Rostock
Marienberg	Chemnitz	Annaberg	–
Meiningen	Suhl	Eigenständig	–
Meißen	Dresden	–	–
Merseburg	Halle	–	–
Mühlhausen	Mülhausen	–	–
Nauen	Berlin	Brandenburg	–
Naumburg	Naumburg	–	–
Nebra	Naumburg	Halle	–
Neubrandenburg (L)	Neubrandenburg	–	–
Neubrandenburg (S)	Neubrandenburg	–	–
Neuhaus am Rennweg	Saalfeld	Eigenständig	–
Neuruppin	Neuruppin	Berlin	–
Neustrelitz	Neubrandenburg	–	–
Niesky	Görlitz	–	–
Nordhausen	Nordhausen	–	–
Ölsnitz	Plauen	–	–
Oranienburg	Berlin	–	–
Oschatz	Riesa	–	–
Oschersleben	Magdeburg	Halberstadt	–
Osterburg	Stendal	Wittenberge	–
Parchim	Parchim	Schwerin	–
Pasewalk	Pasewalk	Prenzlau	–
Perleberg	Wittenberge	–	–
Pirna	Dresden	Eigenständig	–
Plauen(S)	Plauen	–	–
Plauen (L)	Plauen	–	–
Pößneck	Saalfeld	–	–
Potsdam (L)	Berlin	–	–
Potsdam (S)	Berlin	Eigenständig	–
Prenzlau	Prenzlau	Schwedt	Pasewalk
Pritzwalk	Wittenberge	Wittstock	–
Quedlinburg	Halberstadt	–	–
Querfurt	Halle	Eisleben	Sangerhausen
Rathenow	Brandenburg	–	–
Reichenbach	Zwickau	Plauen	–
Ribnitz-Damgarten	Rostock	–	–
Riesa	Riesa	–	–
Rochlitz	Chemnitz	Leipzig	–
Röbel/Müritz	Waren	Neubrandenburg	–
Roßlau	Dessau	–	–
Rostock (L)	Rostock	–	–
Rostock (S)	Rostock	–	–
Rudolstadt	Saalfeld	Jena	–
Rügen	Stralsund	–	–
Saalfeld	Saalfeld	–	–
Saalkreis	Halle	–	–
Salzwedel	Salzwedel	Ülzen	–
Sangerhausen	Sangerhausen	Eisleben	–
Schleiz	Gera	Plauen	–
Schmalkalden	Eisenach	Meiningen	–
Schmölln	Gera	Altenburg	–
Schönebeck	Magdeburg	–	–
Schwarzenberg	Zwickau	Aue	–
Schwedt(Oder) (S)	Schwedt	–	–
Schwerin (L)	Schwerin	–	–
Schwerin (S)	Schwerin	–	–
Sebnitz	Dresden	Pirna	–

noch Tabelle A1

Die drei besten Alternativen der Zuordnung der Kreise zu Zentren nach der Erreichbarkeitsanalyse

Kreis	Zentrum 1	Zentrum 2	Zentrum 3
Seelow	Frankfurt/Oder	–	–
Senftenberg	Hoyerswerda	Eigenständig	Dresden
Sömmerda	Erfurt	–	–
Sondershausen	Nordhausen	–	–
Sonneberg	Coburg	–	–
Spremberg	Cottbus	Hoyerswerda	–
Stadtroda	Jena	Gera	–
Staßfurt	Bernburg	Aschersleben	–
Stendal	Stendal	–	–
Sternberg	Schwerin	–	–
Stollberg	Chemnitz	–	–
Stralsund (L)	Stralsund	–	–
Stralsund (S)	Stralsund	–	–
Strasburg	Neubrandenburg	Pasewalk	Prenzlau
Strausberg	Berlin	–	–
Suhl (L)	Suhl	–	–
Suhl (S)	Suhl	–	–
Templin	Prenzlau	Eberswalde	–
Teterow	Rostock	–	–
Torgau	Torgau	Leipzig	–
Ueckermünde	Pasewalk	Eigenständig	Greifswald
Wanzleben	Magdeburg	–	–
Waren	Waren	Neubrandenburg	–
Weimar (L)	Weimar	–	–
Weimar (S)	Weimar	–	–
Weißenfels	Leipzig	Eigenständig	–
Weißwasser	Hoyerswerda	Eigenständig	–
Werdau	Zwickau	–	–
Wernigerode	Halberstadt	Goslar	Eigenständig
Werra-Meißner	Mülhausen	Eigenständig	Kassel
Wismar (L)	Wismar	–	–
Wismar (S)	Wismar	–	–
Wittenberg	Wittenberg	Dessau	–
Wittstock	Neuruppin	Eigenständig	–
Wolgast	Greifswald	Eigenständig	–
Wolmirstedt	Magdeburg	–	–
Worbis	Göttingen	Eigenständig	Mülhausen
Wurzen	Leipzig	–	–
Zeitz	Leipzig	Eigenständig	Gera
Zerbst	Dessau	–	–
Zeulenroda	Gera	Greiz	–
Zittau	Görlitz	Eigenständig	–
Zossen	Berlin	Luckenwalde	–
Zschopau	Chemnitz	–	–
Zwickau (S)	Zwickau	–	–
Zwickau (L)	Zwickau	–	–

Eigene Berechnungen.

Tabelle A2

Endgültig abgegrenzte Arbeitsmarktregionen Ostdeutschlands und zugehörige Landkreise und kreisfreie Städte

Nr.	Arbeitsmarkt	Kreis	Nr.	Arbeitsmarkt	Kreis
202	Berlin	Königs Wusterhausen	209	Eberswalde	Eberswalde
		Potsdam			Bad Freienwalde
		Strausberg	210	Eisenach	Schmalkalden
		Fürstenwalde			Eisenach
		Bernau			Bad Salzungen
		Potsdam (Stadt)	211	Eisenhütten-	Eisenhüttenstadt (Stadt)
		Oranienburg		stadt-Frankfurt	Beeskow
		Berlin (Ost)			Eisenhüttenstadt
		Zossen			Seelow
		Nauen			Frankfurt (Stadt)
204	Brandenburg	Brandenburg	212	Erfurt	Erfurt
		Belzig			Arnstadt
		Brandenburg (Stadt)			Gotha
		Genthin			Langensalza
		Rathenow			Artern
205	Chemnitz	Chemnitz			Sondershausen
		Stollberg			Sömmerda
		Hohenstein-Ernstthal			Erfurt (Stadt)
		Chemnitz (Stadt)			Ilmenau
		Flöha	215	Freiberg	Freiberg
		Hainichen			Brand-Erbisdorf
		Rochlitz	216	Gera	Gera (Stadt)
		Glauchau			Gera
		Zschopau			Greiz
		Annaberg			Schmölln
		Marienberg			Zeulenroda
144	Coburg	Sonneberg			Schleiz
206	Cottbus	Cottbus (Stadt)	217	Görlitz	Görlitz (Stadt)
		Cottbus			Löbau
		Guben			Görlitz
		Calau			Bautzen
		Forst			Zittau
		Lübben			Niesky
		Finsterwalde	10	Göttingen	Worbis
		Luckau			Heiligenstadt
207	Dessau	Köthen			Nordhausen
		Dessau (Stadt)	218	Greifswald	Greifswald
		Bernburg			Greifswald (Stadt)
		Gräfenhainichen			Anklam
		Bitterfeld			Wolgast
		Roßlau	219	Halberstadt	Halberstadt
		Zerbst			Aschersleben
208	Dresden	Dresden (Stadt)			Wernigerode
		Dresden			Quedlinburg
		Freital	145	Hof	Lobenstein
		Meißen	220	Hoyerswerda	Hoyerswerda
		Kamenz			Senftenberg
		Bischofswerda			Weißwasser
		Pirna			Spremberg
		Großenhain	221	Jena	Jena
		Sebnitz			Eisenberg
		Dippoldiswalde			Stadtroda

noch Tabelle A2

Endgültig abgegrenzte Arbeitsmarktregionen Ostdeutschlands und zugehörige Landkreise und kreisfreie Städte

Nr.	Arbeitsmarkt	Kreis	Nr.	Arbeitsmarkt	Kreis
noch 222	Jena Leipzig	Jena (Stadt) Leipzig Leipzig (Stadt) Altenburg Weißenfels Geithain Zeitz Hohenmölsen Borna Delitzsch Grimma Wurzen Eilenburg Torgau	noch 236 237	Rostock Saalfeld Saalkreis	Bützow Güstrow Rostock (Stadt) Teterow Rudolstadt Pößneck Saalfeld Neuhaus Halle (Stadt) Saalkreis Eisleben Naumburg Merseburg Querfurt
223	Luckenwalde	Jüterbog Luckenwalde			Sangerhausen Hettstedt
3	Lübeck	Grevesmühlen			Nebra
224	Magdeburg	Wolmirstedt Wanzleben Burg Magdeburg (Stadt) Schönebeck Haldensleben Staßfurt Oschersleben	24 239 240	Salzw./Lüchow Schwedt (Stadt) Schwerin	Salzwedel Schwedt (Stadt) Angermünde Schwerin (Stadt) Hagenow Parchim Lübz Sternberg
75	Mühlhausen	Mühlhausen			Schwerin
226	Neubrandenburg	Neubrandenburg (Stadt) Demmin Neustrelitz Waren Strasburg Neubrandenburg Altentreptow Malchin Röbel	241 242	Stendal Stralsund	Gadebusch Perleberg Ludwigslust Osterburg Havelberg Stendal Gardelegen Stralsund Rügen Stralsund (Stadt) Grimmen
227	Neuruppin	Gransee Kyritz Pritzwalk Wittstock Neuruppin	243	Suhl	Suhl Hildburghausen Suhl (Stadt) Meiningen
230	Pasewalk	Pasewalk Ueckermünde	246	Weimar	Weimar Weimar (Stadt)
232	Plauen	Plauen Auerbach Oelsnitz Plauen (Stadt) Klingenthal	247 248	Wismar Wittenberg	Apolda Wismar Wismar (Stadt) Wittenberg Herzberg
233	Prenzlau	Prenzlau Templin			Jessen
234	Riesa	Bad Liebenwerda Döbeln Oschatz Riesa	9 250	Wolfsburg Zwickau	Klötze Zwickau Zwickau (Stadt) Aue
235	Rostock	Rostock Bad Doberan Ribnitz-Damgarten			Werdau Schwarzenberg Reichenbach

RWI ESSEN

Tabelle A3

Pendlerbewegungen der Arbeitsmarktregionen nach Quell- und Zielkreisen
Stichtag 31.12.1981; in vH

Nr.	Quellarbeitsmarkt (QAM)	Pendler	Quellkreis (QK)	Anteil an QAM	Zielkreis	Anteil an Qk	Zielarbeitsmarkt (ZAM)	Anteil an QK	ZAM/QAM[1]
202	Berlin	105 730	Königs Wusterh.	13,03	Berlin (Ost)	95,29	Berlin	98,66	94,17
					Zossen	2,16			
					Potsdam (S)	0,69			
					Fürstenwalde	0,53			
					Beeskow	0,84	Eisenhüttenstadt-F.	0,84	1,26
					Lübben	0,49	Cottbus	0,49	0,21
			Potsdam	12,24	Potsdam (S)	79,15	Berlin	95,85	94,17
					Berlin (Ost)	7,81			
					Zossen	5,85			
					Nauen	1,77			
					Königs Wusterh.	1,27			
					Brandenburg	1,41	Brandenburg	3,22	0,90
					Brandenburg (S)	1,34			
					Belzig	0,46			
					Luckenwalde	0,50	Luckenwalde	0,50	0,50
					Rostock (S)	0,42	Rostock	0,42	0,90
			Strausberg	12,23	Berlin (Ost)	83,67	Berlin	97,44	94,17
					Fürstenwalde	12,84			
					Bernau	0,94			
					Frankfurt (S)	1,20	Eisenhüttenstadt-F.	1,62	1,26
					Seelow	0,42			
					Schwedt (S)	0,54	Schwedt (S)	0,54	0,21
					Rostock (S)	0,40	Rostock	0,40	0,90
			Fürstenwalde	11,26	Berlin (Ost)	81,55	Berlin	92,46	94,17
					Strausberg	10,01			
					Königs Wusterh.	0,91			
					Frankfurt (S)	4,52	Eisenhüttenstadt-F.	6,39	1,26
					Beeskow	1,87			
					Schwedt (S)	0,71	Schwedt (S)	0,71	0,21
					Rostock (S)	0,45	Rostock	0,45	0,90
			Bernau	10,37	Berlin (Ost)	93,65	Berlin	96,35	94,17
					Oranienburg	1,30			
					Fürstenwalde	0,70			
					Strausberg	0,69			
					Eberswalde	3,12	Eberswalde	3,12	0,43
					Frankfurt (S)	0,53	Eisenhüttenstadt-F.	0,53	1,26
			Potsdam (S)	10,25	Potsdam	80,19	Berlin	98,25	94,17
					Berlin (Ost)	10,00			
					Zossen	5,89			
					Königs Wusterh.	1,20			
					Nauen	0,96			
					Brandenburg (S)	1,09	Brandenburg	1,09	0,90
					Rostock (S)	0,66	Rostock	0,66	0,90
			Oranienburg	9,67	Berlin (Ost)	90,38	Berlin	96,86	94,17
					Bernau	3,41			
					Nauen	1,72			
					Potsdam (S)	1,35			
					Neuruppin	1,38	Neuruppin	2,34	0,34
					Gransee	0,96			
					Rostock (S)	0,80	Rostock	0,80	0,90
			Berlin (Ost)	7,98	Königs Wusterh.	16,41	Berlin	70,24	94,17
					Bernau	13,98			
					Strausberg	10,34			
					Fürstenwalde	8,81			
					Oranienburg	7,80			
					Potsdam (S)	7,52			
					Zossen	2,61			
					Potsdam	1,97			
					Nauen	0,81			
					Rostock (S)	7,60	Rostock	7,60	0,90
					Dresden (S)	2,68	Dresden	2,68	0,21
					Leipzig (S)	2,56	Leipzig	2,56	0,20
					Frankfurt (S)	1,49	Eisenhüttenstadt-F.	2,23	1,26
					Beeskow	0,74			
					Cottbus (S)	1,09	Cottbus	1,35	0,21
					Guben	0,76			

noch Tabelle A3

Pendlerbewegungen der Arbeitsmarktregionen nach Quell- und Zielkreisen
Stichtag 31.12.1981; in vH

Nr.	Quellarbeitsmarkt (QAM)	Pendler	Quellkreis (QK)	Anteil an QAM	Zielkreis	Anteil an Qk	Zielarbeitsmarkt (ZAM)	Anteil an QK	ZAM/QAM[1]
	noch Berlin		noch Berlin		Halle (S)	1,07	Saalkreis	1,70	0,14
					Merseburg	0,63			
					Greifswald (S)	0,84	Greifswald	1,48	0,12
					Wolgast	0,64			
					Eberswalde	1,32	Eberswalde	1,32	0,43
					Rügen	1,28	Stralsund	1,28	0,10
					Magdeburg (S)	1,23	Magdeburg	1,23	0,10
					Brandenburg (S)	0,95	Brandenburg	0,95	0,90
					Schwedt (S)	0,79	Schwedt	0,79	0,21
					Neuruppin	0,76	Neuruppin	0,76	0,34
					Erfurt (S)	0,75	Erfurt	0,75	0,06
					Jena (S)	0,74	Jena	0,74	0,06
					Neubrandenburg (S)	0,64	Neubrandenburg	0,64	0,05
					Luckenwalde	0,60	Luckenwalde	0,60	0,50
					Schwerin	0,60	Schwerin	0,60	0,05
			Zossen	7,56	Berlin (Ost)	65,25	Berlin	94,87	94,17
					Potsdam	14,58			
					Königs Wusterh.	10,54			
					Potsdam (S)	4,49			
					Luckenwalde	5,13	Luckenwalde	5,13	0,50
			Nauen	5,42	Oranienburg	49,09	Berlin	93,25	94,17
					Berlin (Ost)	21,87			
					Potsdam (S)	17,10			
					Potsdam	5,18			
					Brandenburg (S)	4,89	Brandenburg	5,85	0,90
					Rathenow	0,96			
					Neuruppin	0,91	Neuruppin	0,91	0,34
204	Brandenburg	10 971	Brandenburg	58,07	Brandenburg (S)	77,43	Brandenburg	87,77	69,39
					Rathenow	6,59			
					Belzig	2,17			
					Genthin	1,59			
					Potsdam	6,95	Berlin	12,23	21,50
					Potsdam (S)	3,48			
					Berlin (Ost)	1,79			
			Belzig	16,69	Potsdam	24,80	Berlin	49,92	21,50
					Potsdam (S)	14,31			
					Berlin (Ost)	5,84			
					Zossen	4,97			
					Brandenburg (S)	14,80	Brandenburg	22,88	69,39
					Brandenburg	8,08			
					Wittenberg	9,72	Wittenberg	9,72	1,62
					Jüterbog	9,18	Luckenwalde	9,18	1,53
					Dessau (S)	4,31	Dessau	8,30	1,39
					Roßlau	3,99			
			Brandenburg (S)	10,11	Brandenburg	71,15	Brandenburg	80,70	69,39
					Rathenow	9,56			
					Potsdam (S)	14,70	Berlin	19,30	21,50
					Berlin (Ost)	4,60			
			Genthin	9,43	Burg	24,73	Magdeburg	42,51	4,01
					Magdeburg (S)	17,78			
					Brandenburg (S)	20,87	Brandenburg	40,00	69,39
					Rathenow	11,88			
					Brandenburg	7,25			
					Berlin (Ost)	11,59	Berlin	11,59	21,50
					Stendal	5,89	Stendal	5,89	0,56
			Rathenow	5,70	Berlin (Ost)	25,92	Berlin	53,12	21,50
					Nauen	18,40			
					Potsdam (S)	8,80			
					Brandenburg (S)	46,88	Brandenburg	46,88	69,39
205	Chemnitz	63 766	Chemnitz		Chemnitz (S)	83,58	Chemnitz	98,91	79,42
					Stollberg	4,65			
					Hainichen	3,95			
					Rochlitz	2,69			
					Hohenstein-Ernstth.	1,72			
					Zschopau	1,64			
					Flöha	0,67			

noch Tabelle A3

Pendlerbewegungen der Arbeitsmarktregionen nach Quell- und Zielkreisen
Stichtag 31.12.1981; in vH

Nr.	Quellarbeitsmarkt (QAM)	Pendler	Quellkreis (QK)	Anteil an QAM	Zielkreis	Anteil an Qk	Zielarbeitsmarkt (ZAM)	Anteil an QK	ZAM/QAM[1]
noch	Chemnitz		noch Chemnitz		Berlin (Ost)	0,66	Berlin	0,66	1,40
					Aue	0,43	Zwickau	0,43	10,51
			Stollberg	12,99	Chemnitz (S)	34,46	Chemnitz	68,86	79,42
					Hohenstein-Ernstth.	23,18			
					Chemnitz	8,31			
					Glauchau	1,65			
					Zschopau	1,26			
					Aue	16,62	Zwickau	28,02	10,51
					Zwickau (S)	6,62			
					Zwickau	4,78			
					Gera	1,97	Gera	1,97	2,24
					Berlin (Ost)	1,16	Berlin	1,16	1,40
			Hohenstein-Ernstth.	12,70	Chemnitz (S)	40,45	Chemnitz	75,83	79,42
					Chemnitz	15,02			
					Stollberg	11,35			
					Glauchau	9,01			
					Zwickau (S)	12,25	Zwickau	17,89	10,51
					Zwickau	4,61			
					Aue	1,04			
					Gera	4,82	Gera	5,63	2,24
					Gera (S)	0,82			
					Berlin (Ost)	0,64	Berlin	0,64	1,40
			Chemnitz (S)	10,83	Chemnitz	51,07	Chemnitz	81,72	79,42
					Flöha	7,41			
					Stollberg	6,88			
					Hainichen	5,25			
					Hohenstein-Ernstth.	4,62			
					Zschopau	3,85			
					Marienberg	0,94			
					Glauchau	0,87			
					Annaberg	0,83			
					Berlin (Ost)	5,89	Berlin	6,77	1,40
					Berlin (Ost)	0,88			
					Aue	1,78	Zwickau	3,04	10,51
					Zwickau (S)	1,26			
					Dresden (S)	1,94	Dresden	1,94	0,21
					Freiberg	1,62	Freiberg	1,62	1,68
					Rostock (S)	1,61	Rostock	1,61	0,17
					Leipzig (S)	1,52	Leipzig	1,52	1,47
					Auerbach	0,94	Plauen	0,94	0,10
					Gera	0,84	Gera	0,84	2,24
			Flöha	8,78	Chemnitz (S)	70,94	Chemnitz	91,23	79,42
					Zschopau	8,25			
					Hainichen	7,75			
					Chemnitz	3,36			
					Marienberg	0,93			
					Freiberg	6,18	Freiberg	8,77	1,68
					Brand-Erbisdorf	2,59			
			Hainichen	7,69	Chemnitz (S)	41,37	Chemnitz	67,33	79,42
					Rochlitz	9,79			
					Chemnitz	9,28			
					Flöha	6,89			
					Döbeln	29,24	Riesa	29,24	2,80
					Freiberg	2,18	Freiberg	2,18	1,68
					Berlin (Ost)	1,24	Berlin	1,24	1,40
			Rochlitz	6,46	Hainichen	30,26	Chemnitz	73,94	79,42
					Chemnitz	29,29			
					Chemnitz (S)	12,09			
					Glauchau	2,31			
					Grimma	15,10	Leipzig	17,56	1,47
					Geithain	2,45			
					Döbeln	8,50	Riesa	8,50	2,80
			Glauchau	5,78	Zwickau (S)	21,34	Zwickau	39,47	10,51
					Zwickau	12,30			
					Werdau	3,69			
					Reichenbach	2,14			

noch Tabelle A3

Pendlerbewegungen der Arbeitsmarktregionen nach Quell- und Zielkreisen
Stichtag 31.12.1981; in vH

Nr.	Quellarbeitsmarkt (QAM)	Pendler	Quellkreis (QK)	Anteil an QAM	Zielkreis	Anteil an Qk	Zielarbeitsmarkt (ZAM)	Anteil an QK	ZAM/QAM[1]
noch	Chemnitz		noch Glauchau		Hohenstein-Ernstth.	11,89	Chemnitz	35,50	79,42
					Chemnitz (S)	10,94			
					Chemnitz	6,98			
					Rochlitz	3,61			
					Annaberg	2,09			
					Gera	13,52	Gera	20,33	2,24
					Schmölln	6,81			
					Altenburg	1,52	Leipzig	2,99	1,47
					Borna	1,47			
					Berlin (Ost)	1,71	Berlin	1,71	1,40
			Zschopau	5,16	Chemnitz (S)	44,22	Chemnitz	100,00	79,42
					Annaberg	17,36			
					Marienberg	13,71			
					Stollberg	9,27			
					Chemnitz	8,88			
					Flöha	6,57			
			Annaberg	5,05	Marienberg	24,84	Chemnitz	60,56	79,42
					Zschopau	19,38			
					Chemnitz (S)	14,69			
					Chemnitz	1,65			
					Schwarzenberg	23,11	Zwickau	37,52	10,51
					Aue	11,43			
					Zwickau	2,98			
					Berlin (Ost)	1,93	Berlin	1,93	1,40
			Marienberg	2,44	Zschopau	31,17	Chemnitz	76,91	79,42
					Chemnitz (S)	18,22			
					Annaberg	15,52			
					Flöha	11,99			
					Brand-Erbisdorf	12,25	Freiberg	23,09	1,68
					Freiberg	10,84			
144	Coburg	741	Sonneberg	100,00	Neuhaus	59,65	Saalfeld	59,65	59,65
					Hildburghausen	22,54	Suhl	31,85	31,85
					Suhl (S)	9,31			
					Berlin (Ost)	8,50	Berlin	8,50	8,50
206	Cottbus	36 574	Cottbus (S)	27,40	Cottbus	70,02	Cottbus	82,59	80,71
					Calau	8,68			
					Forst	1,35			
					Guben	1,12			
					Finsterwalde	0,77			
					Lübben	0,66			
					Spremberg	10,73	Hoyerswerda	14,21	14,40
					Senftenberg	1,51			
					Weißwasser	1,42			
					Hoyerswerda	0,56			
					Berlin (Ost)	2,52	Berlin	2,52	2,92
					Rostock (S)	0,68	Rostock	0,68	0,19
			Cottbus	26,73	Cottbus (S)	85,52	Cottbus	95,12	80,71
					Calau	6,58			
					Forst	1,64			
					Lübben	0,72			
					Guben	0,66			
					Spremberg	4,32	Hoyerswerda	4,88	14,40
					Weißwasser	0,56			
			Guben	12,28	Cottbus	81,49	Cottbus	94,19	80,71
					Cottbus (S)	10,29			
					Forst	2,41			
					Berlin (Ost)	1,43	Berlin	45,88	2,92
					Eisenhüttenstadt	1,69	Eisenhüttenstadt-F.	2,87	4,21
					Eisenhüttenstadt (S)	1,18			
					Spremberg	1,51	Hoyerswerda	1,51	14,40
			Calau	10,35	Cottbus (S)	33,51	Cottbus	62,16	80,71
					Cottbus	14,09			
					Lübben	9,17			
					Finsterwalde	3,20			
					Luckau	2,19			

noch Tabelle A3

Pendlerbewegungen der Arbeitsmarktregionen nach Quell- und Zielkreisen
Stichtag 31.12.1981; in vH

Nr.	Quellarbeitsmarkt (QAM)	Pendler	Quellkreis (QK)	Anteil an QAM	Zielkreis	Anteil an Qk	Zielarbeitsmarkt (ZAM)	Anteil an QK	ZAM/QAM[1]
noch	Cottbus		noch Calau		Senftenberg	22,81	Hoyerswerda	33,62	14,40
					Spremberg	8,91			
					Weißwasser	1,90			
					Berlin (Ost)	4,23	Berlin	4,23	2,92
			Forst	8,76	Cottbus	29,49	Cottbus	64,27	80,71
					Cottbus (S)	29,42			
					Guben	5,37			
					Spremberg	22,87	Hoyerswerda	34,04	14,40
					Weißwasser	11,17			
					Berlin (Ost)	1,68	Berlin	1,68	2,92
			Lübben	5,58	Calau	38,27	Cottbus	81,97	80,71
					Cottbus (S)	22,78			
					Cottbus	10,58			
					Luckau	7,45			
					Guben	2,89			
					Königs Wusterh.	7,89	Berlin	14,60	2,92
					Berlin (Ost)	6,71			
					Beeskow	3,43	Eisenhüttenstadt-F.	3,43	4,21
			Finsterwalde	4,91	Cottbus	2,79	Cottbus	68,80	80,71
					Calau	6,30			
					Luckau	4,07			
					Senftenberg	48,91	Hoyerswerda	52,03	14,40
					Spremberg	3,12			
					Cottbus (S)	8,30	Cottbus	21,45	80,71
					Bad Liebenwerda	13,98	Riesa	13,98	0,69
					Herzberg	5,40	Wittenberg	8,25	0,55
					Jessen	2,84			
					Berlin (Ost)	4,29	Berlin	4,29	2,92
			Luckau	3,99	Calau	39,08	Cottbus	85,15	80,71
					Finsterwalde	14,17			
					Lübben	12,66			
					Cottbus (S)	9,24			
					Cottbus	5,54			
					Guben	4,45			
					Berlin (Ost)	11,16	Berlin	11,16	2,92
					Herzberg	3,70	Wittenberg	3,70	0,55
207	Dessau	22 465	Köthen		Dessau (S)	39,59	Dessau	79,80	65,28
					Bitterfeld	31,44			
					Bernburg	8,77			
					Halle (S)	6,29	Saalkreis	10,58	11,28
					Saalkreis	3,02			
					Merseburg	1,27			
					Magdeburg (S)	1,96	Magdeburg	3,56	8,39
					Schönebeck	1,60			
					Berlin (Ost)	3,51	Berlin	3,51	3,12
					Leipzig (S)	1,27	Leipzig	1,27	4,50
					Rostock (S)	1,27	Rostock	1,27	1,21
			Dessau (S)	17,32	Bitterfeld	37,24	Dessau	89,33	65,28
					Roßlau	25,19			
					Gräfenhainichen	19,35			
					Köthen	7,56			
					Berlin (Ost)	2,75	Berlin	2,75	3,12
					Halle (S)	2,36	Saalkreis	2,36	11,28
					Rostock (S)	2,16	Rostock	2,16	1,21
					Wittenberg	1,90	Wittenberg	1,90	5,69
					Leipzig (S)	1,49	Leipzig	1,49	4,50
			Bernburg	16,44	Saalkreis	14,13	Saalkreis	34,68	11,28
					Hettstedt	10,94			
					Halle (S)	9,61			
					Köthen	24,61	Dessau	31,10	65,28
					Bitterfeld	3,25			
					Dessau (S)	3,25			
					Schönebeck	12,51	Magdeburg	25,47	8,39
					Staßfurt	10,37			
					Magdeburg (S)	2,60			
					Berlin (Ost)	5,44	Berlin	5,44	3,12
					Aschersleben	3,30	Halberstadt	3,30	0,54

noch Tabelle A3

Pendlerbewegungen der Arbeitsmarktregionen nach Quell- und Zielkreisen
Stichtag 31.12.1981; in vH

Nr.	Quellarbeitsmarkt (QAM)	Pendler	Quellkreis (QK)	Anteil an QAM	Zielkreis	Anteil an Qk	Zielarbeitsmarkt (ZAM)	Anteil an QK	ZAM/QAM[1]
noch	Dessau		Gräfenhainichen	16,36	Bitterfeld	55,67	Dessau	79,76	65,28
					Dessau (S)	24,08			
					Wittenberg	11,16	Wittenberg	11,16	5,69
					Eilenburg	5,88	Leipzig	7,35	4,50
					Leipzig (S)	1,47			
					Berlin (Ost)	1,74	Berlin	1,74	3,12
			Bitterfeld	13,28	Dessau (S)	27,92	Dessau	44,64	65,28
					Gräfenhainichen	10,62			
					Köthen	6,10			
					Halle (S)	17,73	Saalkreis	23,83	11,28
					Merseburg	3,12			
					Saalkreis	2,98			
					Delitzsch	14,78	Leipzig	21,05	4,50
					Leipzig (S)	6,27			
					Berlin (Ost)	6,00	Berlin	6,00	3,12
					Rostock (S)	2,25	Rostock	4,49	1,21
					Rostock (S)	2,25			
			Roßlau	10,96	Dessau (S)	56,78	Dessau	67,75	65,28
					Bitterfeld	6,30			
					Zerbst	2,40			
					Gräfenhainichen	2,27			
					Wittenberg	32,25	Wittenberg	32,25	5,69
			Zerbst	6,75	Burg	33,91	Magdeburg	52,24	8,39
					Magdeburg (S)	18,34			
					Roßlau	35,88	Dessau	47,76	65,28
					Dessau (S)	11,87			
208	Dresden	73 074	Dresden (S)		Dresden	43,52	Dresden	86,35	86,90
					Freital	18,09			
					Pirna	17,43			
					Meißen	2,75			
					Dippoldiswalde	1,84			
					Sebnitz	1,04			
					Großenhain	0,70			
					Bischofswerda	0,59			
					Kamenz	0,39			
					Berlin (Ost)	5,34	Berlin	5,34	2,14
					Rostock (S)	1,68	Rostock	1,68	0,57
					Bautzen	0,69	Görlitz	1,42	3,32
					Zittau	0,39			
					Löbau	0,34			
					Leipzig (S)	1,20	Leipzig	1,20	0,35
					Riesa	0,86	Riesa	0,86	2,49
					Freiberg	0,85	Freiberg	0,85	0,96
					Senftenberg	0,46	Hoyerswerda	0,83	2,94
					Hoyerswerda	0,37			
					Cottbus (S)	0,35	Cottbus	0,68	0,15
					Guben	0,33			
					Chemnitz (S)	0,50	Chemnitz	0,50	0,11
					Magdeburg (S)	0,30	Magdeburg	0,30	0,07
			Dresden	21,73	Dresden (S)	88,04	Dresden	98,99	86,90
					Meißen	5,20			
					Bischofswerda	1,61			
					Freital	1,10			
					Großenhain	0,88			
					Sebnitz	0,88			
					Pirna	0,83			
					Kamenz	0,47			
					Berlin (Ost)	0,60	Berlin	0,60	2,14
					Riesa	0,42	Riesa	0,42	2,49
			Freital	12,58	Dresden (S)	88,13	Dresden	97,95	86,90
					Dippoldiswalde	4,57			
					Pirna	2,72			
					Dresden	1,57			
					Meißen	0,97			
					Freiberg	2,05	Freiberg	2,05	0,96

noch Tabelle A3

Pendlerbewegungen der Arbeitsmarktregionen nach Quell- und Zielkreisen
Stichtag 31.12.1981; in vH

Nr.	Quellarbeitsmarkt (QAM)	Pendler	Quellkreis (QK)	Anteil an QAM	Zielkreis	Anteil an Qk	Zielarbeitsmarkt (ZAM)	Anteil an QK	ZAM/QAM[1]
noch	Dresden		Meißen	12,55	Dresden	53,35	Dresden	83,91	86,90
					Dresden (S)	23,82			
					Freital	3,84			
					Großenhain	2,91			
					Riesa	7,01	Riesa	10,17	2,49
					Döbeln	3,16			
					Freiberg	3,03	Freiberg	3,03	0,96
					Berlin (Ost)	1,60	Berlin	1,60	2,14
					Rostock (S)	0,69	Rostock	0,69	0,57
					Leipzig (S)	0,60	Leipzig	0,60	0,35
			Kamenz	7,40	Bischofswerda	36,13	Dresden	62,29	86,90
					Dresden	13,58			
					Dresden (S)	11,38			
					Großenhain	1,20			
					Hoyerswerda	20,28	Hoyerswerda	25,68	2,94
					Senftenberg	3,26			
					Spremberg	2,15			
					Bautzen	10,31	Görlitz	10,31	3,32
					Berlin (Ost)	1,72	Berlin	1,72	2,14
			Bischofswerda	7,07	Dresden	27,83	Dresden	66,71	86,90
					Sebnitz	16,23			
					Dresden (S)	13,67			
					Kamenz	8,99			
					Bautzen	31,64	Görlitz	31,64	3,32
					Berlin (Ost)	1,65	Berlin	1,65	2,14
			Pirna	6,94	Dresden (S)	74,06	Dresden	95,88	86,90
					Sebnitz	11,60			
					Dippoldiswalde	5,58			
					Freital	3,41			
					Dresden	1,22			
					Berlin (Ost)	2,62	Berlin	2,62	2,14
					Rostock (S)	1,50	Rostock	1,50	0,57
			Großenhain	3,44	Dresden	30,30	Dresden	48,31	86,90
					Dresden (S)	10,26			
					Meißen	5,61			
					Kamenz	2,15			
					Riesa	24,77	Riesa	26,80	2,49
					Bad Liebenwerda	2,03			
					Senftenberg	24,89	Hoyerswerda	24,89	2,94
			Sebnitz	3,17	Pirna	65,93	Dresden	96,77	86,90
					Dresden (S)	14,01			
					Dresden	11,82			
					Bischofswerda	5,00			
					Berlin (Ost)	3,23	Berlin	3,23	2,14
			Dippoldiswalde	2,45	Freital	51,09	Dresden	91,79	86,90
					Dresden (S)	30,93			
					Pirna	9,77			
					Brand-Erbisdorf	5,25	Freiberg	5,25	0,96
					Berlin (Ost)	2,96	Berlin	2,96	2,14
209	Eberswalde	3 307	Eberswalde		Bernau	29,22	Berlin	50,78	40,16
					Berlin (Ost)	21,56			
					Bad Freienwalde	27,07	Eberswalde	27,07	38,25
					Angermünde	10,48	Schwedt (S)	17,90	11,76
					Schwedt (S)	7,43			
					Frankfurt (S)	4,25	Eisenhüttenstadt-F.	4,25	9,83
			Bad Freienwalde	49,50	Eberswalde	49,66	Eberswalde	49,66	38,25
					Berlin (Ost)	14,91	Berlin	29,32	40,16
					Strausberg	7,76			
					Bernau	6,66			
					Frankfurt (S)	8,74	Eisenhüttenstadt-F.	15,52	9,83
					Seelow	6,78			
					Schwedt (S)	5,50	Schwedt (S)	5,50	11,76
210	Eisenach	6 303	Schmalkalden	40,39	Suhl	25,45	Suhl	58,13	33,60
					Meiningen	23,06			
					Suhl (S)	9,62			
					Bad Salzungen	32,95	Eisenach	36,92	47,99
					Eisenach	3,97			

199

noch Tabelle A3

Pendlerbewegungen der Arbeitsmarktregionen nach Quell- und Zielkreisen
Stichtag 31.12.1981; in vH

Nr.	Quellarbeitsmarkt (QAM)	Pendler	Quellkreis (QK)	Anteil an QAM	Zielkreis	Anteil an Qk	Zielarbeitsmarkt (ZAM)	Anteil an QK	ZAM/QAM[1]
noch	Eisenach		noch Schmalkalden		Berlin (Ost)	2,95	Berlin	2,95	6,47
					Gotha	2,00	Erfurt	2,00	10,49
			Eisenach	34,03	Bad Salzungen	63,12	Eisenach	63,12	47,99
					Gotha	13,80	Erfurt	24,99	10,49
					Erfurt (S)	11,19			
					Berlin (Ost)	7,65	Berlin	7,65	6,47
					Mühlhausen	4,24	Mühlhausen	4,24	1,44
			Bad Salzungen	25,58	Schmalkalden	28,54	Eisenach	45,35	47,99
					Eisenach	16,81			
					Meiningen	22,64	Suhl	39,58	33,60
					Suhl (S)	11,72			
					Suhl	5,21			
					Berlin (Ost)	10,48	Berlin	10,48	6,47
					Erfurt (S)	4,59	Erfurt	4,59	10,49
211	Eisenhüttenstadt-F.	10 631	Eisenhüttenstadt (S)	38,43	Eisenhüttenstadt	63,63	Eisenhüttenstadt-F.	92,09	72,15
					Frankfurt (S)	26,77			
					Beeskow	1,69			
					Guben	5,78	Cottbus	5,78	4,18
					Berlin (Ost)	2,13	Berlin	2,13	20,64
			Beeskow	17,17	Fürstenwalde	28,66	Berlin	58,30	20,64
					Königs Wusterh.	18,68			
					Berlin (Ost)	10,96			
					Eisenhüttenstadt	15,84	Eisenhüttenstadt-F.	35,73	72,15
					Frankfurt (S)	12,93			
					Eisenhüttenstadt (S)	6,96			
					Cottbus (S)	5,97	Cottbus	5,97	4,18
			Eisenhüttenstadt	15,58	Frankfurt (S)	43,06	Eisenhüttenstadt-F.	76,51	72,15
					Eisenhüttenstadt (S)	33,45			
					Berlin (Ost)	17,51	Berlin	17,51	20,64
					Guben	5,98	Cottbus	5,98	4,18
			Seelow	15,47	Frankfurt (S)	67,48	Eisenhüttenstadt-F.	67,48	72,15
					Strausberg	10,58	Berlin	19,76	20,64
					Fürstenwalde	5,35			
					Berlin (Ost)	3,83			
					Bad Freienwalde	12,77	Eberswalde	12,77	1,98
			Frankfurt (S)	13,35	Rostock (S)	4,23	Rostock	4,23	0,56
					Eisenhüttenstadt (S)	34,25	Eisenhüttenstadt-F.	61,87	72,15
					Eisenhüttenstadt	18,60			
					Seelow	9,02			
					Berlin (Ost)	19,73	Berlin	30,16	20,64
					Fürstenwalde	10,43			
					Leipzig (S)	3,74	Leipzig	3,74	0,50
212	Erfurt	34 093	Erfurt	36,02	Erfurt (S)	92,43	Erfurt	98,57	70,93
					Sömmerda	3,32			
					Arnstadt	1,72			
					Gotha	1,11			
					Weimar (S)	0,77	Weimar	1,43	4,11
					Weimar	0,66			
			Arnstadt	11,47	Erfurt (S)	31,22	Erfurt	60,75	70,93
					Ilmenau	20,48			
					Gotha	6,32			
					Erfurt	2,74			
					Jena	20,48	Jena	20,48	2,71
					Suhl	13,14	Suhl	14,93	4,61
					Suhl (S)	1,79			
					Berlin (Ost)	2,17	Berlin	2,17	2,16
					Rudolstadt	1,66	Saalfeld	1,66	1,84
			Gotha	11,22	Erfurt (S)	33,93	Erfurt	47,27	70,93
					Erfurt	6,90			
					Arnstadt	4,73			
					Langensalza	1,70			
					Eisenach	30,72	Eisenach	32,52	4,97
					Schmalkalden	1,80			
					Suhl	12,24	Suhl	12,24	4,61
					Berlin (Ost)	3,53	Berlin	3,53	2,16
					Weimar (S)	1,59	Weimar	1,59	4,11
					Rostock (S)	1,52	Rostock	1,52	0,37

noch Tabelle A3

Pendlerbewegungen der Arbeitsmarktregionen nach Quell- und Zielkreisen
Stichtag 31.12.1981; in vH

Nr.	Quellarbeitsmarkt (QAM)	Pendler	Quellkreis (QK)	Anteil an QAM	Zielkreis	Anteil an Qk	Zielarbeitsmarkt (ZAM)	Anteil an QK	ZAM/QAM[1]
noch	Erfurt		noch Gotha		Jena (S)	1,33	Jena	1,33	2,71
			Langensalza	8,86	Erfurt (S)	33,29	Erfurt	73,63	70,93
					Gotha	27,46			
					Sömmerda	7,75			
					Erfurt	5,13			
					Eisenach	14,94	Eisenach	14,94	4,97
					Mühlhausen	8,91	Mühlhausen	8,91	2,97
					Berlin (Ost)	2,52	Berlin	2,52	2,16
			Artern	8,15	Sömmerda	46,46	Erfurt	58,01	70,93
					Sondershausen	9,54			
					Erfurt (S)	2,02			
					Sangerhausen	27,17	Saalkreis	41,99	3,42
					Nebra	6,77			
					Querfurt	3,20			
					Merseburg	2,73			
					Eisleben	2,12			
			Sondershausen	7,92	Erfurt (S)	20,79	Erfurt	44,83	70,93
					Sömmerda	15,49			
					Artern	8,56			
					Mühlhausen	27,49	Mühlhausen	27,49	2,97
					Nordhausen	20,90	Göttingen	24,23	1,92
					Worbis	3,33			
					Berlin (Ost)	3,45	Berlin	3,45	2,16
			Sömmerda	6,29	Erfurt (S)	44,69	Erfurt	56,66	70,93
					Erfurt	5,13			
					Sondershausen	3,91			
					Artern	2,94			
					Weimar (S)	25,63	Weimar	38,44	4,11
					Apolda	8,29			
					Weimar	4,52			
					Berlin (Ost)	4,89	Berlin	4,89	2,16
			Erfurt (S)	5,64	Erfurt	34,37	Erfurt	62,45	70,93
					Arnstadt	12,22			
					Gotha	9,93			
					Sömmerda	5,93			
					Weimar (S)	17,68	Weimar	17,68	4,11
					Berlin (Ost)	12,64	Berlin	12,64	2,16
					Jena (S)	3,74	Jena	3,74	2,71
					Rostock (S)	3,48	Rostock	3,48	0,37
			Ilmenau	4,43	Rudolstadt	28,90	Saalfeld	37,10	1,84
					Neuhaus	8,20			
					Suhl (S)	28,24	Suhl	34,26	4,61
					Suhl	6,02			
					Arnstadt	24,93	Erfurt	28,64	70,93
					Erfurt (S)	3,70			
215	Freiberg	6 207	Freiberg	50,36	Brand-Erbisdorf	46,16	Freiberg	46,16	56,86
					Meißen	9,37	Dresden	26,55	16,35
					Dresden (S)	7,81			
					Freital	6,97			
					Dresden	2,40			
					Chemnitz (S)	11,55	Chemnitz	22,17	24,21
					Flöha	9,02			
					Hainichen	1,60			
					Berlin (Ost)	2,88	Berlin	2,88	1,45
					Rostock (S)	2,24	Rostock	2,24	1,13
			Brand-Erbisdorf	49,64	Freiberg	67,71	Freiberg	67,71	56,86
					Marienberg	15,71	Chemnitz	26,29	24,21
					Flöha	6,04			
					Chemnitz (S)	4,54			
					Dippoldiswalde	4,19	Dresden	6,00	16,35
					Dresden (S)	1,82			
216	Gera	26 926	Gera (S)	35,21	Gera	90,83	Gera	91,66	78,67
					Schmölln	0,82			
					Jena (S)	2,05	Jena	5,07	4,52
					Stadtroda	1,74			
					Eisenberg	1,29			
					Berlin (Ost)	1,82	Berlin	1,82	0,87

noch Tabelle A3

Pendlerbewegungen der Arbeitsmarktregionen nach Quell- und Zielkreisen
Stichtag 31.12.1981; in vH

Nr.	Quellarbeitsmarkt (QAM)	Pendler	Quellkreis (QK)	Anteil an QAM	Zielkreis	Anteil an Qk	Zielarbeitsmarkt (ZAM)	Anteil an QK	ZAM/QAM[1]
noch	Gera		noch Gera (S)		Chemnitz (S)	0,82	Chemnitz	0,82	2,42
					Rostock (S)	0,62	Rostock	0,62	0,22
			Gera	30,85	Gera (S)	83,10	Gera	86,88	78,67
					Greiz	1,55			
					Schmölln	1,52			
					Zeulenroda	0,71			
					Stadtroda	5,91	Jena	8,10	4,52
					Eisenberg	2,19			
					Werdau	1,90	Zwickau	1,90	5,00
					Pößneck	1,32	Saalfeld	1,32	2,37
					Zeitz	0,92	Leipzig	0,92	3,31
					Hainichen	0,88	Chemnitz	0,88	2,42
			Greiz	12,55	Gera	46,43	Gera	68,78	78,67
					Zeulenroda	11,36			
					Gera (S)	10,98			
					Reichenbach	14,89	Zwickau	26,66	5,00
					Werdau	11,78			
					Plauen (S)	2,69	Plauen	2,69	1,69
					Altenburg	1,86	Leipzig	1,86	3,31
			Schmölln	10,79	Gera	41,78	Gera	46,97	78,67
					Gera (S)	5,20			
					Altenburg	20,37	Leipzig	25,91	3,31
					Borna	2,79			
					Leipzig (S)	2,75			
					Glauchau	17,21	Chemnitz	17,21	2,42
					Werdau	9,91	Zwickau	9,91	5,00
			Zeulenroda	5,84	Greiz	26,40	Gera	75,06	78,67
					Gera	21,88			
					Gera (S)	14,63			
					Schleiz	12,15			
					Pößneck	17,11	Saalfeld	17,11	2,37
					Plauen (S)	7,82	Plauen	7,82	1,69
			Schleiz	4,76	Zeulenroda	18,80	Gera	31,75	78,67
					Gera (S)	8,58			
					Gera	4,37			
					Pößneck	20,28	Saalfeld	20,28	2,37
					Lobenstein	19,58	Hof	19,58	0,93
					Plauen (S)	11,08	Plauen	18,72	1,69
					Plauen	7,64			
					Jena (S)	4,99	Jena	4,99	4,52
					Berlin (Ost)	4,68	Berlin	4,68	0,87
217	Görlitz	22 380	Görlitz (S)	21,99	Görlitz	79,27	Görlitz	89,31	78,49
					Löbau	3,78			
					Niesky	3,43			
					Zittau	1,52			
					Bautzen	1,30			
					Berlin (Ost)	3,19	Berlin	3,19	3,41
					Guben	2,60	Cottbus	2,60	0,95
					Dresden (S)	1,93	Dresden	1,93	7,88
					Weißwasser	1,63	Hoyerswerda	1,63	8,48
					Rostock (S)	1,34	Rostock	1,34	0,56
			Löbau	20,76	Zittau	39,38	Görlitz	89,33	78,49
					Bautzen	29,76			
					Görlitz	13,11			
					Görlitz (S)	5,94			
					Niesky	1,14			
					Dresden (S)	4,80	Dresden	4,80	7,88
					Berlin (Ost)	3,29	Berlin	3,29	3,41
					Rostock (S)	1,29	Rostock	1,29	0,56
					Weißwasser	1,29	Hoyerswerda	1,29	8,48
			Görlitz	19,10	Görlitz (S)	74,01	Görlitz	100,00	78,49
					Löbau	12,07			
					Niesky	6,41			
					Zittau	5,24			
					Bautzen	2,27			

noch Tabelle A3

Pendlerbewegungen der Arbeitsmarktregionen nach Quell- und Zielkreisen
Stichtag 31.12.1981; in vH

Nr.	Quellarbeitsmarkt (QAM)	Pendler	Quellkreis (QK)	Anteil an QAM	Zielkreis	Anteil an Qk	Zielarbeitsmarkt (ZAM)	Anteil an QK	ZAM/QAM[1]
	noch Görlitz		Bautzen	17,60	Löbau	36,24	Görlitz	41,14	78,49
					Niesky	3,58			
					Görlitz (S)	1,32			
					Bischofswerda	13,08	Dresden	33,29	7,88
					Sebnitz	9,40			
					Dresden (S)	6,98			
					Kamenz	3,83			
					Hoyerswerda	11,02	Hoyerswerda	18,61	8,48
					Weißwasser	5,99			
					Spremberg	1,60			
					Berlin (Ost)	5,64	Berlin	5,64	3,41
					Leipzig (S)	1,32	Leipzig	1,32	0,23
			Zittau	11,01	Löbau	51,42	Görlitz	86,77	78,49
					Görlitz	25,85			
					Bautzen	6,57			
					Görlitz (S)	2,92			
					Berlin (Ost)	5,72	Berlin	5,72	3,41
					Dresden (S)	5,48	Dresden	5,48	7,88
					Weißwasser	2,03	Hoyerswerda	2,03	8,48
			Niesky	9,54	Görlitz (S)	26,03	Görlitz	46,21	78,49
					Bautzen	7,63			
					Görlitz	6,32			
					Löbau	6,23			
					Weißwasser	33,80	Hoyerswerda	45,60	8,48
					Hoyerswerda	11,80			
					Berlin (Ost)	4,21	Berlin	4,21	3,41
					Guben	3,98	Cottbus	3,98	0,95
10	Göttingen	6 075	Worbis	52,58	Nordhausen	41,64	Göttingen	61,08	57,74
					Heiligenstadt	19,44			
					Mühlhausen	18,13	Mühlhausen	18,13	11,72
					Erfurt (S)	8,55	Erfurt	11,05	16,71
					Sondershausen	2,50			
					Berlin (Ost)	5,51	Berlin	5,51	7,56
					Eisenach	2,66	Eisenach	2,66	2,34
					Magdeburg (S)	1,57	Magdeburg	1,57	0,82
			Heiligenstadt	26,14	Worbis	59,45	Göttingen	67,44	57,74
					Nordhausen	8,00			
					Erfurt (S)	12,15	Erfurt	12,15	16,71
					Berlin (Ost)	8,44	Berlin	8,44	7,56
					Mühlhausen	8,38	Mühlhausen	8,38	11,72
					Eisenach	3,59	Eisenach	3,59	2,34
			Nordhausen	21,28	Worbis	37,59	Göttingen	37,59	57,74
					Sondershausen	26,99	Erfurt	36,27	16,71
					Erfurt (S)	9,28			
					Sangerhausen	14,62	Saalkreis	14,62	3,11
					Berlin (Ost)	11,52	Berlin	11,52	7,56
218	Greifswald	7 264	Greifswald	51,29	Greifswald (S)	79,44	Greifswald	93,18	72,45
					Wolgast	13,74			
					Rostock (S)	2,01	Rostock	2,01	5,22
					Berlin (Ost)	1,99	Berlin	1,99	5,59
					Stralsund (S)	1,48	Stralsund	1,48	5,59
					Demmin	1,34	Neubrandenburg	1,34	8,23
			Greifswald (S)	19,87	Greifswald	34,30	Greifswald	45,05	72,45
					Wolgast	10,74			
					Stralsund (S)	15,04	Stralsund	24,32	5,59
					Grimmen	5,75			
					Rügen	3,53			
					Rostock (S)	16,56	Rostock	16,56	5,22
					Berlin (Ost)	14,07	Berlin	14,07	5,59
			Anklam	18,71	Neubrandenburg (S)	30,91	Neubrandenburg	40,32	8,23
					Neubrandenburg	9,42			
					Greifswald	11,99	Greifswald	29,80	72,45
					Wolgast	11,92			
					Greifswald (S)	5,89			
					Ueckermünde	11,85	Pasewalk	15,60	2,92
					Pasewalk	3,75			
					Berlin (Ost)	9,49	Berlin	9,49	5,59

noch Tabelle A3

Pendlerbewegungen der Arbeitsmarktregionen nach Quell- und Zielkreisen
Stichtag 31.12.1981; in vH

Nr.	Quellarbeitsmarkt (QAM)	Pendler	Quellkreis (QK)	Anteil an QAM	Zielkreis	Anteil an Qk	Zielarbeitsmarkt (ZAM)	Anteil an QK	ZAM/QAM[1]
noch	Greifswald		noch Anklam		Rostock (S)	4,78	Rostock	4,78	5,22
			Wolgast	10,13	Greifswald	75,54	Greifswald	100,00	72,45
					Greifswald (S)	24,46			
219	Halberstadt	7 181	Halberstadt	34,34	Wernigerode	54,18	Halberstadt	65,41	67,40
					Quedlinburg	8,48			
					Aschersleben	2,76			
					Magdeburg (S)	12,12	Magdeburg	27,13	16,46
					Oschersleben	10,34			
					Staßfurt	2,55			
					Burg	2,11			
					Berlin (Ost)	5,39	Berlin	5,39	5,71
					Rostock (S)	2,07	Rostock	2,07	1,66
			Aschersleben	32,43	Quedlinburg	47,62	Halberstadt	52,25	67,40
					Halberstadt	4,64			
					Hettstedt	13,27	Saalkreis	19,41	6,29
					Halle (S)	3,91			
					Sangerhausen	2,23			
					Staßfurt	12,92	Magdeburg	15,59	16,46
					Magdeburg (S)	2,66			
					Bernburg	4,98	Dessau	7,64	2,48
					Bitterfeld	2,66			
					Berlin (Ost)	5,11	Berlin	5,11	5,71
			Wernigerode	20,07	Halberstadt	47,54	Halberstadt	73,91	67,40
					Quedlinburg	26,37			
					Berlin (Ost)	10,96	Berlin	10,96	5,71
					Magdeburg (S)	10,41	Magdeburg	10,41	16,46
					Rostock (S)	4,72	Rostock	4,72	1,66
			Quedlinburg	13,16	Wernigerode	57,04	Halberstadt	100,00	67,40
					Aschersleben	31,11			
					Halberstadt	11,85			
145	Hof	987	Lobenstein	100,00	Saalfeld	47,92	Saalfeld	54,51	54,51
					Pößneck	6,59			
					Schleiz	33,94	Gera	39,01	39,01
					Gera (S)	5,07			
					Jena (S)	6,48	Jena	6,48	6,48
220	Hoyerswerda	27 140	Hoyerswerda	75,89	Spremberg	78,51	Hoyerswerda	90,68	79,53
					Weißwasser	7,49			
					Senftenberg	4,69			
					Cottbus (S)	1,35	Cottbus	2,90	12,11
					Guben	1,20			
					Cottbus	0,35			
					Bautzen	2,70	Görlitz	2,70	2,67
					Kamenz	1,19	Dresden	1,65	1,89
					Dresden (S)	0,45			
					Berlin (Ost)	1,41	Berlin	1,41	2,55
					Rostock (S)	0,38	Rostock	0,38	0,57
					Leipzig (S)	0,28	Leipzig	0,28	0,21
			Senftenberg	10,37	Cottbus (S)	13,11	Cottbus	43,27	12,11
					Cottbus	10,30			
					Calau	7,99			
					Finsterwalde	6,36			
					Guben	5,51			
					Hoyerswerda	20,36	Hoyerswerda	36,48	79,53
					Spremberg	14,17			
					Weißwasser	1,95			
					Berlin (Ost)	6,79	Berlin	6,79	2,55
					Dresden (S)	3,80	Dresden	6,22	1,89
					Großenhain	2,42			
					Bad Liebenwerda	4,55	Riesa	4,55	0,47
					Rostock (S)	2,70	Rostock	2,70	0,57
			Weißwasser	7,00	Spremberg	39,00	Hoyerswerda	58,32	79,53
					Hoyerswerda	19,32			
					Cottbus	14,53	Cottbus	26,00	12,11
					Cottbus (S)	8,26			
					Forst	3,21			
					Niesky	8,84	Görlitz	8,84	2,67
					Berlin (Ost)	6,84	Berlin	6,84	2,55

noch Tabelle A3

Pendlerbewegungen der Arbeitsmarktregionen nach Quell- und Zielkreisen
Stichtag 31.12.1981; in vH

Nr.	Quellarbeitsmarkt (QAM)	Pendler	Quellkreis (QK)	Anteil an QAM	Zielkreis	Anteil an Qk	Zielarbeitsmarkt (ZAM)	Anteil an QK	ZAM/QAM[1]
noch	Hoyerswerda		Spremberg	6,74	Cottbus (S)	19,09	Cottbus	53,45	12,11
					Forst	17,72			
					Calau	9,03			
					Cottbus	7,60			
					Weißwasser	32,71	Hoyerswerda	42,23	79,53
					Hoyerswerda	9,52			
					Berlin (Ost)	4,32	Berlin	4,32	2,55
221	Jena	14 577	Jena	49,47	Jena (S)	89,39	Jena	91,92	78,85
					Stadtroda	1,82			
					Eisenberg	0,71			
					Rudolstadt	2,14	Saalfeld	3,59	2,37
					Pößneck	1,46			
					Apolda	1,29	Weimar	2,55	2,34
					Weimar	1,26			
					Gera (S)	1,07	Gera	1,07	14,06
					Berlin (Ost)	0,87	Berlin	0,87	1,41
			Eisenberg	22,54	Stadtroda	37,72	Jena	71,69	78,85
					Jena (S)	31,54			
					Jena	2,44			
					Gera (S)	17,11	Gera	25,57	14,06
					Gera	8,46			
					Zeitz	2,74	Leipzig	2,74	0,62
			Stadtroda	19,11	Jena (S)	49,35	Jena	63,35	78,85
					Eisenberg	10,52			
					Jena	3,48			
					Gera (S)	25,66	Gera	33,52	14,06
					Gera	7,86			
					Pößneck	3,12	Saalfeld	3,12	2,37
			Jena (S)	8,88	Jena	28,80	Jena	57,61	78,85
					Stadtroda	20,08			
					Eisenberg	8,73			
					Gera (S)	15,37	Gera	15,37	14,06
					Weimar (S)	7,03	Weimar	12,12	2,34
					Apolda	5,10			
					Berlin (Ost)	11,04	Berlin	11,04	1,41
					Erfurt (S)	3,86	Erfurt	3,86	0,34
222	Leipzig	109 912	Leipzig	26,57	Leipzig (S)	85,28	Leipzig	97,57	77,35
					Borna	10,23			
					Delitzsch	0,89			
					Wurzen	0,60			
					Grimma	0,56			
					Merseburg	1,17	Saalkreis	1,86	9,69
					Halle (S)	0,70			
					Berlin (Ost)	0,38	Berlin	0,38	1,51
					Rostock (S)	0,19	Rostock	0,19	0,41
			Leipzig (S)	21,61	Leipzig	69,39	Leipzig	86,73	77,35
					Borna	10,96			
					Delitzsch	2,44			
					Wurzen	1,22			
					Grimma	1,07			
					Altenburg	0,49			
					Eilenburg	0,47			
					Torgau	0,28			
					Geithain	0,21			
					Zeitz	0,21			
					Halle (S)	2,54	Saalkreis	4,14	9,69
					Merseburg	1,60			
					Berlin (Ost)	3,34	Berlin	3,34	1,51
					Bitterfeld	1,55	Dessau	1,55	2,81
					Rostock (S)	1,22	Rostock	1,22	0,41
					Dresden (S)	0,68	Dresden	0,68	0,15
					Oschatz	0,40	Riesa	0,62	0,79
					Döbeln	0,22			
					Magdeburg (S)	0,37	Magdeburg	0,61	0,13
					Haldensleben	0,24			
					Chemnitz (S)	0,31	Chemnitz	0,31	1,30
					Guben	0,30	Cottbus	0,30	0,06

noch Tabelle A3

Pendlerbewegungen der Arbeitsmarktregionen nach Quell- und Zielkreisen
Stichtag 31.12.1981; in vH

Nr.	Quellarbeitsmarkt (QAM)	Pendler	Quellkreis (QK)	Anteil an QAM	Zielkreis	Anteil an Qk	Zielarbeitsmarkt (ZAM)	Anteil an QK	ZAM/QAM[1]
noch	Leipzig		noch Leipzig (S)		Greifswald	0,25	Greifswald	0,25	0,05
					Erfurt (S)	0,25	Erfurt	0,25	0,05
			Altenburg	11,11	Borna	50,59	Leipzig	62,92	77,35
					Leipzig (S)	7,00			
					Zeitz	2,93			
					Leipzig	1,53			
					Geithain	0,45			
					Delitzsch	0,42			
					Gera	23,56	Gera	33,74	4,72
					Schmölln	9,33			
					Gera (S)	0,85			
					Glauchau	1,25	Chemnitz	1,66	1,30
					Rochlitz	0,42			
					Berlin (Ost)	1,25	Berlin	1,25	1,51
					Rostock (S)	0,43	Rostock	0,43	0,41
			Weißenfels	8,23	Merseburg	77,93	Saalkreis	84,44	9,69
					Halle (S)	4,23			
					Naumburg	2,28			
					Leipzig (S)	8,58	Leipzig	14,31	77,35
					Leipzig	4,10			
					Zeitz	1,63			
					Berlin (Ost)	1,25	Berlin	1,25	1,51
			Geithain	4,72	Borna	62,28	Leipzig	80,43	77,35
					Leipzig (S)	7,94			
					Altenburg	3,68			
					Grimma	3,43			
					Leipzig	3,10			
					Rochlitz	16,05	Chemnitz	19,57	1,30
					Chemnitz	3,53			
			Zeitz	4,56	Hohenmölsen	29,17	Leipzig	56,05	77,35
					Altenburg	14,86			
					Borna	5,62			
					Leipzig (S)	3,81			
					Weißenfels	2,59			
					Gera	16,37	Gera	19,56	4,72
					Gera (S)	3,19			
					Eisenberg	14,40	Jena	14,40	0,66
					Merseburg	4,31	Saalkreis	6,12	9,69
					Halle (S)	1,81			
					Berlin (Ost)	2,87	Berlin	2,87	1,51
					Rostock (S)	1,00	Rostock	1,00	0,41
			Hohenmölsen	4,36	Zeitz	47,48	Leipzig	74,71	77,35
					Weißenfels	24,54			
					Leipzig (S)	2,69			
					Merseburg	18,85	Saalkreis	22,29	9,69
					Naumburg	1,88			
					Halle (S)	1,56			
					Gera	1,79	Gera	1,79	4,72
					Berlin (Ost)	1,21	Berlin	1,21	1,51
			Borna	4,11	Leipzig	35,17	Leipzig	97,81	77,35
					Leipzig (S)	29,75			
					Altenburg	12,70			
					Zeitz	12,36			
					Geithain	5,33			
					Hohenmölsen	2,50			
					Berlin (Ost)	2,19	Berlin	2,19	1,51
			Delitzsch	3,98	Leipzig (S)	39,00	Leipzig	56,04	77,35
					Leipzig	15,16			
					Eilenburg	1,88			
					Bitterfeld	41,47	Dessau	41,47	2,81
					Halle (S)	2,49	Saalkreis	2,49	9,69
			Grimma	3,38	Leipzig (S)	35,64	Leipzig	86,45	77,35
					Leipzig	22,47			
					Wurzen	12,26			
					Borna	8,46			
					Geithain	7,62			

noch Tabelle A3

Pendlerbewegungen der Arbeitsmarktregionen nach Quell- und Zielkreisen
Stichtag 31.12.1981; in vH

Nr.	Quellarbeitsmarkt (QAM)	Pendler	Quellkreis (QK)	Anteil an QAM	Zielkreis	Anteil an Qk	Zielarbeitsmarkt (ZAM)	Anteil an QK	ZAM/ QAM[1]
noch	Leipzig		noch Grimma		Döbeln	6,20	Riesa	9,89	0,79
					Oschatz	3,69			
					Rochlitz	3,66	Chemnitz	3,66	1,30
			Wurzen	3,13	Leipzig (S)	51,09	Leipzig	95,59	77,35
					Leipzig	26,65			
					Grimma	11,87			
					Eilenburg	4,27			
					Delitzsch	1,71			
					Oschatz	2,53	Riesa	2,53	0,79
					Berlin (Ost)	1,89	Berlin	1,89	1,51
			Eilenburg	2,67	Leipzig (S)	32,78	Leipzig	71,89	77,35
					Delitzsch	11,72			
					Torgau	9,57			
					Wurzen	9,34			
					Leipzig	8,48			
					Bitterfeld	23,37	Dessau	26,06	2,81
					Gräfenhainichen	2,69			
					Berlin (Ost)	2,04	Berlin	2,04	1,51
			Torgau	1,56	Eilenburg	21,63	Leipzig	52,38	77,35
					Leipzig (S)	18,72			
					Wurzen	4,30			
					Delitzsch	4,19			
					Leipzig	3,55			
					Herzberg	10,35	Wittenberg	20,17	0,32
					Wittenberg	5,23			
					Jessen	4,59			
					Oschatz	7,38	Riesa	15,41	0,79
					Riesa	4,65			
					Bad Liebenwerda	3,37			
					Bitterfeld	8,37	Dessau	8,37	2,81
					Berlin (Ost)	3,66	Berlin	3,66	1,51
223	Luckenwalde	2 583	Jüterbog	51,18	Luckenwalde	50,15	Luckenwalde	50,15	32,71
					Potsdam	12,18	Berlin	34,27	59,31
					Berlin (Ost)	10,74			
					Potsdam (S)	7,34			
					Zossen	4,01			
					Wittenberg	11,35	Wittenberg	11,35	5,81
					Belzig	4,24	Brandenburg	4,24	2,17
			Luckenwalde	48,82	Zossen	43,93	Berlin	85,57	59,31
					Berlin (Ost)	22,68			
					Potsdam	10,15			
					Potsdam (S)	8,80			
					Jüterbog	14,43	Luckenwalde	14,43	32,71
3	Lübeck	1 074	Grevesmühlen	100,00	Wismar (S)	56,61	Wismar	62,29	62,29
					Wismar	5,68			
					Rostock (S)	20,95	Rostock	20,95	20,95
					Schwerin	8,85	Schwerin	8,85	8,85
					Berlin (Ost)	7,91	Berlin	7,91	7,91
224	Magdeburg	27 560	Wolmirstedt	22,22	Magdeburg (S)	98,07	Magdeburg	100,00	91,82
					Haldensleben	1,93			
			Wanzleben	20,69	Magdeburg (S)	85,10	Magdeburg	100,00	91,82
					Oschersleben	9,92			
					Haldensleben	2,23			
					Wolmirstedt	1,51			
					Staßfurt	1,24			
			Burg	14,10	Magdeburg (S)	87,81	Magdeburg	91,62	91,82
					Schönebeck	2,14			
					Wolmirstedt	1,67			
					Genthin	3,37	Brandenburg	3,37	0,48
					Zerbst	2,62	Dessau	2,62	1,29
					Berlin (Ost)	2,39	Berlin	2,39	2,11
			Magdeburg (S)	11,47	Wolmirstedt	28,54	Magdeburg	82,50	91,82
					Burg	21,87			
					Schönebeck	19,08			
					Wanzleben	7,50			
					Haldensleben	3,70			
					Staßfurt	1,80			

noch Tabelle A3

Pendlerbewegungen der Arbeitsmarktregionen nach Quell- und Zielkreisen
Stichtag 31.12.1981; in vH

Nr.	Quellarbeitsmarkt (QAM)	Pendler	Quellkreis (QK)	Anteil an QAM	Zielkreis	Anteil an Qk	Zielarbeitsmarkt (ZAM)	Anteil an QK	ZAM/ QAM[1]
noch	Magdeburg		noch Magdeburg (S)		Berlin (Ost)	9,94	Berlin	9,94	2,11
					Rostock (S)	4,11	Rostock	4,11	0,47
					Stendal	1,74	Stendal	1,74	0,51
					Leipzig (S)	1,71	Leipzig	1,71	0,20
			Schönebeck	11,19	Magdeburg (S)	77,59	Magdeburg	94,91	91,82
					Burg	11,61			
					Staßfurt	5,71			
					Berlin (Ost)	3,05	Berlin	3,05	2,11
					Bernburg	2,04	Dessau	2,04	1,29
			Haldensleben	8,38	Magdeburg (S)	67,36	Magdeburg	90,30	91,82
					Wolmirstedt	11,90			
					Wanzleben	5,84			
					Oschersleben	5,19			
					Klötze	6,02	Wolfsburg	6,02	0,50
					Gardelegen	3,68	Stendal	3,68	0,51
			Staßfurt	7,24	Magdeburg (S)	45,19	Magdeburg	72,09	91,82
					Schönebeck	15,43			
					Wanzleben	11,47			
					Aschersleben	11,07	Halberstadt	14,28	2,62
					Wernigerode	3,21			
					Bernburg	9,57	Dessau	9,57	1,29
					Berlin (Ost)	4,06	Berlin	4,06	2,11
			Oschersleben	4,71	Magdeburg (S)	40,60	Magdeburg	66,33	91,82
					Wanzleben	25,73			
					Halberstadt	33,67	Halberstadt	33,67	2,62
75	Mühlhausen	2 105	Mühlhausen	100,00	Erfurt (S)	13,21	Erfurt	38,62	38,62
					Langensalza	12,26			
					Gotha	7,03			
					Sondershausen	6,13			
					Worbis	22,80	Göttingen	31,26	31,26
					Heiligenstadt	4,42			
					Nordhausen	4,04			
					Eisenach	20,76	Eisenach	20,76	20,76
					Berlin (Ost)	6,79	Berlin	6,79	6,79
					Leipzig (S)	2,57	Leipzig	2,57	2,57
226	Neubrandenburg	14 066	Neubrandenburg	21,24	Neubrandenburg (S)	94,81	Neubrandenburg	96,99	74,88
					Neustrelitz	2,18			
					Berlin (Ost)	3,01	Berlin	3,01	10,02
			Demmin	15,24	Neubrandenburg (S)	35,54	Neubrandenburg	53,26	74,88
					Malchin	14,79			
					Altentreptow	2,94			
					Greifswald (S)	10,26	Greifswald	21,41	3,26
					Greifswald	7,84			
					Anklam	3,31			
					Berlin (Ost)	9,19	Berlin	9,19	10,02
					Rostock (S)	8,68	Rostock	8,68	7,37
					Grimmen	3,92	Stralsund	7,46	1,14
					Stralsund (S)	3,54			
			Neustrelitz	11,05	Neubrandenburg (S)	59,46	Neubrandenburg	66,60	74,88
					Waren	7,14			
					Berlin (Ost)	17,18	Berlin	17,18	10,02
					Rostock (S)	5,79	Rostock	5,79	7,37
					Templin	5,73	Prenzlau	5,73	1,17
					Gransee	4,70	Neuruppin	4,70	1,28
			Waren	10,69	Neubrandenburg (S)	50,00	Neubrandenburg	72,21	74,88
					Röbel	9,97			
					Neustrelitz	7,91			
					Malchin	4,32			
					Rostock (S)	11,77	Rostock	15,29	7,37
					Güstrow	3,52			
					Berlin (Ost)	12,50	Berlin	12,50	10,02
			Strasburg	9,90	Neubrandenburg (S)	60,37	Neubrandenburg	72,07	74,88
					Neubrandenburg	7,61			
					Neustrelitz	4,09			
					Berlin (Ost)	9,83	Berlin	9,83	10,02
					Pasewalk	8,97	Pasewalk	8,97	0,89
					Prenzlau	5,38	Prenzlau	5,38	1,17

noch Tabelle A3

Pendlerbewegungen der Arbeitsmarktregionen nach Quell- und Zielkreisen
Stichtag 31.12.1981; in vH

Nr.	Quellarbeitsmarkt (QAM)	Pendler	Quellkreis (QK)	Anteil an QAM	Zielkreis	Anteil an Qk	Zielarbeitsmarkt (ZAM)	Anteil an QK	ZAM/QAM[1]
noch	Neubrandenburg		noch Strasburg		Rostock (S)	3,73	Rostock	3,73	7,37
			Neubrandenburg (S)	9,75	Neubrandenburg	44,10	Neubrandenburg	72,52	74,88
					Neustrelitz	17,49			
					Altentreptow	6,20			
					Waren	4,74			
					Berlin (Ost)	18,73	Berlin	18,73	10,02
					Rostock (S)	8,75	Rostock	8,75	7,37
			Altentreptow	9,03	Neubrandenburg (S)	82,68	Neubrandenburg	93,07	74,88
					Neubrandenburg	5,51			
					Malchin	4,88			
					Berlin (Ost)	6,93	Berlin	6,93	10,02
			Malchin	7,50	Neubrandenburg (S)	37,73	Neubrandenburg	54,98	74,88
					Waren	9,57			
					Demmin	7,68			
					Teterow	21,61	Rostock	34,03	7,37
					Rostock (S)	12,42			
					Berlin (Ost)	11,00	Berlin	11,00	10,02
			Röbel	5,60	Waren	50,44	Neubrandenburg	77,64	74,88
					Neustrelitz	16,77			
					Neubrandenburg (S)	10,42			
					Wittstock	13,60	Neuruppin	13,60	1,28
					Berlin (Ost)	8,77	Berlin	8,77	10,02
227	Neuruppin	3 752	Gransee	41,76	Oranienburg	38,29	Berlin	64,84	43,74
					Berlin (Ost)	22,40			
					Potsdam (S)	4,15			
					Neuruppin	22,91	Neuruppin	22,91	44,86
					Templin	7,34	Prenzlau	7,34	3,07
					Neustrelitz	4,91	Neubrandenburg	4,91	2,05
			Kyritz	21,46	Neuruppin	24,60	Neuruppin	46,21	44,86
					Pritzwalk	11,06			
					Wittstock	10,56			
					Berlin (Ost)	17,76	Berlin	32,92	43,74
					Nauen	8,32			
					Potsdam (S)	6,83			
					Brandenburg (S)	11,55	Brandenburg	20,87	4,48
					Rathenow	9,32			
			Pritzwalk	16,95	Wittstock	52,99	Neuruppin	76,89	44,86
					Kyritz	15,72			
					Neuruppin	8,18			
					Berlin (Ost)	12,42	Berlin	12,42	43,74
					Perleberg	10,69	Schwerin	10,69	1,81
			Wittstock	10,61	Pritzwalk	38,69	Neuruppin	100,00	44,86
					Neuruppin	35,18			
					Kyritz	26,13			
			Neuruppin	9,22	Oranienburg	39,31	Berlin	81,21	43,74
					Berlin (Ost)	23,70			
					Nauen	18,21			
					Gransee	18,79	Neuruppin	18,79	44,86
230	Pasewalk	2 049	Pasewalk	52,51	Ueckermünde	30,02	Pasewalk	30,21	30,21
					Neubrandenburg (S)	19,05	Neubrandenburg	19,05	22,65
					Prenzlau	15,33	Prenzlau	15,33	8,05
					Berlin (Ost)	15,24	Berlin	15,24	16,25
					Schwedt (S)	13,01	Schwedt (S)	13,01	6,83
					Rostock (S)	7,34	Rostock	7,34	10,25
			Ueckermünde	47,49	Pasewalk	30,42	Pasewalk	30,42	30,21
					Neubrandenburg (S)	19,32	Neubrandenburg	26,62	22,65
					Neubrandenburg	7,30			
					Berlin (Ost)	17,37	Berlin	17,37	16,25
					Rostock (S)	13,46	Rostock	13,46	10,25
					Zwickau (S)	6,47	Zwickau	6,47	3,07
					Anklam	5,65	Greifswald	5,65	2,68
232	Plauen	13 493	Plauen	43,02	Plauen (S)	82,33	Plauen	88,70	72,13
					Oelsnitz	3,91			
					Auerbach	2,46			
					Zeulenroda	2,55	Gera	6,17	6,54
					Greiz	1,81			
					Schleiz	1,81			

noch Tabelle A3

Pendlerbewegungen der Arbeitsmarktregionen nach Quell- und Zielkreisen
Stichtag 31.12.1981; in vH

Nr.	Quellarbeitsmarkt (QAM)	Pendler	Quellkreis (QK)	Anteil an QAM	Zielkreis	Anteil an Qk	Zielarbeitsmarkt (ZAM)	Anteil an QK	ZAM/QAM[1]
noch	Plauen		noch Plauen		Reichenbach	5,13	Zwickau	5,13	19,54
			Auerbach	27,50	Reichenbach	38,16	Zwickau	59,31	19,54
					Aue	14,01			
					Zwickau (S)	4,42			
					Zwickau	2,72			
					Klingenthal	12,75	Plauen	31,50	72,13
					Plauen (S)	11,80			
					Oelsnitz	4,72			
					Plauen	2,24			
					Gera	7,79	Gera	7,79	6,54
					Chemnitz (S)	1,40	Chemnitz	1,40	0,92
			Oelsnitz	11,53	Plauen (S)	45,63	Plauen	100,00	72,13
					Klingenthal	36,50			
					Plauen	10,41			
					Auerbach	7,46			
			Plauen (S)	11,38	Plauen	41,41			
					Oelsnitz	22,92			
					Auerbach	4,43			
					Gera	8,66	Gera	15,36	6,54
					Greiz	6,71			
					Chemnitz (S)	4,69	Chemnitz	4,69	0,92
					Berlin (Ost)	4,36	Berlin	4,36	0,50
					Aue	3,58	Zwickau	3,58	19,54
					Leipzig (S)	3,26	Leipzig	3,26	0,37
			Klingenthal	6,56	Oelsnitz	61,02	Plauen	90,73	72,13
					Auerbach	29,72			
					Aue	9,27	Zwickau	9,27	19,54
233	Prenzlau	1 119	Prenzlau	67,47	Berlin (Ost)	26,89	Berlin	26,89	25,65
					Templin	23,71	Prenzlau	23,71	24,93
					Neubrandenburg (S)	17,88	Neubrandenburg	17,88	12,06
					Pasewalk	16,56	Pasewalk	16,56	11,17
					Schwedt (S)	14,97	Schwedt (S)	14,97	10,10
			Templin	32,53	Gransee	35,16	Neuruppin	35,16	11,44
					Prenzlau	27,47	Prenzlau	27,47	24,93
					Berlin (Ost)	23,08	Berlin	23,08	25,65
					Eberswalde	14,29	Eberswalde	14,29	4,65
234	Riesa	10 661	Bad Liebenwerda	46,27	Senftenberg	39,29	Hoyerswerda	39,29	18,18
					Riesa	36,55	Riesa	36,55	38,50
					Finsterwalde	8,51	Cottbus	12,33	5,70
					Cottbus (S)	1,95			
					Cottbus	1,86			
					Herzberg	5,57	Wittenberg	6,99	3,24
					Jessen	1,42			
					Großenhain	1,46	Dresden	2,53	12,53
					Dresden (S)	1,07			
					Berlin (Ost)	2,31	Berlin	2,31	3,20
			Döbeln	23,12	Hainichen	24,58	Chemnitz	37,24	8,61
					Rochlitz	7,67			
					Chemnitz (S)	4,99			
					Oschatz	14,69	Riesa	23,94	38,50
					Riesa	9,25			
					Leipzig (S)	10,39	Leipzig	19,03	9,56
					Grimma	8,64			
					Meißen	7,55	Dresden	13,51	12,53
					Dresden (S)	3,89			
					Dresden	2,07			
					Berlin (Ost)	4,22	Berlin	4,22	3,20
					Rostock (S)	2,07	Rostock	2,07	0,48
			Oschatz	18,25	Riesa	59,71	Riesa	68,76	38,50
					Döbeln	9,04			
					Leipzig (S)	11,82	Leipzig	25,59	9,56
					Grimma	8,84			
					Wurzen	4,93			
					Dresden (S)	2,88	Dresden	2,88	12,53
					Berlin (Ost)	2,77	Berlin	2,77	3,20

noch Tabelle A3

Pendlerbewegungen der Arbeitsmarktregionen nach Quell- und Zielkreisen
Stichtag 31.12.1981; in vH

Nr.	Quellarbeitsmarkt (QAM)	Pendler	Quellkreis (QK)	Anteil an QAM	Zielkreis	Anteil an Qk	Zielarbeitsmarkt (ZAM)	Anteil an QK	ZAM/QAM[1]
noch	Riesa		Riesa	12,35	Großenhain	28,40	Dresden	62,41	12,53
					Meißen	17,16			
					Dresden (S)	16,86			
					Bad Liebenwerda	14,43	Riesa	28,40	38,50
					Oschatz	13,97			
					Berlin (Ost)	5,24	Berlin	5,24	3,20
					Leipzig (S)	3,95	Leipzig	3,95	9,56
235	Rostock	15 994	Rostock	29,94	Rostock (S)	90,58	Rostock	98,10	81,79
					Ribnitz-Damgarten	5,45			
					Bad Doberan	2,07			
					Berlin (Ost)	1,90	Berlin	1,90	5,72
				Bad Doberan	22,50	Rostock (S)	84,35	Rostock	89,47	81,79
					Rostock	5,11			
					Wismar (S)	6,61	Wismar	6,61	1,49
					Berlin (Ost)	3,92	Berlin	3,92	5,72
				Ribnitz-Damgarten	14,25	Rostock (S)	63,23	Rostock	73,41	81,79
					Rostock	10,18			
					Stralsund (S)	17,33	Stralsund	20,36	3,34
					Stralsund	3,03			
					Berlin (Ost)	3,16	Berlin	3,16	5,72
					Greifswald	3,07	Greifswald	3,07	0,44
				Bützow	10,01	Rostock (S)	51,97	Rostock	82,89	81,79
					Güstrow	30,92			
					Schwerin	10,37	Schwerin	10,37	2,82
					Berlin (Ost)	6,75	Berlin	6,75	5,72
				Güstrow	9,62	Rostock (S)	47,63	Rostock	61,66	81,79
					Bützow	10,01			
					Rostock	4,03			
					Schwerin	18,52	Schwerin	18,52	2,82
					Berlin (Ost)	13,00	Berlin	13,00	5,72
					Waren	6,82	Neubrandenburg	6,82	4,40
				Rostock (S)	7,13	Rostock	54,60	Rostock	75,81	81,79
					Bad Doberan	14,55			
					Ribnitz-Damgarten	6,66			
					Berlin (Ost)	18,05	Berlin	18,05	5,72
					Rügen	6,13	Stralsund	6,13	3,34
				Teterow	6,55	Malchin	29,99	Neubrandenburg	57,21	4,40
					Neubrandenburg (S)	16,91			
					Waren	10,32			
					Rostock (S)	25,21	Rostock	33,52	81,79
					Güstrow	8,31			
					Berlin (Ost)	9,26	Berlin	9,26	5,72
236	Saalfeld	8 584	Rudolstadt	36,44	Saalfeld	67,20	Saalfeld	72,28	67,26
					Neuhaus	5,08			
					Jena (S)	12,60	Jena	15,89	10,52
					Jena	3,29			
					Ilmenau	4,83	Erfurt	4,83	3,31
					Berlin (Ost)	4,38	Berlin	4,38	4,15
					Gera (S)	2,62	Gera	2,62	9,94
				Pößneck	32,86	Saalfeld	59,48	Saalfeld	61,68	67,26
					Rudolstadt	2,20			
					Gera (S)	12,94	Gera	24,88	9,94
					Gera	5,28			
					Schleiz	3,40			
					Zeulenroda	3,26			
					Jena (S)	6,91	Jena	11,10	10,52
					Jena	2,27			
					Stadtroda	1,91			
					Berlin (Ost)	2,34	Berlin	2,34	4,15
				Saalfeld	17,10	Rudolstadt	51,70	Saalfeld	76,09	67,26
					Pößneck	16,83			
					Neuhaus	7,56			
					Lobenstein	6,88	Hof	6,88	1,18
					Jena (S)	6,34	Jena	6,34	10,52
					Berlin (Ost)	5,99	Berlin	5,99	4,15
					Gera (S)	4,70	Gera	4,70	9,94

noch Tabelle A3

Pendlerbewegungen der Arbeitsmarktregionen nach Quell- und Zielkreisen
Stichtag 31.12.1981; in vH

Nr.	Quellarbeitsmarkt (QAM)	Pendler	Quellkreis (QK)	Anteil an QAM	Zielkreis	Anteil an Qk	Zielarbeitsmarkt (ZAM)	Anteil an QK	ZAM/QAM[1]
noch	Saalfeld		Neuhaus	13,60	Saalfeld	34,62	Saalfeld	56,21	67,26
					Rudolstadt	21,59			
					Sonneberg	26,82	Coburg	26,82	3,65
					Ilmenau	11,40	Erfurt	11,40	3,31
					Berlin (Ost)	5,57	Berlin	5,57	4,15
237	Saalkreis	70 386	Halle (S)	38,48	Merseburg	80,87	Saalkreis	89,40	81,94
					Saalkreis	6,80			
					Eisleben	1,52			
					Sangerhausen	0,21			
					Leipzig (S)	2,67	Leipzig	3,76	5,54
					Weißenfels	0,74			
					Leipzig	0,34			
					Bitterfeld	2,59	Dessau	3,50	3,20
					Köthen	0,65			
					Dessau (S)	0,26			
					Berlin (Ost)	2,13	Berlin	2,13	2,04
					Rostock (S)	1,01	Rostock	1,01	0,51
					Magdeburg (S)	0,20	Magdeburg	0,20	0,08
			Saalkreis	22,00	Halle (S)	81,00	Saalkreis	91,37	81,94
					Merseburg	7,70			
					Eisleben	2,67			
					Bitterfeld	5,47	Dessau	6,68	3,20
					Köthen	1,21			
					Leipzig	1,06	Leipzig	1,56	5,54
					Leipzig (S)	0,50			
					Berlin (Ost)	0,39	Berlin	0,39	2,04
			Eisleben	8,62	Hettstedt	54,91	Saalkreis	93,86	81,94
					Sangerhausen	25,54			
					Saalkreis	6,11			
					Merseburg	5,16			
					Querfurt	2,14			
					Berlin (Ost)	3,51	Berlin	3,51	2,04
					Leipzig (S)	0,96	Leipzig	0,96	5,54
					Quedlinburg	0,86	Halberstadt	0,86	2,34
					Bitterfeld	0,82	Dessau	0,82	3,20
			Naumburg	6,85	Merseburg	49,87	Saalkreis	59,22	81,94
					Nebra	5,22			
					Halle (S)	4,13			
					Weißenfels	10,01	Leipzig	16,61	5,54
					Leipzig (S)	2,67			
					Zeitz	2,34			
					Hohenmölsen	1,58			
					Apolda	8,27	Weimar	9,62	0,66
					Weimar (S)	1,35			
					Eisenberg	3,48	Jena	8,31	0,57
					Jena (S)	3,09			
					Jena	1,74			
					Sömmerda	2,30	Erfurt	3,71	2,68
					Erfurt (S)	1,41			
					Berlin (Ost)	2,53	Berlin	2,53	2,04
			Merseburg	6,81	Halle (S)	48,43	Saalkreis	55,20	81,94
					Saalkreis	5,18			
					Querfurt	1,59			
					Leipzig (S)	13,86	Leipzig	37,19	5,54
					Leipzig	12,83			
					Weißenfels	10,50			
					Berlin (Ost)	3,21	Berlin	3,21	2,04
					Bitterfeld	2,69	Dessau	2,69	3,20
					Rostock (S)	1,71	Rostock	1,71	0,51
			Querfurt	5,52	Merseburg	37,92	Saalkreis	96,99	81,94
					Eisleben	27,94			
					Nebra	19,26			
					Halle (S)	5,38			
					Sangerhausen	4,89			
					Saalkreis	1,60			
					Artern	3,01	Erfurt	3,01	2,68

212

noch Tabelle A3

Pendlerbewegungen der Arbeitsmarktregionen nach Quell- und Zielkreisen
Stichtag 31.12.1981; in vH

Nr.	Quellarbeitsmarkt (QAM)	Pendler	Quellkreis (QK)	Anteil an QAM	Zielkreis	Anteil an Qk	Zielarbeitsmarkt (ZAM)	Anteil an QK	ZAM/QAM[1]
noch	Saalkreis		Sangerhausen	4,18	Eisleben	23,54	Saalkreis	43,41	81,94
					Hettstedt	7,10			
					Merseburg	6,73			
					Halle (S)	6,05			
					Artern	25,00	Erfurt	25,00	2,68
					Quedlinburg	13,04	Halberstadt	13,04	2,34
					Nordhausen	10,87	Göttingen	10,87	0,45
					Berlin (Ost)	4,65	Berlin	4,65	2,04
					Bitterfeld	3,02	Dessau	3,02	3,20
			Hettstedt	4,09	Eisleben	24,82	Saalkreis	53,98	81,94
					Saalkreis	12,23			
					Sangerhausen	9,73			
					Halle (S)	4,45			
					Merseburg	2,75			
					Aschersleben	25,90	Halberstadt	41,99	2,34
					Quedlinburg	16,09			
					Berlin (Ost)	4,03	Berlin	4,03	2,04
			Nebra	3,44	Merseburg	33,76	Saalkreis	62,32	81,94
					Naumburg	18,78			
					Querfurt	5,86			
					Halle (S)	3,92			
					Artern	27,57	Erfurt	35,33	2,68
					Sömmerda	7,76			
					Berlin (Ost)	2,35	Berlin	2,35	2,04
24	Salzwedel/Lüchow	534	Salzwedel	100,00	Stendal	51,15	Stendal	51,15	51,15
					Klötze	19,66	Wolfsburg	19,66	19,66
					Magdeburg (S)	18,51	Magdeburg	18,51	18,51
					Berlin (Ost)	10,69	Berlin	10,69	10,69
239	Schwedt (S)	4 283	Schwedt (S)	52,18	Angermünde	72,66	Schwedt (S)	72,66	73,34
					Berlin (Ost)	9,75	Berlin	15,17	14,24
					Strausberg	3,04			
					Bernau	2,37			
					Eberswalde	5,59	Eberswalde	5,59	8,99
					Rostock (S)	3,98	Rostock	3,98	2,08
					Frankfurt (S)	2,60	Eisenhüttenstadt-F.	2,60	1,35
			Angermünde	47,82	Schwedt (S)	74,07	Schwedt (S)	74,07	73,34
					Berlin (Ost)	10,21	Berlin	13,23	14,24
					Fürstenwalde	3,03			
					Eberswalde	12,70	Eberswalde	12,70	8,99
240	Schwerin	14 596	Schwerin (S)	36,79	Schwerin	93,20	Schwerin	97,41	82,68
					Ludwigslust	1,49			
					Hagenow	1,42			
					Parchim	1,30			
					Berlin (Ost)	1,56	Berlin	1,56	6,47
					Rostock (S)	1,02	Rostock	1,02	9,15
			Hagenow	10,42	Schwerin	55,36	Schwerin	83,96	82,68
					Ludwigslust	24,13			
					Schwerin (S)	4,47			
					Berlin (Ost)	8,94	Berlin	8,94	6,47
					Rostock (S)	7,10	Rostock	7,10	9,15
			Parchim	9,71	Schwerin	30,70	Schwerin	78,12	82,68
					Ludwigslust	29,92			
					Schwerin (S)	8,89			
					Lübz	8,61			
					Güstrow	7,97	Rostock	12,49	9,15
					Rostock (S)	4,52			
					Berlin (Ost)	9,39	Berlin	9,39	6,47
			Lübz	8,07	Schwerin	34,63	Schwerin	57,22	82,68
					Parchim	22,58			
					Güstrow	19,95	Rostock	32,17	9,15
					Rostock (S)	12,22			
					Berlin (Ost)	10,61	Berlin	10,61	6,47
			Sternberg	7,61	Schwerin	49,50	Schwerin	49,50	82,68
					Wismar (S)	17,73	Wismar	22,41	1,71
					Wismar	4,68			
					Güstrow	13,95	Rostock	22,14	9,15
					Rostock (S)	8,19			

noch Tabelle A3

Pendlerbewegungen der Arbeitsmarktregionen nach Quell- und Zielkreisen
Stichtag 31.12.1981; in vH

Nr.	Quellarbeitsmarkt (QAM)	Pendler	Quellkreis (QK)	Anteil an QAM	Zielkreis	Anteil an Qk	Zielarbeitsmarkt (ZAM)	Anteil an QK	ZAM/QAM[1]
noch	Schwerin		noch Sternberg		Berlin (Ost)	5,94	Berlin	5,94	6,47
			Schwerin	7,16	Schwerin (S)	45,36	Schwerin	61,15	82,68
					Ludwigslust	9,28			
					Hagenow	6,51			
					Rostock (S)	21,72	Rostock	26,79	9,15
					Güstrow	5,07			
					Berlin (Ost)	12,06	Berlin	12,06	6,47
			Gadebusch	7,10	Schwerin	88,42	Schwerin	100,00	82,68
					Schwerin (S)	11,58			
			Perleberg	6,89	Schwerin	32,31			
					Ludwigslust	25,35			
					Hagenow	6,16			
					Berlin (Ost)	27,24	Berlin	27,24	6,47
					Rostock (S)	8,95	Rostock	8,95	9,15
			Ludwigslust	6,25	Schwerin	33,11	Schwerin	100,00	82,68
					Perleberg	32,46			
					Parchim	22,59			
					Hagenow	11,84			
241	Stendal	3 779	Osterburg	33,29	Stendal	47,54	Stendal	47,54	45,28
					Perleberg	20,03	Schwerin	20,03	8,34
					Salzwedel	12,32	Salzwedel/Lüchow	12,32	6,72
					Magdeburg (S)	12,00	Magdeburg	12,00	20,32
					Berlin (Ost)	8,11	Berlin	8,11	6,14
			Havelberg	26,62	Stendal	55,96	Stendal	55,96	45,28
					Rathenow	23,76	Brandenburg	32,11	8,55
					Genthin	8,35			
					Perleberg	6,26	Schwerin	6,26	8,34
					Magdeburg (S)	5,67	Magdeburg	5,67	20,32
			Stendal	23,31	Magdeburg (S)	44,61	Magdeburg	44,61	20,32
					Osterburg	15,44	Stendal	29,40	45,28
					Gardelegen	13,96			
					Berlin (Ost)	14,76	Berlin	14,76	6,14
					Salzwedel	11,24	Salzwedel/Lüchow	11,24	6,72
			Gardelegen	16,78	Stendal	45,90	Stendal	45,90	45,28
					Klötze	27,76	Wolfsburg	27,76	4,66
					Haldensleben	13,88	Magdeburg	26,34	20,32
					Magdeburg (S)	12,46			
242	Stralsund	8 349	Stralsund	34,29	Stralsund (S)	85,82	Stralsund	90,01	66,37
					Grimmen	4,19			
					Ribnitz-Damgarten	3,95	Rostock	5,73	13,93
					Rostock (S)	1,78			
					Greifswald	4,26	Greifswald	4,26	13,99
			Rügen	32,21	Stralsund (S)	49,39	Stralsund	51,32	66,37
					Grimmen	1,93			
					Rostock (S)	22,13	Rostock	22,13	13,93
					Greifswald (S)	8,70	Greifswald	16,70	13,99
					Greifswald	8,00			
					Berlin (Ost)	9,85	Berlin	9,85	5,71
			Stralsund (S)	19,56	Stralsund	22,90	Stralsund	45,32	66,37
					Grimmen	12,92			
					Rügen	9,49			
					Rostock (S)	24,74	Rostock	24,74	13,93
					Greifswald (S)	12,12	Greifswald	16,96	13,99
					Greifswald	4,84			
					Berlin (Ost)	12,98	Berlin	12,98	5,71
			Grimmen	13,94	Stralsund (S)	72,51	Stralsund	72,51	66,37
					Greifswald (S)	27,49	Greifswald	27,49	13,99
243	Suhl	16 245	Suhl	34,48	Suhl (S)	74,31	Suhl	84,29	73,00
					Meiningen	6,48			
					Hildburghausen	3,50			
					Arnstadt	9,18	Erfurt	10,27	5,04
					Ilmenau	1,09			
					Schmalkalden	4,23	Eisenach	4,23	8,65
					Berlin (Ost)	1,21	Berlin	1,21	2,79
			Hildburghausen	25,13	Schleiz	33,48	Gera	33,48	8,41
					Suhl (S)	34,09	Suhl	51,15	73,00
					Meiningen	17,06			

214

noch Tabelle A3

Pendlerbewegungen der Arbeitsmarktregionen nach Quell- und Zielkreisen
Stichtag 31.12.1981; in vH

Nr.	Quellarbeitsmarkt (QAM)	Pendler	Quellkreis (QK)	Anteil an QAM	Zielkreis	Anteil an Qk	Zielarbeitsmarkt (ZAM)	Anteil an QK	ZAM/QAM[1]
noch	Suhl		noch Hildburgh.		Sonneberg	5,03	Coburg	5,03	1,26
					Berlin (Ost)	3,60	Berlin	3,60	2,79
					Neuhaus	3,50	Saalfeld	3,50	0,88
					Ilmenau	3,23	Erfurt	3,23	5,04
			Suhl (S)	20,22	Suhl	87,97	Suhl	95,13	73,00
					Meiningen	7,16			
					Berlin (Ost)	3,14	Berlin	3,14	2,79
					Ilmenau	1,74	Erfurt	1,74	5,04
			Meiningen	20,17	Suhl (S)	32,62	Suhl	58,59	73,00
					Suhl	16,91			
					Hildburghausen	9,06			
					Bad Salzungen	22,37	Eisenach	35,64	8,65
					Schmalkalden	13,27			
					Berlin (Ost)	4,12	Berlin	4,12	2,79
					Erfurt (S)	1,65	Erfurt	1,65	5,04
246	Weimar	11 286	Weimar	58,30	Weimar (S)	75,61	Weimar	77,99	63,03
					Apolda	2,39			
					Erfurt (S)	9,35	Erfurt	14,35	20,18
					Arnstadt	2,17			
					Erfurt	1,46			
					Sömmerda	1,37			
					Jena (S)	7,66	Jena	7,66	14,53
			Weimar (S)	24,24	Weimar	33,00	Weimar	44,30	63,03
					Apolda	11,29			
					Erfurt (S)	37,57	Erfurt	37,57	20,18
					Jena (S)	13,05	Jena	13,05	14,53
					Berlin (Ost)	5,08	Berlin	5,08	1,23
			Apolda	17,46	Jena (S)	33,76	Jena	39,54	14,53
					Jena	5,79			
					Weimar (S)	35,53	Weimar	39,09	63,03
					Weimar	3,55			
					Erfurt (S)	8,98	Erfurt	15,53	20,18
					Sömmerda	6,55			
					Naumburg	5,84	Saalkreis	5,84	1,02
247	Wismar	4 290	Wismar	78,86	Wismar (S)	83,36	Wismar	83,36	80,42
					Rostock (S)	6,86	Rostock	6,86	11,86
					Schwerin	5,68	Schwerin	5,68	4,48
					Grevesmühlen	2,07	Lübeck	2,07	1,63
					Berlin (Ost)	2,04	Berlin	2,04	1,61
			Wismar (S)	21,14	Wismar	69,46	Wismar	69,46	80,42
					Rostock (S)	30,54	Rostock	30,54	11,86
248	Wittenberg	4 184	Wittenberg	52,46	Bitterfeld	29,84	Dessau	67,65	35,49
					Gräfenhainichen	25,24			
					Dessau (S)	6,33			
					Roßlau	6,24			
					Berlin (Ost)	11,30	Berlin	11,30	10,25
					Leipzig (S)	6,74	Leipzig	6,74	5,35
					Halle (S)	4,15	Saalkreis	6,47	3,39
					Merseburg	2,32			
					Jessen	5,15	Wittenberg	5,15	26,05
					Rostock (S)	2,69	Rostock	2,69	1,41
			Herzberg	27,96	Luckau	9,49	Cottbus	36,75	10,28
					Finsterwalde	9,15			
					Cottbus (S)	6,92			
					Cottbus	6,50			
					Calau	4,70			
					Jessen	22,99	Wittenberg	22,99	26,05
					Bad Liebenwerda	12,82	Riesa	12,82	3,59
					Berlin (Ost)	10,51	Berlin	10,51	10,25
					Senftenberg	5,21	Hoyerswerda	10,43	2,92
					Weißwasser	5,21			
					Torgau	6,50	Leipzig	6,50	5,35
			Jessen	19,57	Wittenberg	63,86	Wittenberg	86,45	26,05
					Herzberg	22,59			
					Berlin (Ost)	7,08	Berlin	7,08	10,25
					Jüterbog	6,47	Luckenwalde	6,47	1,27

noch Tabelle A3

Pendlerbewegungen der Arbeitsmarktregionen nach Quell- und Zielkreisen
Stichtag 31.12.1981; in vH

Nr.	Quellarbeitsmarkt (QAM)	Pendler	Quellkreis (QK)	Anteil an QAM	Zielkreis	Anteil an Qk	Zielarbeitsmarkt (ZAM)	Anteil an QK	ZAM/QAM[1]
9	Wolfsburg	821	Klötze	100,00	Salzwedel	31,43	Salzwedel/Lüchow	31,43	31,43
					Magdeburg (S)	23,51	Magdeburg	31,30	31,30
					Haldensleben	7,80			
					Gardelegen	22,53	Stendal	30,82	30,82
					Stendal	8,28			
					Berlin (Ost)	6,46	Berlin	6,46	6,46
250	Zwickau	38 063	Zwickau	44,68	Zwickau (S)	80,24	Zwickau	92,01	77,57
					Aue	8,71			
					Reichenbach	1,82			
					Werdau	1,25			
					Glauchau	1,47	Chemnitz	4,47	7,28
					Chemnitz (S)	1,12			
					Stollberg	1,01			
					Hohenstein-Ernstth.	0,88			
					Gera	1,89	Gera	1,89	9,74
					Auerbach	1,32	Plauen	1,32	3,74
					Berlin (Ost)	0,30	Berlin	0,30	1,21
			Zwickau (S)	16,46	Zwickau	62,16	Zwickau	77,16	77,57
					Werdau	9,32			
					Aue	2,94			
					Reichenbach	2,73			
					Gera	9,72	Gera	9,72	9,74
					Chemnitz (S)	5,04	Chemnitz	9,24	7,28
					Glauchau	3,38			
					Hohenstein-Ernstth.	0,81			
					Berlin (Ost)	1,95	Berlin	1,95	1,21
					Rostock (S)	1,10	Rostock	1,10	0,32
					Leipzig (S)	0,83	Leipzig	0,83	0,14
			Aue	14,59	Schwarzenberg	39,83	Zwickau	73,47	77,57
					Zwickau	30,58			
					Zwickau (S)	3,06			
					Chemnitz (S)	6,59	Chemnitz	16,01	7,28
					Stollberg	6,48			
					Annaberg	1,57			
					Chemnitz	1,37			
					Auerbach	5,19	Plauen	6,12	3,74
					Klingenthal	0,94			
					Berlin (Ost)	1,96	Berlin	1,96	1,21
					Gera	1,46	Gera	1,46	9,74
					Rostock (S)	0,97	Rostock	0,97	0,32
			Werdau	12,39	Zwickau (S)	37,00	Zwickau	48,03	77,57
					Reichenbach	6,30			
					Zwickau	4,73			
					Gera	36,62	Gera	44,91	9,74
					Schmölln	3,88			
					Gera (S)	2,29			
					Greiz	2,12			
					Glauchau	4,20	Chemnitz	5,87	7,28
					Chemnitz (S)	1,68			
					Berlin (Ost)	1,19	Berlin	1,19	1,21
			Schwarzenberg	5,97	Aue	77,26	Zwickau	85,66	77,57
					Zwickau	8,40			
					Annaberg	8,14	Chemnitz	11,70	7,28
					Chemnitz (S)	3,56			
					Berlin (Ost)	2,64	Berlin	2,64	1,21
			Reichenbach	5,91	Auerbach	25,02	Plauen	38,18	3,74
					Plauen (S)	7,20			
					Plauen	5,96			
					Zwickau (S)	19,96	Zwickau	33,33	77,57
					Werdau	8,76			
					Zwickau	4,62			
					Greiz	15,91	Gera	25,73	9,74
					Gera	9,82			
					Berlin (Ost)	2,76	Berlin	2,76	1,21

Eigene Berechnungen. – [1]Pendler des Quellarbeitsmarktes in den jeweiligen Zielarbeitsmarkt, bezogen auf die Summe der Auspendler des Quellarbeitsmarktes.

Tabelle A4

Kennziffern der Arbeitsmarktregionen Ostdeutschlands

Arbeitsmarkt: 202 Berlin

Territorialfläche, in km²	6856
Bevölkerungsdichte, in Einw./km²	313,8
Anzahl der Städte und Gemeinden	377
Wohnbevölkerung insgesamt	2151433
Produktionsstätten	1197
Berufstätige ohne Lehrlinge	1084889
davon Industrie	294462
Produzierendes Handwerk	31225
Bauwirtschaft	79678
Land- und Forstwirtschaft	56708
Verkehr, Post- und Fernmeldewesen	107069
Handel	148000
Sonstige produzierende Zweige	53891
Nichtproduzierende Bereiche	313856
Anteil der Beschäftigten, in vH	
Industrie	27,1
Produzierendes Handwerk	2,9
Bauwirtschaft	7,3
Land- und Forstwirtschaft	5,2
Verkehr, Post- und Fernmeldewesen	9,9
Handel	13,6
Sonstige produzierende Zweige	5,0
Nichtproduzierende Bereiche	28,9
Ackerfläche, in ha	272218

Arbeitsmarkt: 204 Brandenburg

Territorialfläche, in km²	3370
Bevölkerungsdichte, in Einw./km²	78,6
Anzahl der Städte und Gemeinden	186
Wohnbevölkerung insgesamt	264916
Produktionsstätten	217
Berufstätige ohne Lehrlinge	136448
davon Industrie	45105
Produzierendes Handwerk	4629
Bauwirtschaft	11830
Land- und Forstwirtschaft	22587
Verkehr, Post- und Fernmeldewesen	10978
Handel	13037
Sonstige produzierende Zweige	1730
Nichtproduzierende Bereiche	26552
Anteil der Beschäftigten, in vH	
Industrie	33,1
Produzierendes Handwerk	3,4
Bauwirtschaft	8,7
Land- und Forstwirtschaft	16,6
Verkehr, Post- und Fernmeldewesen	8,0
Handel	9,6
Sonstige produzierende Zweige	1,3
Nichtproduzierende Bereiche	19,5
Ackerfläche, in ha	167153

noch Tabelle A4

Kennziffern der Arbeitsmarktregionen Ostdeutschlands

Arbeitsmarkt: 205 Chemnitz

Territorialfläche, in km^2	2847
Bevölkerungsdichte, in Einw./km^2	339,2
Anzahl der Städte und Gemeinden	297
Wohnbevölkerung insgesamt	965804
Produktionsstätten	2108
Berufstätige ohne Lehrlinge	515302
davon Industrie	250605
Produzierendes Handwerk	23517
Bauwirtschaft	30311
Land- und Forstwirtschaft	30249
Verkehr, Post- und Fernmeldewesen	28098
Handel	46670
Sonstige produzierende Zweige	16550
Nichtproduzierende Bereiche	89302
Anteile der Beschäftigten, in vH	
Industrie	48,6
Produzierendes Handwerk	4,6
Bauwirtschaft	5,9
Land- und Forstwirtschaft	5,9
Verkehr, Post- und Fernmeldewesen	5,5
Handel	9,1
Sonstige produzierende Zweige	3,2
Nichtproduzierende Bereiche	17,3
Ackerfläche, in ha	170293

Arbeitsmarkt: 144 Coburg

Territorialfläche, in km^2	306
Bevölkerungsdichte, in Einw./km^2	189,1
Anzahl der Städte und Gemeinden	37
Wohnbevölkerung insgesamt	57854
Produktionsstätten	136
Berufstätige ohne Lehrlinge	31354
davon Industrie	18186
Produzierendes Handwerk	1068
Bauwirtschaft	1217
Land- und Forstwirtschaft	1900
Verkehr, Post- und Fernmeldewesen	1319
Handel	2474
Sonstige produzierende Zweige	193
Nichtproduzierende Bereiche	4997
Anteile der Beschäftigten, in vH	
Industrie	58,0
Produzierendes Handwerk	3,4
Bauwirtschaft	3,9
Land- und Forstwirtschaft	6,1
Verkehr, Post- und Fernmeldewesen	4,2
Handel	7,9
Sonstige produzierende Zweige	0,6
Nichtproduzierende Bereiche	15,9
Ackerfläche, in ha	10441

RWI ESSEN

noch Tabelle A4

Kennziffern der Arbeitsmarktregionen Ostdeutschlands

Arbeitsmarkt: 206 Cottbus

Territorialfläche, in km²	4235
Bevölkerungsdichte, in Einw./km²	100,4
Anzahl der Städte und Gemeinden	304
Wohnbevölkerung insgesamt	425356
Produktionsstätten	375
Berufstätige ohne Lehrlinge	220419
davon Industrie	74785
Produzierendes Handwerk	6264
Bauwirtschaft	17255
Land- und Forstwirtschaft	25862
Verkehr, Post- und Fernmeldewesen	20592
Handel	22300
Sonstige produzierende Zweige	5210
Nichtproduzierende Bereiche	48151
Anteile der Beschäftigten, in vH	
Industrie	33,9
Produzierendes Handwerk	2,8
Bauwirtschaft	7,8
Land- und Forstwirtschaft	11,7
Verkehr, Post- und Fernmeldewesen	9,3
Handel	10,1
Sonstige produzierende Zweige	2,4
Nichtproduzierende Bereiche	21,9
Ackerfläche, in ha	178659

Arbeitsmarkt: 207 Dessau

Territorialfläche, in km²	3024
Bevölkerungsdichte, in Einw./km²	163,3
Anzahl der Städte und Gemeinden	209
Wohnbevölkerung insgesamt	493710
Produktionsstätten	458
Berufstätige ohne Lehrlinge	265805
davon Industrie	127999
Produzierendes Handwerk	6551
Bauwirtschaft	15708
Land- und Forstwirtschaft	27672
Verkehr, Post- und Fernmeldewesen	16627
Handel	20638
Sonstige produzierende Zweige	4008
Nichtproduzierende Bereiche	46602
Anteile der Beschäftigten, in vH	
Industrie	48,2
Produzierendes Handwerk	2,5
Bauwirtschaft	5,9
Land- und Forstwirtschaft	10,4
Verkehr, Post- und Fernmeldewesen	6,3
Handel	7,8
Sonstige produzierende Zweige	1,5
Nichtproduzierende Bereiche	17,5
Ackerfläche, in ha	174287

RWI ESSEN

noch Tabelle A4

Kennziffern der Arbeitsmarktregionen Ostdeutschlands

Arbeitsmarkt: 208 Dresden

Territorialfläche, in km²	4119
Bevölkerungsdichte, in Einw./km²	283,6
Anzahl der Städte und Gemeinden	364
Wohnbevölkerung insgesamt	1168187
Produktionsstätten	1741
Berufstätige ohne Lehrlinge	610568
davon Industrie	247941
Produzierendes Handwerk	25580
Bauwirtschaft	34548
Land- und Forstwirtschaft	44945
Verkehr, Post- und Fernmeldewesen	42627
Handel	60351
Sonstige produzierende Zweige	25144
Nichtproduzierende Bereiche	129432
Anteile der Beschäftigten, in vH	
Industrie	40,6
Produzierendes Handwerk	4,2
Bauwirtschaft	5,7
Land- und Forstwirtschaft	7,4
Verkehr, Post- und Fernmeldewesen	7,0
Handel	9,9
Sonstige produzierende Zweige	4,1
Nichtproduzierende Bereiche	21,2
Ackerfläche, in ha	237502

Arbeitsmarkt: 209 Eberswalde

Territorialfläche, in km²	1302
Bevölkerungsdichte, in Einw./km²	90,7
Anzahl der Städte und Gemeinden	79
Wohnbevölkerung insgesamt	118086
Produktionsstätten	98
Berufstätige ohne Lehrlinge	60347
davon Industrie	17921
Produzierendes Handwerk	1207
Bauwirtschaft	5651
Land- und Forstwirtschaft	8984
Verkehr, Post- und Fernmeldewesen	5809
Handel	5781
Sonstige produzierende Zweige	2183
Nichtproduzierende Bereiche	12811
Anteile der Beschäftigten, in vH	
Industrie	29,7
Produzierendes Handwerk	2,0
Bauwirtschaft	9,4
Land- und Forstwirtschaft	14,9
Verkehr, Post- und Fernmeldewesen	9,6
Handel	9,6
Sonstige produzierende Zweige	3,6
Nichtproduzierende Bereiche	21,2
Ackerfläche, in ha	60288

RWI ESSEN

noch Tabelle A4

Kennziffern der Arbeitsmarktregionen Ostdeutschlands

Arbeitsmarkt: 210 Eisenach

Territorialfläche, in km²	1736
Bevölkerungsdichte, in Einw./km²	154,1
Anzahl der Städte und Gemeinden	164
Wohnbevölkerung insgesamt	267552
Produktionsstätten	550
Berufstätige ohne Lehrlinge	143159
davon Industrie	74973
Produzierendes Handwerk	5385
Bauwirtschaft	5806
Land- und Forstwirtschaft	12429
Verkehr, Post- und Fernmeldewesen	6524
Handel	12558
Sonstige produzierende Zweige	1009
Nichtproduzierende Bereiche	24475
Anteile der Beschäftigten, in vH	
Industrie	52,4
Produzierendes Handwerk	3,8
Bauwirtschaft	4,1
Land- und Forstwirtschaft	8,7
Verkehr, Post- und Fernmeldewesen	4,6
Handel	8,8
Sonstige produzierende Zweige	0,7
Nichtproduzierende Bereiche	17,1
Ackerfläche, in ha	73071

Arbeitsmarkt: 211 Eisenhüttenstadt-Frankfurt

Territorialfläche, in km²	2522
Bevölkerungsdichte, in Einw./km²	93,6
Anzahl der Städte und Gemeinden	169
Wohnbevölkerung insgesamt	235964
Produktionsstätten	144
Berufstätige ohne Lehrlinge	120895
davon Industrie	35617
Produzierendes Handwerk	2226
Bauwirtschaft	9726
Land- und Forstwirtschaft	18469
Verkehr, Post- und Fernmeldewesen	9985
Handel	12860
Sonstige produzierende Zweige	3570
Nichtproduzierende Bereiche	28442
Anteile der Beschäftigten, in vH	
Industrie	29,5
Produzierendes Handwerk	1,8
Bauwirtschaft	8,0
Land- und Forstwirtschaft	15,3
Verkehr, Post- und Fernmeldewesen	8,3
Handel	10,6
Sonstige produzierende Zweige	3,0
Nichtproduzierende Bereiche	23,5
Ackerfläche, in ha	131674

noch Tabelle A4

Kennziffern der Arbeitsmarktregionen Ostdeutschlands

Arbeitsmarkt: 212 Erfurt

Territorialfläche, in km²	4392
Bevölkerungsdichte, in Einw./km²	172,9
Anzahl der Städte und Gemeinden	362
Wohnbevölkerung insgesamt	759562
Produktionsstätten	1087
Berufstätige ohne Lehrlinge	403106
davon Industrie	165665
Produzierendes Handwerk	13272
Bauwirtschaft	23722
Land- und Forstwirtschaft	42879
Verkehr, Post- und Fernmeldewesen	26483
Handel	39770
Sonstige produzierende Zweige	10561
Nichtproduzierende Bereiche	80754
Anteile der Beschäftigten, in vH	
Industrie	41,1
Produzierendes Handwerk	3,3
Bauwirtschaft	5,9
Land- und Forstwirtschaft	10,6
Verkehr, Post- und Fernmeldewesen	6,6
Handel	9,9
Sonstige produzierende Zweige	2,6
Nichtproduzierende Bereiche	20,0
Ackerfläche, in ha	279251

Arbeitsmarkt: 215 Freiberg

Territorialfläche, in km²	664
Bevölkerungsdichte, in Einw./km²	173,9
Anzahl der Städte und Gemeinden	55
Wohnbevölkerung insgesamt	115443
Produktionsstätten	178
Berufstätige ohne Lehrlinge	60669
davon Industrie	25600
Produzierendes Handwerk	2625
Bauwirtschaft	3225
Land- und Forstwirtschaft	6766
Verkehr, Post- und Fernmeldewesen	2653
Handel	4640
Sonstige produzierende Zweige	2068
Nichtproduzierende Bereiche	13092
Anteile der Beschäftigten, in vH	
Industrie	42,2
Produzierendes Handwerk	4,3
Bauwirtschaft	5,3
Land- und Forstwirtschaft	11,2
Verkehr, Post- und Fernmeldewesen	4,4
Handel	7,7
Sonstige produzierende Zweige	3,4
Nichtproduzierende Bereiche	21,6
Ackerfläche, in ha	45655

RWI ESSEN

noch Tabelle A4

Kennziffern der Arbeitsmarktregionen Ostdeutschlands

Arbeitsmarkt: 216 Gera

Territorialfläche, in km^2	1718
Bevölkerungsdichte, in Einw./km^2	201,8
Anzahl der Städte und Gemeinden	205
Wohnbevölkerung insgesamt	346776
Produktionsstätten	590
Berufstätige ohne Lehrlinge	170289
davon Industrie	66075
Produzierendes Handwerk	5376
Bauwirtschaft	15418
Land- und Forstwirtschaft	17948
Verkehr, Post- und Fernmeldewesen	10174
Handel	17405
Sonstige produzierende Zweige	4889
Nichtproduzierende Bereiche	33004
Anteile der Beschäftigten, in vH	
Industrie	38,8
Produzierendes Handwerk	3,2
Bauwirtschaft	9,1
Land- und Forstwirtschaft	10,5
Verkehr, Post- und Fernmeldewesen	6,0
Handel	10,2
Sonstige produzierende Zweige	2,9
Nichtproduzierende Bereiche	19,4
Ackerfläche, in ha	107286

Arbeitsmarkt: 217 Görlitz

Territorialfläche, in km^2	2252
Bevölkerungsdichte, in Einw./km^2	199,1
Anzahl der Städte und Gemeinden	188
Wohnbevölkerung insgesamt	448468
Produktionsstätten	731
Berufstätige ohne Lehrlinge	234009
davon Industrie	106770
Produzierendes Handwerk	7975
Bauwirtschaft	14534
Land- und Forstwirtschaft	23598
Verkehr, Post- und Fernmeldewesen	14253
Handel	20680
Sonstige produzierende Zweige	2915
Nichtproduzierende Bereiche	43284
Anteile der Beschäftigten, in vH	
Industrie	45,6
Produzierendes Handwerk	3,4
Bauwirtschaft	6,2
Land- und Forstwirtschaft	10,1
Verkehr, Post- und Fernmeldewesen	6,1
Handel	8,8
Sonstige produzierende Zweige	1,3
Nichtproduzierende Bereiche	18,5
Ackerfläche, in ha	132217

noch Tabelle A4

Kennziffern der Arbeitsmarktregionen Ostdeutschlands

Arbeitsmarkt: 10 Göttingen

Territorialfläche, in km^2	1657
Bevölkerungsdichte, in Einw./km^2	136,9
Anzahl der Städte und Gemeinden	175
Wohnbevölkerung insgesamt	226821
Produktionsstätten	263
Berufstätige ohne Lehrlinge	115708
davon Industrie	49450
Produzierendes Handwerk	3767
Bauwirtschaft	7119
Land- und Forstwirtschaft	13225
Verkehr, Post- und Fernmeldewesen	6671
Handel	10242
Sonstige produzierende Zweige	2378
Nichtproduzierende Bereiche	22856
Anteile der Beschäftigten, in vH	
Industrie	42,7
Produzierendes Handwerk	3,3
Bauwirtschaft	6,2
Land- und Forstwirtschaft	11,4
Verkehr, Post- und Fernmeldewesen	5,8
Handel	8,9
Sonstige produzierende Zweige	2,1
Nichtproduzierende Bereiche	19,8
Ackerfläche, in ha	96804

Arbeitsmarkt: 218 Greifswald

Territorialfläche, in km^2	1934
Bevölkerungsdichte, in Einw./km^2	98,9
Anzahl der Städte und Gemeinden	107
Wohnbevölkerung insgesamt	191246
Produktionsstätten	135
Berufstätige ohne Lehrlinge	94915
davon Industrie	23196
Produzierendes Handwerk	1919
Bauwirtschaft	8009
Land- und Forstwirtschaft	16224
Verkehr, Post- und Fernmeldewesen	6566
Handel	10394
Sonstige produzierende Zweige	2088
Nichtproduzierende Bereiche	26519
Anteile der Beschäftigten, in vH	
Industrie	24,4
Produzierendes Handwerk	2,0
Bauwirtschaft	8,4
Land- und Forstwirtschaft	17,1
Verkehr, Post- und Fernmeldewesen	6,9
Handel	11,0
Sonstige produzierende Zweige	2,2
Nichtproduzierende Bereiche	27,9
Ackerfläche, in ha	130155

noch Tabelle A4

Kennziffern der Arbeitsmarktregionen Ostdeutschlands

Arbeitsmarkt: 219 Halberstadt

Territorialfläche, in km²	2323
Bevölkerungsdichte, in Einw./km²	148,7
Anzahl der Städte und Gemeinden	123
Wohnbevölkerung insgesamt	345508
Produktionsstätten	362
Berufstätige ohne Lehrlinge	180203
davon Industrie	67886
Produzierendes Handwerk	5235
Bauwirtschaft	9974
Land- und Forstwirtschaft	21776
Verkehr, Post- und Fernmeldewesen	14487
Handel	18168
Sonstige produzierende Zweige	3063
Nichtproduzierende Bereiche	39614
Anteile der Beschäftigten, in vH	
Industrie	37,7
Produzierendes Handwerk	2,9
Bauwirtschaft	5,5
Land- und Forstwirtschaft	12,1
Verkehr, Post- und Fernmeldewesen	8,0
Handel	10,1
Sonstige produzierende Zweige	1,7
Nichtproduzierende Bereiche	22,0
Ackerfläche, in ha	132756

Arbeitsmarkt: 145 Hof

Territorialfläche, in km²	356
Bevölkerungsdichte, in Einw./km²	80,1
Anzahl der Städte und Gemeinden	42
Wohnbevölkerung insgesamt	28525
Produktionsstätten	49
Berufstätige ohne Lehrlinge	14485
davon Industrie	6319
Produzierendes Handwerk	413
Bauwirtschaft	828
Land- und Forstwirtschaft	2351
Verkehr, Post- und Fernmeldewesen	530
Handel	1213
Sonstige produzierende Zweige	24
Nichtproduzierende Bereiche	2807
Anteile der Beschäftigten, in vH	
Industrie	43,6
Produzierendes Handwerk	2,9
Bauwirtschaft	5,7
Land- und Forstwirtschaft	16,2
Verkehr, Post- und Fernmeldewesen	3,7
Handel	8,4
Sonstige produzierende Zweige	0,2
Nichtproduzierende Bereiche	19,4
Ackerfläche, in ha	13517

RWI ESSEN

noch Tabelle A4

Kennziffern der Arbeitsmarktregionen Ostdeutschlands

Arbeitsmarkt: 220 Hoyerswerda

Territorialfläche, in km²	2140
Bevölkerungsdichte, in Einw./km²	152,7
Anzahl der Städte und Gemeinden	119
Wohnbevölkerung insgesamt	326864
Produktionsstätten	301
Berufstätige ohne Lehrlinge	182745
davon Industrie	106201
Produzierendes Handwerk	3824
Bauwirtschaft	8834
Land- und Forstwirtschaft	8429
Verkehr, Post- und Fernmeldewesen	9626
Handel	13553
Sonstige produzierende Zweige	2646
Nichtproduzierende Bereiche	29632
Anteile der Beschäftigten, in vH	
Industrie	58,1
Produzierendes Handwerk	2,1
Bauwirtschaft	4,8
Land- und Forstwirtschaft	4,6
Verkehr, Post- und Fernmeldewesen	5,3
Handel	7,4
Sonstige produzierende Zweige	1,5
Nichtproduzierende Bereiche	16,2
Ackerfläche, in ha	52654

Arbeitsmarkt: 221 Jena

Territorialfläche, in km²	940
Bevölkerungsdichte, in Einw./km²	218,8
Anzahl der Städte und Gemeinden	137
Wohnbevölkerung insgesamt	205641
Produktionsstätten	146
Berufstätige ohne Lehrlinge	112657
davon Industrie	47301
Produzierendes Handwerk	2882
Bauwirtschaft	2760
Land- und Forstwirtschaft	8996
Verkehr, Post- und Fernmeldewesen	4368
Handel	9824
Sonstige produzierende Zweige	8151
Nichtproduzierende Bereiche	28375
Anteile der Beschäftigten, in vH	
Industrie	42,0
Produzierendes Handwerk	2,6
Bauwirtschaft	2,5
Land- und Forstwirtschaft	8,0
Verkehr, Post- und Fernmeldewesen	3,9
Handel	8,7
Sonstige produzierende Zweige	7,2
Nichtproduzierende Bereiche	25,2
Ackerfläche, in ha	48714

RWI ESSEN

noch Tabelle A4

Kennziffern der Arbeitsmarktregionen Ostdeutschlands

Arbeitsmarkt: 222 Leipzig

Territorialfläche, in km²	4615
Bevölkerungsdichte, in Einw./km²	288,0
Anzahl der Städte und Gemeinden	412
Wohnbevölkerung insgesamt	1329020
Produktionsstätten	1665
Berufstätige ohne Lehrlinge	688076
davon Industrie	279878
Produzierendes Handwerk	23233
Bauwirtschaft	44272
Land- und Forstwirtschaft	51009
Verkehr, Post- und Fernmeldewesen	49498
Handel	72235
Sonstige produzierende Zweige	24795
Nichtproduzierende Bereiche	143156
Anteile der Beschäftigten, in vH	
Industrie	40,7
Produzierendes Handwerk	3,4
Bauwirtschaft	6,4
Land- und Forstwirtschaft	7,4
Verkehr, Post- und Fernmeldewesen	7,2
Handel	10,5
Sonstige produzierende Zweige	3,6
Nichtproduzierende Bereiche	20,8
Ackerfläche, in ha	309927

Arbeitsmarkt: 223 Luckenwalde

Territorialfläche, in km²	1354
Bevölkerungsdichte, in Einw./km²	58,9
Anzahl der Städte und Gemeinden	88
Wohnbevölkerung insgesamt	79741
Produktionsstätten	91
Berufstätige ohne Lehrlinge	41347
davon Industrie	11691
Produzierendes Handwerk	1692
Bauwirtschaft	2452
Land- und Forstwirtschaft	10320
Verkehr, Post- und Fernmeldewesen	2485
Handel	4296
Sonstige produzierende Zweige	517
Nichtproduzierende Bereiche	7894
Anteile der Beschäftigten, in vH	
Industrie	28,3
Produzierendes Handwerk	4,1
Bauwirtschaft	5,9
Land- und Forstwirtschaft	25,0
Verkehr, Post- und Fernmeldewesen	6,0
Handel	10,4
Sonstige produzierende Zweige	1,3
Nichtproduzierende Bereiche	19,1
Ackerfläche, in ha	65804

noch Tabelle A4

Kennziffern der Arbeitsmarktregionen Ostdeutschlands

Arbeitsmarkt: 3 Lübeck

Territorialfläche, in km²	667
Bevölkerungsdichte, in Einw./km²	61,8
Anzahl der Städte und Gemeinden	34
Wohnbevölkerung insgesamt	41220
Produktionsstätten	35
Berufstätige ohne Lehrlinge	19832
davon Industrie	2847
Produzierendes Handwerk	775
Bauwirtschaft	1350
Land- und Forstwirtschaft	6865
Verkehr, Post- und Fernmeldewesen	924
Handel	2096
Sonstige produzierende Zweige	288
Nichtproduzierende Bereiche	4687
Anteile der Beschäftigten, in vH	
Industrie	14,4
Produzierendes Handwerk	3,9
Bauwirtschaft	6,8
Land- und Forstwirtschaft	34,6
Verkehr, Post- und Fernmeldewesen	4,7
Handel	10,6
Sonstige produzierende Zweige	1,5
Nichtproduzierende Bereiche	23,6
Ackerfläche, in ha	51386

Arbeitsmarkt: 224 Magdeburg

Territorialfläche, in km²	3943
Bevölkerungsdichte, in Einw./km²	175,5
Anzahl der Städte und Gemeinden	247
Wohnbevölkerung insgesamt	692125
Produktionsstätten	573
Berufstätige ohne Lehrlinge	372165
davon Industrie	136969
Produzierendes Handwerk	10661
Bauwirtschaft	27286
Land- und Forstwirtschaft	38191
Verkehr, Post- und Fernmeldewesen	29803
Handel	39984
Sonstige produzierende Zweige	9567
Nichtproduzierende Bereiche	79704
Anteile der Beschäftigten, in vH	
Industrie	36,8
Produzierendes Handwerk	2,9
Bauwirtschaft	7,3
Land- und Forstwirtschaft	10,3
Verkehr, Post- und Fernmeldewesen	8,0
Handel	10,7
Sonstige produzierende Zweige	2,6
Nichtproduzierende Bereiche	21,4
Ackerfläche, in ha	265816

noch Tabelle A4

Kennziffern der Arbeitsmarktregionen Ostdeutschlands

Arbeitsmarkt: 75 Mühlhausen

Territorialfläche, in km^2	574
Bevölkerungsdichte, in Einw./km^2	157,7
Anzahl der Städte und Gemeinden	50
Wohnbevölkerung insgesamt	90497
Produktionsstätten	170
Berufstätige ohne Lehrlinge	48315
davon Industrie	21998
Produzierendes Handwerk	1716
Bauwirtschaft	3298
Land- und Forstwirtschaft	6134
Verkehr, Post- und Fernmeldewesen	1919
Handel	3631
Sonstige produzierende Zweige	690
Nichtproduzierende Bereiche	8929
Anteile der Beschäftigten, in vH	
Industrie	45,5
Produzierendes Handwerk	3,6
Bauwirtschaft	6,8
Land- und Forstwirtschaft	12,7
Verkehr, Post- und Fernmeldewesen	4,0
Handel	7,5
Sonstige produzierende Zweige	1,4
Nichtproduzierende Bereiche	18,5
Ackerfläche, in ha	36057

Arbeitsmarkt: 226 Neubrandenburg

Territorialfläche, in km^2	6094
Bevölkerungsdichte, in Einw./km^2	61,4
Anzahl der Städte und Gemeinden	270
Wohnbevölkerung insgesamt	374217
Produktionsstätten	275
Berufstätige ohne Lehrlinge	190160
davon Industrie	38660
Produzierendes Handwerk	3308
Bauwirtschaft	16272
Land- und Forstwirtschaft	46921
Verkehr, Post- und Fernmeldewesen	14717
Handel	20693
Sonstige produzierende Zweige	4598
Nichtproduzierende Bereiche	44991
Anteile der Beschäftigten, in vH	
Industrie	20,3
Produzierendes Handwerk	1,7
Bauwirtschaft	8,6
Land- und Forstwirtschaft	24,7
Verkehr, Post- und Fernmeldewesen	7,7
Handel	10,9
Sonstige produzierende Zweige	2,4
Nichtproduzierende Bereiche	23,7
Ackerfläche, in ha	364697

RWI ESSEN

noch Tabelle A4

Kennziffern der Arbeitsmarktregionen Ostdeutschlands

Arbeitsmarkt: 227 Neuruppin

Territorialfläche, in km²	4354
Bevölkerungsdichte, in Einw./km²	45,7
Anzahl der Städte und Gemeinden	254
Wohnbevölkerung insgesamt	198813
Produktionsstätten	199
Berufstätige ohne Lehrlinge	101035
davon Industrie	26522
Produzierendes Handwerk	2675
Bauwirtschaft	5341
Land- und Forstwirtschaft	27972
Verkehr, Post- und Fernmeldewesen	5695
Handel	9979
Sonstige produzierende Zweige	1555
Nichtproduzierende Bereiche	21296
Anteile der Beschäftigten, in vH	
Industrie	26,3
Produzierendes Handwerk	2,7
Bauwirtschaft	5,3
Land- und Forstwirtschaft	27,7
Verkehr, Post- und Fernmeldewesen	5,6
Handel	9,9
Sonstige produzierende Zweige	1,5
Nichtproduzierende Bereiche	21,1
Ackerfläche, in ha	244039

Arbeitsmarkt: 230 Pasewalk

Territorialfläche, in km²	1633
Bevölkerungsdichte, in Einw./km²	57,0
Anzahl der Städte und Gemeinden	71
Wohnbevölkerung insgesamt	93108
Produktionsstätten	65
Berufstätige ohne Lehrlinge	42497
davon Industrie	10475
Produzierendes Handwerk	850
Bauwirtschaft	2964
Land- und Forstwirtschaft	9524
Verkehr, Post- und Fernmeldewesen	3585
Handel	4684
Sonstige produzierende Zweige	773
Nichtproduzierende Bereiche	9642
Anteile der Beschäftigten, in vH	
Industrie	24,7
Produzierendes Handwerk	2,0
Bauwirtschaft	7,0
Land- und Forstwirtschaft	22,4
Verkehr, Post- und Fernmeldewesen	8,4
Handel	11,0
Sonstige produzierende Zweige	1,8
Nichtproduzierende Bereiche	22,7
Ackerfläche, in ha	81761

RWI ESSEN

noch Tabelle A4

Kennziffern der Arbeitsmarktregionen Ostdeutschlands

Arbeitsmarkt: 232 Plauen

Territorialfläche, in km²	1183
Bevölkerungsdichte, in Einw./km²	201,2
Anzahl der Städte und Gemeinden	137
Wohnbevölkerung insgesamt	238054
Produktionsstätten	995
Berufstätige ohne Lehrlinge	126418
davon Industrie	58345
Produzierendes Handwerk	6268
Bauwirtschaft	8536
Land- und Forstwirtschaft	8509
Verkehr, Post- und Fernmeldewesen	7375
Handel	11786
Sonstige produzierende Zweige	2200
Nichtproduzierende Bereiche	23399
Anteile der Beschäftigten, in vH	
Industrie	46,2
Produzierendes Handwerk	5,0
Bauwirtschaft	6,8
Land- und Forstwirtschaft	6,7
Verkehr, Post- und Fernmeldewesen	5,8
Handel	9,3
Sonstige produzierende Zweige	1,7
Nichtproduzierende Bereiche	18,5
Ackerfläche, in ha	56444

Arbeitsmarkt: 233 Prenzlau

Territorialfläche, in km²	1791
Bevölkerungsdichte, in Einw./km²	43,9
Anzahl der Städte und Gemeinden	83
Wohnbevölkerung insgesamt	78640
Produktionsstätten	66
Berufstätige ohne Lehrlinge	39488
davon Industrie	7061
Produzierendes Handwerk	927
Bauwirtschaft	2405
Land- und Forstwirtschaft	13014
Verkehr, Post- und Fernmeldewesen	2447
Handel	3774
Sonstige produzierende Zweige	583
Nichtproduzierende Bereiche	9277
Anteile der Beschäftigten, in vH	
Industrie	17,9
Produzierendes Handwerk	2,4
Bauwirtschaft	6,1
Land- und Forstwirtschaft	33,0
Verkehr, Post- und Fernmeldewesen	6,2
Handel	9,6
Sonstige produzierende Zweige	1,5
Nichtproduzierende Bereiche	23,5
Ackerfläche, in ha	97049

RWI ESSEN

noch Tabelle A4

Kennziffern der Arbeitsmarktregionen Ostdeutschlands

Arbeitsmarkt: 234 Riesa

Territorialfläche, in km^2	1849
Bevölkerungsdichte, in Einw./km^2	157,2
Anzahl der Städte und Gemeinden	159
Wohnbevölkerung insgesamt	290587
Produktionsstätten	368
Berufstätige ohne Lehrlinge	149025
davon Industrie	65280
Produzierendes Handwerk	5659
Bauwirtschaft	7427
Land- und Forstwirtschaft	21569
Verkehr, Post- und Fernmeldewesen	8542
Handel	12532
Sonstige produzierende Zweige	2147
Nichtproduzierende Bereiche	25869
Anteile der Beschäftigten, in vH	
Industrie	43,8
Produzierendes Handwerk	3,8
Bauwirtschaft	5,0
Land- und Forstwirtschaft	14,5
Verkehr, Post- und Fernmeldewesen	5,7
Handel	8,4
Sonstige produzierende Zweige	1,4
Nichtproduzierende Bereiche	17,4
Ackerfläche, in ha	126265

Arbeitsmarkt: 235 Rostock

Territorialfläche, in km^2	4541
Bevölkerungsdichte, in Einw./km^2	118,5
Anzahl der Städte und Gemeinden	230
Wohnbevölkerung insgesamt	538214
Produktionsstätten	297
Berufstätige ohne Lehrlinge	282222
davon Industrie	67549
Produzierendes Handwerk	5679
Bauwirtschaft	17043
Land- und Forstwirtschaft	42815
Verkehr, Post- und Fernmeldewesen	38463
Handel	32894
Sonstige produzierende Zweige	9162
Nichtproduzierende Bereiche	68617
Anteile der Beschäftigten, in vH	
Industrie	23,9
Produzierendes Handwerk	2,0
Bauwirtschaft	6,0
Land- und Forstwirtschaft	15,2
Verkehr, Post- und Fernmeldewesen	13,6
Handel	11,7
Sonstige produzierende Zweige	3,3
Nichtproduzierende Bereiche	24,3
Ackerfläche, in ha	304866

RWI ESSEN

noch Tabelle A4

Kennziffern der Arbeitsmarktregionen Ostdeutschlands

Arbeitsmarkt: 236 Saalfeld

Territorialfläche, in km^2	1538
Bevölkerungsdichte, in Einw./km^2	140,4
Anzahl der Städte und Gemeinden	194
Wohnbevölkerung insgesamt	215956
Produktionsstätten	340
Berufstätige ohne Lehrlinge	115709
davon Industrie	57084
Produzierendes Handwerk	3099
Bauwirtschaft	4104
Land- und Forstwirtschaft	11170
Verkehr, Post- und Fernmeldewesen	6653
Handel	11509
Sonstige produzierende Zweige	2102
Nichtproduzierende Bereiche	19988
Anteile der Beschäftigten, in vH	
Industrie	49,3
Produzierendes Handwerk	2,7
Bauwirtschaft	3,6
Land- und Forstwirtschaft	9,7
Verkehr, Post- und Fernmeldewesen	5,8
Handel	10,0
Sonstige produzierende Zweige	1,8
Nichtproduzierende Bereiche	17,3
Ackerfläche, in ha	60015

Arbeitsmarkt: 237 Saalkreis

Territorialfläche, in km^2	3732
Bevölkerungsdichte, in Einw./km^2	221,0
Anzahl der Städte und Gemeinden	306
Wohnbevölkerung insgesamt	824778
Produktionsstätten	770
Berufstätige ohne Lehrlinge	439852
davon Industrie	177479
Produzierendes Handwerk	8727
Bauwirtschaft	30381
Land- und Forstwirtschaft	42252
Verkehr, Post- und Fernmeldewesen	32153
Handel	40899
Sonstige produzierende Zweige	13486
Nichtproduzierende Bereiche	94475
Anteile der Beschäftigten, in vH	
Industrie	40,4
Produzierendes Handwerk	2,0
Bauwirtschaft	6,9
Land- und Forstwirtschaft	9,6
Verkehr, Post- und Fernmeldewesen	7,3
Handel	9,3
Sonstige produzierende Zweige	3,1
Nichtproduzierende Bereiche	21,5
Ackerfläche, in ha	255357

RWI ESSEN

noch Tabelle A4

Kennziffern der Arbeitsmarktregionen Ostdeutschlands

Arbeitsmarkt: 24 Salzwedel/Lüchow

Territorialfläche, in km^2	878
Bevölkerungsdichte, in Einw./km^2	51,7
Anzahl der Städte und Gemeinden	45
Wohnbevölkerung insgesamt	45385
Produktionsstätten	56
Berufstätige ohne Lehrlinge	23940
davon Industrie	6140
Produzierendes Handwerk	1061
Bauwirtschaft	1251
Land- und Forstwirtschaft	6928
Verkehr, Post- und Fernmeldewesen	1438
Handel	2303
Sonstige produzierende Zweige	327
Nichtproduzierende Bereiche	4492
Anteile der Beschäftigten, in vH	
Industrie	25,7
Produzierendes Handwerk	4,4
Bauwirtschaft	5,2
Land- und Forstwirtschaft	28,9
Verkehr, Post- und Fernmeldewesen	6,0
Handel	9,6
Sonstige produzierende Zweige	1,4
Nichtproduzierende Bereiche	18,8
Ackerfläche, in ha	59269

Arbeitsmarkt: 239 Schwedt

Territorialfläche, in km^2	991
Bevölkerungsdichte, in Einw./km^2	87,5
Anzahl der Städte und Gemeinden	65
Wohnbevölkerung insgesamt	86738
Produktionsstätten	41
Berufstätige ohne Lehrlinge	45481
davon Industrie	15941
Produzierendes Handwerk	302
Bauwirtschaft	3343
Land- und Forstwirtschaft	7888
Verkehr, Post- und Fernmeldewesen	3343
Handel	3888
Sonstige produzierende Zweige	1747
Nichtproduzierende Bereiche	9029
Anteile der Beschäftigten, in vH	
Industrie	35,1
Produzierendes Handwerk	0,7
Bauwirtschaft	7,4
Land- und Forstwirtschaft	17,3
Verkehr, Post- und Fernmeldewesen	7,4
Handel	8,6
Sonstige produzierende Zweige	3,8
Nichtproduzierende Bereiche	19,9
Ackerfläche, in ha	65520

RWI ESSEN

noch Tabelle A4

Kennziffern der Arbeitsmarktregionen Ostdeutschlands

Arbeitsmarkt: 240 Schwerin

Territorialfläche, in km²	7169
Bevölkerungsdichte, in Einw./km²	68,2
Anzahl der Städte und Gemeinden	312
Wohnbevölkerung insgesamt	488999
Produktionsstätten	361
Berufstätige ohne Lehrlinge	245547
davon Industrie	60187
Produzierendes Handwerk	7295
Bauwirtschaft	18641
Land- und Forstwirtschaft	51742
Verkehr, Post- und Fernmeldewesen	21808
Handel	26093
Sonstige produzierende Zweige	5343
Nichtproduzierende Bereiche	54438
Anteile der Beschäftigten, in vH	
Industrie	24,5
Produzierendes Handwerk	3,0
Bauwirtschaft	7,6
Land- und Forstwirtschaft	21,1
Verkehr, Post- und Fernmeldewesen	8,9
Handel	10,6
Sonstige produzierende Zweige	2,2
Nichtproduzierende Bereiche	22,2
Ackerfläche, in ha	441434

Arbeitsmarkt: 241 Stendal

Territorialfläche, in km²	3360
Bevölkerungsdichte, in Einw./km²	60,2
Anzahl der Städte und Gemeinden	182
Wohnbevölkerung insgesamt	202180
Produktionsstätten	161
Berufstätige ohne Lehrlinge	104292
davon Industrie	19569
Produzierendes Handwerk	2688
Bauwirtschaft	9049
Land- und Forstwirtschaft	25791
Verkehr, Post- und Fernmeldewesen	8673
Handel	11248
Sonstige produzierende Zweige	4728
Nichtproduzierende Bereiche	22546
Anteile der Beschäftigten, in vH	
Industrie	18,8
Produzierendes Handwerk	2,6
Bauwirtschaft	8,7
Land- und Forstwirtschaft	24,7
Verkehr, Post- und Fernmeldewesen	8,3
Handel	10,8
Sonstige produzierende Zweige	4,5
Nichtproduzierende Bereiche	21,6
Ackerfläche, in ha	208995

RWI ESSEN

noch Tabelle A4

Kennziffern der Arbeitsmarktregionen Ostdeutschlands

Arbeitsmarkt: 242 Stralsund

Territorialfläche, in km^2	2237
Bevölkerungsdichte, in Einw./km^2	98,4
Anzahl der Städte und Gemeinden	103
Wohnbevölkerung insgesamt	220121
Produktionsstätten	155
Berufstätige ohne Lehrlinge	107587
davon Industrie	26133
Produzierendes Handwerk	2183
Bauwirtschaft	7566
Land- und Forstwirtschaft	20636
Verkehr, Post- und Fernmeldewesen	11298
Handel	12628
Sonstige produzierende Zweige	3130
Nichtproduzierende Bereiche	24013
Anteile der Beschäftigten, in vH	
Industrie	24,3
Produzierendes Handwerk	2,0
Bauwirtschaft	7,0
Land- und Forstwirtschaft	19,2
Verkehr, Post- und Fernmeldewesen	10,5
Handel	11,7
Sonstige produzierende Zweige	2,9
Nichtproduzierende Bereiche	22,3
Ackerfläche, in ha	158200

Arbeitsmarkt: 243 Suhl

Territorialfläche, in km^2	1855
Bevölkerungsdichte, in Einw./km^2	123,2
Anzahl der Städte und Gemeinden	171
Wohnbevölkerung insgesamt	228573
Produktionsstätten	417
Berufstätige ohne Lehrlinge	125291
davon Industrie	47562
Produzierendes Handwerk	3041
Bauwirtschaft	10558
Land- und Forstwirtschaft	12069
Verkehr, Post- und Fernmeldewesen	8798
Handel	12819
Sonstige produzierende Zweige	2166
Nichtproduzierende Bereiche	28278
Anteile der Beschäftigten, in vH	
Industrie	38,0
Produzierendes Handwerk	2,4
Bauwirtschaft	8,4
Land- und Forstwirtschaft	9,6
Verkehr, Post- und Fernmeldewesen	7,0
Handel	10,2
Sonstige produzierende Zweige	1,7
Nichtproduzierende Bereiche	22,6
Ackerfläche, in ha	74447

RWI ESSEN

noch Tabelle A4

Kennziffern der Arbeitsmarktregionen Ostdeutschlands

Arbeitsmarkt: 246 Weimar

Territorialfläche, in km²	837
Bevölkerungsdichte, in Einw./km²	184,4
Anzahl der Städte und Gemeinden	126
Wohnbevölkerung insgesamt	154371
Produktionsstätten	280
Berufstätige ohne Lehrlinge	82098
davon Industrie	28446
Produzierendes Handwerk	2970
Bauwirtschaft	7037
Land- und Forstwirtschaft	9835
Verkehr, Post- und Fernmeldewesen	3569
Handel	7795
Sonstige produzierende Zweige	2219
Nichtproduzierende Bereiche	20227
Anteile der Beschäftigten, in vH	
Industrie	34,7
Produzierendes Handwerk	3,6
Bauwirtschaft	8,6
Land- und Forstwirtschaft	12,0
Verkehr, Post- und Fernmeldewesen	4,4
Handel	9,5
Sonstige produzierende Zweige	2,7
Nichtproduzierende Bereiche	24,6
Ackerfläche, in ha	60344

Arbeitsmarkt: 247 Wismar

Territorialfläche, in km²	629
Bevölkerungsdichte, in Einw./km²	143,1
Anzahl der Städte und Gemeinden	31
Wohnbevölkerung insgesamt	90013
Produktionsstätten	53
Berufstätige ohne Lehrlinge	46566
davon Industrie	13045
Produzierendes Handwerk	784
Bauwirtschaft	3349
Land- und Forstwirtschaft	7916
Verkehr, Post- und Fernmeldewesen	4727
Handel	4610
Sonstige produzierende Zweige	1172
Nichtproduzierende Bereiche	10963
Anteile der Beschäftigten, in vH	
Industrie	28,0
Produzierendes Handwerk	1,7
Bauwirtschaft	7,2
Land- und Forstwirtschaft	17,0
Verkehr, Post- und Fernmeldewesen	10,2
Handel	9,9
Sonstige produzierende Zweige	2,5
Nichtproduzierende Bereiche	23,5
Ackerfläche, in ha	45842

RWI ESSEN

noch Tabelle A4

Kennziffern der Arbeitsmarktregionen Ostdeutschlands

Arbeitsmarkt: 248 Wittenberg

Territorialfläche, in km²	1897
Bevölkerungsdichte, in Einw./km²	85,3
Anzahl der Städte und Gemeinden	132
Wohnbevölkerung insgesamt	161748
Produktionsstätten	173
Berufstätige ohne Lehrlinge	84570
davon Industrie	30003
Produzierendes Handwerk	2619
Bauwirtschaft	5695
Land- und Forstwirtschaft	15482
Verkehr, Post- und Fernmeldewesen	6331
Handel	7636
Sonstige produzierende Zweige	910
Nichtproduzierende Bereiche	15894
Anteile der Beschäftigten, in vH	
Industrie	35,5
Produzierendes Handwerk	3,1
Bauwirtschaft	6,7
Land- und Forstwirtschaft	18,3
Verkehr, Post- und Fernmeldewesen	7,5
Handel	9,0
Sonstige produzierende Zweige	1,1
Nichtproduzierende Bereiche	18,8
Ackerfläche, in ha	106708

Arbeitsmarkt: 9 Wolfsburg

Territorialfläche, in km²	611
Bevölkerungsdichte, in Einw./km²	47,1
Anzahl der Städte und Gemeinden	36
Wohnbevölkerung insgesamt	28769
Produktionsstätten	18
Berufstätige ohne Lehrlinge	14064
davon Industrie	1678
Produzierendes Handwerk	553
Bauwirtschaft	1002
Land- und Forstwirtschaft	4843
Verkehr, Post- und Fernmeldewesen	1655
Handel	1583
Sonstige produzierende Zweige	20
Nichtproduzierende Bereiche	2730
Anteile der Beschäftigten, in vH	
Industrie	11,9
Produzierendes Handwerk	3,9
Bauwirtschaft	7,1
Land- und Forstwirtschaft	34,4
Verkehr, Post- und Fernmeldewesen	11,8
Handel	11,3
Sonstige produzierende Zweige	0,1
Nichtproduzierende Bereiche	19,4
Ackerfläche, in ha	40599

RWI ESSEN

noch Tabelle A4

Kennziffern der Arbeitsmarktregionen Ostdeutschlands

Arbeitsmarkt: 250 Zwickau

Territorialfläche, in km^2	1315
Bevölkerungsdichte, in Einw./km^2	378,8
Anzahl der Städte und Gemeinden	131
Wohnbevölkerung insgesamt	498186
Produktionsstätten	903
Berufstätige ohne Lehrlinge	253800
davon Industrie	124213
Produzierendes Handwerk	12850
Bauwirtschaft	13113
Land- und Forstwirtschaft	12078
Verkehr, Post- und Fernmeldewesen	17799
Handel	24658
Sonstige produzierende Zweige	4750
Nichtproduzierende Bereiche	44339
Anteile der Beschäftigten, in vH	
Industrie	48,9
Produzierendes Handwerk	5,1
Bauwirtschaft	5,2
Land- und Forstwirtschaft	4,8
Verkehr, Post- und Fernmeldewesen	7,0
Handel	9,7
Sonstige produzierende Zweige	1,9
Nichtproduzierende Bereiche	17,5
Ackerfläche, in ha	64510

RWI ESSEN

Tabelle A5

Sektorale Beschäftigtenstruktur bei Gruppierung der Arbeitsmarktregionen nach Wirtschaftsbereichen

Gruppe	Arbeitsmarkt	Land-, Forst-wirtschaft	Industrie	Produ-zierendes Handwerk	Bau-wirtschaft	Verkehr, Post, Fern-meldewesen	Handel	Sonstige prod. Zweige	Nicht prod. Zweige
1	Lübeck[1]	34,6	14,4	3,9	6,8	4,7	10,6	1,5	23,6
	Prenzlau	33,0	17,9	2,3	6,1	6,2	9,6	1,5	23,5
	Wolfsburg[1]	34,4	11,9	3,9	7,1	11,8	11,3	0,1	19,4
2	Göttingen[1]	11,4	42,7	3,3	6,2	5,8	8,9	2,1	19,8
	Desden	7,4	40,6	4,2	5,7	7,0	9,9	4,1	21,2
	Erfurt	10,6	41,1	3,3	5,9	6,6	9,9	2,6	20,0
	Freiberg	11,2	42,2	4,3	5,3	4,4	7,6	3,4	21,6
	Gera	10,5	38,8	3,2	9,1	6,0	10,2	2,9	19,4
	Halberstadt	12,1	37,7	2,9	5,5	8,0	10,1	1,7	22,0
	Leipzig	7,4	40,7	3,4	6,4	7,2	10,5	3,6	20,8
	Magdeburg	10,3	36,8	2,9	7,3	8,0	10,7	2,6	21,4
	Saalkreis	9,6	40,3	2,0	6,9	7,3	9,3	3,1	21,5
	Suhl	9,6	38,0	2,4	8,4	7,0	10,2	1,7	22,6
	Cottbus	11,7	33,9	2,8	7,8	9,3	10,1	2,4	21,8
	Weimar	12,0	34,6	3,6	8,6	4,3	9,5	2,7	24,6
	Jena	8,0	42,0	2,6	2,4	3,9	8,7	7,2	25,2
3	Lüchow[1]	28,9	25,6	4,4	5,2	6,0	9,6	1,4	18,8
	Luckenwalde	25,0	28,3	4,1	5,9	6,0	10,4	1,3	19,1
	Neuruppin	27,7	26,3	2,6	5,3	5,6	9,9	1,5	21,1
4	Mühlhausen[1]	12,7	45,5	3,6	6,8	4,0	7,5	1,4	18,5
	Hof[1]	16,2	43,6	2,9	5,7	3,7	8,4	0,2	19,4
	Dessau	10,4	48,2	2,5	5,9	6,3	7,8	1,5	17,5
	Görlitz	10,1	45,6	3,4	6,2	6,1	8,8	1,2	18,5

noch Tabelle A5

Sektorale Beschäftigtenstruktur bei Gruppierung der Arbeitsmarktregionen nach Wirtschaftsbereichen

Gruppe	Arbeitsmarkt	Land-, Forst-wirtschaft	Industrie	Produ-zierendes Handwerk	Bau-wirtschaft	Verkehr, Post, Fern-meldewesen	Handel	Sonstige prod. Zweige	Nicht prod. Zweige
noch 4	Riesa	14,5	43,8	3,8	5,0	5,7	8,4	1,4	17,4
	Chemnitz	5,9	48,6	4,6	5,9	5,5	9,1	3,2	17,3
	Eisenach	8,7	52,4	3,8	4,1	4,6	8,8	0,7	17,1
	Plauen	6,7	46,2	5,0	6,8	5,8	9,3	1,7	18,5
	Saalfeld	9,7	49,3	2,7	3,5	5,7	9,9	1,8	17,3
	Zwickau	4,8	48,9	5,1	5,2	7,0	9,7	1,9	17,5
5	Coburg[1]	6,1	58,0	3,4	3,9	4,2	7,9	0,6	15,9
	Hoyerswerda	4,6	58,1	2,1	4,8	5,3	7,4	1,4	16,2
6	Berlin[1]	5,2	27,1	2,9	7,3	9,9	13,6	5,0	28,9
7	Brandenburg	16,6	33,1	3,4	8,7	8,0	9,6	1,3	19,5
	Schwedt	17,3	35,0	0,7	7,4	7,4	8,5	3,8	19,9
	Wittenberg	18,3	35,5	3,1	6,7	7,5	9,0	1,1	18,8
	Eberswalde	14,9	29,7	2,0	9,4	9,6	9,6	3,6	21,2
	Eisenhüttenstadt-Frankfurt	15,3	29,5	1,8	8,0	8,3	10,6	3,0	23,5
	Wismar	17,0	28,0	1,7	7,2	10,2	9,9	2,5	23,5
8	Greifswald	17,1	24,4	2,0	8,4	6,9	11,0	2,2	27,9
	Neubrandenburg	24,7	20,3	1,7	8,6	7,7	10,9	2,4	23,7
	Stendal	24,7	18,8	2,6	8,7	8,3	10,8	4,5	21,6
	Pasewalk	22,4	24,6	2,0	7,0	8,4	11,0	1,8	22,7
	Schwerin	21,1	24,5	3,0	7,6	8,9	10,6	2,2	22,2
	Stralsund	19,2	24,3	2,0	7,0	10,5	11,7	2,9	22,3
	Rostock	15,2	23,9	2,0	6,0	13,6	11,7	3,2	24,3

Eigene Berechnungen. – [1]Teilarbeitsmarktregion.

Tabelle A6

Sektorale Beschäftigtenstruktur bei Gruppierung der Arbeitsmarktregionen nach der Industrie

Gruppe	Arbeitsmarkt	Energie, Brennstoffe	Chemische Industrie	Metallurgie	Baumaterial	Maschinen-, Fahrzeugbau	Elektrogeräteind.	Leichtindustrie	Textilindustrie	Lebensmittelind.
1	Lübeck[1]	0,00	0,00	0,26	4,61	15,90	4,82	50,34	0,00	24,06
2	Wolfsburg[1]	0,00	3,84	0,00	4,02	22,53	39,13	11,35	0,00	19,13
3	Göttingen[1]	0,47	13,99	2,55	6,71	22,96	7,38	14,90	19,31	11,72
	Chemnitz	0,97	2,94	1,91	1,56	32,89	11,25	15,32	29,92	3,24
	Gera	1,80	8,56	0,66	2,95	23,48	13,22	19,75	23,23	6,35
	Görlitz	7,82	3,48	0,46	4,73	29,42	9,58	20,37	17,66	6,47
	Weimar	0,92	2,25	0,32	2,12	32,05	15,04	12,31	28,60	6,38
	Zwickau	3,06	1,75	2,04	0,92	36,94	10,20	20,93	20,63	3,53
	Mühlhausen[1]	0,00	10,29	0,19	3,48	13,75	12,30	11,18	42,07	6,74
	Plauen	1,04	3,18	0,32	1,57	15,62	7,76	29,91	34,62	5,98
4	Lüchow[1]	0,00	37,96	0,11	2,15	21,93	3,28	16,15	0,00	18,41
	Schwedt	0,13	50,95	0,04	0,68	16,47	3,30	20,66	0,00	7,76
	Dessau	10,53	31,90	1,24	4,25	31,03	4,62	7,94	0,40	8,09
5	Coburg[1]	0,62	5,28	0,00	0,00	9,18	27,86	53,89	0,17	3,01
	Hof[1]	0,42	4,87	0,00	0,84	14,96	19,65	55,82	0,38	3,06
6	Berlin[1]	4,04	8,82	5,11	2,60	29,39	29,30	11,86	0,36	8,52
	Desden	1,81	7,46	2,84	4,39	29,97	21,63	19,82	5,07	7,02
	Eberswalde	4,48	2,97	13,09	8,11	31,68	3,30	8,42	0,00	27,94
	Eisenach	0,84	14,77	3,93	1,58	37,11	22,85	10,91	2,68	5,33
	Erfurt	2,38	10,43	0,61	2,32	22,04	26,32	25,82	2,23	7,85
	Greifswald	26,27	0,42	0,11	4,65	32,44	11,89	11,07	0,00	13,15
	Leipzig	14,79	11,03	1,70	4,09	34,67	6,63	15,10	3,54	13,94
	Luckenwalde	1,36	0,00	0,26	3,37	38,74	13,35	27,81	4,64	10,47

noch Tabelle A6

Sektorale Beschäftigtenstruktur bei Gruppierung der Arbeitsmarktregionen nach der Industrie

Gruppe	Arbeitsmarkt	Energie, Brennstoffe	Chemische Industrie	Metallurgie	Baumaterial	Maschinen-, Fahrzeugbau	Elektrogeräteind.	Leichtindustrie	Textilindustrie	Lebensmittelind.
noch 6	Magdeburg	4,60	13,55	1,32	3,92	47,58	8,42	10,62	0,85	9,13
	Neubrandenburg	2,00	6,39	0,17	4,32	31,78	6,23	17,07	4,96	27,08
	Neuruppin	4,33	1,21	0,15	3,69	20,19	22,20	20,85	11,39	16,00
	Pasewalk	1,25	0,52	12,39	9,13	30,96	13,58	12,85	0,00	19,32
	Prenzlau	0,00	0,00	0,23	15,34	43,60	10,05	14,13	0,00	16,65
	Rostock	2,95	4,08	0,52	1,84	41,80	5,02	14,71	0,39	28,69
	Schwerin	1,94	7,50	0,13	7,85	34,26	8,25	18,90	1,69	19,47
	Stendal	4,79	6,39	0,15	6,49	33,60	3,27	22,63	0,37	22,31
	Stralsund	3,06	8,32	0,16	4,56	43,74	6,06	6,39	0,91	26,79
	Suhl	2,50	0,76	0,09	1,34	43,26	18,96	25,12	1,61	6,36
	Wittenberg	1,78	19,60	0,05	6,51	30,61	2,75	21,56	2,77	14,36
7	Brandenburg	1,91	18,15	21,89	3,34	23,84	9,53	8,67	2,98	9,69
	Freiberg	1,13	1,23	22,69	0,39	18,09	18,70	29,57	2,83	5,37
	Halberstadt	2,65	6,77	16,04	5,24	31,91	10,92	17,92	0,61	7,94
	Riesa	1,88	9,83	27,34	4,03	19,80	8,14	13,61	6,43	8,95
	Saalfeld	1,36	16,59	11,82	2,34	16,19	16,05	27,75	1,45	6,44
8	Cottbus	34,20	10,25	0,19	2,35	16,53	1,71	17,96	8,86	7,94
9	Eisenhüttenstadt-F.	4,44	1,17	34,12	2,72	10,61	24,44	8,71	0,14	13,67
10	Hoyerswerda	61,01	6,89	1,66	2,57	10,23	4,04	10,54	0,49	2,57
11	Jena	2,04	4,50	0,02	0,94	9,42	55,48	23,50	0,32	3,77
12	Saalkreis	16,83	38,70	16,29	4,16	10,96	1,55	6,32	0,13	5,06
13	Wismar	1,53	0,00	0,08	2,21	65,46	8,00	6,87	0,59	15,25

Eigene Berechnungen. – ¹Teilarbeitsmarktregion.

Literaturverzeichnis

Akademie für Raumforschung und Landesplanung (Hrsg.) [I], Methoden der empirischen Regionalforschung. 2. Teil. (Forschungs- und Sitzungsberichte, Band 105.) Hannover 1975.

Akademie für Raumforschung und Landesplanung (Hrsg.) [II], Handwörterbuch der Raumforschung, Band II. Zweite Auflage, Hannover 1970.

Autorengemeinschaft, Zur Arbeitsmarktentwicklung 1990/1991 im vereinten Deutschland. "Mitteilungen aus der Arbeitsmarkt- und Berufsforschung", Stuttgart u.a., Jg. 23 (1990), S. 455ff.

Biebler, E. und J. Schmidt, Consumption Matrices in the German Democratic Republic and in the Federal Rrepublic of Germany – A Contribution to Intercountry Input-Output-Aanalysis. "Vierteljahrshefte zur Wirtschaftsforschung", Berlin, Jg. 1990, S. 322ff.

Bispinck , R. und WSI-Tarifarchiv, Auf dem Wege zur Tarifunion: Tarifpolitik in den neuen Bundesländern im Jahr 1990. "WSI-Mitteilungen", Köln, Jg. 44 (1991), S. 145ff.

Blades, D., The Statistical Revolution in Central and Eastern Europe. "OECD-Observer", Paris, vol. 1991, no. 170, S. 13ff.

Blien, U., Koller, M. und Schiebel, W., Indikatoren zur Neuabgrenzung der Förderregionen. "Mitteilungen aus der Arbeitsmarkt- und Berufsforschung", Stuttgart u.a., Jg. 24 (1991), S. 1ff.

Boda, G. und Stäglin, R., Intersystem Comparison between the Federal Republic of Germany and Hungary on the Basis of SNA Type and MPS Type Input-Output-Tables. "Vierteljahrshefte zur Wirtschaftsforschung", Berlin, Jg. 1990, S. 363ff.

Böse, C. u.a., Auswirkungen der geänderten Rahmenbedingungen auf die Landwirtschaft der neuen Bundesländer – Untersuchungen auf sektoraler Ebene. In: W. Heinrichsmeyer und K. Schmidt (Hrsg.), S. 45ff.

Brede, H., Kraft, J. und Ossosio-Capella, C., Leistungs- und Verflechtungsanalyse. In: Akademie für Raumforschung und Landesplanung (Hrsg.) [II], S. 1882ff.

Bremer Ausschuß für Wirtschaftsforschung (Hrsg.), Die bremischen Arbeitsplätze sind für Erwerbstätige aus Niedersachsen immer attraktiver geworden. Zur

Entwicklung der Berufspendlerbewegungen im Lande Bremen. (Bearb.: M. Wildner und W. Heinemann.) "BAW-Monatsbericht", Bremen, Jg. 1991, Heft 1+2, S. 1ff.

Bremicker, B., Klemmer, P. und Ortmeyer, A., Analyse von regionalen Produktionsgesetzmäßigkeiten in der Bundesrepublik Deutschland. (Schriftenreihe der Gesellschaft für Regionale Strukturentwicklung, Band 9.) Bonn 1982.

Budde, R. u.a., Übertragung regionalpolitischer Konzepte auf Ostdeutschland. (Untersuchungen des Rheinisch-Westfälischen Instituts für Wirtschaftsforschung, Heft 2.) Essen 1991.

Bundesanstalt für Arbeit (Hrsg.) [I], Arbeitsmarktbericht für Mai 1991. Kurzfassung: Im Osten greift Arbeitsmarktpolitik. "Amtliche Nachrichten der Bundesanstalt für Arbeit", Nürnberg, Jg. 39 (1991), S. 935ff.

Bundesanstalt für Arbeit (Hrsg.) [II], Die Entwicklung des Arbeitsmarktes im Mai 1991. "Amtliche Nachrichten der Bundesanstalt für Arbeit", Nürnberg, Jg. 39 (1991), S. 955ff.

Bundesanstalt für Arbeit (Hrsg.) [III], AFG, Arbeitsförderungsgesetz Textausgabe mit angrenzenden Gesetzen, Verordnungen und BA-Regelungen. 37. Ausgabe, Stand: 1. Januar 1990. Nürnberg 1990.

Bundesforschungsanstalt für Landeskunde und Raumordnung (Hrsg.), Indikatorenbeschreibung GA-Neuabgrenzung 1990. Bonn, unveröffentlichtes Manuskript.

Bundesforschungsanstalt für Landeskunde und Raumordnung (Hrsg.), Zur Abgrenzung von Analyseregionen (Raumordnungsregionen) für die neuen Bundesländer. (Bearb.: W. Görmar und R. Keßler.) "BfLR-Mitteilungen", Bonn, Jg. 1991, Heft 2, S. 4f.

Bundesministerium für innerdeutsche Beziehungen (Hrsg.), Materialien zum Bericht zur Lage der Nation im geteilten Deutschland 1987. Bonn 1987.

Clasen, L., Tarifentwicklung/Ost: Erste Zwischenbilanz. "Bundesarbeitsblatt", Stuttgart, Jg. 1991, Nr. 6, S. 5ff.

Collier, I.L., The Estimation of Gross Domestic Product and its Growth Rate for the German Democratic Republic. (World Bank Staff Working Papers, no. 773.) Washington, D.C., 1985.

Deutsches Institut für Wirtschaftsforschung (Hrsg.) [I], Beschleunigter Produktionsrückgang in der Deutschen Demokratischen Republik. (Bearb.: K. Müller-Krumholz.) "DIW-Wochenbericht", Berlin, Jg. 57 (1990), S. 457.

Deutsches Institut für Wirtschaftsforschung (Hrsg.) [II], Deutliche Zunahme der Bauproduktion. (Bearb.: J.A. Hübener.) "DIW-Wochenbericht", Berlin, Jg. 58 (1991), S. 201ff.

Deutsches Institut für Wirtschaftsforschung und Institut für Weltwirtschaft an der Universität Kiel, Gesamtwirtschaftliche und unternehmerische Anpassungsprozesse in Ostdeutschland. Zweiter Bericht. "DIW-Wochenbericht", Berlin, Jg. 58 (1991), S. 321ff.

Dietz, F. und Rudolph, H., Berufstätigenerhebung und der Datenspeicher "Gesellschaftliches Arbeitsvermögen". Statistische Grundlagen zu wichtigen Strukturen der Erwerbstätigen in der vormaligen DDR. "Mitteilungen aus der Arbeitsmarkt- und Berufsforschung", Stuttgart u.a., Jg. 23 (1990), S. 511ff.

Donges, J.B., Arbeitsmarkt und Lohnpolitik in Deutschland. "Wirtschaftsdienst", Hamburg, Jg. 71 (1991), S. 283ff.

Drechsler, L., The System of National Accounts in the Countries in Transition. In: OECD (Ed.) [I], S. 143ff.

Eckey, H.-F. und Klemmer, P., Überprüfung des Systems der Schwerpunktorte im Rahmen der Gemeinschaftsaufgabe "Verbesserung der regionalen Wirtschaftsstruktur". Gutachten im Auftrag der Gemeinschaftsaufgabe "Verbesserung der regionalen Wirtschaftsstruktur". Sprockhövel und Schauenburg 1985.

Eckey, H.-F. und Wehrt, K., Das Gewichtungsproblem der Förderindikatoren in der Gemeinschaftsaufgabe "Verbesserung der regionalen Wirtschaftsstruktur" (unter besonderer Berücksichtigung der Arbeitsmärkte des Ruhrgebiets). (RUFIS-Beiträge, Nr. 7/1983.) Bochum 1983.

Eckey, H.-F., Horn, K. und Klemmer, P., Abgrenzung von regionalen Diagnoseeinheiten für die Zwecke der regionalen Wirtschaftspolitik. Gutachten im Auftrag des Bundesministers für Wirtschaft. Bochum und Kassel 1990.

Egle, F., Arbeitslosigkeit in Deutschland: Lösungen für einen neuen Ost-West-Konflikt. "Orientierungen zur Wirtschafts- und Gesellschaftspolitik", Bonn, Jg. 1991, Heft 3, S. 34ff.

Essig, H., Strohm, W. und Mitarbeiter, Volkswirtschaftliche Gesamtrechnungen 1. Halbjahr 1990. Vorläufiges Ergebnis. "Wirtschaft und Statistik", Stuttgart, Jg. 1990, S. 589ff.

Filip-Köhne, R. und Ludwig, U., Dimensionen eines Ausgleichs des Wirtschaftsgefälles zur DDR. (DIW-Diskussionspapiere, Nr. 3.) Berlin 1990.

Gatzweiler, H.-P., Forschungs- und planungsorientierte Raumgliederungen mit VZ-Daten. "Raumforschung und Raumordnung", Köln, Jg. 49 (1988), S. 33ff.

Gemeinschaftsveröffentlichung der Statistischen Landesämter, Bruttowertschöpfung der kreisfreien Städte und Landkreise in der Bundesrepublik Deutschland 1980 und 1986. (Volkswirtschaftliche Gesamtrechnungen der Länder, Heft 18.) Stuttgart 1989.

Geppert, K. und Görzig, B., Möglichkeiten und Grenzen einer Regionalisierung der Volkswirtschaftlichen Gesamtrechnung in der Bundesrepublik Deutschland. (Beiträge zur Strukturforschung, Heft 105.) Berlin 1988.

Gerß, W., Inter- und intraregionale Unterschiede der Wertschöpfung in der Bundesrepublik Deutschland. "Statistische Rundschau Nordrhein-Westfalen", Düsseldorf, Jg. 42 (1990), S. 639ff.

Heinrichsmeyer, W. und Schmidt, K. (Hrsg.), Die Integration der Landwirtschaft der neuen Bundesländer in den europäischen Agrarmarkt. "Agrarwirtschaft", Sonderheft 129, Hamburg und Frankfurt 1991, S. 97ff.

Hof, B., Strukturbruch und Arbeitsmarktentwicklung in den neuen Bundesländern. "iw-trends", Köln, Jg. 18 (1991), Heft 2, S. A-1ff.

Hölder, E, Statement des Präsidenten des Statistischen Bundesamtes. DDR-Statistik: Schein und Wirklichkeit. Wiesbaden 1991.

Holzer, S. und Noorlander, I., Sind Kaufkraftparitäten noch relevant? "Neue Zürcher Zeitung", Zürich, Fernausgabe vom 19. September 1990, S. 14.

Hörnstein, E., Regionale Disparitäten in der Motorisierungsentwicklung. "Zeitschrift für Verkehrswissenschaft", Düsseldorf, Jg. 62 (1991), S. 20ff.

Horstmann, H., Heinz, R. und Hoeppner, D., Sozialprodukt im Gebiet der ehemaligen DDR im 2. Halbjahr 1990. "Wirtschaft und Statistik", Stuttgart, Jg. 1991, S. 305ff.

Hullmann, A. und Schmidt, R., Struktur und Entwicklung der Erwerbstätigkeit, "Statistische Rundschau Nordrhein-Westfalen", Düsseldorf, Jg. 42 (1991), S. 257ff.

Institut für Angewandte Wirtschaftsforschung (Hrsg.) [I], Der Großraum Berlin – ein industrielles Ballungszentrum mit Perspektive. (IAW-Forschungsreihe, Heft 8/90.) Berlin 1990.

Institut für Angewandte Wirtschaftsforschung (Hrsg.) [II], Ursachen der Wirtschaftskrise in der DDR. Schlußbilanz einer verfehlten Wirtschaftspolitik. Berlin 1990.

Institut für Angewandte Wirtschaftsforschung (Hrsg.) [III], Ökonomische und soziale Probleme einer Währungsunion und Wirtschaftsgemeinschaft zwischen der BRD und der DDR. Berlin 1990.

Kadler, A., Zur Entwicklung von Wohnbevölkerung, Beschäftigung und Arbeitspendlerbewegung im Großraum Berlin. In: Institut für Angewandte Wirtschaftsforschung (Hrsg.) [I], S. 18ff.

Karbstein, W., Hein, R. und Hoeppner, D., Sozialproduktsrechnung der DDR – erste Ergebnisse und methodische Erläuterungen. In: Statistisches Bundesamt (Hrsg.) [I], S. 9ff.

Klemmer, P. , Regionalpolitik auf dem Prüfstand. Köln 1986, S. 42ff.

Klemmer, P. und Schrumpf, H., Die Eckwertbeschlüsse zum Zehnten Rahmenplan der Gemeinschaftsaufgabe "Verbesserung der regionalen Wirtschaftsstruktur". In: Kommunalverband Ruhrgebiet (Hrsg.), S. 23ff.

Klemmer, P. unter Mitarbeit von B. Bremicker, Abgrenzung von Fördergebieten. (Beiträge zur Struktur- und Konjunkturforschung, Band 20.) Bochum 1983.

Klitsch, W., Statistik in den Staaten Osteuropas im Übergang. "Wirtschaft und Statistik", Stuttgart, Jg. 1991, S. 75ff.

Knoblich, H., Niemeyer, H.-W. und Lippold, D., Die Erforschung konsumwirtschaftlicher Einflußbereiche zentraler Orte mit Hilfe gravitationstheoretischer Modellansätze dargestellt am Beispiel der Einzugsgebiete Salzgitter-Lebenstedt und Göttingen. "Neues Archiv für Niedersachsen", Braunschweig, Jg. 25 (1976), Heft 2, S. 95ff.

Kommission der Europäischen Gemeinschaften (Hrsg.) [I], Die Regionen der erweiterten Gemeinschaft. Dritter Periodischer Bericht über die sozioökonomische Lage und Entwicklung der Regionen der Gemeinschaft. Luxemburg 1987.

Kommission der Europäischen Gemeinschaften (Hrsg.) [II], Die Regionen in den 90er Jahren. Vierter Periodischer Bericht über die sozioökonomische Lage und Entwicklung der Regionen in der Gemeinschaft. Luxemburg 1991.

Kommission der Europäischen Gemeinschaften (Hrsg.) [III], Europa 2000. Perspektiven der künftigen Raumordnung der Gemeinschaft. Vorläufiger Überblick. Luxemburg 1991.

Kommunalverband Ruhrgebiet (Hrsg.), Regionale Wirtschaftspolitik am Scheideweg? Essen 1981.

Kornai, J., Economics of Shortage. Vol. B. (Contributions to Economic Analysis, no. 131.) Amsterdam u.a. 1980.

Kravis, I.B., An Approximation of the Relative Real Per Capita GDP of the People's Republic of China. Prepared as an Appendix to the Report of the Economics Delegation to the People's Republic of China. Washington, D.C., 1980.

Kravis, I.M., Heston, A.W. and Summer, R., Real GDP per Capita for more than One Hundred Countries. "Economic Journal", London, vol. 88 (1978), S. 215ff.

Lippe, P. v.d., Probleme des statistischen Ost-West-Vergleichs unter besonderer Berücksichtigung der Sozialproduktsrechnung. "RWI-Mitteilungen", Berlin, Jg, 39 (1988), S. 1ff.

Lipschitz,L. and McDonald, D. (Eds.), German Unification. Economic Issues. (IMF-Occasional Papers, no. 75.) Washington, D.C., 1990.

Lutz, E., Die "ökologische Blindheit" der volkswirtschaftlichen Gesamtrechnung. "Neue Zürcher Zeitung", Zürich, Fernausgabe vom 22. Juni 1991, S. 15.

Lützel, H., Bemerkungen zur vorliegenden Sozialproduktsberechnung der DDR. In: Statistisches Bundesamt (Hrsg.) [I], S. 25ff.

Manzel, K.-H., Der Wohnungsbau in der ehemaligen DDR, Planabrechnung und Wirklichkeit. "Bundesbaublatt", Wiesbaden, Jg. 1991, S. 278ff.

Mayer, T. and Thumann, G., German Democratic Republic. Background and Plans for Reform. In: L. Lipschitz and D. McDonald (Eds.), S. 49ff.

Meinke, D., Regionale Interaktionsmodelle – gravitations- und potentialorientierte Ansätze. In: Akademie für Raumforschung und Landesplanung (Hrsg.) [I], S. 23ff.

O.V., Arbeitslosenstatistik: Was die Zahlen sagen. "iwd", Köln, Jg. 16 (1989), Nr. 27, S. 6.

O.V., Beschäftigung Ost: Umschichtungs-Problem. "iwd", Köln, Jg. 17 (1991), Nr. 27, S. 4.

O.V., Die Lage der Weltwirtschaft und der deutschen Wirtschaft im Frühjahr 1991. Beurteilung der Wirtschaftslage durch folgende Mitglieder der Arbeitsgemeinschaft deutscher wirtschaftswissenschaftlicher Forschungsinstitute e.V., München: Deutsches Institut für Wirtschaftsforschung, Berlin, HWWA-Institut für Wirtschaftsforschung, Hamburg, Ifo-Institut für Wirtschaftsforschung, München, Institut für Weltwirtschaft an der Universität Kiel, Rheinisch-Westfälisches Institut für Wirtschaftsforschung, Essen. Abgeschlossen in Essen am 25. April 1991. Ohne Erscheinungsort und -jahr, S. 21.

O.V., Entlastungsmaßnahmen für den ostdeutschen Arbeitsmarkt. "Wittener Konjunktur-Archiv", Witten, Jg. 2 (1991), S. 47.

O.V., Nur noch etwa 5 Millionen Vollerwerbstätige in der ehemaligen DDR. "Wittener Konjunktur-Archiv", Witten, Jg. 2 (1991), S. 40.

O.V., Öffentlicher Dienst/Ost: Warteschleife im Nebel. "iwd", Köln, Jg. 17 (1991), Nr. 13, S. 6.

OECD (Ed.) [I], Statistics for a Market Economy. Paris 1991.

OECD (Ed.) [II], Germany. (Economic Surveys 1989/1990.) Paris 1990.

Pfanzangl, J., Allgemeine Methodenlehre der Statistik. Teil I: Elementare Methoden unter besonderer Berücksichtigung der Anwendungen in den Wirtschafts- und Sozialwissenschaften. (Sammlung Göschen, Band 7546.) Berlin und New York 1972.

Presse- und Informationsamt der Bundesregierung (Hrsg.), Altersübergangsgeld. (Aktuelle Beiträge zur Wirtschafts- und Finanzpolitik, Nr. 24/1991.) Bonn 1991.

Presse- und Informationsamt der Bundesregierung (Hrsg.), Anhaltende Beschäftigungsexpansion in den alten Bundesländern – Anpassungsschwierigkeiten beim wirtschaftlichen Wiederaufbau in den neuen Bundesländern. (Sozialpolitische Umschau, Nr. 197/1991.) Bonn 1991.

Propp, P.D., Zur Transformation einer Zentralverwaltungswirtschaft sowjetischen Typs in eine Marktwirtschaft. (Wirtschaftswissenschaftliche Veröffentlichungen des Osteuropa-Instituts an der Freien Universität Berlin, Band 20.) Berlin 1964, Nachdruck der Edition Deutschland Archiv, Köln 1990.

Reilly, W.J., The Law of Retail Gravitation. New York 1931.

Rheinisch-Westfälisches Institut für Wirtschaftsforschung (Hrsg.), Die Regionen der neuen Bundesländer im Vergleich zu anderen europäischen Regionen. Vorstudie. Gutachten im Auftrag des Bundesministers für Wirtschaft. (Bearb.: R. Budde u.a.) Essen 1990.

Rudolph, H., Beschäftigungsstrukturen in der DDR vor der Wende. Eine Typisierung von Kreisen und Arbeitsämtern. "Mitteilungen aus der Arbeitsmarkt- und Berufsforschung", Stuttgart u.a., Jg. 23 (1990), S. 474ff.

Sachverständigenrat zur Begutachtung der gesamtwirtschaftlichen Entwicklung, Marktwirtschaftlichen Kurs halten. Zur Wirtschaftspolitik für die neuen Bundesländer. Sondergutachten vom 13. April 1991. Wiesbaden 1991.

Schinasi, G.J., Lipschitz, L. and McDonald, D., Monetary and Financial Issues in German Unification. In: L. Lipschitz and D. McDonald (Eds.), S. 144ff.

Schnabel, K. u.a., Auswirkungen der geänderten Rahmenbedingungen auf die Landwirtschaft der neuen Bundesländer – Untersuchungen auf regionaler Ebene. In: W. Heinrichsmeyer und K. Schmidt (Hrsg.), S. 97ff.

Schneider, H.K., Perspektiven für die deutsche Wirtschaft. Zum Jahresgutachten 1990/91 des Sachverständigenrats zur Begutachtung der gesamtwirtschaftlichen Entwicklung. "Zeitschrift für Energiewirtschaft", Wiesbaden, Jg. 15 (1991), S. 37ff.

Schneppe, F., Berufspendelwanderung – Klassifikation nach Ein- und Auspendleranteilen. "Statistische Monatshefte Niedersachsen", Hannover, Jg. 45 (1991), S. 39ff.

Schneppe, F., Berufspendelwanderung – Struktur der Einpendlergemeinden, große Einpendlerzentren. "Statistische Monatshefte Niedersachsen", Hannover, Jg. 45 (1991), S. 171ff.

Siebert, H., The Integration of Germany. Real Economic Adjustment. "European Economic Review", Amsterdam, vol. 35 (1991), S. 591ff.

Specht, G., Zum Produktivitätsgefälle zwischen Bundesrepublik und DDR. In: Institut für Angewandte Wirtschaftsforschung (Hrsg.) [III], S. 3ff.

Staatliche Zentralverwaltung für Statistik (Hrsg.), Statistisches Jahrbuch der Deutschen Demokratischen Republik 1986. Berlin 1987.

Statistisches Amt der DDR (Hrsg.) [I], Kennziffern für Produktionsstätten der Betriebe des Wirtschaftsbereichs Industrie nach der Systematik der Volkswirtschaftszweige (Territorial bereinigtes Ergebnis) – Stichtag: 31.12.1987. Berlin 1990.

Statistisches Amt der DDR (Hrsg.) [II], Statistisches Jahrbuch des gesellschaftlichen Gesamtprodukts und des Nationaleinkommens 1989. Berlin 1990.

Statisches Amt der DDR (Hrsg.) [III], Indizes der Erzeugerpreise gewerblicher industrieller Produkte August 1990. (Reihe "Preise", Heft 8.) Berlin 1990.

Statistisches Bundesamt (Hrsg.) [IV], Konten und Standardtabellen. (Fachserie 18: Volkswirtschaftliche Gesamtrechnungen, Reihe 1.) Wiesbaden 1990.

Statistisches Bundesamt (Hrsg.) [I], Zur Sozialproduktsberechnung der Deutschen Demokratischen Republik. (Ausgewählte Arbeitsunterlagen zur Bundesstatistik, Heft 12.) Wiesbaden 1990.

Statistisches Bundesamt (Hrsg.) [II], Untersuchung zur Validität der statistischen Ergebnisse für das Gebiet der ehemaligen DDR. Ergebnisbericht. Wiesbaden 1991.

Statistisches Bundesamt (Hrsg.) [III], Bruttosozialprodukt im Gebiet der ehemaligen DDR betrug im 2. Halbjahr 1990 105 Mrd. DM. (Mitteilung für die Presse, Nr. 139/91.) Wiesbaden 1991.

Statistisches Bundesamt (Hrsg.) [V], Sechs Monate nach der Vereinigung – wie weit ist die Einführung der Bundesstatistik in den neuen Bundesländern? (Mitteilung für die Presse, Nr. 4/91.) Wiesbaden 1991.

Statistisches Landesamt Mecklenburg-Vorpommern (Hrsg.), Mecklenburg-Vorpommern im Vergleich der neuen Bundesländer – ausgewählte Bereiche. "Statistisches Monatsheft Mecklenburg-Vorpommern", Schwerin, Jg. 1 (1991), Heft 2.

Steinhausen, D. und Langer, K., Clusteranalyse. Einführung in Methoden und Verfahren der automatischen Klassifikation. Berlin und New York 1972.

Treeck, H.J., Nutzungsmöglichkeiten und -grenzen der Volkswirtschaftlichen Gesamtrechnungen der Bundesländer für Wirtschaftsstrukturanalysen, "Statistische Rundschau Nordrhein-Westfalen", Düsseldorf, Jg. 42 (1991), S. 249ff.

United Nations (Ed.), Structural Trends and Prospects in the European Economy. (Economic Survey of Europe in 1969. Part I.) New York 1970.

Unterrichtung durch die Bundesregierung [I], Raumordnungsbericht 1990. Deutscher Bundestag, Drucksache 11/7589. Bonn 1990.

Unterrichtung durch die Bundesregierung [II], Agrarbericht 1991, Agrar- und ernährungspolitischer Bericht der Bundesregierung. Deutscher Bundestag, Drucksache 12/70. Bonn 1991.

Urbansky, W., Berechnungen zur Entstehung und Verwendung des Bruttoinlandsprodukts in der DDR. In: Institut für Angewandte Wirtschaftsforschung (Hrsg.) [III], S. 10ff.

Vogler-Ludwig, K., Verdeckte Arbeitslosigkeit in der DDR. "Ifo-schnelldienst", Berlin und München, Jg. 43 (1990), Nr. 24, S. 3ff.

Weichselberger, A. und Jäckel, P., Investitionsaktivitäten westdeutscher Unternehmen in der ehemaligen DDR. "Ifo-schnelldienst", Berlin und München, Jg. 44 (1991), Heft 12, S. 6ff.

Winiecki, J., Are Soviet-type Economies Entering an Era of Long-term Decline? "Soviet Studies", Oxford, vol. 38 (1986), S. 325ff.

Wondras, B. und Zorn, A., Zum industriellen Potential im Großraum Berlin. In: Institut für Angewandte Wirtschaftsforschung (Hrsg.) [I], S. 31ff.

Zentrale Arbeitsverwaltung (Hrsg.), Der Arbeitsmarkt im Beitrittsgebiet, Februar 1991. Berlin 1991.